2015世界制造业重点行业发展动态

THE DEVELOPMENT OF KEY MANUFACTURING INDUSTRIES IN THE WORLD

上海市经济和信息化委员会
上海科学技术情报研究所 编著

上海科学技术文献出版社
Shanghai Scientific and Technological Literature Press

图书在版编目（CIP）数据

2015世界制造业重点行业发展动态/上海市经济和信息化委员会，上海科学技术情报研究所主编.——上海：上海科学技术文献出版社，2015.10

ISBN 978-7-5439-6775-5

I.①2… Ⅱ.①上…②上… Ⅲ.①制造工业—工业发展—研究报告—世界—2015 Ⅳ.①F416.4

中国版本图书馆CIP数据核字（2015）第165916号

责任编辑：忻静芬　祝静怡
封面设计：俞学峰

2015世界制造业重点行业发展动态
上海市经济和信息化委员会
上海科学技术情报研究所　编著

*

上海科学技术文献出版社出版发行
（上海市长乐路746号　邮政编码200040）
全国新华书店经销
上海长城绘图印刷厂印刷

*

开本889×1194　1/16　印张18.75　字数475 000
2015年10月第1版　2015年10月第1次印刷
印数：1–900
ISBN 978-7-5439-6775-5
定价：180.00元
http://www.sstlp.com

编审委员会

顾　　问：周　波　徐逸波

主　　编：李耀新

副 主 编：徐子瑛　戎之勤　陈　超

执行主编：史文军　杨荣斌　陈　晖

执行副主编：熊世伟　张　为　陈　骞

编　　辑：赵广君　张　桑　郁世怡　南　洋

研究编写成员（按各章撰写先后顺序）：

王静波　徐宏宇　宋　凯　杨　绎　杜　渐

姚恒美　张　耘　王德生　叶晓芊　卞志昕

祝　毓　崔晓文

前言

面对新科技革命和产业变革浪潮，全球制造业正在呈现新的发展态势和特征：强调重振本土先进制造业，再造高附加值的制造环节成为发达国家制造业战略重心和政策焦点；智能制造、互联网、大数据等对制造业产业形态、产业结构、产业分工和组织方式的影响加快显现；制造业创新载体由单个企业向跨领域多主体的融合创新网络演进，协同化、互联化的创新平台重塑制造业创新体系。

本书以全球视野和前瞻视角把握技术创新、产业变革的最新趋势对全球制造业产生的重要影响，把握世界制造业新技术、新产业、新模式、新业态动向趋势，研究制造业资源集聚与模式创新、传统产业和新兴产业融合发展等最新态势，通过连续性、系统地跟踪分析全球制造业现状和未来，为我国探索实践新型工业化道路，塑造新型经济形态，深层次参与国际制造业竞争合作提供决策信息支撑。

本书分为三篇：总论篇归纳分析世界经济环境和制造业发展总体态势，剖析主要国家（地区）提振制造业竞争优势，促进产业转型与技术革新的对策举措。行业篇跟踪分析全球产业布局动向、重点领域发展动向、产业技术创新动向以及领先企业战略动向。热点篇对发达国家（地区）鼓励促进制造业创业创新、具有跨界融合属性且处于高速成长的新兴产业展开研究。

本书研究人员通过收集全球制造业发展最新一手资料，尽可能地及时客观地分析产业最新动向、发展特点与趋势。由于编写时间较为仓促，书中观点内容难免有所偏颇疏漏，期盼各界专家、学者拨冗指正。

编　者

2015 年 9 月

目　录

总论篇

第一章　世界制造业发展总体态势

行业篇

第二章　世界新型显示产业发展动态

第三章　世界通信设备产业发展动态

第四章　世界半导体产业发展动态

第五章　世界物联网产业发展动态

第六章　世界生物产业发展动态

第七章　世界民用航空航天产业发展动态

第八章　世界智能制造装备产业发展动态

第九章　世界新能源产业发展动态

第十章　世界新材料产业发展动态

第十一章　世界新能源汽车产业发展动态

热 点 篇

第十二章　国外政府促进制造业创业创新对策研究

第十三章　全球机器人产业竞争态势研究

第十四章　全球智能穿戴设备现状与发展趋势

总 论 篇

第一章
世界制造业发展总体态势

一、世界经济发展总体态势

综合主要国际组织对世界经济的评述，总体而言，2014 年，全球经济复苏步伐弱于预期，美国经济复苏势头较好，但欧元区和日本经济出现停滞不前现象；受金融动荡及乌克兰危机影响，新兴经济体增速继续放缓，但改革力度较大的印度经济表现较好；全球就业市场出现积极变化，但青年失业率仍处较高水平；发达国家物价低位徘徊，新兴经济体仍存在较大通胀压力；全球贸易低速增长。展望 2015 年，再工业化有望推动美国经济继续扩张，结构调整将会促进全球经济复苏，但美国货币政策正常化将会对新兴市场形成一定冲击，发达国家高负债及主要经济体潜在的增长率下移也将对世界经济构成一定不利影响。预计 2015 年世界经济表现将好于 2014 年，但仍属缓慢复苏。

（一）世界经济总体呈温和增长，但仍处于危机后调整修复通道

2014 年全球经济活动弱于预期，联合国、国际货币基金组织（IMF）、世界银行等国际组织和机构不断下调世界经济增速预期，总体而言，2014 年的世界经济总体上延续了上一年的缓慢复苏态势。

2014 年 12 月 10 日，联合国发布了《2015 年世界经济形势与展望》，2014 年全球经济温和增长 2.6%，高于过去两年的增速。但金融危机之后的世界经济结构调整还没有结束，导致各国经济发展不均，拖累世界经济的增长。同时，一些新挑战，如地区地缘政治冲突加剧和埃博拉疫情等因素对未来经济增长构成威胁。该报告和世界银行的报告所达成的共识是，全球经济摆脱过去十年债务泡沫破灭的冲击而获得复苏的时间要远比预期的长，从中长期来看，世界经济还面临着陷入低增长的风险。报告预测，2015 年和 2016 年世界经济将分别增长 3.1% 和 3.3%，高于 2014 年的 2.6%，见图 1.1。

根据国际货币基金组织 2015 年 1 月公布的《世界经济展望》，2014 年世界经济增速为 3.3%，与 2013 年持平。其中发达经济体增速为 1.8%，较 2013 年提高 0.5 个百分点；新兴市场与发展中经济体经济增速为 4.4%，较 2013 年下降 0.3 个百分点。在该报告中国际货币基金组织将 2015—2016 年的全球增长率预期分别下调为 3.5% 和 3.7%，相比 2014 年 10 月的预测下调了 0.3 个百分点。

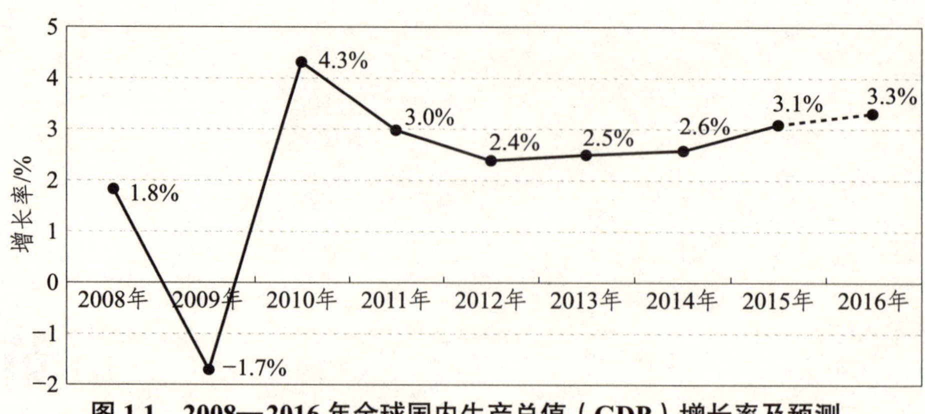

图 1.1　2008—2016 年全球国内生产总值（GDP）增长率及预测

说明：2015 年和 2016 年为预测值
资料来源：《2015 年世界经济形势与展望》，联合国

而世界银行 2015 年 6 月发布的《世界经济展望》，将 2015 年全球实际国内生产总值（GDP）增长率预期下调至 2.8%（1 月的预期值为 3.0%），认为全球经济将继续缓慢增长，减速仅为暂时，因此 2016 年的增长预期仍被维持在 3.3%。世界银行将原油价格走低和融资成本上升等作为下调预期的原因。原油价格走低对依赖初级产品出口的众多发展中国家造成巨大冲击，导致电力、交通与水利等基础设施建设滞后。世界银行指出，美国加息将造成全球融资成本上升，对发展中国家形成冲击，流向新兴市场的资金有可能在 GDP 占比中减少 1.8 个百分点。

对于未来的走势，各国际组织的基本判断是：世界经济未来增长的风险与不确定性依然存在。这些风险与不确定性主要来自以下因素：各国货币政策调整的风险；欧洲经济复苏不力，前景不明朗；新兴经济体面临国内国外双重脆弱性；地缘政治紧张局势仍是全球经济最大的下行威胁。

（二）发达经济体是增长主因，新兴经济体增速持续放缓

世界经济在缓慢复苏的同时，各类经济体的增速出现了分化，发达经济体的经济复苏总体持续巩固，增速有所提高；而新兴市场与发展中经济体的增速则进一步放缓。

联合国《2015 世界经济形势与展望》报告显示，2012 年至 2014 年，发达经济体的经济增速尽管在 2014 年受到日本的拖累，但仍保持逐年上升的态势，而转型经济体和发展中经济体除印度表现略好之外，其余的经济增速都放缓。联合国预计未来两年发达经济体的经济增长还将进一步提速，其中美国经济将分别增长 2.8% 和 3.1%。发展中国家和转型经济方面，2015 年和 2016 年非洲经济的增速预计将分别达到 4.6% 和 4.9%。东亚仍是全球经济增速最快的地区之一，2015 年和 2016 年经济增长预计分别为 6.1% 和 6.0%。报告指出，2015 年和 2016 年中国经济将分别增长 7.0% 和 6.8%，见图 1.2。

美国经济复苏的关键因素是重视实体经济发展，奥巴马提出的重振制造业、能源自给等计划都刺激了经济的发展，再工业化步伐虽然缓慢但已初现端倪。在欧盟国家中，德国全年经济增幅提升至 1.6%，增长主要受国内需求驱动；英国经济强劲复苏，2014 年增长 2.6%，增速创 7 年来新高，但是英国国内分析师对其未来的经济增长抱有忧虑，英国经济增长过多倚重于服务业，缺乏广泛基础（当前英国服务业产值占 GDP 的 78.4%，制造业仅占 14.6%），制造业及出口是其发展软肋。日本方面波动

较厉害，内需变化是主要原因，日本在 2014 年 4 月 1 日上调消费税，消费的大幅增长带动经济强劲反弹，一季度国内消费环比增长 2%，二季度则大幅下滑 5.1%。在内需疲弱和外需不景气的双重作用下，工业生产和投资随之下滑，由此形成的连锁反应导致日本经济陷入停滞甚至衰退的泥潭。新兴国家经历了资本外流导致的金融动荡，受此影响 2014 年上半年新兴国家经济增长普遍疲软，见表 1.1。

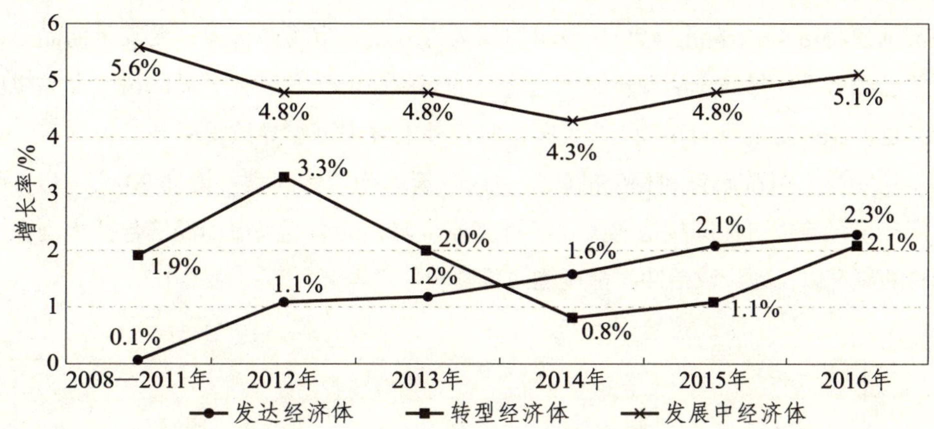

图 1.2　2008—2016 年各类经济体的经济增长速度走向

说明：2015 年和 2016 年为预测值

资料来源：《2015 年世界经济形势与展望》，联合国

表 1.1　2008—2016 年全球若干区域及国家经济增长速度

区域或国家	增长率 /%					
	2008—2011 年	2012 年	2013 年	2014 年	2015 年	2016 年
全球	1.9	2.4	2.5	2.6	3.1	3.3
发达经济体	0.1	1.1	1.2	1.6	2.1	2.3
美国	0.2	2.3	2.2	2.3	2.8	3.1
日本	−0.7	1.5	1.5	0.4	1.2	1.1
欧盟	−0.1	−0.4	0	1.3	1.7	2
转型经济体	1.9	3.3	2	0.8	1.1	2.1
发展中经济体	5.6	4.8	4.8	4.3	4.8	5.1
非洲	3.5	5.6	3.5	3.5	4.6	4.9
东、南亚	7.2	5.6	5.9	5.9	6	6
中国	9.6	7.7	7.7	7.3	7	6.8
印度	7.3	4.7	5	5.4	5.9	6.3
按发展水平分						
高收入国家	0.4	1.4	1.4	1.7	2.2	2.4
上中等收入国家	5.7	4.9	4.9	4.3	4.8	5.2
中低收入国家	5.6	4.8	5.2	4.6	5.3	5.7
低收入国家	5.7	4.9	4.9	4.4	4.9	5.3
最不发达国家	5.6	5	5.3	5.3	5.7	5.9

说明：2015 年和 2016 年为预测值

资料来源：《2015 年世界经济形势与展望》，联合国

其他国际组织也做出了对全球经济分化进一步加剧的趋势判断：世界银行在每年发布两次的报告

中表示，全球金融危机爆发七年后，高收入国家正在恢复其全球增长发动机的角色。相比之下，除印度及少数其他国家以外，中国等发展中经济体必须应对增长较为缓慢的时代。世行的研究报告同时认为，发展中国家面临可能持续多年的“结构性放缓”，并将全球增长发动机的角色让位给美国等更成熟的经济体。

国际货币基金组织在其2015年7月发布的《世界经济展望》报告中预测，2015年发展中国家和新兴市场经济增速将由4.6%降至4.2%，该组织认为许多新兴市场经济体（尤其是商品出口国）的利率和风险利差已经上升，暴露于能源价格风险之下的高收益债券和其他产品的风险利差也已扩大。不过，美国经济也面临一定的下行风险：若美国通胀意外上升则可能导致美联储被迫加息，从而可能增加金融市场不稳定性。财政政策和相应的政治边缘政策不确定性因素可能在2015年初有所增加。此外，来自外部环境风险也可能间接拖累美国经济复苏步调，诸如新兴市场经济包括中国在内的经济放缓，原油价格的飙升以及地缘政治冲突都可能间接影响美国经济复苏，见图1.3。

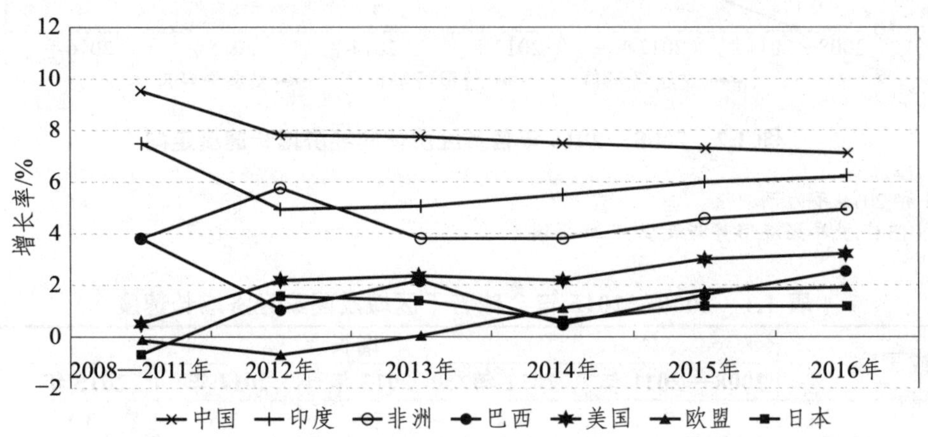

图1.3　2008—2016年若干国家和地区经济增长速度及预期

说明：2015年和2016年为预测值
资料来源：《2015年世界经济形势与展望》，联合国

（三）全球新增就业增长不力，青年就业问题日益严峻

2015年1月，国际劳工组织发布《2015年世界就业与社会前景趋势》，报告显示2014年全球失业人数高达2.01亿，比2008年全球经济危机爆发前增长了3000多万人。国际劳工组织同时预测未来5年全球失业率还将继续攀升，2019年全球的失业人口将增至2.12亿，且收入差距还会继续扩大。在2019年全球需要创建2.8亿个工作岗位才能应对就业缺口，见图1.4。

从区域情况看，美国和日本等发达经济体的就业形势有所改善，但欧元区仍处于困境，特别是在欧洲南部，青年失业仍然是一个严重的问题。从区域的发展趋势看，发达经济体的失业率有望逐渐下降，特别是欧盟地区，就业率的改善趋向最为乐观。相反，一些G20新兴经济体的失业率还将进一步上升，上升的原因主要是越来越多的劳动力从乡村去往城市，而乡村是典型的低失业率区域，这种劳动力迁移提高了失业率，在东亚地区这一趋势尤其明显：国际劳工组织预测到2017年东亚地区的失业率将达到5%，比2013年大幅提高了31.5%，这意味着就业形势的快速严峻化，见表1.2。

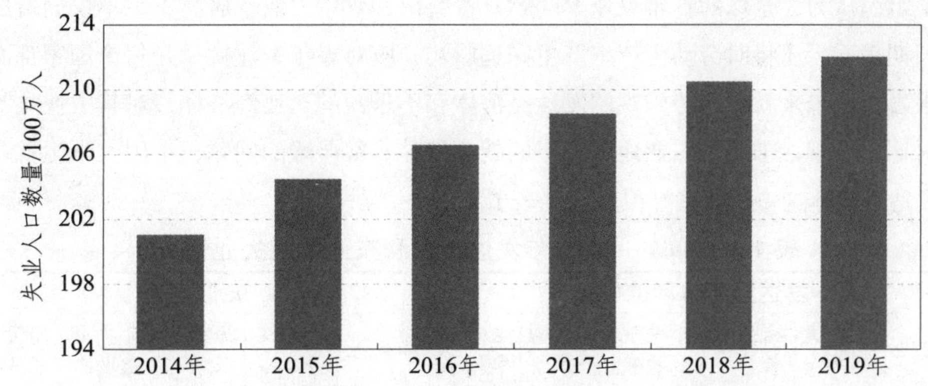

图 1.4 2014—2019 年全球失业人口数量及趋势

说明：2015—2019 年为预测值
资料来源：《2015 年世界就业与社会前景趋势》，国际劳工组织

表 1.2 2007—2017 年若干国家和地区的失业率

国家或地区	失业率 /%					
	2007 年	2013 年	2014 年	2015 年	2016 年	2017 年
全球	5.5	6.0	5.9	5.9	5.9	5.9
G20	5.0	5.7	5.6	5.6	5.6	5.6
G20 发达经济体	5.7	8.4	7.7	7.4	7.2	7.0
G20 新兴经济体	4.8	4.9	5.0	5.1	5.1	5.2
发达经济体和欧盟	5.8	8.5	7.8	7.5	7.3	7.1
澳大利亚	4.4	5.7	6.0	5.9	5.7	5.6
加拿大	6.0	7.1	6.9	6.7	6.6	6.6
日本	3.9	4.0	3.7	3.6	3.6	3.7
美国	4.7	7.4	6.2	5.9	5.5	5.2
欧盟	7.2	10.9	10.2	9.9	9.7	9.5
法国	8.0	10.4	9.9	10.0	10.0	9.9
德国	8.6	5.3	5.0	4.7	4.9	5.0
意大利	6.1	12.2	12.5	12.6	12.5	12.3
英国	5.4	7.5	6.3	5.9	5.7	5.5
中欧、东南欧和独联体	8.2	7.8	7.7	7.8	7.8	7.8
俄罗斯	6.0	5.5	5.1	5.3	5.4	5.4
土耳其	10.3	9.7	9.2	9.2	8.9	9.0
中东	10.2	10.9	11.0	11.0	10.9	10.8
北非	11.4	12.4	12.5	12.5	12.5	12.5
南非	22.3	24.6	25.1	25.0	24.9	24.8
拉美和加勒比海地区	6.9	6.3	6.6	6.8	6.9	6.8
巴西	8.1	6.5	6.8	7.1	7.3	7.3
墨西哥	3.4	4.9	4.9	4.8	4.5	4.3
东亚	3.8	4.5	4.6	4.8	4.9	4.9
韩国	3.2	3.1	3.5	3.5	3.5	3.5
东南亚和太平洋	5.5	4.3	4.3	4.3	4.2	4.2
印度尼西亚	9.1	6.2	6.2	6.1	5.9	5.8
南亚	4.0	3.9	3.9	3.9	4.0	4.0

说明：2015—2017 年为预测值
资料来源：《2015 年世界就业与社会前景趋势》，国际劳工组织

国际劳工组织认为，全球的青年失业率问题日益突出，青年失业率居高不下不仅会造成严重的社会问题，从长期来看，还将对劳动生产率产生深远影响，应对青年失业挑战是每个国家都必须认真面对的问题。报告选取未来就业趋势乐观的发达经济体和不乐观的东亚经济体，对其失业尤其是青年失业问题进行对比后发现，未来在东亚地区青年的就业将是非常严峻的问题，中国大学生就业形势尤为突出，而在发达经济体这一情况就好很多，见表 1.3。

表 1.3　2009—2019 年发达国家和东亚地区失业情况

项目	发达经济体和欧盟						东亚地区					
	总失业率 /%	青年失业率 /%	就业增长率 /%	青年就业增长率 /%	工资增长率 /%	生产效率增长率 /%	总失业率 /%	青年失业率 /%	就业增长率 /%	青年就业增长率 /%	工资增长率 /%	生产效率增长率 /%
2009 年	8.4	17.4	−2.2	−7.5	1.0	−1.5	4.4	9.4	0.4	−2.3	7.5	7.1
2012 年	8.6	18.0	0.5	−1.1	0.2	0.8	4.4	9.7	0.8	−3.9	7.7	5.9
2013 年	8.5	17.7	0.4	−0.2	0.2	0.8	4.5	10.1	0.7	−5.2	7.1	6.2
2014 年	7.8	16.7	1.2	0.9	0.5	0.6	4.6	10.5	0.5	−5.7	6.9	6.3
2015 年	7.5	16.3	0.6	0.1	1.4	1.6	4.8	10.8	0.4	−5.5	6.9	6.2
2016 年	7.3	15.8	0.5	0.1	1.5	1.8	4.9	11.1	0.3	−5.1	6.9	6.1
2017 年	7.1	15.5	0.5	0	1.8	1.8	4.9	11.4	0.2	−4.8	6.8	6.1
2018 年	6.9	15.2	0.4	−0.1	1.8	1.7	5.0	11.6	0.1	−4.3	6.8	6.0
2019 年	6.8	15.0	0.4	−0.1	1.7	1.7	5.0	11.7	0.1	−3.5	6.7	5.9

说明：2015—2019 年为预测值
资料来源：《2015 年世界就业与社会前景趋势》，国际劳工组织

与此同时，世界就业形势也正在发生深刻变化，人们日渐放弃传统的就业模式（被雇佣者依赖与雇主的雇佣关系，赚取稳定的薪金，为其全职工作），在发达经济体中，传统的就业模式越来越不占居主导地位，自营工作和其他形式的就业却在上升。而新兴经济体中依赖传统就业模式生存的就业增长也在放缓。雇佣关系发生转变和新工作模式传播背后的关键因素是企业组织生产方式中的诸多变革和新技术，基于对传统就业模式的政策和机制带来重大的挑战，各国的劳工法规必须适应这些多样化的就业形式。

（四）全球通胀水平冲高回落，通缩压力正在各地集聚

根据国际货币基金组织的数据，1990 年至 2013 年全球通胀率平均为 11%，2014 年该数值约为 3.9%。即便是在低通胀率的发达经济体，物价压力也大多呈下行方向，在 1990 年至 2013 年之间平均每年通胀率为 2.3%，2014 年为 1.7%。包括欧元区、日本、中国等多个经济体在内的通货膨胀率持续下行，通缩风险加大，美国的形势也不容乐观，2012 年以来欧洲、美国及英国的核心通胀率下降了 0.75%~1%。多家分析机构认为：低通胀正在全球范围内蔓延，并可能进一步带来通缩风险，全球经济可能进入“新常态”。

在全球总体流动性总体比较充裕，多国继续实施量化宽松政策的背景下，全球通缩风险却持续增强，这背后既包括世界经济增长迟缓、总需求不足等原因，更凸显出一些深层次的结构性因素：全球经济仍难以摆脱深度调整压力，全球已由国际金融危机前的快速发展期进入深度结构调整期。全球经

济复苏步伐低于预期，产出缺口依然保持高位，一些国家仍然在消化包括高负债、高失业率在内的金融危机的后续影响。同时，由于劳动力人口老龄化、劳动生产率增长缓慢导致全球经济潜在增速下降和价格总水平下降，见图 1.5。

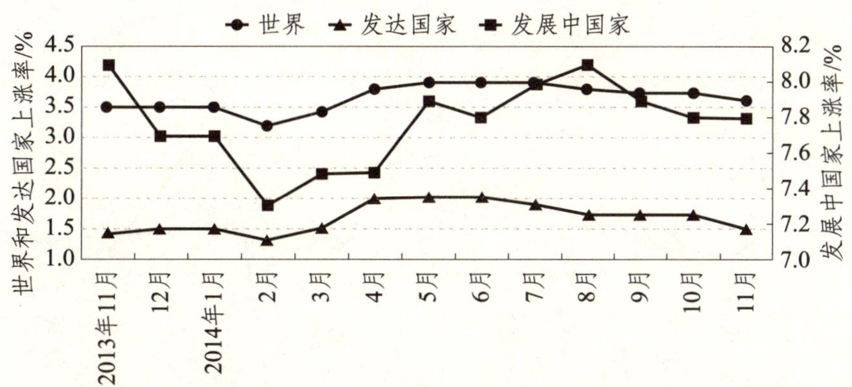

图 1.5 2013 年 11 月—2014 年 11 月世界、发达国家和发展中国家消费价格同比上涨率

说明：世界和发达国家的上涨率以左轴为为基准，发展中国家的上涨率以右轴为基准
资料来源：国家统计局国际统计信息中心

与此同时，各类经济体的通胀水平呈现差异化，2014 年前 11 个月，世界、发达和发展中经济体居民消费价格指数（CPI）同比分别上涨 3.7%、1.7% 和 7.4%。分月看，三者涨幅轨迹呈冲高回落走势，世界居民消费价格指数由 5—7 月份的年内最高值 3.9% 回落至 11 月份的 3.6%，发达国家由 4—6 月份的最高值 2.0% 回落至 11 月份的 1.5%；发展中国家由 8 月份的最高值 8.1% 回落至 11 月份的 7.8%。

发达国家通胀水平主要由供求决定，从需求方面看，宏观经济低迷导致有效需求不足，难以出现需求推动的物价上涨；从供给方面看，全球商品供给尤其是石油和天然气等大宗商品供给充裕，难以出现供给不足导致的通货膨胀，与发达国家相反，俄罗斯、巴西和印度等国始终保持较高的通货膨胀水平，新兴市场经济体通货膨胀的根源在于供给不足，紧缩的货币政策进一步抑制了工业生产，工业产品供给不足又进一步加剧物价上涨。此外，新兴经济体的通胀上涨原因还有：一是体制和政策因素，这些国家对农业和农产品流通领域的投入普遍不足，导致某些重要农产品供不应求，从而使食品价格上涨。二是高利率政策在一定程度上加剧了物价上涨。三是本币贬值加剧通货膨胀。2013 年以来，多数新兴市场经济国家货币不断贬值，导致进口商品价格上涨，从而形成输入型通货膨胀。四是垄断导致的物价上涨，在电力、天然气供应方面，这些国家存在较大的垄断势力，垄断产品价格的上涨加剧了通货膨胀。

全球的低通胀水平意味着通缩来临，而一旦步入通缩周期，对各国来说无论是货币政策、金融风险、经济增长都会相当艰难。持续的低通胀是很难维持的，通缩就是潜在的风险，在大萧条期间，物价的暴跌会导致产出的崩溃以及就业市场的萧条。

（五）全球贸易增长格局不容乐观，多边贸易谈判艰难推进

2014 年，世界贸易略有改观，但仍以较低的速度增长。2014 年 4 月世界贸易组织（WTO）发布

数据显示，自 1990 年以来，全球贸易额年平均增速为 5.1%，而 2012 年至 2014 年，全球贸易增速连续三年低于 3%，年均增速仅为 2.4%，见图 1.6。世界贸易组织认为，近几年来全球贸易增长乏力主要缘于金融危机后的经济疲软，预测 2015 年全球贸易额将增长 3.3%。这是该组织自 2014 年 9 月将贸易增长预期由 5.3% 调降至 4.0% 后的再度下调。

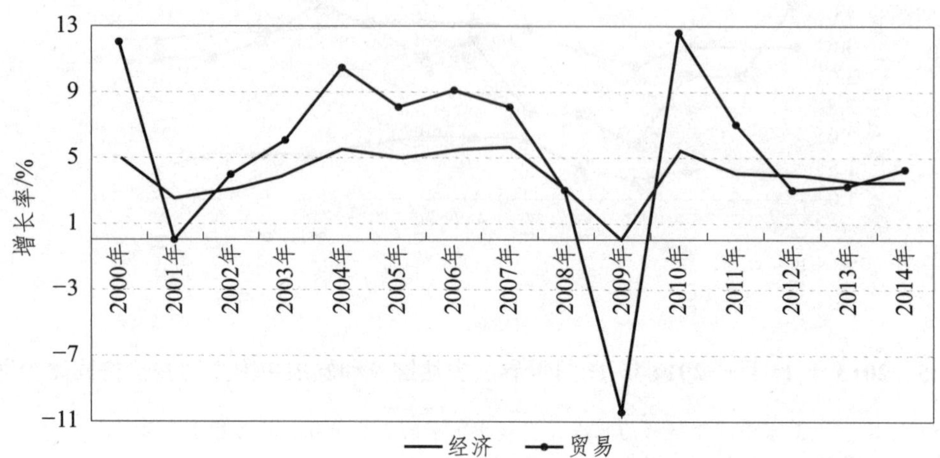

图 1.6　2000—2014 年全球经济与贸易增长率

资料来源:《2015 年世界经济形势与展望》，联合国

全球贸易增速下降原因主要有四个方面。一是各种贸易保护措施制约了贸易增长。在经济疲软的背景下，一些国家为了维护本国产业的国际市场份额，采取了形形色色的贸易保护主义方式，不仅发达国家层层设置贸易壁垒，一些新兴国家也频频出台新的贸易限制措施。二是地缘政治的影响。2014 年乌克兰危机不仅使乌克兰与俄罗斯的贸易关系出现紧张，而且也影响了乌克兰与美欧的贸易往来，中东地区持续不断的冲突也对地区贸易环境构成挑战。三是美国再工业化政策逐步发挥作用。再工业化导致部分生产环节回流国内，加上新兴产业进入生产阶段，能源自给战略导致石油进口减少，这在一定程度上减少了美国进口。四是发展中国家内需下降，投资快速回落，与之相关的进口也随之下滑。此外，包括原油在内的大宗商品价格下跌也对国际进出口贸易额产生影响。汇率的剧烈波动也使贸易态势和贸易前景更为错综复杂。

世界贸易组织对未来全球贸易提出预警：目前存在加大全球贸易预期不确定性的几大风险，其中最突出的在于美国和欧元区的货币政策分化。其他风险则包括欧元区的债务危机和新兴市场可能出现比预期更强的经济波动等，2015 年以来的贸易形势也印证了世贸组织的预警：受许多国家央行决策者密切关注的荷兰经济政策研究局（CPB）的贸易监测数据显示，2014 年 12 月到 2015 年 5 月的 6 个月中，全球贸易量下滑了 2%，是 2014 年 6 月以来最疲弱状态。仅 2015 年 5 月全球货运交易量就下滑了 1.2%。荷兰经济政策研究局还发现，以美元计价，从 2014 年 5 月以来，全球贸易单位价格下滑了 14%，较 2011 年 3 月创下的峰值跌去了接近 20%，2015 年 3 月、4 月和 5 月，单位价格接连刷新 2009 年年中以来的新低。荷兰经济政策研究局因此认为：全球贸易形势的严峻程度超过想象。

2014 年全球多边贸易谈判在全球经济处于弱势复苏通道的背景下推进艰难，区域贸易谈判日益活跃，全球贸易新格局显现。2014 年 6 月，七国集团峰会就贸易问题达成一致，重申保持市场开放和打击贸易保护主义的立场，支持环境产品和服务的贸易自由化；完全支持世界贸易组织为完成多哈回合谈判所作出的努力，并将有限快速落实“巴厘一揽子协议”。世界贸易组织 11 月 27 日宣布，有关落实《贸易便利化协议》的议定书最终得以通过，将正式被纳入世贸规则体系内。与此同时，区域性自贸区谈判的渐次展开，全球向世界贸易组织申报的区域贸易协定总数超过 500 个，已经生效的超过 300 个。跨太平洋战略经济伙伴协定（TPP）、跨大西洋贸易和投资伙伴关系协定（TTIP），以及区域全面经济伙伴关系协定（RCEP）等重要区域贸易协定也正在谈判中。

（六）全球外国直接投资额下滑，发展中经济体对外投资日趋活跃

联合国贸易和发展会议（UNCTAD）2015 年 6 月底发布的《2015 世界投资报告》显示，全球外国直接投资（FDI）流入量继 2013 年小幅反弹之后，2014 年下降了 16%，总量跌至 1.23 万亿美元。FDI 的缩量主要受全球经济复苏乏力、投资者受政策不确定性影响以及不断提高的地缘政治风险等因素的影响，见表 1.4。

表 1.4　2012—2014 年全球各类经济体 FDI 流入与流出金额

区域	FDI 流入金额 /10 亿美元			FDI 流出金额 /10 亿美元		
	2012 年	2013 年	2014 年	2012 年	2013 年	2014 年
发达经济体	679	697	499	873	834	823
欧洲	401	326	289	376	317	316
北美	209	301	146	365	379	390
发展中经济体	639	671	681	357	381	468
非洲	56	54	54	12	16	13
亚洲	401	428	465	299	335	432
东亚和东南亚	321	348	381	266	292	383
南亚	32	36	41	10	2	11
西亚	48	45	43	23	41	38
拉美和加勒比海地区	178	186	159	44	28	23
大洋洲	4	3	3	2	1	0
转型经济体	85	100	48	54	91	63
全球合计	1 403	1 467	1 228	1 284	1 306	1 354

资料来源：FDI/MNE database（www.unctad.org/fdistatistics），联合国贸易和发展会议

2014 年，欧洲、北美 FDI 流入量均大幅下降，亚洲发展中经济体 FDI 流入量再创新高，非洲与上年基本持平，拉美有所下降。发达经济体的 FDI 流入总量为 4990 亿美元，下跌了 28%，其中美国由 2013 年的 2310 亿美元大幅下降至 920 亿美元，在 FDI 流入量排序中也由第一位落至第三，排在中国内地和中国香港之后。与之形成对比的是：发展中经济体的 FDI 流入总量达到 6810 亿美元，增长了 2%，全球投资流入份额保持领先地位，而且世界上前十名 FDI 接受目的地中，有一半是发展中经济体和地区，如巴西和印度，中国超越美国成为最大的外国直接投资接受国，2014 年 FDI 流入量为 1290 亿美元，见图 1.7。

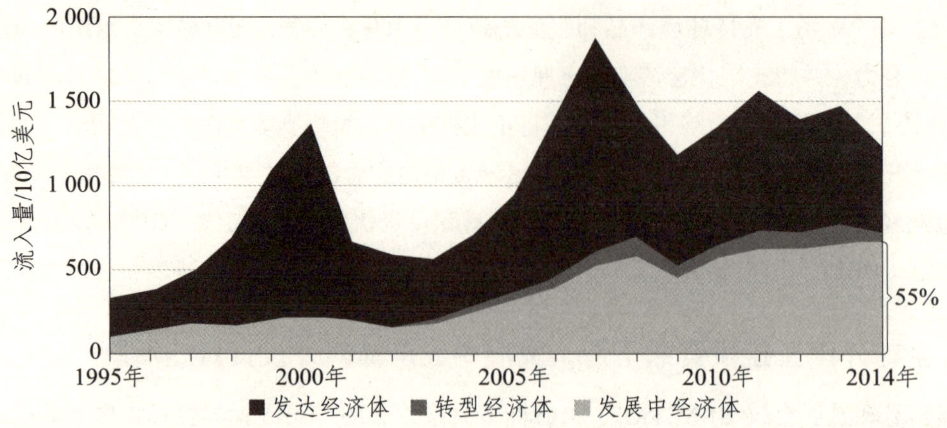

图 1.7　1995—2014 年全球各类经济体的 FDI 流入量

资料来源：FDI/MNE database（www.unctad.org/fdistatistics），联合国贸易和发展会议

FDI 流出方面，美国依然是最大的外资流出国，2014 年外资流出量为 3370 亿美元，其次是中国香港，外资流出额 1430 亿美元，中国内地排在第三位，外资流出 1160 亿美元，而日本由 2013 年的第二大流出国降序为第四，对外投资额也由 1360 亿美元下降到 1140 亿美元。发展中经济体在对外投资中的总量日益增长，2014 年的总量占比超过全球 33.3%（2007 年这一比重为 13%），其中来自亚洲的跨国公司的累计外资流出达到 4680 亿美元，比 2013 年大幅增长了 23%，见图 1.8。

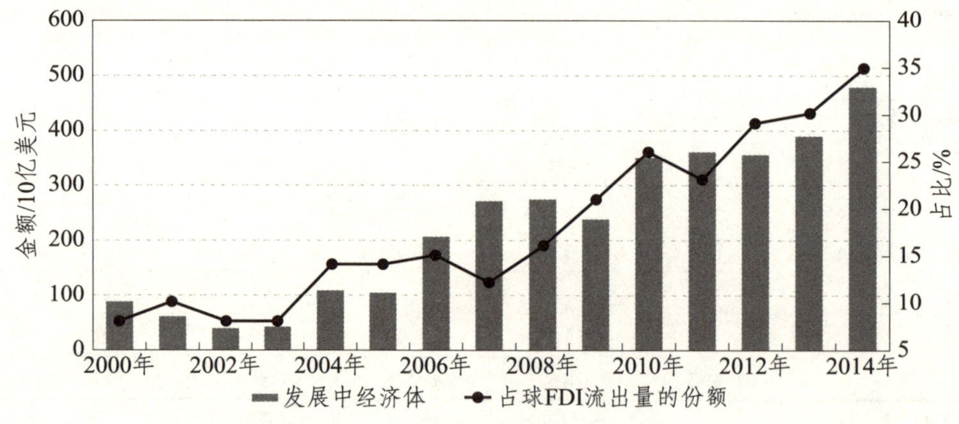

图 1.8　2000—2014 年发展中经济体在全球对外投资中的占比及增长态势

资料来源：《2015 世界投资报告》，联合国贸易和发展会议

联合国贸易和发展会议数据显示，全球跨国企业生产活动继续扩大，盈利处于历史较高水平。截至 2014 年底，全球最大的 5000 家跨国企业共持有 4.4 万亿美元现金，比 2008—2009 年金融危机期间的平均水平高 40%。在投资的行业结构方面，在过去的十年中，流向服务业的投资越来越多，原因是该行业的自由化和所有经济体对服务业的长期趋势，在 2012 年，服务占 FDI 存量的 63%，是制造业（26%）的两倍多。

投资政策方面，2014 年，全球外资政策总体上走向开放和便利化，但对国家安全、产业安全的关注上升。在国别层面，各国出台的外资政策继续朝着投资开放、投资促进及便利化方向发展。2014 年，至少有 50 个国家或地区在重审或修订其国际投资协定范本，超过 80% 的外资政策涉及放宽外资准入条件或减少对外资的限制，新出台的对外资的限制及监管措施主要涉及国家安全考虑或一些战略性产业（如交通、能源等）。与此同时，给予准入前国民待遇的国际投资协定尽管总量仍相对较少，但继续保持增长势头。目前，约有 228 个国际投资协定对外资“并购”及“设立”给予国民待遇。其中，多数涉及美国、加拿大、荷兰、日本以及欧盟，同时一些发展中国家也采取了这一做法，如智利、哥斯达黎加、韩国、秘鲁及新加坡等。

二、世界制造业总体发展动态与趋势

（一）全球制造业扩张速度放缓，发达国家势头胜于新兴市场

2014 年全球制造业继续扩张，但是扩张的速度有所放缓。截至 2014 年 12 月，全球制造业采购经理指数（PMI）已经连续 25 个月处于 50% 的临界点以上，处于积极扩张状态。但是从 2014 年年中开始全球制造业 PMI 指数开始走低，到第四季度的扩张速度持续放缓，12 月以全年最低值 51.6% 收官，并引发了经济下行的担忧。在各分项指标中，波动幅度最大的是投入价格，自年中起持续下滑，投入价格扩张速度受到牵制的根本因素是全球通胀水平连续保持低位，见图 1.9。

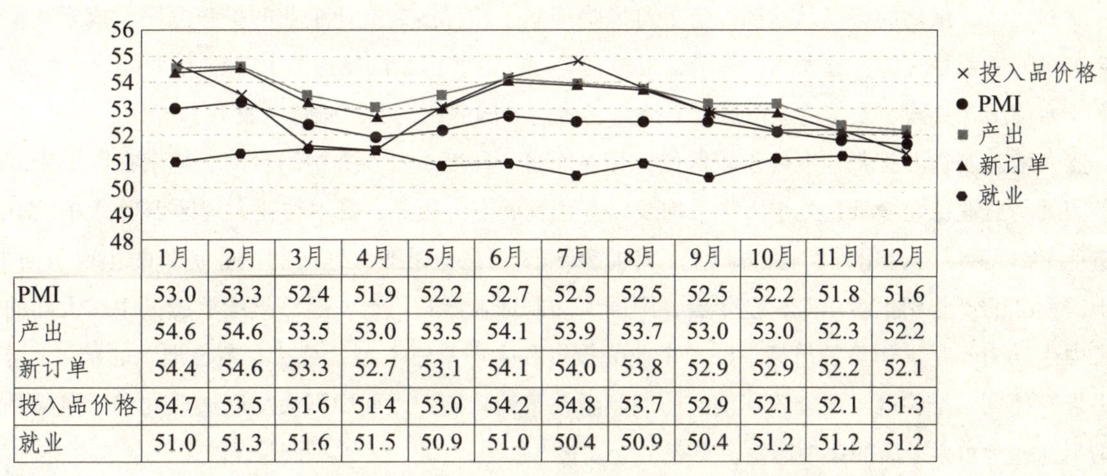

	1月	2月	3月	4月	5月	6月	7月	8月	9月	10月	11月	12月
PMI	53.0	53.3	52.4	51.9	52.2	52.7	52.5	52.5	52.5	52.2	51.8	51.6
产出	54.6	54.6	53.5	53.0	53.5	54.1	53.9	53.7	53.0	53.0	52.3	52.2
新订单	54.4	54.6	53.3	52.7	53.1	54.1	54.0	53.8	52.9	52.9	52.2	52.1
投入品价格	54.7	53.5	51.6	51.4	53.0	54.2	54.8	53.7	52.9	52.1	52.1	51.3
就业	51.0	51.3	51.6	51.5	50.9	51.0	50.4	50.9	50.4	51.2	51.2	51.2

图 1.9　2014 年全球制造业 PMI 指数及各分项指数变化态势

资料来源：上海科学技术情报研究所（ISTIS）分析整理

从区域格局看，2014 年制造业在地区之间的分化持续增强，表现为发达国家制造业扩张速度较新兴国家更快，美国和欧元区整体仍然运行在扩张通道中，而新兴经济体整体表现成为制造业不平衡的疲弱一极，整体处于低迷状态，指数出现下滑或是持续处于萎缩区域。

北美地区，除巴西以外（下半年 PMI 落至 50 以下），美国、加拿大、墨西哥的 PMI 都在 55 以上，尤其是美国制造业扩张速度处于领跑地位，从全年的 PMI 指数看，美国制造业总体上高于全球总体水

平，而且美国制造业的扩张对全球制造业 PMI 仍然有很大影响作用，美国仍然是全球制造业的主要驱动力。数据显示：美国工业生产已经恢复到危机爆发前的水平，而且美国工业并非简单恢复到过去的状态，而是在新的起点上重塑全球竞争力。次贷危机爆发后，电子产业和新能源已成为美国经济复苏的新动力。如今，美国在信息通信技术、能源技术革命、制造业高端技术的研发和利用方面具有突出的比较优势。展望未来，新型制造业将促进美国工业持续发展，见图 1.10。

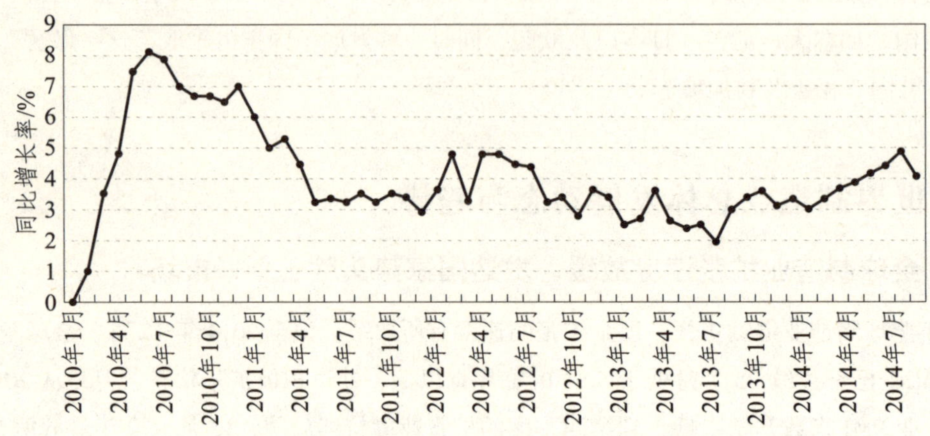

图 1.10　2010 年 1 月至 2014 年 7 月美国工业生产同比增速

资料来源：Wind

欧洲地区，俄乌局势以及欧洲经济下行风险抑制了欧元区制造业企业的扩张意愿。拖累其整体制造业扩张的主要是法国、意大利、希腊、奥地利等国，这些国家的制造业 PMI 全年大部分月份处于 50 以下，而德国、英国、爱尔兰、西班牙、捷克、荷兰等国的制造业扩张势头良好。

亚太地区制造业扩张速度处于较低位，相对而言，印度、日本、中国台湾、越南在区域中表现出色，印度制造业稳定增长且处于历史平均线以上，发展态势良好，日本在亚太地区表现良好，2014 年制造业 PMI 除 4、5 月份外均在 50 以上，印尼和韩国则是拖累亚太地区制造业扩张的主要负面力量。而中国大陆的形势则不容乐观，全年看，中国大陆制造业增长下行，经济继续放缓，中国大陆的经济增长内生动力不足，物价的持续下跌，企业的投资和生产意愿不足，是“三期叠加”的结果：增长速度进入换挡期、结构调整面临阵痛期、前期刺激政策消化期，因此中国大陆制造业的下行风险是经济结构不合理所积累矛盾的集中爆发，见表 1.5。

表 1.5　2014 年全球及部分国家与地区制造业 PMI 指数

月份	全球	美国	欧元区	德国	英国	日本	中国大陆
1 月	53.0	53.7	53.9	56.5	56.7	56.6	49.5
2 月	53.3	57.1	53.2	54.8	54.2	55.5	48.5
3 月	52.4	55.5	53.0	53.7	55.3	53.9	48.0
4 月	51.9	55.4	53.4	54.1	57.3	49.4	48.1
5 月	52.2	56.4	52.2	52.3	57.0	49.9	49.4
6 月	52.7	57.3	51.8	52.0	57.5	51.5	50.7
7 月	52.5	55.8	51.8	52.4	55.4	50.5	51.7
8 月	52.5	57.9	50.7	51.4	52.2	51.2	50.2

（续表）

月份	全球	美国	欧元区	德国	英国	日本	中国大陆
9 月	52.5	57.5	50.3	49.9	51.6	51.7	50.2
10 月	52.2	55.9	50.6	51.4	53.2	52.4	50.4
11 月	51.8	54.8	50.1	49.5	53.3	52.0	50.0
12 月	51.6	53.9	50.6	51.2	52.5	52.0	49.6

说明：除中国为汇丰指数外，其他国家和地区为 Markit 指数

资料来源：上海科学技术情报研究所（ISTIS）分析整理

（二）区域比较优势的动态变化正重塑全球制造业版图

近两年发达经济体在“再工业化”战略的推动下，加之其惯常的核心技术领先优势，进一步强化了发达国家在全球制造业发展中领先地位的凸显，全球制造业的区域比较优势正在发生动态变化，总体趋向是发达国家在制造业价值链的高端环节将进一步强化并稳固其竞争优势，而新兴经济体在技术创新不力、成本优势下降的情况下其制造业发展面临的压力将进一步加大。

2015 年初联合国工业发展组织发布了全球工业发展形势季度报告，根据该季报披露的数据，2014 年制造业产出增长速度方面，北美地区和欧洲地区都呈正向增长，而东亚地区则出现了负增长，制造业在不同经济体中的扩张速度明显分化。在这一趋向下，世界制造业版图在产业链、区域转移等方面正在出现一些新的变化，见图 1.11。

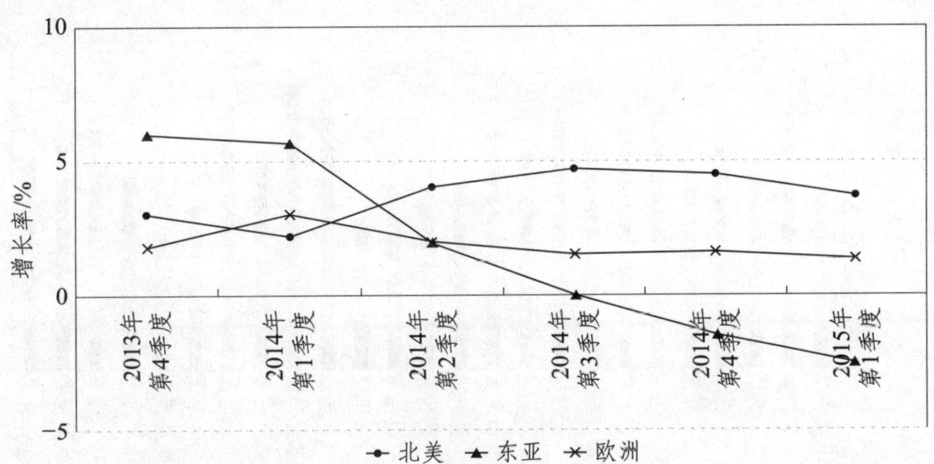

图 1.11　2013 年第 4 季度—2015 年第 1 季度世界主要经济区域制造业产出增长速度

资料来源：UNIDO Statistics

一是发达经济体仍将盘踞高端价值链环节并主导全球制造业分工。虽然制造业在发达经济体经济总量中的比重不断下降，但其国际竞争力依然远远高于新兴经济体，且是世界制造业的引领者。例如制造业在美国经济中的比重只有 15% 左右，但是在全球所占的份额仍高达约 20%，且近两年美国制造业的 PMI 扩张态势领先于全球平均水平，尤其重要的是美国拥有世界上最先进的技术装备和技能水平最高的劳动力，处于全球产业链的高端。又如作为全球制造装备的“领头羊”，德国制造业拥有强大的设备和车间制造工业，在信息技术领域拥有很高的能力水平，在嵌入式系统和自动化工程方面也有

专业技术，其提出的“工业 4.0”发展战略更是引领了全球制造业智能化发展的风潮。英国方面则早在 2008 年就推出“高价值制造”战略，推进服务业与制造业的融合，鼓励英国企业在本土生产更多世界级的高附加值产品，因此英国制造业的财富越来越多地产生于技术和设计创新环节。

二是新兴经济体制造业追赶发达经济体的速度将显著放缓，尤其是在高端制造领域的差距可能进一步加大。发达经济体“再工业化”战略的重心在于高科技含量和高附加值的高端制造产业，利用雄厚的技术基础、人才优势、强大的研发能力和良好的市场机制，率先在数字化制造、新能源、下一代信息技术、生物、新材料、智能服务等新兴产业发展方面取得突破，从而实现制造业的革命性升级，这将进一步导致新兴经济体的制造业发展面临分工低端化、技术低级化、低端锁定化的严峻挑战。因此，全球制造领域的实力对比将继续向发达经济体倾斜，新兴经济体在制造业方面追赶发达经济体的速度较上一个十年将显著放缓。

三是新兴经济体的制造业成本优势将不再凸显。随着发达经济体逐步形成制造业领域的成本新优势（例如美国页岩气的成功开采），新兴经济体的制造业成本优势将逐渐弱化。随着新兴国家劳动力工资提升、土地价格上涨等因素的影响，制造业生产成本优势地区的分布逐渐缩小。2014 年 6 月，波士顿咨询公司对 25 个出口大国及地区的制造成本进行了评估，发现一些传统意义上的低成本国家实际上已名不副实。例如过去十年间，巴西制造业成本上升超过 15%，开始步入高成本国家行列；中国目前的制造业成本优势相对于美国来说已经下降到不足 5%，其中中国的制造业工资成本十年间上升了 187%，工业用电成本上升了 66%，工业天然气成本上升 138%，见图 1.12。

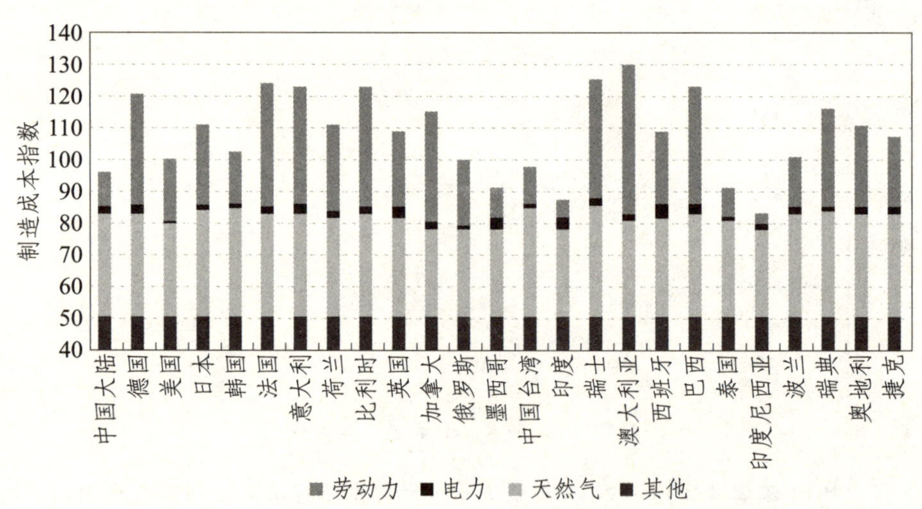

图 1.12　2004—2014 年若干国家制造业成本指数的变化

资料来源：*the shifting ecomonics of global manufacturing*，波士顿咨询公司

四是新一轮产业转移已经启动。渣打银行的一项研究显示，未来十年里，全球供应链性质的改变将重塑全球贸易格局。其中，作为世界最大全球供应链源头的中国，将剥离大部分低成本制造业，而从中国的低成本制造业转移中收益的主要是印度，孟加拉国和非洲也将分得一杯羹。与中国制造业产能迁移相比，全球供应链的最大转变更多来自日本、韩国、美国和欧洲的新投资流向东盟、印度及其他地区，过去部分投资可能会流向中国，但今后它们将会越来越多地寻找新目的地。

（三）技术革新与产业融合推动制造业的组织模式发生变革

制造业是集成体现区域整体技术创新实力的行业，当前制造业正在经历新的变革，在技术融合、产业融合尤其是信息技术的推动下，制造业不再仅仅是一个单纯的产业形态，而是将担负起创新母体的重要角色，制造业正成为各国创新发生的核心环节、培育创新能力的重要场所和保持竞争优势的强力支点。这也正是欧美再工业化、复兴制造业的重要原因，也是日本要实现强劲的经济复苏不可能离开制造业深度发展的理由。

2015 年 3 月，世界经济论坛发布了《2015 年十大新兴技术》报告，给出了 2015 年十大新兴技术，并对其发展前景进行了分析论述，这些技术有些是某一制造行业的革新性技术，例如燃料电池汽车，有些是制造业的共性技术，例如可回收的热塑性塑料，尤其值得关注的是这份榜单中的增材制造技术、人工智能、下一代机器人技术、分布式制造技术都是即将或者正在为制造业带来颠覆式变革的重大共性技术，见表 1.6。

表 1.6　世界经济论坛发布的 2015 年十大新兴技术

排序	技术领域	简单释义
1	燃料电池汽车	零排放、用氢气驱动的汽车
2	下一代机器人技术	机器人将从大型的生产组装线进入更为宽泛的应用领域，完成高强度的制造任务或不适合人类直接参与的特殊工种
3	可回收的热塑性塑料	这种新型塑料因为其独特结构，能够循环利用，虽然不能保证百分之百的回收利用率，但对循环经济的发展有着巨大的推动作用
4	精确基因工程技术	与传统转基因技术不同的是，精密基因工程技术是在物种现有的基因序列上进行调整，产生的重要影响之一是增强种植物的耐受性，降低对水源、土地以及化肥等外部资源的依赖
5	增材制造	增材制造技术仍处于发展初期，有望在今后十年获得迅猛发展，很可能颠覆传统的制造加工流程和供应链。下一个阶段增材制造的重点将是 3D 打印集成电路元件，比如电路板；纳米级的计算机核心部件，比如处理器
6	自然人工智能	通过获取大量的信息，机器可以自主学习、自主进化
7	分布式制造技术	分布式制造技术以原材料供应及制造方式“去中心化”为目标，不断改变人类制造和交付产品的方式
8	“感知并且避让”飞行器	飞行器能够感知周边环境并做出反应，改变飞行高度和飞行轨迹，避免与其他物体相撞
9	神经形态技术	能够模仿人脑神经连接的计算机芯片，极大地提高计算机的运行速度和计算处理能力，加速机器学习的速度
10	数字化基因组	对人体基因组进行测序并数字化已经成为现实。随着基因检测成本的不断降低，获取个人基因排序已经不再是昂贵的特权。随着基因组数字化程度进一步加深，医生可以精准地判断病因并提供治疗方案

资料来源：《2015 年十大新兴技术》，世界经济论坛

在这些新技术中，大部分技术都是与信息技术直接或间接相关的，新一轮工业革命正是基于信息物理系统、物联网和互联服务的革命，它将产生大量的数据流，这些大数据能够被搜集和分析用于指导高效高质的生产，预计未来制造业 80% 的创新都将基于信息通信技术。新一代信息技术与制造业深度融合，正在引发影响深远的产业变革，形成新的生产方式、产业形态、商业模式和经济增长点。网络众包、协同设计、大规模个性化定制、精准供应链管理、全生命周期管理、电子商务等正在重塑产业价值链体系，制造业整体的技术革新与产业融合正呈现以下三个特点与趋势。

一是制造业的产业边界渐趋模糊，新行业不断衍生。新技术产业应用步伐的加快，推动着生产边界的扩大和市场对产品服务的广泛需求，使得制造业的生产与生产性服务的界限变得模糊起来，可能需要对先前的制造业与服务业的划分重新认识。而生产上前后接续的上下游产业，也正开始作为不同的生产工序日趋融合为全产业链条上的各个生产环节。与此同时，可穿戴智能产品、智能家电、智能汽车等智能终端产品不断拓展制造业新的行业领域。

二是生产组织形式将出现颠覆性的变化，“互联网 +”成为产业发展新常态。借助互联网技术打造的新平台，创新载体由单个企业向跨领域多主体的创新网络转变，满足客户需求的个性化生产，触角遍及各地的物联网络，整个生产过程将有设计者、生产者和消费者共同参与，生产小型化、智能化、专业化特征日益突出。同时，这一高效的新型生产方式将不再受地理位置与区域上的距离限制。基于信息物理系统（cyber physical system）的智能装备、智能工厂等智能制造正在引领制造方式变革。

三是制造业的后大规模（post-mass）生产时代或将来临。机器人技术、人工智能、3D 打印和新型材料等技术正在引发一场新的工业革命，它将改变制造商品的方式，并改变就业的格局。一个后大规模生产的制造业时代正在来临，这场革命不仅将影响到如何制造产品，还将影响到在哪里制造产品，传统的以无个性规模制造立家的制造模式必将受到冲击。

（四）国家战略与企业实践下的制造业智能化发展趋势

智能制造已经成为制造业未来发展的全新驱动因素，世界主要工业国家都提出明确的政策支持体系来应对该轮制造业革新浪潮，并已经在智能制造领域积累了大量的发展经验。发达工业国家的先行经验表明，通过发展工业机器人、高端数控机床、柔性制造系统等现代装备制造业控制新的产业制高点，通过运用现代制造技术和制造系统装备传统产业来提高传统产业的生产效率，能够对制造业重塑和实体经济腾飞提供充分的可能性。

随着新一代大数据、云计算、物联网、互联网新技术的突破，智能制造的概念进一步向系统化、集成化纵深发展，催生了精准制造方式等革新，目的在于以网络为手段实现对制造的全流程管控，特别是凸显工业物联网对传统制造方式的革命性意义。由德国提出的“工业 4.0”即是智能制造在新的技术条件下的愿景。

“工业 4.0”目前即便在德国还处在初始发展阶段，其愿景的实现还存在诸多障碍，但是，这并不影响它进一步推动全球各国推进制造业智能化发展的热潮，并几乎完全取代了早先的数字化、信息化、网络化等制造业发展趋向的提法，被誉为开启了“第四次工业革命”。

“工业 4.0”项目主要分为两大主题，一是“智能工厂”，重点研究智能化生产系统及过程，以及网络化分布式生产设施的实现；二是“智能生产”，主要涉及整个企业的生产物流管理、人机互动以及 3D 技术在工业生产过程中的应用等。“工业 4.0”概念包含了由集中式控制向分散式增强型控制的基本模式转变，目标是建立一个高度灵活的个性化和数字化的产品与服务的生产模式。波士顿咨询公司认为，在工业 4.0 带动的工业转型中，传感器、机器、工件和信息技术系统将在整条价值链上融合到一起。这种实体设备与互联网相互连接的制造系统能对数据进行收集分析，对错误进行预判，并能不断进行自我调整，从而适应不断变化的环境。工业 4.0 技术将大大提升制造效率，推动经济转型，改进劳动力就业结构，并最终改变公司乃至国家之间的竞争格局。

2015 年 4 月，波士顿咨询公司发布题为 *Industry 4.0: the future of productivity and growth in manufacturing industries* 研究报告，报告中提出了工业 4.0 的九大支撑技术，分别是：自动机器人、模拟技术、水平和垂直整合系统、工业物联网、网络安全、云计算、增材制造、现实增强技术、大数据分析技术。相应的，一个国家和地区在这九大技术领域的技术发展水平、创新实力以及实践应用强度的差异，将决定制造业的智能化发展水平的差异。

为了量化世界范围内工业 4.0 技术带来的影响，波士顿咨询公司以德国的制造业为研究对象，研究工业 4.0 的影响力。研究发现，在未来 5~10 年，越来越多的公司将采用工业 4.0 技术。德国制造业的生产率提高将达到 900 亿~1500 亿欧元。除生产资料以外的可变成本将降低 15%~25%。工业部件制造企业将获得最大的生产效率提升（20%~30%），例如汽车制造企业生产率将提高 10%~20%。

与此同时，工业 4.0 技术将助推企业收入增长。制造商对新型设备和数据应用的需求将大大增多，消费者对定制产品的需求也将增多。这将为德国每年新增 300 亿欧元收入，大致等于德国 GDP 的 1%。而且，工业 4.0 实施中采用大量工业机器人后不但不会增加失业率，还将改善就业，未来十年工业 4.0 技术将带动就业人数提高 6%。在机械工程领域，就业人数提升的幅度更大，将达到 10% 左右。企业需要的技能也将发生改变，短期内自动化技术的相关人才将替代技术含量低、重复性高的工作。同时，软件、互联网和数据分析方面的人才需求将越来越大。预计大规模采用工业 4.0 技术将在未来十年带动 2500 亿欧元的投资。

而在美国，与德国的工业 4.0 相似的概念是通用电气公司于 2012 年提出的“工业互联网”，二者在本质上并无根本区别。在工业互联网的思维架构下，通用电气公司希望通过生产设备与信息技术相融合，促进高性能设备、低成本传感器、互联网、大数据收集及分析技术等的组合，大幅提高现有产业的效率并创造新产业。2013 年，通用电气宣布将在未来三年投入 15 亿美元开发工业互联网。随后通用电气、国际商业机器公司（IBM）、思科、英特尔和美国电话电报公司（AT&T）等行业龙头企业联手组建了工业互联网联盟（IIC），大力推广工业互联网，以期打破技术壁垒，通过促进物理世界和数字世界的融合。其目的旨在加快互联机器与设备的开发、采集和广泛使用，促进智能分析，并为工作者提供帮助。现在，工业互联网联盟成员已达 167 家。

虽然工业互联网不是美国的国家战略，但由于涉及美国信息产业以及制造业众多龙头企业，其战略目的是美国“再工业化”，其技术核心也是信息物理系统，与德国工业 4.0 的战略目标、手段等几乎完全匹配。

智能制造已经被普遍认为是此轮工业革命的核心动力，国外主要发达工业国家都已出台相应政策对智能制造发展积极筹划布局。表 1.7 为世界主要国家推动智能制造发展的部分政策，相关政策举措的详细内容将在本章第四部分进行解读。

其实，信息通信技术对制造业的先进化发展推进有路径可循，工业 4.0、工业互联网、产业物联网、大数据分析都是信息通信技术自身进步和与制造业的融合深度加强的体现，上世纪中期开始，计算机集成制造、敏捷制造、虚拟制造等技术系统开始对制造业产生重大影响，其后，计算机辅助设计、计算机数控、计算机服务制造、计算机集成制造系统开始出现，直至虚拟制造和当前的智能制造，构成了信息通信技术与制造技术融合程度不断深化、强化的发展路径。

表 1.7 世界主要国家应对智能制造的政策计划

政策名称	国家	提出时间	政策目标
“再工业化”计划	美国	2009 年	发展先进制造业，实现制造业的智能化，保持美国制造业价值链上的高端位置和全球控制者地位
“工业 4.0”计划	德国	2013 年	由分布式、组合式的工业制造单元模块，通过组建多组合、智能化的工业制造系统，应对以智能制造为主导的第四次工业革命
“创新 25 战略”计划	日本	2006 年	通过科技和服务创造新价值，以“智能制造系统”作为该计划核心理念，促进日本经济的持续增长，应对全球大竞争时代
“高价值制造”战略	英国	2014 年	应用智能化技术和专业知识，以创造力带来持续增长和高经济价值潜力的产品、生产过程和相关服务，达到重振英国制造业的目标
“新增长动力规划及发展战略”	韩国	2009 年	确定三大领域 17 个产业为发展重点推进数字化工业设计和制造业数字化协作建设，加强对智能制造基础开发的政策支持
“印度制造”计划	印度	2014 年	以基础设施建设，制造业和智慧城市为经济改革战略的三根支柱，通过智能制造技术的广泛应用将印度打造成新的“全球制造中心”

资料来源:《新一轮产业革命的全局战略分析——各国智能制造发展动向概览》，林汉川等 .

数字化工厂: 数字化工厂（digital factory）是由数字化模型、方法和工具构成的综合网络，集成了产品、过程和工厂模型数据库，通过先进的可视化、仿真和文档管理，以提高产品的质量和生产过程所涉及的质量和动态性能。

智能工厂: 智能工厂是在数字化工厂的基础上，利用物联网技术和监控技术等新兴技术加强生产管理，提高生产过程可控性、计划排程合理性，减少生产线人工干预，构建高效、节能、绿色、环保、舒适的人性化工厂。

智能制造: 智能制造本质是人机一体化。通过人与智能机器的合作，扩大、延伸和部分地取代技术专家在制造过程中的脑力劳动。它把制造自动化扩展到柔性化、智能化和高度集成化。智能制造系统不只是人工智能系统，而是人机一体化智能系统，是混合智能。系统可独立承担分析、判断、决策等任务，突出人在制造系统中的核心地位，同时在智能机器配合下，更好发挥人的潜能。机器智能和人的智能真正地集成在一起，互相配合，相得益彰。

制造业智能化一方面推动智能装备等产业的升级发展、衍生可穿戴智能设备等新兴行业，另一反面，云计算、大数据等技术渗透到传统产业，给相关产业带来新的发展景象。以大数据技术对传统船舶行业的改造为例：船舶行业是一个全球性且规模庞大的行业，联系着设计、制造和运输业等，与许多行业的大数据存在隐形关联。随着船舶设备逐步智能化，卫星定位技术和通信技术日渐成熟，对于营运船舶物理数据的测量已成为可能，航运业船岸信息一体化也成为现实。通过对营运船舶数据进行收集、统计分析以及价值挖掘，可以获得很多有价值的信息，如船舶的功率与航速、船舶能耗数据、风浪对船舶航速的影响、各种节能措施的效果、污底对功率的影响、航线航区的海况资料和各类设备运行状态等，不仅对航运业作用巨大，对于造船业也具有重要的价值。为此，欧洲已经发布了海上无人导航系统（MUNIN）项目，旨在发展新一代控制系统与通信技术，显示在港和离港船舶的状态。日本船舶技术研究协会正开展船舶“大数据路标”研究工作，大量搜集船舶的航行及其相关数据形成大数据，应用于船舶的节能航行、船型开发、装备远程维护等项目。

（五）“互联网 +”推进制造业服务化的升级转型

制造业服务化的过程是服务对于制造企业业务价值增加的过程。服务化已经成为引领制造业产业升级和保持可持续发展的重要力量，是制造业走向高级化的重要标志之一，制造业的生产将从提供传统产品制造向提供产品与服务整体解决方案转变，生产、制造与研发、设计、售后的边界逐渐被打破。

自 20 世纪 80 年代以来，服务化就已经成为制造业发展的主要趋势之一，在工业产品附加值的构成中，纯粹的制造环节占比越来越低，而研发、工业设计、物流、营销、品牌管理、知识产权管理、产品维护等服务占比越来越高。随着制造业和服务业之间的融合日渐深入，制造企业借助服务化不断提高其产品附加值。以汽车产业为例，当汽车工业进入成熟期后，单纯的汽车制造投资回报率大约为 3% ~ 5%，而围绕汽车的服务投资回报率高达 7%~15%，基于此，通用汽车、福特汽车等一批汽车制造企业开始从“以生产为中心”向“以服务为中心”转型。

制造业服务化实现了制造业在产业形态、发展模式上的根本性变革，使得企业在服务中找到了更广阔的发展空间。根据麦肯锡的研究报告，美国制造业的从业人员中，有 34% 是在从事服务类的工作，生产性服务业的投入占整个制造业产出的 20%~25%。随着发达国家中一些大型制造企 业服务化转变的完成，制造业服务化水平已成为在全球制造业竞争加剧下衡量制造业竞争力强弱的标准之一，见图 1.13。

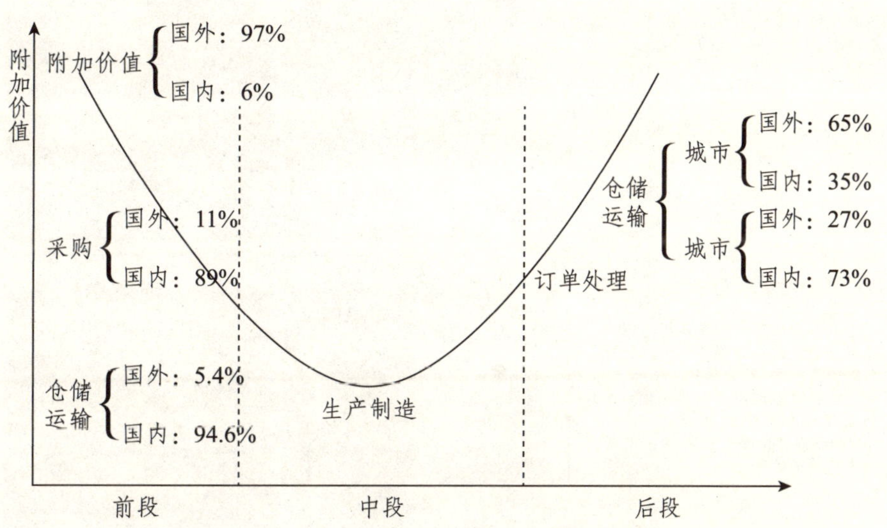

图 1.13　全球制造业与服务业融合现状

资料来源：《高端装备制造商业模式综述》，华安证券

当前，信息技术的发展进一步推动制造业服务化进程的加快和融合方式的革新。以“互联网 +”为核心的信息技术具有高渗透性、带动性、倍增性、网络性和系统性的特点，能够推动制造业和服务业之间的融合发展。互联网技术的应用，从根本上改变了服务产品无形性、不可存储性、生产和消费同时性等传统属性，使得服务变得有形化、可存储、可贸易，极大地促进了制造业与服务业的关联性和协同性，成为制造企业增强核心竞争力的重要手段。信息技术的快速发展从根本上推动了制造业服务化进程的加快。

企业通过产业物联网，可以提供新的服务，改进产品并打入新的市场，实现产业升级。例如，通用电气、米其林以及克拉斯集团正向市场推广其结合数字化服务的“产品 + 服务”的混合模式。而即便那些不进行产品销售的企业，例如虚拟影像公司，也能利用这一机会将业务拓展至数字化服务领域。

“产品 + 服务”的混合商业模式通过产品销售和租赁相结合，运用数字化服务获取经常性收入。这些数字化服务也使资源类和加工类企业能够更好地洞察价值链上的各环节，制定更为合理的战略决策，从而通过其他方式提高生产效率。不同于产品特性变更，这些“产品 + 服务”的混合商业模式应摆脱渐进的方式，必须从客户需求出发，采用突破性方案解决关键性的业务问题。然而，这一混合商业模式并不总以市场为首要考虑因素，服务供应商和产品制造商也不必非得是同一家企业，见图 1.14。

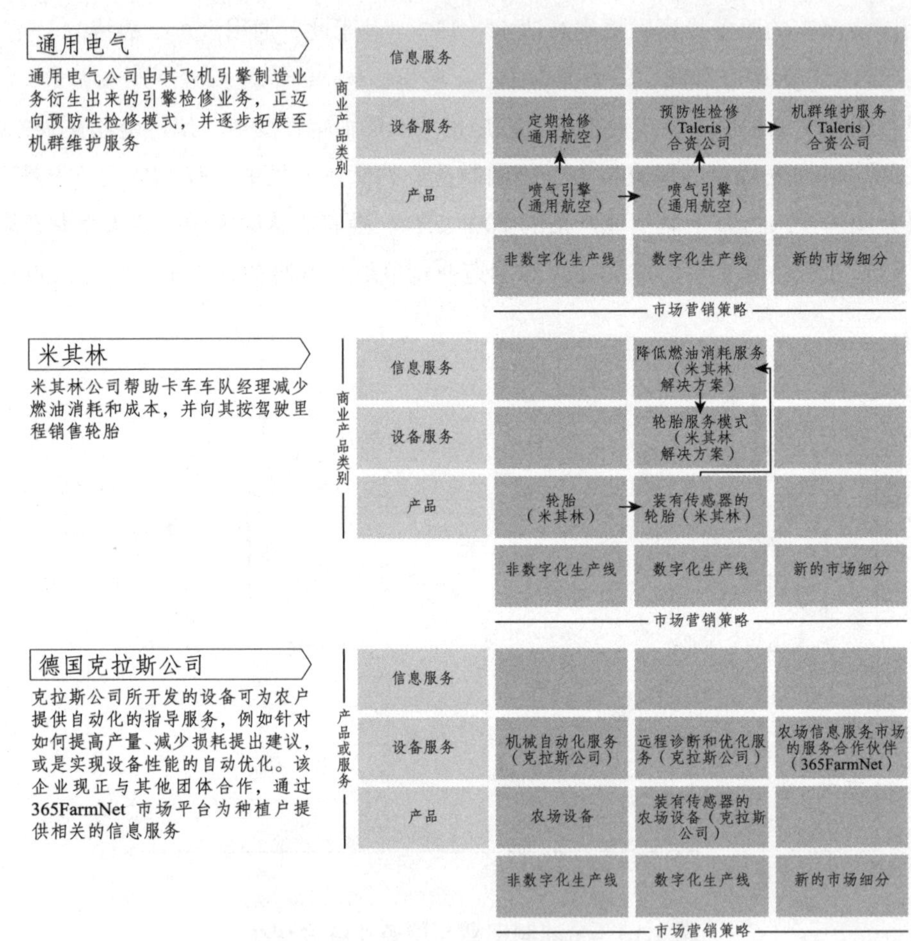

图 1.14　制造与服务融合的企业案例

资料来源：《产业物联网——独辟蹊径助推企业增长》，埃森哲

从发展趋势看，“互联网 +”将通过如下 4 种模式推进制造业企业的服务化升级转型。

一是围绕产品提供附加服务模式。“互联网 +”通过连接用户和制造企业，促进制造业企业提供多元化服务，从研发、设计、生产到售后的各个环节来实现产品的增值。随着大规模加工制造和工艺的日趋成熟，标准化工业制成品的大规模、大批量生产越来越容易，产品同质化的竞争愈演愈烈。在新的市场竞争环境下，制造业企业纷纷利用互联网工具拉近与终端客户之间的距离，寻求基于产品功能的增值服务，实现产品运行的稳定性、效应最大化，以实现与传统企业的差异化竞争优势。

二是创新产品交易便捷化模式。在信息技术的推动下，智能制造、创新设计等革命性的制造方式，众包、电子商务、网络购物、网上银行等新业态都在提高产品交易的便捷化水平。基于以互联网为核心的信息技术的广泛应用，制造业企业可以通过多元化的金融服务、精准化的供应链管理和便捷的电子商务等方式提高产品、服务的交易效率和便捷程度，提升制造业企业综合竞争力。

三是进一步整合产品与服务。随着制造业产品的不断完善，客户的需求已经从单一的产品向产品及服务方向升级。能否为客户提供产品的集成及全面的解决方案，成为影响制造企业能够赢得市场的重要因素。“互联网 +”利用模式和功能创新，向客户提供从规格、研发、设计、制造、建置、维修的一体化服务及系统化的产品整合，能够帮助制造业企业扩展业务、实现产业的进一步升级。

四是根据客户需求打造专业服务模式。“互联网 +”推动了制造业企业从基于产品的服务向客户需求服务的转变。制造业企业通过其在价值链上游的运营优势，提供与自身产品紧密相邻的专业化服务。制造业服务化与服务业之造化相向发展，使得企业价值链重构为一条既包含制造业价值链增值环节，又包含服务业价值链增值环节的融合型产业价值链，与原有单纯的服务业价值链和制造业价值链相比，具有更广阔的利润空间和增长潜力。

（六）循环经济发展理念下制造业的绿色化发展趋势

生态环境与生产制造的矛盾日益激化，推动了工业设计理念的革新和传统技术的改造升级，以实现资源能源的高效利用和对生态环境破坏的最小化，传统的“获取—制造—丢弃”线性工业模式正面临变革调整。欧美的“绿色供应链”、“低碳革命”，日本的“零排放”等新的产品设计理念不断兴起，“绿色制造”等清洁生产过程日益普及，节能环保产业、再制造产业等静脉产业链[1]不断完善，都表明制造业的绿色化发展目标已经成为制造业的共识。而低能耗、低污染的产品也逐步显示出其强大的市场竞争力，见图 1.15。

2014 年 1 月世界经济论坛（WWF）发布循环经济研究报告 *Towards the circular economy: accelerating the scale-up across global supply chains*，对发展循环经济的紧迫性、对全球社会经济发展的重要性以及相关的解决方案进行了论述，当月的《麦肯锡季刊》对此进行了详细解读。

全球供应链循环经济以杜绝浪费为宗旨，而当前的资源浪费现象依然十分严重，以快速发展的消费品行业为例，该行业每年用掉价值达 3.2 万亿美元的材料，其中约 80% 未予回收。精益管理所追求的在制造流程工艺中减少浪费只是其中的一部分，这一理念还应深入贯穿到产品及部件的各个生命周期和使用中。这意味着很多情况下，以往的废品成为后续使用的有价值的给料。确切地说，通过产品设计将零部件及产品的利用和再利用周期紧密结合，这才是循环经济的真实概念，也可以帮助人们将其与损耗大量能源和劳动力的“回收”区分开来。

传统经济体系下的制造商往往不对两者加以区分，但在循环经济中，消费品需要使用无毒的纯粹的部件，最终它们会回归到生物圈发挥“补给”作用。耐用的部件（如金属和大多数塑料品）要通过

[1] 静脉产业（Venous Industry）即资源再生利用产业，最早由日本学者提出。是以保障环境安全为前提，以节约资源、保护环境为目的，运用先进的技术，将生产和消费过程中产生的废物转化为可重新利用的资源和产品，实现各类废物的再利用和资源化的产业，包括废物转化为再生资源及将再生资源加工为产品两个过程。

再利用或升级实现其他的高产出应用，参与尽可能多的循环。这与当今产业运营的主流理念形成了鲜明的对比，后者的不少产业术语（如产业链、供应链、终端用户等）都带着浓厚的线性色彩，而“获取—制造—丢弃”的线性工业模式正在面临挑战。

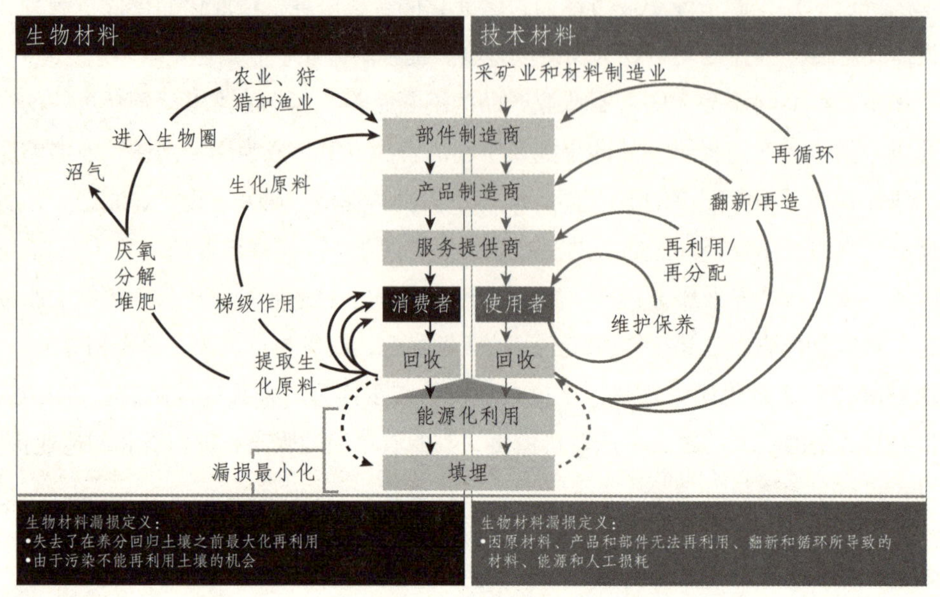

图 1.15　循环经济体系运行示意图

资料来源：《制造业复兴》，麦肯锡

发展循环经济不仅有益于资源环境，还将带来经济效益、推动创新，表现为以下四个方面：

材料净节约。在全球层面，一年的材料净节约成本可达 1 万亿美元。仅在欧盟内，常规耐用品的年物料成本所节约的费用就可能高达 6300 亿美元。其中汽车行业受益最大（一年预计节约 2000 亿美元），随后是机械和设备业。 个别行业的供应风险减小，如汽车、机械加工和交通运输业的钢铁消耗，到 2025 年可望实现的年全球材料净节约量相当于 1.1 亿~1.7 亿吨铁矿石，这将有力地扭转需求导致的行业波动。

创新潜力。循环经济的基本要求是对材料、系统和产品的再设计以确保产品能循环使用，这意味着很多企业将迎来巨大的商机，就连通常被认为没有什么创新的行业（如地毯业）也不例外。

创造就业。根据估测，生产制造和回收行业在欧洲和美国提供的就业人数已达百万 。循环产业模式对劳动力市场结构和活力的影响仍然有待探索。如果条件适合，循环经济可以增加当地就业，尤其是那些入门级、低技能水平的工作，这有助于解决诸多发达国家所面临的严重问题。

三、世界制造业重点行业发展态势

（一）新型显示产业发展较为成熟，新技术前景值得关注

在智能移动终端、公共显示、车载显示等应用快速发展的带动下，全球新型显示产业保持平稳增长。

TFT—LCD 领域，2014 年全球平板显示产业收入主要来自 TFT—LCD，约占整个平板显示的 76%。大尺寸 TFT—LCD 面板产能微增，面板厂商通过优化生产线来满足出货面积增加的需求。4K 显示器增长速度快，应用范围更为广泛，由电视向移动终端等领域拓展。

OLED 领域，全球各地 OLED 发展有所差异，日本索尼和松下基本放弃 OLED 布局，而韩国三星电子和 LG 仍在努力推进。用于智能手机、平板电脑等设备中小尺寸面板是目前 OLED 发展重点，由于苹果手表（Apple Watch）的上市，使得 OLED 在智能可穿戴设备市场上的发展前景成为焦点。

触控面板领域，全球触摸面板市场需求仍旧旺盛。应用端由平板电脑、笔记本计算机向汽车、自动取款机、销售终端等拓展。日本显示（Japan display）、LG 显示（LG display）、夏普、三星、京东方等为迎合市场变化而加紧相关产品研发。大中型规模的触控面板厂商通过资本运作及产业投资，强化产能和技术优势。

LED 照明领域，全球对 LED 照明需求不断增加，厂商纷纷在工业照明、植物工厂照明、智能照明等领域发力，预计到 2020 年，LED 照明在全球照明市场中占据近 60%的份额。从政策推进看，欧美等地较重视建立新的能源效率标准，中国政府主要采取资金补贴的形式支撑 LED 照明发展。

技术发展上，显示技术不断追求高品质和高画质。高精细、广视角、轻薄等技术特点日益进步，柔性显示屏受到越来越多的关注。量子点显示技术在色域覆盖率、色彩控制精确性、色彩纯净度等方面已全面升级，被视为影响全球显示行业的革命性技术。

（二）全球通信设备行业加速垄断，产业发展模式面临革新

全球通信设备产业增长明显放缓，未来发展情况不容乐观。究其原因，一方面，电信运营商过去十年在互联网业务冲击下转型增长乏力，设备投资能力严重受限。另一方面，通信设备产业竞争日益加剧，行业收入增长放缓，利润水平总体下降。

全球通信设备企业趋向垄断，借助于 4G 业务迅猛发展，全球五大通信设备企业已经分化为三大阵营：华为和爱立信属于第一阵营；阿尔卡特—朗讯和诺基亚属于第二阵营；中兴则属于第三阵营。2015 年 4 月诺基亚集团宣布合并阿尔卡特—朗讯，由此，全球通信设备企业分为三大阵营的格局演变为华为、诺基亚和爱立信三足鼎立的态势。

全球通信设备产业面临信息化的变革：一是基于标准、通用、开放软硬件架构的制造模式初露端倪，二是软件应用牵引硬件集成将成为重要模式，三是基于开放平台的生态系统正在形成。为此，传统通信设备企业顺应这股潮流，采用不同策略应对挑战。

重点领域方面，移动通信 4G 商用全面铺开，推动相关设备市场增长；5G 进入标准制定阶段，主要厂商推出相关设备与技术。光通信设备业发展平稳，其中，光网络设备市场稳定增长，FTTx 市场成长迅猛；发达国家厂商仍然占据光通信设备主要地位，但中国企业在细分领域实力有所增强。IPv6 从试点应用正式转向大规模部署，IPv6 地址数量与支持 IPv6 的设备快速增长。全球智能手机市场渐趋饱和，新兴市场表现值得期待，随着智能手机行业进入新一轮格局调整，手机生产商的创新力度持续不断。

（三）半导体产业进入温和增长期，多个国家（地区）谋求新一轮发展良机

在智能手机和汽车电子等合力推动下，全球半导体产业进入稳定增长阶段，厂商仍保持巨额研发

投入，行业整合并购较为频繁。

在设计业，美国处于领先地位，中国发展势头较为快，全球前50大无晶圆半导体设计厂商中，美国占19席，市场份额达到64%，中国大陆的设计业在政策、资金的双重支持下实现了快速发展；在代工业，虽然台积电“一枝独秀”，但是英特尔、三星电子等厂商近年来纷纷进入代工领域，“分散订单，多元供应”的代工局面已经出现；封装测试业仍处在表面贴装阶段，随着技术进一步发展，高密度3D封装在主流器件设计和生产过程中的使用率将越来越高。

主要国家（地区）动向方面，美国仍然是垂直整合和设计业的龙头；日本老牌的半导体厂商发展受挫，以Megachips为代表的新兴企业则崭露头角；韩国政府启动半导体再跳跃计划；中国台湾地区的代工和封测产业均居全球领先地位，不过近年来面临人才问题，正通过各种方式稳定产业人才队伍。

企业角度而言，英特尔为了应对移动芯片市场的竞争，进行新一轮部署，力图在移动芯片市场重获竞争力；高通虽然是全球半导体设计业领军企业，但目前公司两大主要业务授权业务和芯片业务均面临考验；SK海力士作为韩国仅次于三星电子的半导体巨头，在存储器芯片市场紧追三星电子，同时加速强化非存储器芯片业务。

技术攻关方面，极紫外光（EUV）技术获得突破，有望走向应用；而鳍式场效晶体管（FinFET）工艺则面临技术与成本挑战，另一种实现3D IC的技术方案硅穿孔（TSV）同样面临成本问题，需要业界对其工艺路线取得共识。

（四）物联网进入规模化商业应用，企业加快技术与市场布局

全球物联网产业增长强劲，步入大规模商业化应用，应用场景逐步由公共管理、个人消费等领域向车联网、工业物联网等演进；应用深度也从最初的行业闭环、小规模向跨行业、跨地区业务深度融合发展。

跨国信息技术公司不断丰富其物联网业务体系。各家企业纷纷从自身核心技术、重点业务出发，从硬件、软件、开发平台等不同环节布局物联网产业链，并积极调整组织架构，通过并购或战略联盟等方式，完善其技术、产品线。以联发科、英特尔、高通、三星等为代表的芯片企业相继推出针对物联网应用的低功耗专用芯片；微软、谷歌、三星、华为等企业开发物联网专用操作系统；高通、ARM等企业推出针对物联网应用的软硬件开发平台；国际商业机器公司（IBM）等成立物联网部门，以拓展物联网业务。

物联网领域的并购重组趋于活跃。并购活动主要集中在智能硬件、无线通信算法模块等方面。跨国企业一方面通过物联网领域并购进行横向扩展，通过技术、产品的创新组合，开发新的市场领域；另一方面通过并购进行产业链上下游纵向整合，形成技术优势互补，完善产品线，实现由单一产品生产转向解决方案提供，或通过并购合并同类业务，扩大规模，提高企业在特定市场的地位。

物联网标准化工作稳步推进。产业链上下游企业合作制定标准增强竞争力，把握市场话语权。当前主要的企业联盟有AllSeen产业联盟、开放互联联盟（OIC）、工业互联网联盟（IIC）等。除了企业联盟之外，官方标准机构也在积极推进标准化工作，如：国际电信联盟通信标准化组织ITU-T先后设立IoT-GSI（全球物联网标准举措）、国际标准组织/国际电工委员会（ISO/IEC）JTC1设立物联网特设组（SWG5），欧盟提出了IoT-A的参考架构，IEEE标准协会、NIST等也提出了各自的物联网参考架

构，期望扩大物联网开放标准的讨论。

（五）生物产业仍然处于上升阶段，行业竞争日益加剧

生物产业市场规模稳步增长，生物医药/保健仍是占比最大的行业，食品与农业紧随其后。大数据、临床组学、表观遗传学、肿瘤免疫学、纳米药物、个性化医疗和合成生物学等已被认为是产业重要驱动力。

生物医药方面，瑞士制药巨头诺华（Novartis）超越过去十来年稳居第一的美国制药巨头辉瑞（Pfizer），问鼎全球处方药销售榜首；生物仿制药市场仍处于起步阶段，而围绕生物仿制药的专利问题及监管途径仍存在许多争议点；新兴市场促进本地生产商研发新型高端疫苗的信心，印度、中国、巴西、南非及墨西哥的疫苗生产商通过技术转让或自主研发等方式开发新型疫苗，提高疫苗产品使用率；较为成熟的体外诊断产品如免疫检测、生化检测等增长速度已经放缓，新兴领域如分子诊断等增长迅速。

生物农业方面，美国在转基因技术领域处于领先地位，跨国企业开展全球专利布局且优势明显，商业化转基因种子及性状产品的专利技术中的一部分由这些企业掌握；转基因作物将朝着改变农作物营养性状的方向发展，转基因玉米和大豆是农作物中主要研究对象。

生物能源方面，全球生物质能源产业主要集中在发达国家和能源短缺但生物质原料丰富的国家。从生物质能源产量规模看，美国和巴西两国的生物乙醇产量已经达到全球产量的70%，巴西将超越美国成为世界上最大的生物质能源市场。

医疗器械方面，围绕疾病预防、临床诊疗、健康水平提升的需要，医疗器械已不再局限于手术器械和大型医疗设备，基于突入融合、无创检测、动态监测、微创治疗、精确治疗等新技术、新产品不断涌现。

（六）民用航空市场稳中有进，航天新政激发产业活力

全球民用航空整体发展势头良好。干线飞机市场持续增长，波音飞机订单和交付量持续走高，空客交付宽体飞机数量创公司新纪录；支线飞机稳步发展，庞巴迪持续完善支线产品，商用机型获得新订单，巴航工业储备订单增长，商用飞机和公务机交付量达到既定目标；喷气公务机交付量企稳回升，交付量结束连续5年下滑状况，出现复苏迹象。

美国和欧洲国家保持航空战略领先优势。从战略高度推进绿色航空发展，美国制定了一系列绿色航空技术发展计划，包括“航空环境责任项目”（ERA）、“低能耗、低排放与低噪声”（CLEEN）计划和“N+3”飞机发展计划等；欧盟“清洁天空”两阶段计划促进用于下一代商用飞机、支线飞机、喷气式公务机和旋翼机的成熟度，大幅降低二氧化碳、氢氧化物排放，满足欧洲航空业的环境保护目标要求。

前沿技术推动航空工业发展。新科技已经对传统的飞行器设计、制造理念与方法等产生重要影响，加快高超声速飞行器、无人机系统、微型飞行器、倾转旋翼/复合旋翼飞行器等技术发展；纳米技术在航空领域的应用也有所突破，纳米涂层材料已投入使用，基于碳纳米管的复合材料进入工程评估；用于飞行领域的脑机交互技术取得重大进展。

全球航天产业保持稳定发展态势。全球航天经济总量增长的很大一部分源自商业活动的推动；卫星导航系统呈现多元竞争格局，已经从全球定位系统（GPS）“一家独大”，演变为美国GPS、俄罗斯GLONASS、中国北斗和欧洲伽利略四大导航系统竞相发展，日本准天顶卫星系统、印度区域导航卫星

系统猛赶直追的局面；新一代运载火箭研制采用商业化开发和运作模式，俄罗斯、中国、美国和欧洲生产的运载火箭数量之和取得新高，印度和日本等国家开始制造运载火箭型号。

各国出台航天业新政。美国航空航天局发布了《NASA 2014 战略规划》，概述未来发展构想，白宫首次发布《民用对地观测国家规划》，对美国对地观测系统进行全面规划，提出“地球大数据计划”；欧盟在“欧洲 2020 战略”指引下，持续推进欧洲航天一体化建设，制定新版航天政策，推进“哥白尼”和“伽利略”两大欧洲联合旗舰项目，制定航天一体化工业政策，提高航天技术独立自主能力；俄罗斯加紧制定“2016—2025 年规划”，进一步加大航天投入力度，构建国家航天应用基础设施和一体化综合信息网，实施区域政府示范工程和导航应用专项示范工程。

全球民用航空维修市场继续增长。新一代宽体飞机开始进入大修期，已运行五年的空客 A380 将进入重维修，波音 777 和空客 A330 飞机凭借较高市场占有率，总体维修费用在宽体飞机维修市场中占较大份额；窄体飞机客舱改装业务发展迅速，已运行十年的一大批窄体飞机相继进入机体重维修阶段，相关航空公司将完成客舱翻新和升级改装；空客 A320 和波音 737 的重维修检查工作几乎垄断了整个窄体飞机维修市场；窄体飞机发动机的维修需求正在不断增多。

（七）智能制造装备战略地位突出，产业融合支撑作用明显

智能制造装备产业总体保持向上态势。其中，机床产业发展相对成熟，在智能制造装备中份额最大，欧美地区市场趋于饱和，增长逐步放缓；智能控制系统是仅次于机床的智能制造装备第二大细分市场，近几年呈现稳步发展态势；工业机器人正处于快速上升阶段，应用范围和领域不断拓展，销量屡创历史新高；3D 打印则代表了一种全新的制造方式，受到美、欧、日发达国家地区普遍关注，尽管目前整个产业仍处于起步阶段，规模相对较小，但增长速度及未来潜力巨大。

美国、德国、日本等国家在数控机床、工业机器人、智能控制系统、3D 打印等领域拥有多年的技术积累，相关产品经过长期检验，技术先进、质量可靠，并具有很强的品牌优势，处于市场掌控地位。以数控机床为例，日本、德国机床制造商在世界数控机床产业中占据绝对领先地位，2014 年世界机床产值排名前 20 位企业，日本和德国分别占 7 家和 6 家，前 10 名企业中日本占了 5 家，德国有 3 家；3D 打印产业领域，排名前 4 位的企业分别是美国 3D Systems、Stratasys 公司，以色列 Object 公司和德国 EOS 公司，它们占据全世界近 70%的市场份额，形成了寡头垄断的市场格局。

发达国家将智能制造装备作为重振制造业战略的重要抓手，相继出台了一系列战略与政策。例如，2013 年德国“工业 4.0”提出加强信息物理系统建设，在智能工厂、智能生产实现突破；2014 年、2015 年日本连续在制造业白皮书中提出发挥 3D 打印、机器人、大数据等对制造业的影响作用。

发达国家主导了全球智能制造装备市场，并引领智能制造技术创新方向。总体来看，发达国家智能制造装备的技术优势主要体现在三方面：一是掌握智能制造装备的一批共性、基础性关键支撑技术；二是拥有发展智能制造装备所需的关键零部件配套产业；三是能够成套提供智能制造装备关键产品。

（八）新能源产业建设与应用循序渐进，欧美大国在细分领域各有建树

在全球能源消费增长乏力、油价走低的背景下，新能源产业依然保持快速成长。2014 年新能源发电占全球用电总量约 30% ；供热占全球热能消耗总量约 8% ；生物燃料等替代燃料占全球运输燃料消

耗总量约 3.5%。尽管新能源消费增速有所放缓，但不包括核电和水电的新能源消费增幅仍达到 12%，核电用电连续第二年恢复增长 1.8%，水电用电平稳定增长 2%。

受需求和政策驱动影响，2014 年全球新能源投资走出连续两年下降通道，投资总额达到 2702 亿美元，同比增长 16%左右，技术研发、商业化开发、制造等各环节投资额度均不同程度增长。受融资需求驱动，绿色债券、专业融资平台等新能源金融创新态势加快。

新能源细分领域方面，光伏与风电建设分别创新高，随着市场转暖，这两大行业市场滞销状况有所好转。光伏和风电在部分区域市场应用范围有所扩大，区域政策呈现差异化发展，成熟市场政策从单边鼓励行业发展向营造良性发展的产业环境探索。光伏技术发展令人欣喜，多技术路线光伏转化率创新高，应用研发创新不断；核电建设迎来了周期性回落，一定程度上反映出核电区域市场的分化前景，核电大国出口竞争日益白热化。核电技术发展出现新端倪，俄罗斯快堆领先全球四代核电技术并进入示范阶段。核电智能部件吸引了核电巨头更多的关注，美国市场大量新创企业涌入传统巨头垄断的核反应堆设计与开发领域；智能电网整体市场增速有所放缓，电网信息系统细分市场表现活跃。智能电网作为区域电力乃至能源系统变革的重要推手，正发挥越来越重要的作用，推动区域电网进一步整合与升级，并带动智能电网外延应用的拓展。

（九）新材料研发力度有增无减，应用范围持续扩大

新材料作为高技术发展的先导和基石，产品与技术不断大量推陈出新，研发资金投入稳步上升，行业并购活动时有发生。

电子信息材料领域，半导体材料中的晶圆材料与封装材料的市场份额接近一致，各占 50%；中国台湾地区继续保持在半导体材料市场的领先地位，日本韩国紧随其后；在第三代半导体材料中，氮化镓与碳化硅的地位依然十分重要。显示材料中的 TFT—LCD 材料市场增长缓慢，OLED 材料需求量有所上升，其中 AMOLED 材料需求量明显增加。

能源材料领域，大丝束碳纤维复合材料已被列为风电首选材料；超导材料中的低温超导材需求量最多，高温超导材料增长潜力较大，不过稀土材料存在价格波动，未来超导材料市场增长将受到影响。

生物及医用材料领域，生物医用材料产品和技术研发经费投入增加、并购增多，可再生组织材料将成为主角；生物降解材料中的聚乳酸生物塑料市场持续增长，亚太地区发展较快；聚丁二酸丁二醇酯被公认为综合性能最好的生物降解塑料之一，生产企业主要集中在美国和日本。

多用途材料领域，北美和亚太地区占据全球轻量化材料市场主导地位，快速增长的汽车和航天业将促使这些地区进一步增加对轻量化材料的需求；纳米材料中碳纳米管和石墨烯最受关注，前者用途范围不断扩大，后者成为多个国家政府资助重点；美国、欧盟等发达国家和地区高度重视 3D 打印材料的研发与应用，通过成立关键材料创新中心、国家增材制造创新研究所来推动 3D 打印材料取得新发现。

（十）新能源汽车积极寻求市场扩容，技术瓶颈有待突破

新能源汽车正从示范阶段向增长阶段发展，多个国家出台或调整政策促进新能源汽车推广普及。总体而言，全球新能源汽车市场有兴有疲。

混合动力汽车方面，丰田通过提高发动机热效率、开发小型化电动部件和高效率功率控制单元等

促进新一代混合动力车型性能；本田积极应对混合动力系统和安全气囊品质问题所受影响，重新构建开发体制，强化品质管理，推出混合动力新品。

纯电动汽车方面，纯电动汽车开始进入规模化销售阶段。插电式混合动力汽车成为新能源汽车的一大亮点，奥迪、宝马、通用、沃尔沃、戴姆勒等众多汽车厂商发布插电式混合动力汽车产品或计划。目前，纯电动汽车和插电式混合动力汽车普及的主要障碍仍然在于充电设施不足和续驶里程不够，短期内期待电池等关键技术进一步突破而大幅提升续驶里程的难度较大。

燃料电池汽车方面，丰田首次推出并非用于验证实验和租售用途而是面向普通消费者销售的燃料电池汽车，燃料电池汽车终于开始步入量产销售。同时，本田、通用、大众、现代等推进其燃料电池汽车技术研发。车辆售价高和巨额加氢站建设成本仍然是燃料电池汽车推广的最大难题，日本、美国等发达国家的商用加氢站处于起步阶段，新兴国家及发展中国家更是难以在未来 50 年内完善加氢站网络建设，燃料电池汽车的真正普及需要较长时间。

车载动力电池和驱动电机方面，在纯电动、插电式混合动力汽车及混合动力汽车上积极采用锂离子电池的厂商数量显著增加。众多企业或研究机构积极推进第三代锂离子电池和全固态锂电池、锂硫电池、石墨烯电池等"下一代锂电池"技术研发，车用驱动电机技术则继续向小型化与高效率发展。

电动汽车充电技术方面，电动汽车无线充电系统标准制定工作接近尾声，未来将探讨重点将从标准转向市场导入。高通、丰田、本田、日产等汽车厂商和电子企业积极公布以实用化为前提的技术研发情况。日本、英国、美国等地区持续扩展电动汽车普通充电桩和快速充电桩基础设施建设。同时，车辆行驶过程中的充电技术开发积极展开，预计将在 2030 年前后实现普及。

此外，苹果、阿里巴巴、百度、华为等众多信息技术企业、移动互联网企业进入汽车领域，助推汽车智能与互联技术融合发展。智能汽车中的"辅助驾驶技术"和"半自动驾驶技术"得到越来越多的应用，沃尔沃、奥迪、凯迪拉克、丰田、本田等致力于"具有限制条件的无人驾驶技术"。半导体、传感器、物联网技术进步以及不断实施的实用性测试、相关交通法规调整，为智能汽车技术研发和产业化推广创造了有利环境。

四、主要国家提振制造业发展重要举措

2008 年全球金融危机爆发以后，发达国家逐渐意识到制造业外移导致本国产业结构抗危机能力不足，并带来严重的就业问题，因此开始重新谋划二、三级产业的平衡发展，通过"再工业化"发展先进制造业逐渐成为各国政府重视的议题，其目的是通过提升高阶制造技术，对制造产业链进行重构，创造高附加价值的生产活动，进而带动本国经济发展与就业。下文就近年主要国家提振制造业发展的战略脉络与重要举措展开梳理分析。

总体而言，在产业结构优化上，各国均推行专门的战略强化制造业的升级发展，并将信息通信技术视为创新的主要领域，以技术融合带动整体产业发展；在创新系统强化上，各国均积极进行相关制度改革，包括法规的新订与修改、基础建设的整顿、人力资源队伍的改善，以提高创新要素的效能；在与国际市场的连接上，各国均以官方或非官方途径建立起合作关系，并通过在国内示范进行制度或技术的测试，吸引国际资源投入；在政府角色与功能上，推行跨部门协调、保持组织弹性，并定期检

视政策成果，以保证政策的良好推行效果。

（一）美国：升级先进制造伙伴计划，明确智能制造技术领域

继美国政府提出制造业复兴战略以来，美国逐步将物联网的发展和重塑美国制造优势计划结合起来以期重新占领制造业制高点。美国竞争力委员会（Council on Competitiveness）指出“数字技术、纳米技术变革正在开辟美国制造业的广阔创新空间”。自2011年以来，美国政府先后发布了先进制造伙伴计划、总统创新伙伴计划等，联合产学研各界共同建设国家制造业创新网络等等，国家标准与技术研究院（NIST）组织其工业界和信息产业界的龙头企业，共同推动工业互联网相关标准框架的制定，共同打造支持“工业互联网”战略的物联网与大数据分析平台，旨在全力推动先进智能制造业的发展。2014年，美国政府在三年前业已提出的先进制造伙伴计划（AMP）的基础上进一步细化明确了先进制造战略的推动路线。

美国政府于2011年正式启动“先进制造伙伴计划1.0”，计划投入7000万美元支持新一代机器人研发，重点发展工业、医疗、宇航机器人等。2012年制定了“美国先进制造业国家战略计划”，提出要发展包括机器人在内的先进智能制造技术，力图抢占全球先进制造业制高点。2014年又启动“先进制造伙伴计划2.0”，瞄准1.0计划制定的目标，提出了三大战略措施。

1. 先进制造伙伴计划1.0

先进制造伙伴计划（AMP）是由美国政府机构具体组织规划，由道氏化学公司(Dow Chemical)董事长兼首席执行官 安德鲁·利弗雷斯（Andrew Liveries）和美国麻省理工学院校长苏珊·霍克菲尔德（Susan Hockfield）共同领导实施。初期投入5亿美元，AMP计划实质上就是一项联合“官产学研”振兴先进制造业的计划。AMP计划1.0主要有如下四项内容。

（1）建设国家安全关键产业的国内制造能力

从2011年开始，美国国防部、国土安全部、能源部、农业部和商业部等机构初期投入3亿美元，与产业界合作投资能振兴国内制造能力的创新技术，推动与国家安全有关的关键产业长期发展。投资方向包括小型大功率电池、先进合成材料、金属加工、生物制造和替代能源等。

（2）缩短先进材料从开发到推广应用的时间

美国政府将投入1亿多美元启动一项名为“材料基因计划”(MGI, material genome initiative)。通过研究、培训和基础设施建设等方式，促使美国公司以更快的速度（现在速度的2倍以上）来发现、开发、制造和推广应用先进材料。先进材料制造将催生产值高达数十亿美元的产业群，进而能因应先进制造业、洁净能源和国家安全等方面提出的挑战。

（3）投资新一代机器人

国家科学基金会、美国太空总署（NASA）、国家卫生健康研究院（NIH）和农业部将总共投入7000万美元来支持开发新一代机器人。这些机器人将使工人、外科医生、医护人员、士兵和航天员能具备执行艰巨任务的崭新能力。

（4）开发新型的节能制造工艺

能源部初期投入1.2亿美元开发节能制造工艺和材料，使美国公司能以更少的能量来制造更多产品，从而降低制造成本。

2. 先进制造伙伴计划 2.0

2014 年 10 月美国总统执行办公室和美国总统科技顾问委员会联合发布先进制造伙伴 2.0（Advanced Manufacturing Partnership 2.0）指导委员会完成的《振兴美国先进制造业》（*Accelerating U.S. Advanced Manufacturing*，以下简称 AMP2.0）报告，该报告遵循 AMP1.0 中明确的三大支柱（即：加快创新、确保人才输送管道和改善商业环境）提出了新的具体建议。2014 年 10 月 27 日，美国总统奥巴马宣布新的振兴美国先进制造业的行政措施和提升制造业新计划，提出了基于上述三大支柱领域的相关建议，具体包括：加大对新兴交叉学科发展的投入、为先进制造业领域的中层职位输送合格的劳动力、让中小制造商也拥有尖端技术设备等建议。三大支柱的 12 条具体建议和三个制造技术优先领域的具体技术策略如下所述。

（1）支柱之一：加快创新

建议 1：制定一个确保美国新兴制造技术领域优势的国家战略，这一战略具有明确的国家愿景，涉及一系列横跨公共部门和私营部门以及贯穿于技术开发所有阶段的合作协调。其中应包括明确国家利益优先的制造技术领域和利用这些技术的优先级，AMP 对此给出明确的分析过程。另外，强调基于对先进制造技术组合投资便于管理的原则。

建议 2：成立一个先进制造业咨询协会，协调私人部门投入国家优先的制造技术的研究和开发中。

建议 3：建立一个新的公共—私营制造业研发基础设施，以此作为支持创新的管道，在早期创新阶段和后期技术成熟阶段，形成对制造技术创新机构的有益补充。同时，通过设立卓越制造中心（MCES）和制造技术测试平台（MTTS）支持在不同阶段的制造创新，让中小型企业从这些投资中获益。

建议 4：开发流程和制定标准使制造技术具有互操作性，制造过程信息互通，开发的系统应确保网络安全并通过认证。

建议 5：构建一个包括国家经济委员会、科技政策办公室及执行机构等部门组成的国家制造业创新网络（NNMI）治理架构，进而确保 NNMI 利益相关者的投资回报，利益相关者包括私人部门的专家、学术界等各种机构。

（2）支柱之二：确保人才输送管道

建议 6：推出一项全国性运动以改变制造业形象，支持举办“国家制造日”活动，展示当今制造业部门的真实职业发展前景。

建议 7：激励私人投资于国家认可、可移植和可迭代的技能认证系统建设，雇主在招募人才及人才晋升时能利用到它。资金来自基于劳工部、教育部贸易调整援助社区学院和职业培训（TAACCCT）投资基础上提供的额外资金。

建议 8：开发在线培训和认证系统，通过参与联邦培训项目获得联邦政府的支持。

建议 9：对 AMP2.0 制定的文档、工具包和实践指南进行管理，通过制造创新研究所的实践进一步对这些重要的人力资源开发机会规模化放大和复制推广。

（3）支柱之三：改善商业环境

建议 10：利用和协调现有的联邦、州、产业集团和私人中介组织，提升技术资讯、市场信息和供应链相关的信息流服务于中小型制造商的能力。

建议 11：减少先进制造业规模化带来的相关风险，通过建立一只公私共同出资的规模化投资基金提升资本获得；改善战略伙伴、政府和制造商之间的信息流共享互通；利用税收激励以促进制造业投资。

建议 12：美国国家经济委员会（NEC）和科学技术政策办公室（OSTP）在 60 天内应向总统提交一系列具体的建议：美国总统办事机构（EOP）在协调联邦政府推动先进制造相关活动中的作用；联邦机构和其他联邦实体在执行上述建议中的清晰角色。

此外，AMP2.0 还明确了三个制造技术优先领域，分别是：制造业中的先进传感、先进控制和平台系统；虚拟化、信息化和数字制造；先进材料制造。针对上述三个领域，报告也详细给出了具体的措施建议，具体见表 1.8。

表 1.8　AMP2.0 中三个制造技术优先领域及技术战略建议

技术领域	制造业中的先进传感、控制和平台系统	虚拟化、信息化和数字制造	先进材料制造
研发基础设施作为支持创新的管道	建立制造技术测试床（MTTs）来测试新技术的商业案例应用，包括智能制造能力	建立制造卓越能力中心（MCE），聚焦于前沿技术开发层面的基础研究以及包括数字设计和能效数字制造工具等方面的数字化	推广材料制造卓越能力中心（MCEs）以支持制造创新研究所（MIIs）的研发活动，以及支持国家战略中的其他制造技术领域
国家制造业创新网络	针对高耗能和数字制造，建立聚焦于先进传感、控制和平台系统（ASCPM）能源优化利用的研究所	聚焦于制造过程中的安全分析和决策中涉及的量大、综合的数据集，建立一个大数据制造创新研究所（现有数字化制造和设计创新研究所之外）	利用供应链管理国防资产，促进创新和研发中的关键材料再利用
公私技术标准	制定新的产业标准，包括关键系统和供应商所供货之间的数据交叉标准	制定部署“网络—物理”系统的安全和数据交换的制造政策标准	为表征材料设计数字标准以快速利用新材料和制造方法
附加策略		激励创造和推行系统提供商、服务机构或者系统集成商的辅助制造商业化	为先进制造材料领域的博士生设立制造业创新奖学金，如生物医疗制造

资料来源：《AMP2.0 推出新的建议和技术战略》，蒋钦云

美国围绕再工业化这一经济战略制定了一系列配套政策，形成全方位政策合力，真正推动制造业复苏，包括产业政策、税收政策、能源政策、教育政策和科技创新政策。美国支持智能制造的再工业化计划体系政策框架见图 1.16。

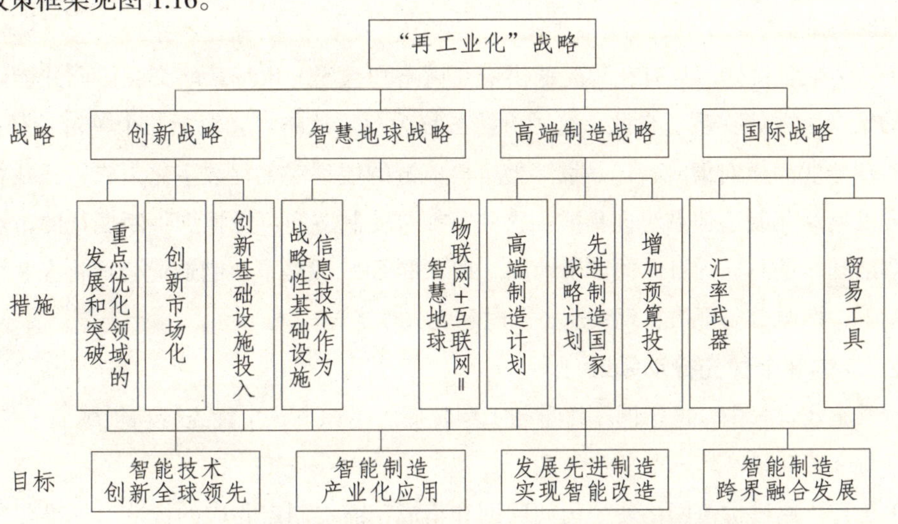

图 1.16　支持智能制造的美国再工业化体系框架图

资料来源：《新一轮产业革命的全局战略分析——各国智能制造发展动向概览》，林汉川等 .

（二）德国：实施工业 4.0 战略计划的建议与安排

在 2013 年 4 月汉诺威工业博览会上，德国正式发布了关于实施“工业 4.0”战略。然而，工业 4.0 的产生并不是突然或者孤立的，而是德国政府推进的高科技战略的一步：2006 年德国制订的高科技战略，当时提出对制造业在内的 17 个领域，整个背景是在欧洲 2000 年战略，把欧洲建成世界最强的智能领域，2010 年推出“思想・创新・增长——德国 2020 高科技战略”，此后的 2013 年德国于汉诺威工业博览会上正式推出“德国工业 4.0 战略”，同年 9 月德国国家科学与工程院发布《确保德国制造业的未来——对实施工业 4.0 战略计划的建议》报告，对德国实施工业 4.0 战略的未来计划提出了详细的建议与安排，12 月，德国电气电子和信息技术协会发布了“工业 4.0”标准化路线图。

其实，现阶段德国国家级发展战略为联邦教育研究部负责的“德国 2020 高科技战略”及联邦经济科技部负责的“聚焦：工业之国德国”，这两项政策是德国政府拟定未来工业政策的基础，工业 4.0 其实是上述“2020 高科技战略”与“聚焦：工业之国德国”架构下的重点跨部委计划。

德国国家科学与工程院的《实施工业 4.0 战略计划建议》中提出：从本质上讲，工业 4.0 包括将虚拟网络—实体物理系统技术一体化应用于制造业和物流行业，以及在工业生产过程中使用物联网和服务技术。这将对价值创造、商业模式、下游服务和工作组织产生影响。推出工业 4.0 不仅能巩固德国的竞争地位，而且也可推动解决全球性挑战（如资源和能源利用效率）和国家所面临的挑战（如应对人口变化）。然而，关键是要考虑在社会文化背景下的技术创新，因为文化和社会的改变本身也是创新的主要驱动力。

1. 工业 4.0 实施的双重战略

工业 4.0 给德国制造业带来了巨大的发展潜力。越来越多的德国工厂配备虚拟网络—实体物理系统（CPS）将改善德国制造业的国内生产效率，进而做强德国制造业。同时，CPS 技术的发展也为出口技术和产品提供了重要的机遇。由此，实施工业 4.0 主要是为德国制造业撬动市场潜力杠杆，通过采用双重战略，即一方面在制造业中装备 CPS 系统，另一方面推广 CPS 技术及产品，进而达到增强德国装备制造业的目的。

工业 4.0 最优配置目标，只有在领先的供应商策略和领先的市场策略交互协调并能确保其潜在利益都能发挥的情况下才能实现。自此，这种方法被称为双重战略。它包括三个关键特征：一是通过价值链及网络实现企业间横向集成，二是贯穿整个价值链的端到端工程数字化集成，三是企业内部灵活且可重新组合的网络化制造体系纵向集成。这些特征可使制造商可以根据不断变化的市场需求调整自己的价值创造活动，进而稳固自己的市场地位。在双重 CPS 战略下，制造业公司将在一个高速的、动荡的市场环境下，按照市场价格实现快速、及时和无失误生产。

2. 工业 4.0 的 8 个优先行动领域

在这份“实施建议”中，德国国家科学与工程院提出了如下 8 个优先行动领域。

（1）标准化和开放标准的一个参考体系

工业 4.0 是为了通过价值网络使公司间联网和集成，需要制定相应的标准。标准化工作将需要把重点放在规定的合作机制和信息交换。完整的技术说明和这些规定的执行，被称为参考体系。因此，参考体系是一个通用模型，适用于所有合作伙伴公司的产品和服务。它提供了工业 4.0 相关的技术系统的构建、开发、集成和运行的一个框架。它构建了软件的应用程序和服务架构。工业 4.0 工作组建议在工业 4.0 平台下成立子工作组，专门处理标准化和参考体系的问题，并给出了该工作组的职权范围和具体任务建议。

（2）管理复杂的系统

产品以及其相关的制造系统变得越来越复杂。这是由于功能的增加、产品用户特定需求增加、交付要求频繁变化、不同技术学科和组织日益融合，以及不同的公司之间合作形式迅速变化的结果。建模可以作为一种手段管理这一日益复杂的系统。模型的使用是数字世界的一个重要战略，对于工业 4.0 来说也是至关重要的。工业 4.0 工作组建议在工业 4.0 平台下成立子工作组，专门处理与建模管理复杂系统有关的问题，特别是在制造工程领域。

（3）为工业提供一个全面宽频的基础设施

工业 4.0 的核心需求是提升现有的通信网络，以提供保证的延迟时间、可靠性、服务质量和通用带宽。为与国家 IT 峰会在《2011 年的数字基础设施年鉴》中提出的建议一致，需要在德国、德国和其制造伙伴国家之间大规模地扩大宽带互联网基础设施建设。高运行可靠性和数据链路可用性是机械工程及自动化工程应用的关键。保证的延迟时间和稳定的连接是关键，因为它们直接影响应用程序的性能。网络运营商应该多做些工作，以满足企业的意愿。

（4）安保是工业 4.0 成功至关重要的因素

对于生产设施和它们制造的产品来说，安保是其中的两个关键环节。一方面，它们不应对人或环境安全构成危险；另一方面，生产设施和产品，尤其是数据和它们所包含的诀窍，需要加以保护，以防止误操作、未经授权的访问。作为网络安全问题研究的一部分，联邦信息安全办公室（BSI）列出了当前直面工业控制系统（ICS）的十大最严重威胁名单。工业 4.0 工作团队已与多位专家一起，形成了一份安保方面包含 8 个优先行动领域：集成的安保战略、架构和标准；产品、工艺和机器身份识别的独特性和安全性；从工业 3.0 到工业 4.0 的迁移策略；用户友好的安全解决方案；商业管理方面的安保；安全保护与打击盗版产品；培训和（内部）持续职业发展；工业 4.0 中数据保护的“社区建设”。

（5）数字化工业时代工作的组织和设计

随着工业 4.0 实施下开放虚拟工作平台与人机交互系统的广泛使用，员工的角色会发生很大变化。工作内容、工作流程和工作环境会发生转变，同时导致在工作灵活性、工作时间规章、医疗保健、人口学和人们业余生活方面产生影响。因此，为了使未来获得成功的技术集成，需要形成创新的社会组织。在工业 4.0 时代，工作性质很可能将在管理复杂局面、抽象工作与解决问题方面对所有的劳动力提出更高的要求。在智能工厂时代，采用合适的工作组织和设计模型将是至关重要的，因此，有必要采用一种“社会技术方法”进行工作组织，将持续的职业发展措施和技术及软件架构进行紧密配合，来提供一个单一的、连贯的解决方案，该方案专注于在贯穿整条价值链的员工和 / 或技术操作系统之间提供智能、合作和自我组织的相互协调机制。

（6）培训和持续的职业发展

工业 4.0 将导致以劳动员工为本的社会—技术工厂和劳动力体系，继而对职业及学术培训和持续性的职业发展（CPD）带来新的挑战。这些挑战包括扩大至制造工程组件开发者及其使用者。在这一挑战下，德国和国际工业企业与公共机构联合推出了名为“学院立方体”的倡议，目的是应对由工业 4.0 产生的新的培训形式和内容的需求。自 2013 年 3 月起，该项目已提供了工业 4.0 领域的 6 个完整课程及 12 个专项课程。学习内容包括自动化、大数据分析、制造和物流流程以及安全和数据保护等领域。

（7）规章制度

虽然工业 4.0 没有完全涉足目前未知的监管领域，但它确实显著增加了有关监管问题的复杂性。与其他的基本技术创新一样，与工业 4.0 相结合的新制造工艺也将面临着在现有的监管体系下两个相互关联的挑战。一方面，关于新技术的不确定性和数据保护问题的合法性的问题尚未得到明确解决，可能抑制工业 4.0 被接纳并放缓创新的过程。反过来，新技术和商业模式事实上的影响和变革效应足够大，使得沿袭固有规章制度几乎不可能。因此，技术创新周期短和新技术颠覆性变革可能会导致缓慢的滞后效应风险，即现有规则未能跟上技术变化的步伐。

（8）资源效率

在实施高效的制造工艺时，重要的是不仅要考虑基本功能，还要考虑在动态条件下过程的稳定性，如频繁停止和启动，预防缺陷产品。工业 4.0 作为一个整体，需要研究如何减少在工业生产过程中能源消耗的办法并加以实施，以及在生产过程中所使用的机械和设备的能源消耗。联合联邦教育与研究部（BMBF）和德国工程联合会（VDMA）“效率工厂”（effizienzfabrik）倡议的成果，可以作为这方面的典范。

（三）英国：着力提升制造业的增加值

2008 年国际金融危机后，英国国内生产总值转向负增长，2009 年第一季度甚至达到 –8.6%。金融危机给英国实体经济带来深重打击，也让英国政府意识到以金融为核心的服务业无法持续保持国际竞争力。因此，英国政府开始重振制造业，提升国际竞争力，意图重现 18 世纪工业革命时代的辉煌。

1. 大力发展高增加值制造业

2010 年 11 月英国政府决定由先进制造开始展开评估工作。同年 12 月，英国商业、创新与技能部及财政部共同公布“先进制造业成长评估框架”（growth review framework for advanced manufacturing）报告，以及英国制造业整体评估分析报告。该报告中以未来十年英国制造业发展目标为根基，逐步审视英国制造业现有优劣势、成长阻碍、未来潜在优势及政策提案，并接受公开咨询，征求各界意见。在投入方向聚焦上，剑桥大学制造研究所（institute for manufacturing, IfM）在英国技术策略委员会（Technology Strategy Board，TSB）的委托下，针对未来 15~20 年英国制造业的发展方向与策略进行了为期 6 个月的研究，并于 2012 年 2 月的制造高峰会上公布《英国高值制造的未来展望》（*A Landscape for the Future of High Value Manufacturing in the UK*）报告，主要提出五大策略主轴，见表 1.9。

表 1.9　英国制造业的未来发展五大策略主轴

策略方向	主要目标
资源效率	考虑既有资源与能源限制下，确保英国制造技术优势
制造系统	创造更有效率与功效的制造体系，提升英国制造技术的全球竞争力
材料整合	透过新材料、涂料、电子零件等新兴制造技术整合，创造更具创意的产品
制造流程	发展出更新、更有弹性、成本效益较高的制造程序
经营模式	打造新兴企业经营模式以提升价值链

资料来源：英国剑桥大学制造研究所，台湾地区工研院产业经济与趋势中心

具体执行方面，英国通过整合研究机构与鼓励产学合作以推动先进制造相关研发与产业发展。

第一，英国工程暨物理科学研究委员会（Engineering and Physical Sciences Research Council, EPSRC）投入经费5100万英镑资助创新制造超精密研究中心（EPSRC Centre for Innovation Manufacturing in Ultra Precision）、创新制造智能自动化研究中心（EPSRC Centre for Innovation Manufacturing in Intelligent Automation）和创新制造先进检测研究中心（EPSRC Centre for Innovation Manufacturing in Advanced Metrology）等9所创新制造相关研究机构，并额外拔款600万英镑资助未来制造业的尖端技术研发。截至2015年初，工程暨物理科学研究委员会旗下已经建立起16个创新制造研究中心，力图通过提高英国在医药、航天航空、汽车制造等支柱产业的研究水平，保持英国在高端制造业技术方面的优势。

第二，由英国TSB负责，未来4年内将投入总额2亿英镑筹建国家级技术与创新中心，使其得以通过与各研究机构进行合作，加速制造相关新兴技术的产业化进程。并委托英国工业联合会（Confederation of British Industry，CBI）制造委员会主席安德鲁·雷诺兹·史密斯（Andrew Reynolds Smith）担任外部评审团主席，从140个申请机构中遴选出罗瑟拉姆（Rotherham）先进制造研究中心、罗瑟拉姆核能先进制造研究中心、考文垂（Coventry）制造技术中心、斯特拉思克莱德（Strathclyde）大学先进成型研究中心、布里斯托尔（Bristol）大学国家复合材料中心、威尔顿和塞奇菲尔德（Wilton & Sedgefield）加工创新中心和沃里克（Warwick）大学华威制造工程组（Warwick Manufacturing Group）共7个研究机构整合为首个英国高值制造技术与创新中心。

第三，为同步推动英国先进制造相关研发与产业发展，英国将扩大制造业咨询服务，提高相关预算达700万英镑，集中专家资源于制造业供应链发展，着重提升整体生产力。另一方面，针对进行创新的业界人士或具潜力的制造相关领域研究人员，最多提供5年的奖学金，以鼓励其从事先进制造研究。

第四，开放知识交流平台，包括知识转化网络、知识转化合作伙伴、特殊兴趣小组等，帮助企业整合最佳创新技术，打造世界一流的产品、过程和服务。

2. 英国制造业2050战略

2012年1月英国政府启动了对未来制造业进行预测的战略研究项目。该项目是定位于2050年英国制造业发展的一项长期战略研究，通过分析制造业面临的问题和挑战，提出英国制造业发展与复苏的政策。

2013年10月英国政府科技办公室形成最终报告《制造业的未来：新时代英国面临的机遇与挑战》（*The future of manufacturing: a new era of opportunity and challenge for the UK*），报告认为制造业并不是传统意义上“制造之后进行销售”，而是“服务＋再制造（以生产为中心的价值链）”，主要致力于4个方面：更快速、更敏锐地响应消费者需求；把握新的市场机遇；可持续发展；加大力度培养高素质劳动力。未来英国将在通信、传感器、发光材料、生物技术、绿色技术、大数据、物联网、机器人、增材制造、移动网络等多个技术领域展开布局，进而完善智能制造格局。

报告针对制造业未来的发展趋向，提出英国政府要抓住制造业发展中的新机遇，促进英国经济增长，提高英国公民生活质量，需要在政策方面进行系统化的布局，建议政府特别需要关注三个领域：更加系统而完整地看待制造领域的价值创造；明确制造价值链的具体阶段目标；增强政府长期的政策评估和协调能力。

（四）法国：五大举措助力工业 4.0 发展

1. “新工业法国”战略

法国政府于 2013 年 9 月推出了“新工业法国”战略，旨在通过创新重塑工业实力，使法国处于全球工业竞争力第一梯队。该战略为期十年，主要解决三大问题：能源、数字革命和经济生活。

在战略制定期间，法国国家工业理事会牵头邀请国际咨询公司麦肯锡、法国国内相关行业协会及企业，对各类预选项目从三个角度进行了细致评估，在此基础上梳理出 34 个项目作为法国工业复兴的支点。这 34 项计划分别是：可再生能源、百公里油耗 2 升以内的汽车、充电桩、电池自主自强、无人驾驶汽车、电动飞机和新一代飞行器、重载飞艇、软件和嵌入式系统、全电推进卫星、未来高速铁路、绿色船舶、智能创新纺织技术、现代创新的木材工业、回收和绿色材料、建筑物节能改造、智能电网、智能水管理、生物燃料和绿色化学、医学生物技术、数字化医院、新型医疗卫生设备、安全健康和可持续的创新食品、大数据、云计算、电化教育、电信主权、纳米电子学、物联网、增强现实技术、非接触式服务、超级计算机、机器人、网络安全、未来工厂。

34 个优先发展项目确立后，每个项目都指定一名项目带头人，绝大部分都是相关行业组织或行业内领先企业的负责人。带头人负责召集相关从业者和专家制订本项目的开展计划，法国政府部门以及政策性银行等公共机构的人员参与计划制订过程，以便及时在行政手续和融资等事务上提供支持。

时隔不到两年，2015 年 5 月 18 日，法国政府对“新工业法国”计划进行了大幅调整。“新工业法国Ⅱ”标志着法国“再工业化”开始全面学习德国工业 4.0。

此次调整的主要目的在于优化国家层面的总体布局。“新工业法国”计划 2013 年推出时，提出的 34 个优化项目，数量过多，在一定程度上导致了核心产业发展动力不足、主攻方向不明确。此次调整后的法国“再工业化”总体布局为“一个核心，九大支点”。一个核心，即“未来工业”，主要内容是实现工业生产向数字制造、智能制造转型，以生产工具的转型升级带动商业模式变革。九大支点，包括大数据经济、环保汽车、新资源开发、现代化物流、新型医药、可持续发展城市、物联网、宽带网络与信息安全、智能电网等，一方面旨在为“未来工业”提供支撑，另一方面同时提升人们日常生活的新质量。

值得注意的是，“新工业法国”战略虽然是由政府提出、政府主导，但是法国政府在顶层设计中很注意理顺国家和市场的关系，力求发挥“有形之手”的引导作用。法国政府在这一轮振兴工业计划中的角色功能有三种：一是规划优先事项，但具体事务由专业人士确定；二是营造良好的经营环境，比如出台税收优惠政策、提高年轻人教育水平、鼓励科研院所开展相关科研；三是提供金融支持，便于企业及时融资。

2. 未来工业战略

2015 年 5 月，法国又推出了“未来工业”战略，包含了新型物流、新型能源、可持续发展城市、生态出行和未来交通、未来医疗、数据经济、智慧物体、数字安全和智慧饮食等 9 个信息化项目，旨在通过信息化改造产业模式，实现再工业化的目标。为了实现这些目标，共推出如下五大发展举措。

（1）促进新兴技术发展

将在“投资未来”基金框架下设立 3.5 亿欧元的“未来工业”补贴和 4.25 亿欧元基金支持新兴技

术发展，并在各地区为企业提供技术分享和测试平台。目标是在未来3到5年内，在增材制造、物联网和增强现实等领域处于欧洲甚至是世界的领先地位。

（2）加快企业信息化转型升级

将成立未来工业联盟，帮助中小企业实现信息化转型升级。同时，设立两个特殊基金支持企业投资信息化改造，分别是25亿欧元的税收优惠（所有实施信息化改造的企业均可享受）以及21亿欧元的发展贷款（主要针对中小企业的信息化、自动化、工业节能改造）。

（3）加强人才培训

企业员工的专业能力是实现未来工业计划首要条件，因此，法国全国工业委员会推出两大计划加强对企业员工在信息化方面的培训：一是前瞻性计划，即设立未来工业领域的跨学科研究项目，培育研究人员；二是实际操作性计划，即开展有针对性的在职教育和继续教育。

（4）做好宣传推广

为调动全行业积极性，将开展以下计划：一是推出15个“窗口”项目，向全国甚至是全欧洲展示法国在未来工业领域的进展；二是依靠法国商业协会创建未来工业旗舰计划，汇集所有相关企业；三是组织召开未来工业领域的大型国际展会。

（5）开展国际合作

加强与欧洲国家（特别是德国）以及国际上其他国家相关企业的合作。首先是加强在规范和标准方面的合作。未来工业联盟将代表法国业界与欧洲“智能制造”和工业信息化领域的企业建立合作关系，为法国竞标欧盟“地平线2020”计划提供支持，并在欧洲标准制定方面积极发挥作用，为未来工业技术发展打好基础。其次是与德国企业加强技术方面的合作。“未来工业”计划与德国的“工业4.0”计划异曲同工，因此两国企业应在联合项目、试点项目、技术发展等方面具有合作潜力。法国计划于2015年9月建立合作平台，与德国开展合作。

（五）日本：制造业是为国家复兴战略的重要部分

日本的制造业产值占国内生产总值的20%，就业人数占就业总人口的20%，研发费用约有90%投入制造业相关领域，进出口贸易总额的90%是源自制造业。日本经济产业省在2004年推动“产品制造（monotsukuri）[1]产业振兴计划”，其所设定的目标是2015年制造业附加价值将较2004年提高25%。从2005年8月起，经济产业省创设产品制造日本大奖，每两年举办一次，目的在鼓励具有卓越技术的现场制造人才，致力于技术的精进与传承。

面对近两年工业4.0的发展势头，日本也积极响应，《2015年日本制造业白皮书》中用近1/4的篇幅对工业4.0进行了分析，认为“如果现在还不行动，在全球占有优势的日本制造业可能会被反超”。2015年7月，三菱电机等约30家日本企业组建称为“产业价值链主导权”（industrial value chain initiative, IVI）的联盟，共同探讨工厂互联的技术标准化，并争取使其成为国际标准。联盟成员包括三菱电机、富士通、日产汽车和松下等日本电子、信息、机械和汽车行业的主要企业。

[1] 在日本的产业政策中，基本上并没有“先进制造”这样的名词。相对的，产品制造（monotsukuri）一词是彰显日本传统制造业特有的扎根精神，并非单指生产现场的生产程序，更蕴含从业人员致力于提高技术层次所表现的强烈使命感。

1. 出台产业复兴计划，系列措施重振制造业

2013 年 6 月 14 日，日本政府正式推出“日本复兴战略”，主推由“三支箭”构成的经济增长战略：一是大胆的金融政策，二是机动性财政政策，三是促进民间投资，以上三项政策同步推进，通过大胆的金融政策和机动性财政政策，恢复并提升民间的投资活力，形成经济增长路线。基于此，“日本复兴战略”中，制定了三项行动计划作为实现增长的具体措施，即日本产业复兴计划、培育战略市场计划、国际化战略。

其中，“日本产业复兴计划”旨在让制造业复苏，并使其在全球竞争中胜出，培育高附加值的服务产业；让企业经营更加灵活，让个人能够发挥更大的作用。其内容涉及以促进民间投资为中心的紧急结构改革、雇佣制度改革和人力资本培育，推进以争夺科技制高点为目标的科学技术创新，建设世界最高水平的信息社会，打造最有利于竞争的事业环境和实行中小企业、小规模事业者的革新等六大项行动计划，并且分别设有具体的措施和主要成果目标。随后的一年多时间里，安倍内阁又围绕这一复兴战略多次进行讨论与修订，并相继出台了一系列关联措施。

日本促进制造业发展的措施主要包括 5 个方面：运用减税、租赁补贴等手段促进企业设备投资；对企业技术开发进行减税；在附加制造技术领域设立国家项目进行技术攻关；支持战略新兴产业的研发投资和产业化；构建共性技术开发与应用平台以促进新技术普及，见表 1.10。

（1）运用减税、租赁补贴等手段促进企业设备投资

日本 2014 年制定了企业设备投资减税政策，计划在 3 年内将设备投资水平从 2012 年的约 63 万亿日元提高 10%。日本还针对中小企业实施了更优惠的减税政策，当中小企业购买机械装置器具（电子计算机、数字复合机械、实验及检测设备）、工具（测定及检查工具）、程序及软件、载货汽车等设备时，可以按照其价格的 30% 计入特别折旧，也可按其价格的 7% 减免法人税。日本还制定了先进设备租赁补助政策，当企业与设备出租企业签订租赁合同时，政府的基金会与设备出租企业也签订“先进设备租赁援助合同”，约定政府在租赁期满并且该设备出售时给出租企业一定的补助。

（2）对企业技术开发进行减税

目前日本实施的减税措施主要有两个：一是“研究开发费总额减税制度”，根据企业研究开发费占销售额的比率，减免 8%~10% 的法人税，减税额最高不超过法人税的 30%；二是“中小企业基础技术强化税制”，对于中小企业的研究开发费用，设定了减免其相当于费用 12% 的法人税的规定，最高减税额为当期法人税的 30%。

（3）在附加制造技术领域设立国家项目进行技术攻关

日本在 2013 年 6 月颁布的“日本复兴战略”中规划了 3D 打印机研究开发国家项目，出台了对 3D 打印机等先进技术的投资减税政策。同年 5 月，经济产业省启动了超精密 3D 造型系统技术开发项目，总预算为 30 亿日元，计划到 2017 年开发出速度快 10 倍、精度高 5 倍、价格只有目前市场所售设备 1/10（每台 2000 万日元以下）的设备，以此促进 3D 打印机在高难度铸造行业的普及。2014 年经济产业省仍把 3D 打印机列为优先政策扶持对象，投资 45 亿日元实施以 3D 打印技术为核心的产品制造革命项目，旨在开发出世界最高水平的金属粉末造形用 3D 打印机。

除了大规模投资之外，日本还抓紧研究与制定与附加制造技术相关的法律标准，2014 年日本政府在预算中增加了 30 亿日元，用于在各地公共实验基地、技术中心以及高等专科学校添置或更新 3D 数

字制造设备。此外还决定在2013年至2014年，对一部分大学购买3D打印机提供补助金，补助金额为购买费用的2/3，并计划在2015年将补助对象扩展到初高中。

（4）支持战略新兴产业的研发、投资和产业化

日本把健康医疗、环境与能源、新一代基础设施、农林水产设定为战略领域，在此基础上，经济产业省选定了机器人、新一代汽车、飞机、碳纤维、诱导多功能干细胞（iPS细胞）再生医疗、生化医药和新化学产业7个重点领域，调动财政、科研及制度变革等政策手段，重点促进这些领域的研发、投资以及产业化。

（5）构建共性技术开发与应用平台以促进新技术普及

2014年日本不仅投入145.5亿日元用于研究全新的能源、材料等技术，而且还大规模投资、促进研究成果被社会共享以及与社会需求相结合。如投入18亿日元建设纳米技术平台，把有最先进设备和使用经验的研究机构连接起来，为企业、大学以及研究机构研究提供设备和技术支援。在基础共性技术开发方面，日本近年致力于构建技术开发与应用平台以促进新技术的普及，如集中日本国内300家以上企业的技术，开发出了世界最先进的X线自由电子激光装置。

表1.10　日本促进附加制造技术发展的政策措施

政策措施	手段	内容
“生产率提高设备投资促进税制”（2014年初出台）	减税	如果企业对A类型设备（先进设备）、B类型设备（生产线以及作业系统的升级提高）进行投资，可当期折旧或减税5%。适用期为2014年1月20日至2016年3月末，3D打印机等附加制造技术设备属于A类型设备
超精密3D造型系统技术开发项目（2013年5月启动）	开发投资	到2017年开发出速度比目前市场销售同类设备快10倍、精度高5倍、价格只有1/10（1台售价2000万日元以下）的超精密3D打印机，促进3D打印机在高难度铸造行业的普及。总预算投资30亿日元。采取合作开发形式，共有12家大学，研究机构、企业参加
“以3D造型技术为核心的产业制造革命项目”（2014年1月启动）	开发投资	开发世界最高水平的金属粉末造型用3D打印机。总投资预算为45亿日元，采取合作开发取式
“新制造研究会”（2013年10月15日至2014年2月25日）	政策研究	由经济产业省牵头，组建由大学、研究机构，附加制造技术相关企业、律师事务所等专家学者组成的研究会，定期讨论附加制造技术的发展问题，为制定相关政策提供参考
技术地图修订（2013年完成）	政策服务	对与附加制造技术相关的设计、制造、加工领域的技术地图进行了修订
数据保护法、专利许可制度、消费安全保护法的修订（2013年启动）	政策服务	为形成开发网络，促进附加制造技术应用创造环境
3D打印机的应用推广（2014年启动）	补助金	在公共实验基地，技术中心及高等专科学校添置或更新3D数字制造设备。总预算为30亿日元。
3D打印机人才培养（2013年启动）	补助金	2013—2014年，对一部分大学购买3D打印机提供补助金，金额为购买费用的2/3。2015年该政策受益范围扩大到初、高中
附加制造人才培养	体制调整	在专科学校、大学新设“信息与制造”“设计与制造技术”专业

资料来源：《日本促进制造业发展的动因、措施及启示》，刘湘丽

2. 颁布机器人新战略，发力智能制造

日本是机器人强国，这是其在第四次工业革命发展进程中的优势。日本政府于 2015 年 1 月 23 日公布了《机器人新战略》。该战略对日本机器人产业的发展提出了如下三大战略目标和六大重要举措。

（1）三大战略目标

一是使日本成为世界机器人创新基地。彻底巩固机器人产业的培育能力。增加产、学、官合作，增加用户与厂商的对接机会，诱发创新，同时推进人才培养、下一代技术研发、开展国际标准化等工作。

二是日本的机器人应用广度世界第一。为了在制造、服务、医疗护理、基础设施、自然灾害应对、工程建设、农业等领域广泛使用机器人，在战略性推进机器人开发与应用的同时，要打造应用机器人所需的环境。

三是日本迈向领先世界的机器人新时代。物联网时代，数据的高级应用，形成了数据驱动型社会。所有物体都将通过网络互联，日常生活中将产生海量数据。到 2020 年的 5 年间，要最大限度应用各种政策，扩大机器人研发投资，推进 1000 亿日元规模的机器人扶持项目。

（2）六大重要举措

一是一体化推进创新环境建设。成立机器人革命促进会，负责产学政合作以及用户与厂商的对接、相关信息的采集与发布；起草日美自然灾害应对机器人共同开发的国际合作方案和国际标准化战略；制定管理制度改革提案和数据安全规则。同时，建设各种前沿机器人技术的实验环境，为未来形成创新基地创造条件；与日本科技创新推进小组合作制定科技创新整体战略。

二是加强人才队伍建设。通过系统集成商牵头运作实际项目和运用职业培训、职业资格制度来培育机器人系统集成、软件等技术人才；加大培养机器人生产线设计和应用人才；立足于中长期视角，制定大学和研究机构相关人才的培育；通过初、中等教育以及科技馆等社会设施，广泛普及机器人知识，让人们学会在日常生活中如何与机器人相处，理解机器人的工作原理，形成与机器人共同工作和生活的机器人文化。

三是关注下一代技术和标准。推进人工智能、模式识别、机构、驱动、控制、操作系统和中间件等方面的下一代技术研发，同时还要关注没有被现有机器人技术体系所纳入的领域中的创新；争取国际标准，并以此为依据来推进技术的实用化。

四是制定机器人应用领域的战略规划。制定到 2020 年制造业、服务业、医疗护理、基础设施、自然灾害应对、工程建设和农业等机器人应用领域未来 5 年的发展重点和目标，并逐项落实。此外，还有很多潜在的机器人应用领域，如娱乐和宇航领域等，未来也要制定相关行动计划。

五是推进机器人的应用。①以系统集成为主，推进机器人的安装应用。②鼓励各类企业参与，除了现有机器人厂商，中小企业、高科技企业和信息技术企业都可参与到机器人产业之中。③机器人被广泛应用于社会的管理制度改革，机器人革命促进会与日本制度改革推进小组合作制定人类与机器人协同工作所需的新规则。

六是确定数据驱动型社会的竞争策略。未来机器人将成为获取数据的关键设备，实现日本机器人随处可见，搭建从现实社会获取数据的平台，使日本获取大数据时代的全球化竞争优势。

2015 年 5 月，日本机器人革命促进会正式成立，标志着“日本机器人新战略”已迈出了第一步。2015 年 7 月 15 日，“物联网升级制造模式工作组”召开了第一次大会。

主要参考文献

[1] United Nations. World Economic Situation and Prospects 2015[R]. 2015.

[2] International Labour Organization. World Employment Social Outlook Trends 2015[R]. 2015.

[3] United Nations Conference on Trade And Development. World Investment Report 2015[R]. 2015.

[4] IMF. 世界经济展望 [R]. 2015-01-20.

[5] FDI/MNE database. www.unctad.org/fdistatistics.

[6] 荷兰经济政策研究局. http://www.cpb.nl.

[7] 联合国工业发展组织数据库 . http://www.unido.org/en/resources/statistics/statistical-databases.html.

[8] the Boston Consulting Group. The Shifting Ecomonics of Global Manufacturing: How cost competitiveness is changing worldwide[R]. 2014-8.

[9] World Economic Forum. Economy:accelerating the scale-up across global supply chains[R]. 2014-1.

[10] World Economic Forum. Top 10 emerging technologies of 2015[R]. 2015-3-4.

[11] the Boston Consulting Group. Industry 4.0: the future of productivity and growth in manufacturing industries[R]. 2015-4.

[12] 埃森哲. 产业物联网——独辟蹊径助推企业增长 [R]. 2014.

[13]《制造业复兴》编委会. 制造业复兴 [M]. 上海交通大学出版社，2014-4-21.

[14] Government Office for Science. The future of manufacturing: A new era of opportunity and challenge for the UK[R]. 2013-10.

[15] 周海蓉. “再工业化”战略背景下全球制造业发展的新趋势 [J]. 科技发展研究，2015-4-27.

[16] 蒋钦云. AMP2.0 推出新的建议和技术战略 [EB/OL]. 中国经济网，2014-11-24.

[17] 刘晓龙等. 实施工业 4.0 战略的建议（中文译本）[EB/OL]. 中国工程院咨询服务中心，2013-9.

[18] 刘湘丽. 日本促进制造业发展的动因、措施及启示 [J]. 中国经贸导刊，2015 年 2 月上.

[19] 林汉川等. 新一轮产业革命的全局战略分析——各国智能制造发展动向概览 [J]. 人民论坛 · 学术前沿，2015 年 6 月上.

本章撰写：王静波

行 业 篇

第二章
世界新型显示产业发展动态

一、世界新型显示产业总体发展态势

（一）全球新型显示产值呈现平稳趋势

随着以平板显示为主的新型显示产业步入成熟期，其增长速度近年来保持平稳增长态势。根据台湾光电科技工业协进会（PIDA）统计数据，2014 年全球平板显示产业产值约为 1819.73 亿美元，较 2013 年的 1738.49 亿美元增长 5%，涨幅基本与 2013 年增幅持平。产值变化不如以往剧烈，主要是由于从 2013 年起全球整体消费紧缩，由消费性产品带动需求增长的平板显示产业受此影响，增幅较 2013 年以前仅呈微幅增长趋势，见图 2.1。

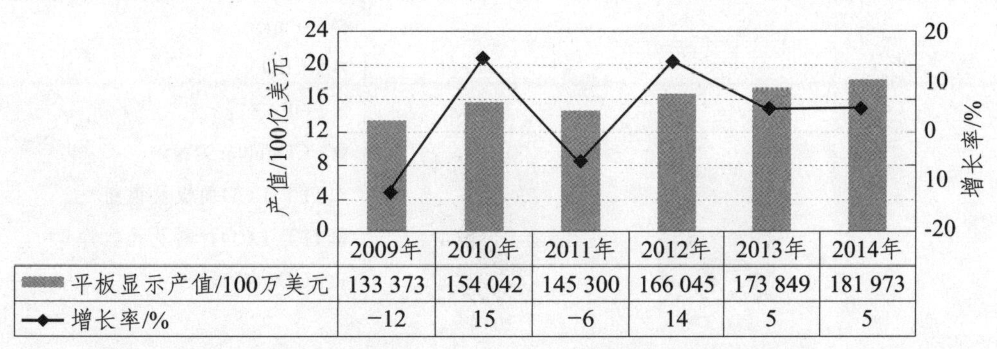

	2009年	2010年	2011年	2012年	2013年	2014年
平板显示产值/100万美元	133 373	154 042	145 300	166 045	173 849	181 973
增长率/%	−12	15	−6	14	5	5

图 2.1　2009—2014 年全球平板显示产值及变化趋势

说明：2014 年为估计值

资料来源：台湾光电科技工业协进会（PIDA）

（二）TFT-LCD 产值居平板显示首位

平板显示领域主要可细分为八大领域：LCD 生产设备、TFT-LCD 材料及元器件、TFT-LCD 面板及模组、LCD（TN/STN）、PDP（等离子显示器）面板、OLED（有机发光二极管）面板、E-paper（电子纸）、触控面板。2014 年全球平板显示市场收入主要来自 TFT-LCD，包括 TFT-LCD 材料及元器件和 TFT-LCD 面板及模组的产值合计达到 1391.53 亿美元，占整个平板显示产值的 76%，图 2.2。

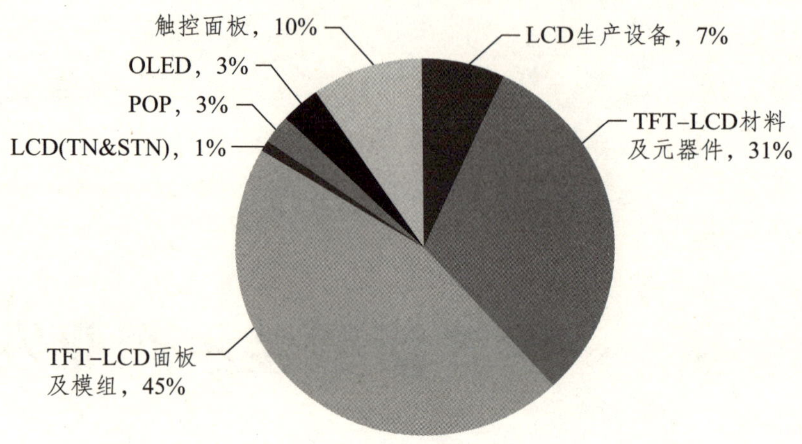

图 2.2　2014 年全球平板显示分领域产值结构比例

说明：2014 年为估计值
资料来源：台湾光电科技工业协进会（PIDA）

（三）OLED 增长速度最快

纵观平板显示各领域 2014 年发展情况，除 LCD（TN&STN）、PDP 产值较 2013 年持续衰退外，电子纸也在 2014 年首次出现负增长，其余产品产值均有所增长，尤其是 OLED 面板、触控面板增长显著，分别比 2013 年增长 17% 和 10%，图 2.3。

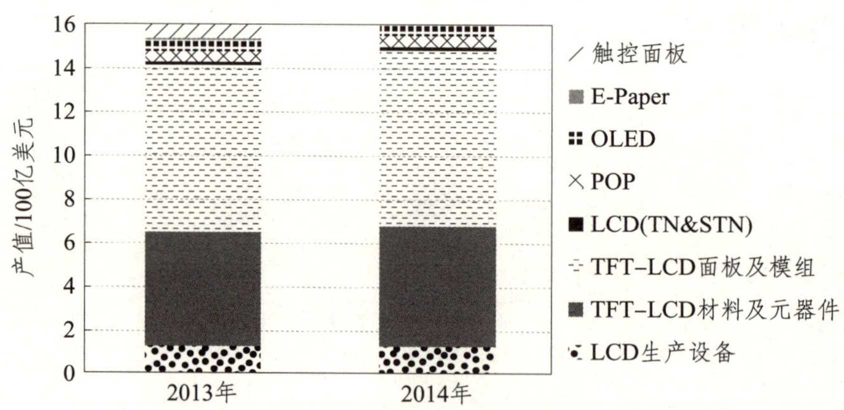

图 2.3　2014 年全球平板产业分领域产值统计

说明：2014 年为估计值
资料来源：台湾光电科技工业协进会（PIDA）

LCD（TN/STN）方面，2014 年产值下滑幅度达 15%，原因是原先主攻低价市场的 TN/STN-LCD 产品被同样为低价且效果更佳的 TFT-LCD 面板取代。LCD（TN/STN）若仍无创新产品出现，未来产能必定逐年减少，届时可能仅会供给某些特殊需求领域。

PDP 面板 2014 年产值同样下降 15%，同样也是受 TFT–LCD 的排挤效应；估计未来 PDP 的需求量会逐渐减少。PDP 运用在 3D 电视曾被看好，不过全球 3D 电视销售不佳且热潮已过，对 PDP 未来发展前景尚难以准确判断。

OLED 面板则因新产品相继问世，得以延续增长潜力，2014 年持续上升，产值增幅达 17%。OLED 面板主要用于韩国高端智能手机，三星等韩国厂商将 OLED 用于旗下智能型手机、平板电脑以及平面 / 曲面 OLED 电视等热门产品，带动了产能的增长，预计未来全球 OLED 产值将持续上升，前景乐观。

电子书阅读器以及相关应用产品（如电子标签）在 2011 前曾风靡全球，然而受到平板电脑崛起影响，2014 年电子纸产值下降 4%，未来可能朝向细分市场产品发展。

触控面板方面，由于搭配触控面板的产品越来越多，包含智能手机、平板电脑等热门消费电子产品，因此需求短期内会越来越强劲。其 2014 年整体产值接近 180 亿美元，年增长率达到 10%，未来成长性持续看好。

（四）平板显示出货面积增速超出出货量增速

2014 年全球平板显示面积增速超出出货量增速，根据群智咨询统计，2014 年全球平板显示出货面积达到 1.62 亿米^2，增长 13.3%，出货量达到 31.81 亿片，增长 5.6%，出货面积的增长显著快于出货量的增长，这主要是由于大尺寸平板显示产品继续盛行，平板显示器应用产品的平均尺寸迅速扩大，见表 2.1。

表 2.1　2014 年全球平板显示出货量和出货面积

项目	2013 年	2014 年	增长率 /%
出货量 /100 万片	3 011	3 181	5.6
出货面积 /100 万米^2	143	162	13.3

资料来源：群智咨询

（五）面板厂商向智能可穿戴设备集结

智能可穿戴设备的巨大潜力正推动面板厂商专门为该类型产品开发面板，尤其是智能手表，三星、索尼、佳明（Garmin）、苹果等厂商纷纷推出自己的智能手表产品。面板厂商友达光电（AUO）、京东方（BOE）、天马（Tianma）、和辉光电（EverDisplay）及群创光电（Innolux）也都为智能手表推出配套的面板，其中友达、天马、群创重点开发的是 LCD 面板，京东方与和辉重点开发 OLED 面板，见表 2.2。

表 2.2　智能手表及其所使用的面板

品牌	型号	所用面板
三星	Galaxy Gear 系列	AMOLED 可弯曲显示屏
索尼	SmartWatch 2	半透反射式 LCD
佳明	Fenix GPS Watch	半透反射式 LCD
耐克	Nike+ Sport Watch	半透反射式 LCD
Pebble	Pebble Steet	电子纸显示器、LED 背光板
高通	Toq	Mirasol MEMS 显示器
摩托罗拉	Moto360	液晶显示器、LED 背光
LG	LG GWatch R	AMOLED
苹果	iWatch	AMOLED（边框为柔性显示，部分采用蓝宝石保护玻璃）

资料来源：DisplaySearch

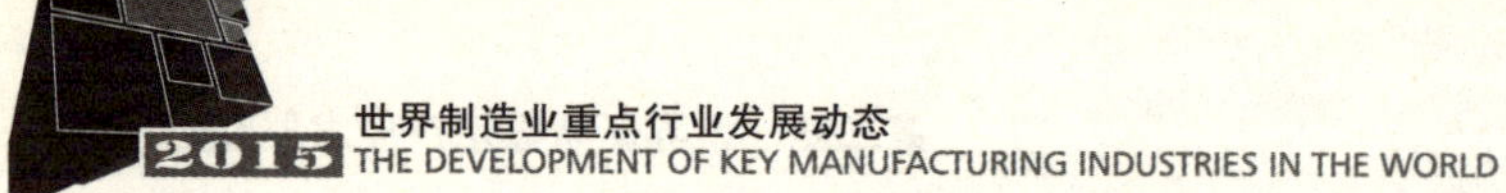

（六）IGZO 面板未来发展值得期待

自 2013 年以来，最受全球瞩目的新型显示是 IGZO（铟镓锌氧化物）面板。这种面板除了可以延续厂商之前投资的 TFT-LCD 面板产线的部分设备，金属氧化物本身所具备的高速电子迁移率使得其制程技术比非晶硅（a-Si）制程优异，在提高面板性能的同时可降低成本。虽然目前全球数家显示器面板厂商都有投入 IGZO 面板研发的计划，不过目前能够量产 IGZO 面板的厂商只有日本夏普（SHARP）一家。如果该面板能克服良率等不足，未来可能有机会成为新型显示“明星”产品。

二、TFT-LCD 产业发展态势

（一）TFT-LCD 产业稳步增长

2014 年全球平板显示产业收入主要来自 TFT-LCD 产值，包括 TFT-LCD 材料及元器件、TFT-LCD 面板及模组，产值合计达到 1391.53 亿美元，比上年增长 5%，占整个平板显示产值的 76%，处于平稳发展阶段。其中，TFT-LCD 面板及模组产值 825.95 亿元，TFT-LCD 材料及元器件产值 565.58 亿元，均比上年增长 5%，与新型显示产业整体发展步调一致，见图 2.4。

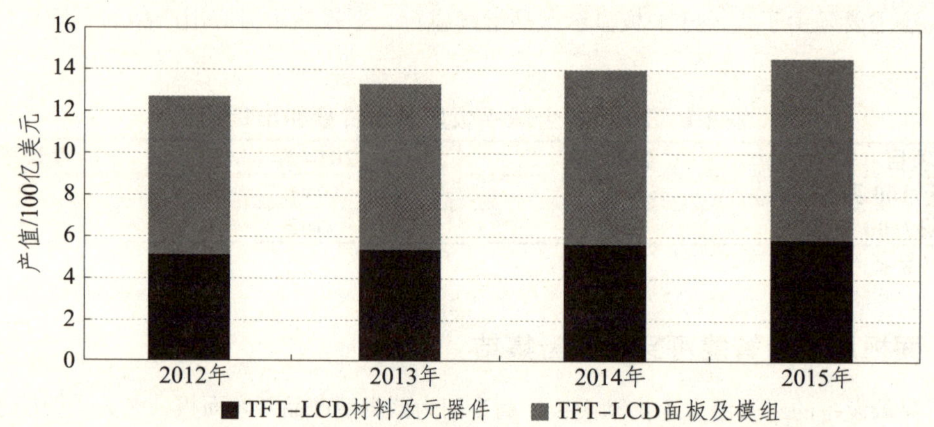

图 2.4　2012—2015 年全球 TFT-LCD 面板产值

说明：2014、2015 年为估计值
资料来源：台湾光电科技工业协进会（PIDA）

（二）大尺寸 TFT- LCD 面板出货量微增

根据 DIGITIMES Research 预计，2015 年全球大尺寸 TFT-LCD 面板出货量增长率仅 0.5%，主要原因是 2015 年笔记本电脑、电脑显示器及平板电脑终端需求将较 2014 年减弱，不过，由于电视面板出货持续朝大型化发展，预估 2015 年电视面板平均尺寸可望增长 1.2 英寸达到 40.5 英寸，将使得整体大尺寸 TFT-LCD 需求面积年增 8.2%。其中，在大尺寸面板需求面积增加总量中，电视面板的贡献度高达 9 成，因此电视面板需求量及出货平均尺寸大小，将是左右 2015 年大尺寸面板需求增长的关键。

在供给方面，2014 年全球厂商大尺寸 TFT-LCD 面板产能仅增加 2.1%，面板厂商通过调高产能利用率和优化生产线与制程来满足出货面积增加的需求。目前，中国厂商、韩国厂商持续在中国扩增产能，而台湾地区厂商包括群创、友达也计划扩增大尺寸面板产能。

由于电视面板需求面积占整体大尺寸 TFT-LCD 面板的 76%。只要电视面板平均出货尺寸可以维持在 1.2 英寸或更高的增长幅度，预估 2015 年大尺寸 TFT-LCD 面板供需仍可维持在均衡状态。

（三）4K 显示器增长强劲，应用范围将更为广泛

根据 DisplaySearch 发布的全球平板显示器出货量报告显示，整个 4K 显示器市场 2014 年销售收入达 92 亿美元。随着 4K 显示器被广泛应用于更多不同种类的产品中，2015 年 4K 显示器的收入将增长 94%，达 178.48 亿美元。随着显示处理技术的发展，4K 显示器良率将得到提升，成本将有所下降，预计到 2020 年，4K 显示器面板市场收入将达 520 亿美元。

2014 年 4K 液晶电视是 4K 显示使用最广泛的领域，智能手机和 OLED 电视的增势最为强劲。为了在高端领域中与液晶电视展开竞争，OLED 电视厂商也开始使用 4K 显示。随着 4K 显示提高了面板的图元精细度以及亮度透射率，移动设备也将更广泛地运用 4K 显示，夏普和日本显示公司（Japan Display）已经公布并展示了 4K 智能手机面板。2015 年，液晶面板厂商计划生产 4000 万片 4K 液晶电视面板，这将占所有液晶电视面板出货量的 17%。除了电视，移动设备、专业显示器和公共显示器市场也开始越来越多地使用 4K 面板，见图 2.5。

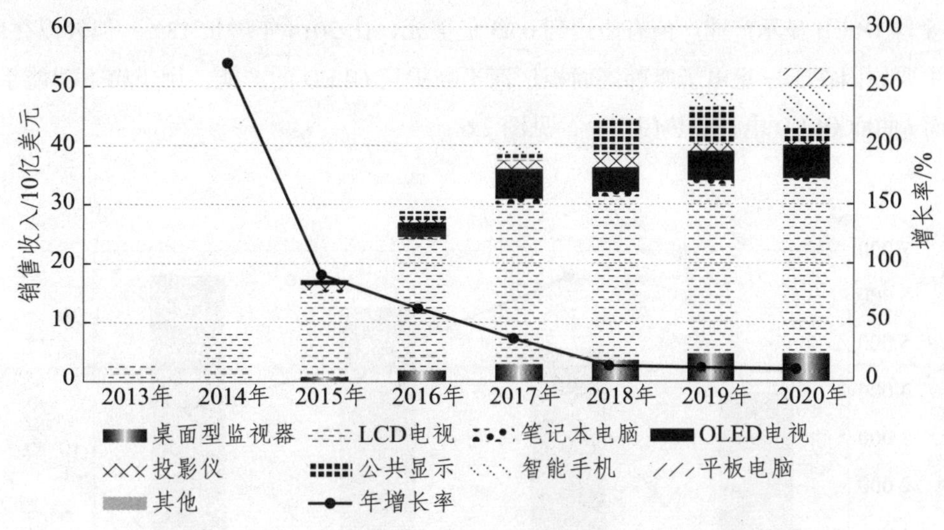

图 2.5　2013—2020 年 4K 显示器销售收入和增长情况

说明：2015—2020 年为预测值
资料来源：DisplaySearch

（四）量子点显示技术提升液晶显示竞争力

液晶显示的黑色，并不是精彩的“墨黑色”，颜色也并不鲜艳。液晶显示的这一缺陷，和背光系统如何点亮像素的过程有关。如果采用 CCFL（冷阴极荧光管）作为背光光源，则这还不是问题。不过，在整个液晶显示行业转向 LED 作为背光源时，黑色和画质问题开始产生。对此，液晶显示厂商利用量子点显示技术试图解决液晶电视的黑色不黑和彩色不鲜艳的问题。

量子点（Quantum Dots）由锌、镉、硒和硫原子构成，是晶体直径在2~10纳米之间的纳米材料，其光电特性独特，受到光电刺激后，会根据量子点的直径大小，发出各种不同颜色的纯正单色光，能够改变光源光线的颜色。量子点可以在液晶电视的LED背光上形成一层薄膜，用蓝色LED照射就能发出全光谱的光，从而对光线进行调节，可以对背光进行精细调节，进而大幅提升色域表现，让色彩更加鲜明。由于量子点显示技术在色域覆盖率、色彩控制精确性、红绿蓝色彩纯净度等方面已全面升级，被视为影响全球显示行业的革命性技术。

目前，量子点显示技术已经进入了小型消费电子设备中，例如亚马逊公司的Kindle FireHDX，是全世界首个使用量子点的平板电脑；华硕公司发布的笔记本电脑ZenbooxNX500也使用了3M公司制造的量子点薄膜。2014年以来，不仅三星、LG等国际厂商通过量子点显示技术优化电视显示屏，我国京东方、华星光电、TCL等厂商也宣布运用量子点显示技术的产品即将量产。一时间，量子点显示技术成为液晶显示领域关注的焦点。这不仅是因为采用量子点显示技术的产品可以成为厂商利润的增长点，更重要的是，其色彩饱和度可以媲美OLED。

三、OLED显示产业发展态势

（一）OLED产值处于增长阶段

2015年全球OLED显示产业产值有望达到65.3亿美元，比2014年增长13%，但较以往增速放缓。产值增长的主要原因在于三星电子等韩国面板厂商不断提高OLED的产能，用于旗下智能手机、平板电脑以及平面/曲面OLED电视等热门产品，见图2.6。

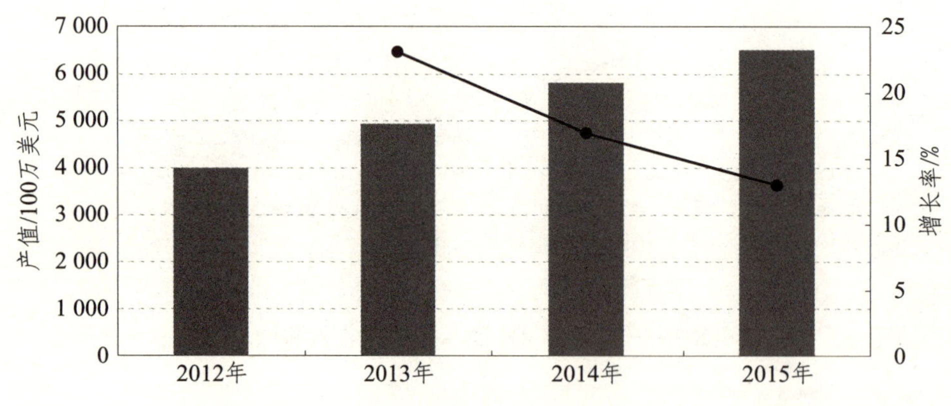

图2.6　2012—2015年全球OLED产值

说明：2015年为预测值
资料来源：台湾光电科技工业协进会（PIDA）

（二）AMOLED面板销售不如预期，但厂商依旧看好后续市场潜力

尽管OLED产业整体产值处于增长期，但2014年全球AMOLED面板产业销售收入较2013年有所减少，主要原因在于三星电子的智能手机销售量不如预期。尽管如此，韩国两大厂商在2015年仍将持

续扩大 AMOLED 产能，合计产能增长将达到 36%，高于 2014 年的 24%，主要原因是两大厂商继续看好 AMOLED 技术在大尺寸及中小尺寸应用的发展机会。

目前，全球 AMOLED 供应绝大多数比重仍集中在两大韩国厂商，台湾地区的友达及中国大陆的和辉光电虽有量产，并已出货给智能移动设备厂商，但因为产能有限，加上技术与韩国厂商仍有差距，在全球市场占有率方面仍相当有限，预期 2015 年 AMOLED 市场仍是韩国厂商为主的竞逐态势。

（三）OLED 大尺寸电视市场发展主要受韩国企业影响

据 DisplaySearch 分析预测，受韩国和中国大力发展 OLED 影响，2015 年 OLED 电视面板市场总额将达到 14.3 亿美元，较 2014 年的 5 亿美元有了大幅增长。家电行业之所以选择 OLED 技术，主要是由于其自身可以发光，无需背光灯，因而可视角度更大、亮度更高、响应时间更快、更节省电能，且具有屏幕更轻、更薄、可弯曲等特点。从 2013 年起，以三星电子、LG、索尼、松下为代表的一批日韩企业率先推出了新一代 OLED 电视机（以 55 英寸屏为主），而后，中国厂商海尔、创维等也先后发布了自己的 OLED 电视机。

然而，进入 2014 年，OLED 市场发展却冷热不均，日本基本放弃了 OLED 的发展布局，而韩国却在努力推进该技术的发展。2013 年年底，索尼和松下宣布取消研发大型超薄 OLED 电视的合作联盟；2014 年上半年，松下撤出 OLED 业务，原因是生产成本过高，难以盈利；索尼全面调整了电视机业务的发展战略，放弃 OLED 电视项目，转而聚焦 4K 液晶电视。目前三星电子仍在继续研发 OLED 技术，LG 采用了自主研发的 WRGB-OLED 专利技术，在成本上优于其他厂商，还专门成立了 OLED 电视事业部，积极推进 OLED 电视市场发展。

（四）中小尺寸市场是目前 OLED 发展重点

目前，OLED 在中小尺寸上发展优势明显，主要包括：智能手机、掌上游戏机（3~7 英寸）、平板电脑（6~13 英寸），以及部分车载显示屏等。以智能手机为例，2013 年手机 OLED 面板市场在 OLED 整体市场中以 96.7% 的比重、99 亿美元的市场总额达到顶峰，而在 2014 年，手机 OLED 面板基本停止了增长，占比降至 85%，预计手机 OLED 面板市场在未来 6 年将一直呈下降趋势，到 2021 年手机 OLED 面板市场总额将减少到 76 亿美元，在 OLED 整体市场中所占比重也将下降至 41%。

平板电脑作为 OLED 面板的重要应用终端，2014 年 AMOLED 的出货量在 500 万片左右。虽然与年出货量逾 2.5 亿片的平板电脑面板市场相比，500 万片实属少量，但 Display Search 认为，OLED 面板能为平板电脑增添新价值，同时也能为相当成熟、分散却竞争激烈的平板电脑市场带来转机，预计到 2015 年底 AMOLED 将占整个平板电脑面板市场的 5%。

从生产工艺来看，采用低温多晶硅（LTPS）TFT 背板加 RGB 高精密金属掩膜版 OLED 蒸镀的技术路线，已经能够保证中小尺寸 AMOLED 产品具有较高的生产良率，且色彩饱和度和亮度均十分优秀。而在制造成本上，AMOLED 面板和 TFT-LCD 手机面板之间的成本差距也在不断缩小。Display Search 发布的 OLED 技术报告显示，目前 AMOLED 面板成本比 TFT-LCD 面板高 10%~20%，但由于不需要背光以及光学膜和彩色滤光片等材料，因此随着产品良率的提高，预计在未来两年内，AMOLED 手机面板的生产成本可望低于 LCD 面板。

（五）柔性 OLED 市场步入成长期

根据市场研究公司 IHS 统计，柔性 OLED 屏幕市场规模估计将从 2013 年的 2190 万美元迅速攀升至 2014 年约 9480 万美元的规模。预计这一市场将从 2015 年起保持强劲增长态势。然而，完全的可挠性以及可卷曲的显示器仍有赖于材料和制程技术的进一步发展，OLED 在现有的小型柔性屏幕市场中占据重要的一部分，不过也将开始面对来自柔性 LCD 以及电子纸等其他显示技术的竞争，见图 2.7。

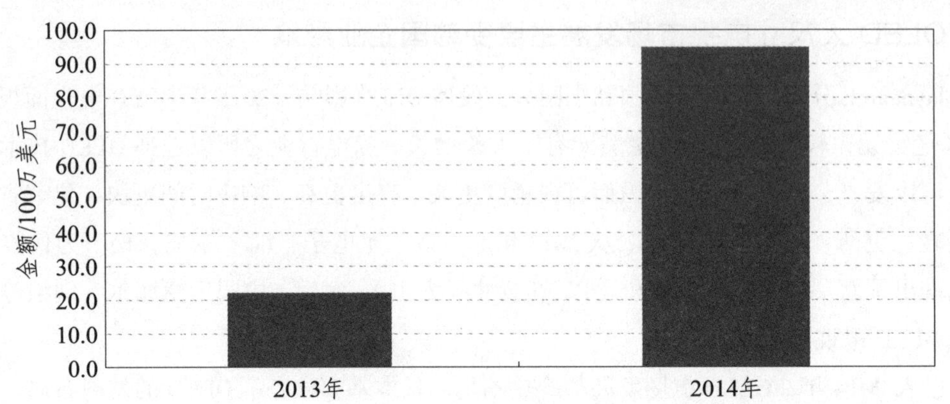

图 2.7　2013—2014 年全球柔性 OLED 市场规模

说明：2013 年、2014 年为估计值
资料来源：IHS

（六）智能可穿戴设备有望成为 OLED 应用重心

由于苹果手表（apple watch）的上市，使得 OLED 技术在智能可穿戴设备市场上的发展前景成为焦点。一些面板厂商已开始加强对智能可穿戴设备市场的布局，如 LG 计划量产全球首款圆形塑性 OLED 面板，索尼第三代头戴立体显示器的目镜部分采用了两块 720 像素分辨率的 OLED 显示屏等，京东方宣布注资美国 Meta 公司以促进 AMOLED 等先进显示技术在可穿戴设备、增强现实技术层面的开发。

四、触控面板产业发展态势

（一）触控面板产业快速发展主要受手机市场影响

2015 年全球触摸面板总出货量预计达 19.2 亿片，较 2014 年增长 13%，出货量维持两位数的增长幅度，显示出市场需求仍旧旺盛。

触控面板根据内嵌式触控解决方案应用状况，即依据触控感应器所处基板位置，分为 In-cell 与 On-cell 两种方案，其中 In-cell 触控解决方案触控感应线路需制作于液晶面板两层基板玻璃间的液晶区域（通常位于 TFT Array 基板之上），而 On-cell 触控解决方案感应线路则需制作于彩色滤光片玻璃基板的表层或底层（采用 AMOLED 架构的显示面板则需制作于其封装玻璃之上）。在需求最大的智能手机用触摸屏方面，苹果主要使用 In-cell 技术，三星 AMOLED 产品则主要使用 On-cell 技术，华为在 2014 年在高端智能手机上采用 In-cell 取得成功后，计划扩大 In-cell 使用力度，小米、联想、TCL、酷派、中兴等智能手机厂商也对 In-cell 或 On-cell 等内嵌式触摸屏产生兴趣，2015 年起将扩大使用量。不只中国公司如此，LG、索尼、HTC 等也计划在 2015 年在中高端智能手机上采用 In-cell 或 On-cell 等内嵌式触摸屏。日本显示（Japan Display）、LG 显示（LG Display）、三星、夏普、京东方、天马、友达光电等厂商也为迎合市场变化而加紧相关产品研发。

根据 IHS 报告显示，智能手机中所使用的嵌入式触控面板（包括 In-cell LCD、On-cell LCD、On-cell AMOLED）在 2014 年的出货量增长增幅预计达到 47%，占所有手机使用的触控面板出货约 36%，预计 2015 年的出货比重在所有手机使用的触控面板出货中将达到 40%，见图 2.8。

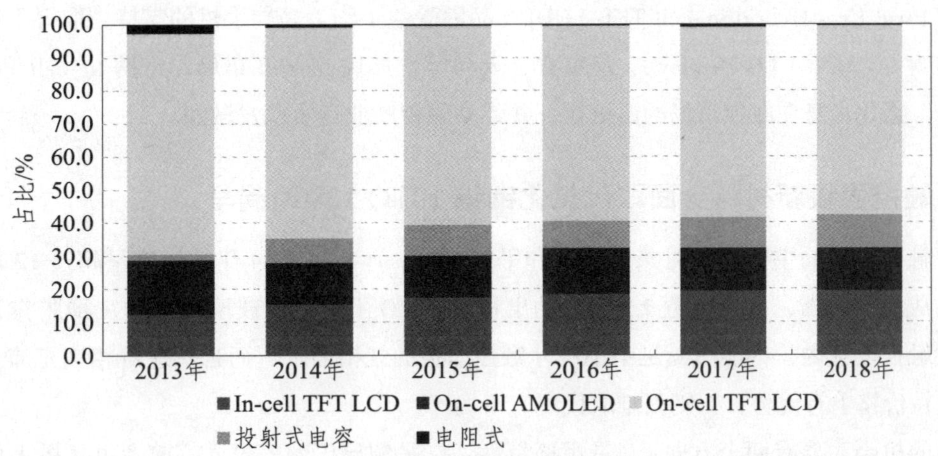

图 2.8　2013—2018 年智能手机用触控面板出货比重

说明：2015—2018 年为预测值
资料来源：IHS

（二）触控面板在平板电脑、笔记本电脑等应用端发力有限

平板电脑方面，2015 全球平板电脑的总出货量将达 2.58 亿台的规模，较 2014 年增长 8%，但 9 英寸以下的产品份额高达 68.6%。虽然市场仍维持平稳的增长，但除了苹果和三星电子之外，多数公司以中低端 7~8 英寸产品为主，对触摸屏产业的发展助力不高。

笔记本电脑方面，2015 全球触控笔记本电脑的总出货量将达 2043 万台的规模，较 2014 年减少 2%。触控笔记本因欠缺应用软件及昂贵的价格，短期内触摸屏的渗透率很难有大幅突破。

在产品应用面临瓶颈之时，触摸屏开始转向汽车、自动取款机（ATM）、销售终端（POS 机）、电子白板等触摸屏产品，试图寻求另一个蓝海。由于消费者已从智能手机和平板电脑上培养成了轻触屏幕的操作习惯，使得在这些过去采用电阻、超声、红外线等触控技术的终端产品开始逐渐采用电容式触摸屏，未来应用产品将更为广泛。

（三）厂商竞争逐渐加剧

由于相对较低的技术及资本进入壁垒，触控面板产业规模曾一度快速膨胀，产品质量鱼目混珠。随着触控面板产业步入成熟，触控面板市场开始向着大者恒大的格局演变，大中型规模的触控面板厂商开始密集的资本运作及产业投资，强化自身在产能和技术上的优势，不少中小触控面板厂或转让或倒闭。

受益于苹果及三星智能手机的大量订单支持，日本显示、LG 显示及夏普的 In-cell 触控产品及三星自身的 Super AMOLED 产品 (On-cell AMOLED) 的出货量日益增长，并带动了其他面板企业对于内嵌式触控技术的投入。2013 年中国大陆及台湾地区相关企业纷纷涉足 On-cell 触控技术，试水触控市场。然而受制于触控 IC 方案、成本、业务模式等诸多原因，以及传统触控厂商尤其是薄膜式触控业厂商携氧化铟锡（ITO）薄膜价格下滑所展开的价格狙击，使得基于 TFT-LCD 技术的 On-cell 产品在 2013 年并未能有亮眼表现，直到 2014 年才取得了突破。

而相较于 On-cell 产品，面板厂商对 In-cell 产品的投入与推广更为积极。其中日本显示（Japan Display）的 Pixel Eyes(Hybrid in-cell TFT-LCD) 产品因受益于华为高端手机的支持，取得不错表现，除此之外，包含 LG 显示（LG Display）、京东方、天马等也加快 In-cell 布局，将携 In-cell 和 On-cell 两套方案出击，强化自身在触控市场的话语权，并带动触控产业竞争愈发激烈。

（四）触控面板新材料全面取代氧化铟锡（ITO）为时尚早

目前，触控面板的主要应用对象是手机和平板电脑；前者在 2014 年的出货量超过 12 亿台，而后者即使面临成长的停滞，也有将近 2.5 亿台的出货量。ITO 不论是以玻璃或是 PET 薄膜作为基板甚至是在内嵌式触控面板内，都能够满足中小尺寸触控面板的规格需求，而且供应链相当充沛。因此，新材料除非能在价格上有优势，否则很难取代现有市场。

新材料的机会主要有两个方向：一是规格特性，二是领导厂商的投入。前者可从更大尺寸与非平面的触控区的应用来切入，但 ITO 在这些方面表现不佳；后者则是要依靠宸鸿、欧菲光等领导厂商，虽然这两个厂家都已经量产，但制程技术还不够成熟。虽然新材料在手机、笔记本电脑等领域已有一些应用，但离全面取代 ITO 的阶段恐怕还为时尚早。这一方面是因为目前 ITO 并没有短缺或铟矿被限制开采的问题，另一方面是由于触控面板的应用市场正面临市场饱和或模组价格崩盘的局面。

五、LED 照明产业发展态势

1. LED 照明市场大幅上扬

根据 LEDinside 的统计预测，2015 年全球 LED 照明总产值将达到 257 亿美元，比 2014 年增长约 30%，占整体照明市场份额的 31.3%。根据麦肯锡预测，到 2020 年，LED 照明市场的收入将接近 650 亿欧元，在全球照明市场中占据近 60% 的份额。可以说，LED 在照明领域的空间广阔，已成为推动行业发展的重要驱动力，见图 2.9。

2. 美欧日仍是 LED 照明主要市场

美国、欧洲、日本等发达国家和地区因 LED 照明发展起步较早，2015 年市场规模占全球比重仍将较高，DIGITIMES Research 预估美、欧、日各区皆超过 50 亿美元，合计比重将达 55%，其中，欧洲、美国、日本比重分别达 19.2%、18.8%、17%；值得注意的是，日本 2015 年增长率预计仅为 13.2%，低于美国及欧洲的 33.1%、38%，这主要是由于日本 LED 照明市场在整体照明市场的比例已较高。

人口数多、应用 LED 照明较为积极的新兴市场亦具成长潜力，其中，中国因在产业政策激励下，LED 照明市场年增长率高于发达国家，2015 年将达 46.5%，市场规模将为 45.7 亿美元；印度在大城市

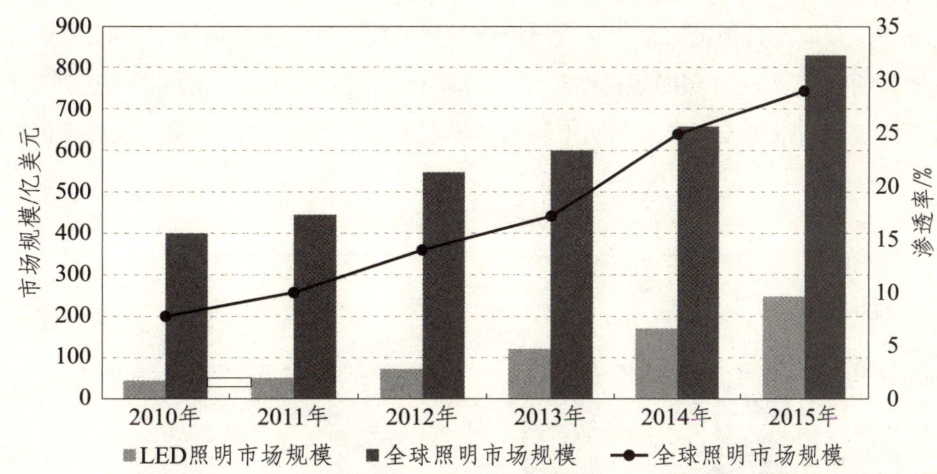

图 2.9　2010—2015 年全球 LED 照明市场规模及渗透率

说明：2014 年、2015 年为预测值
资料来源：LEDinside

公共照明换装为 LED 光源的驱动下，预估市场规模达 8.2 亿美元，全球占比为 2.7%；俄罗斯市场 2015 年 LED 照明占全球比重将与 2014 年一致，为 4.1%，见图 2.10。

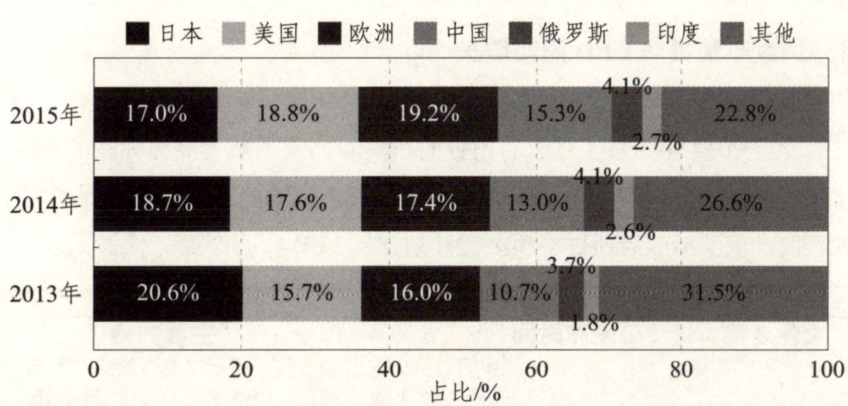

图 2.10　2013—2015 年主要区域 LED 照明市场规模比重

说明：2015 年为预测值
资料来源：DIGITIMES Research

3. 东南亚 LED 照明市场规模增长强劲

随着欧洲、美国、日本等国家的 LED 照明产业逐渐成熟，中国本土市场的竞争也趋于白热化，进入“拼规模、拼价格”的时代。东盟共同体的成立，更让 LED 照明厂商对东南亚国家市场关注度逐年增高。根据 TrendForce 旗下绿能事业处 LEDinside 报告指出，2014 年东南亚地区（以泰国、新加坡、马来西亚、越南、印度尼西亚、菲律宾为主）总体照明市场规模约 45 亿美元，其中 LED 照明市场规模约为 11 亿美元，LED 照明在总体照明市场的渗透率达到 24%。东南亚国家对基础设施建设的需求

不断增加，预计也将为LED照明带来更庞大的市场规模。

除新加坡外，东南亚其他国家总体照明规模近年都呈现上涨态势，增长主要归因于LED照明。印度尼西亚总体照明规模及LED照明规模在东南亚国家中居首位，2014年市场规模达到3.2亿美元。新加坡虽然由于传统照明市场萎缩导致照明市场整体规模下降，但其LED照明市场规模仍持续增长，见图2.11。

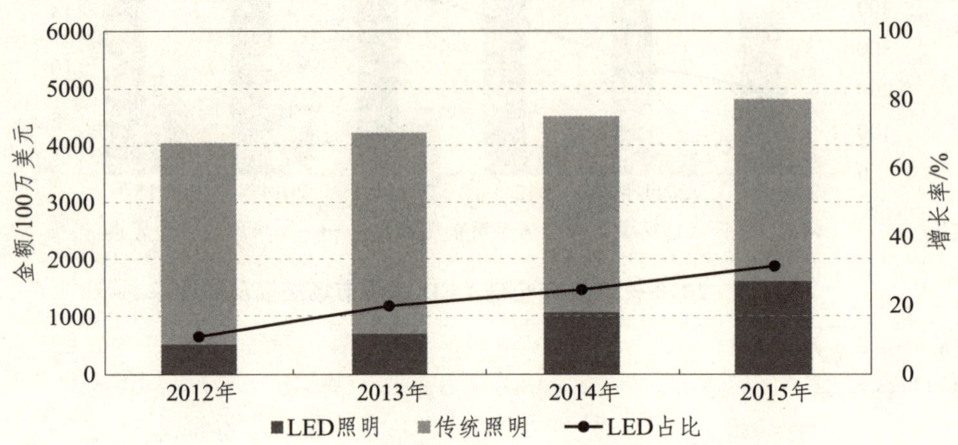

图2.11　2012—2015年东南亚地区照明市场规模

说明：2015年为预测值
资料来源：LEDinside

4. 全球各地通过政策推动LED照明增长

中国中央和地方政府主要采取资金补贴的形成支撑LED照明快速发展，欧美等地较重视建立新的能源效率标准，如欧盟2014年3月1日以后销售的新商品都强制贴上能源标签。美国能源部发布了一系列关于LED灯泡、LED路灯等相关标准，对该国的LED照明企业起到保护的作用，增加国外厂商进入美国市场的难度。俄罗斯政府通过多项关键计划支持LED照明产业。见表2.3。

表2.3　主要国家和地区LED照明最新相关政策

国家	文件名称	发布时间	主要内容
欧洲	《LED照明产品最新能效规定》	2013.9.1	9月1日起出口到欧洲的LED照明产品必须符合新的能效标准要求，制定了提升LED能效标准，要求LED指示灯必须在120°的发光范围内达到至少80%的发光效率。根据这项指标，2014年3月1日以后销售的新商品都强制贴上能源标签
美国	能源节约计划：发光二极管灯测试程序补遗	2014.6.12	对LED灯相关指标的测试方法进行了重新定义，规定企业必须采用相关测试方法产品才能达标
美国	能源部发布《LED路灯规格标准V2.0》	2014.8.27	标准关于灯具的一些重要修改和补充，包括引用多项有关从光控制插座到电气隔离和抗噪声的变化细节的ANSI规范。新规范为能源之星计算器增加了一个基于IESTM—21方法的参考，用以评估LED灯具的使用寿命。新规范与道路照明JESRP-8标准的最新版本是相互兼容的

资料来源：半导体照明网

5. LED工业照明市场增长强劲

极具节能效果的LED在长时间使用条件下，在工业照明方面较家用照明更具成本竞争力，因此越来越多 LED 厂商希望跨入工业用照明领域以提升获利能力。LEDinside 预估 2015 年全球 LED 工业照明市场规模将达 23.66 亿美元，2018 年则增长到 39.35 亿美元。

目前全球工业照明领先厂商包括美国通用电气（GE）照明、科锐（CREE）、Cooper Lighting；日本岩崎电气、东芝，中国海洋王照明近年表现也不错。科锐推出的超大功率 LED 光源，在降低成本的同时也使得产品的结构设计更为简易；通用电气照明的光源则均采用模块化并强调散热设计，产品寿命达到 10 万小时。

6. LED 进入植物工厂照明领域

植物工厂（植物工厂的概念最早是由日本提出，通过设施内高精度环境控制实现农作物周年连续生产的高效农业系统）的发展带动 LED 在农业领域的应用，通用电气照明、西门子、飞利浦等厂商都在大力投资植物照明，台湾地区的亿光照明也早有涉足，中国大陆的封装厂商鸿利光电也一直致力于研发相关产品。

据调查，全球 LED 植物生长灯产值从 2013 年起开始高速成长，预计 2014 年将超 3500 万美元，2017 年可望达 3 亿美元。LED 植物照明的技术难度并不高，在步入规模化推广阶段后，前期稍高的投入门槛将会大幅降低。

7. 智能照明成为新方向

在互联网时代，跨界在各领域盛行，行业范畴与其他行业交叉渗透，行业与行业之间的边界逐渐模糊。照明步入智能化、互联网时代，一些 LED 照明巨头，通过以联盟、协议、投资、捆绑合作等形式试图争夺智能家居的入口。如：以飞利浦为代表的企业推出一系列的智能照明系统；通用电气照明宣布与高通和苹果合作，开发智能灯泡；我国以手机品牌为人熟知的小米联合 13 家照明企业，推进智能照明研发。

主要参考文献

[1] 陈逸民 .2013 年全球与台湾地区显示器产值——中国面板产业崛起，新兴显示技术抬头 [J] . 光连：光电子产业与技术情报，2014（特刊）：18-25.

[2] DisplaySearch. IHS DisplaySearch. 解析面板厂商可穿戴式装置面板发展路线图 [OL].http://www.displaysearch.com.cn/press_releases/20141230.php，2014-12-30.

[3] 陈逸民 . 显示器产业“后面板时代”观察展望 [J]. 光连：光电子产业与技术情报，2014（特刊）：26-35.

[4] 国际电子商情 . 终端需求减少，2015 年全球大尺寸 TFT-LCD 面板出货量仅增 0.5%[OL].http://www.esmchina.com/ART_8800133613_1300_2404_0_6d52df83.HTM，2014-11-17.

[5] DisplaySearch，IHS.2020 年全球 4K 显示器收入将达 520 亿美元 [OL].http://www.displaysearch.com.cn/press_releases/20150423.php，2015-04-23.

[6] 腾讯科技 . 量子点解决液晶画质软肋 为何等到今年才登场 [OL]. http://tech.qq.com/a/20150111/014760.htm，2015-01-11

[7] 国际电子商情. 优化工艺与成本，OLED 显示有望扩大应用比例 [OL].http://www.esmchina.com/ART_8800133517_1200_2100_0_d7be42bc.HTM，2014-11-07.

[8] 国际电子商情. 柔性 OLED 市场步入成长期，明年规模近亿美元 [OL]. http://www.esmchina.com/ART_8800127481_1300_2100_0_b61ae0ce.HTM，2013-09-05.

[9] DisplaySearch，IHS. 苹果和三星引领智能手机用嵌入式触控面板的革新 [OL].http://www.displaysearch.com.cn/press_releases/20150507b.php，2015-05-07.

[10] 国际电子商情. 触控面板产业技术迭代进入深水区 [OL].http://www.esmchina.com/ART_8800134191_1100_2206_0_934b2c95.HTM，2014-12-29.

[11] DisplaySearch. 面临巨变的触摸屏产业 [OL].http://www.displaysearch.com.cn/press_releases/20150423b.php，2015-04-23.

[12] 国际电子商情.LED 照明驱动 IC 数字化、智能化进程加速 [OL].http://www.esmchina.com/ART_8800135394_1100_2106_0_a01c5fa5.HTM，2015-04-13.

[13] DIGITIMES.2015 年发达国家占全球 LED 照明市场比重达 55%[OL]. http://gb-www.digitimes.com.tw/.

[14] 工信部（赛迪智库）.2014 年全球各国对 LED 照明的扶持政策汇总 [OL].http://lights.ofweek.com/2015-05/ART-220001-8420-28960645.html，2015-05-24.

本章撰写：徐宏宇

第三章
世界通信设备产业发展动态

一、世界通信设备产业总体发展态势

1. 全球通信设备产业总体迈入成熟阶段

全球通信设备产业增长明显放缓。自 2007 年以来，运营商网络设备规模出现明显下滑，年均下滑 1.6%，企业网络设备数量虽然有所增长，但年均增长率仅为 3.7%。主要设备厂商面临增长瓶颈，全球多家大型通信设备厂商中，有半数在 2013 年出现收入下滑的情况，2014 年的增长率也不容乐观，见图 3.1。

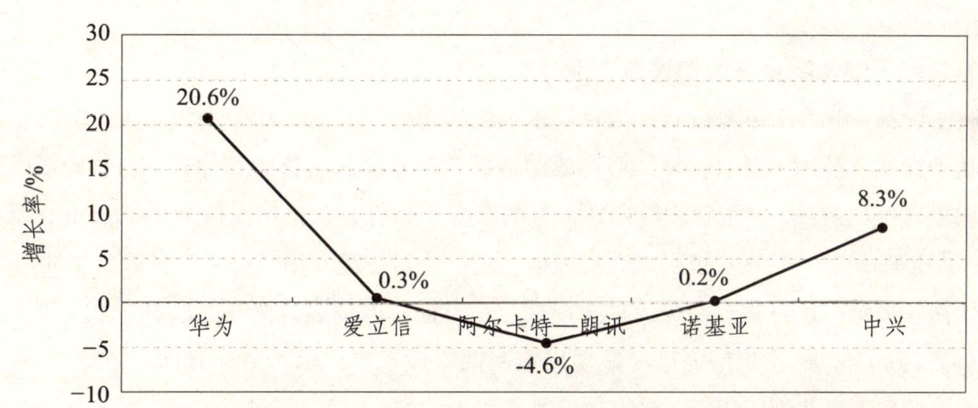

图 3.1　2014 年全球主要通信制造商收入增长率

资料来源：上海科学技术情报研究所（ISTIS）分析整理

总体看来，全球经济萧条是通信设备产业增长乏力的直接诱因。深层次来看，一方面，电信运营商过去十年在互联网业务冲击下转型增长乏力，设备投资能力严重受限。另一方面，通信设备产业竞争日益加剧，行业收入增长放缓，利润水平下降。

2. 全球通信设备企业趋向垄断

在整体业务收入上，与2013年相比，五大通信厂商在2014年的排名没有发生任何变化。

各个公司战略导向差异，导致其业务布局的不同，但与运营商业务相关的网络设备和服务领域仍是五大通信厂商之间竞争热点领域，盈利水平上，华为、爱立信处于领先地位。

借助于4G业务迅猛发展，五大通信运营商已经鲜明地分化为三大阵营：华为和爱立信属于第一阵营；阿朗和诺基亚属于第二阵营；中兴则属于第三阵营。

2015年4月15日，诺基亚集团宣布合并阿尔卡特—朗讯，致力于引领IP（网际协议）互联世界的创新，由此，全球通信厂商分为三大阵营的格局由此演变为华为、诺基亚和爱立信三足鼎立的态势，见图3.2。

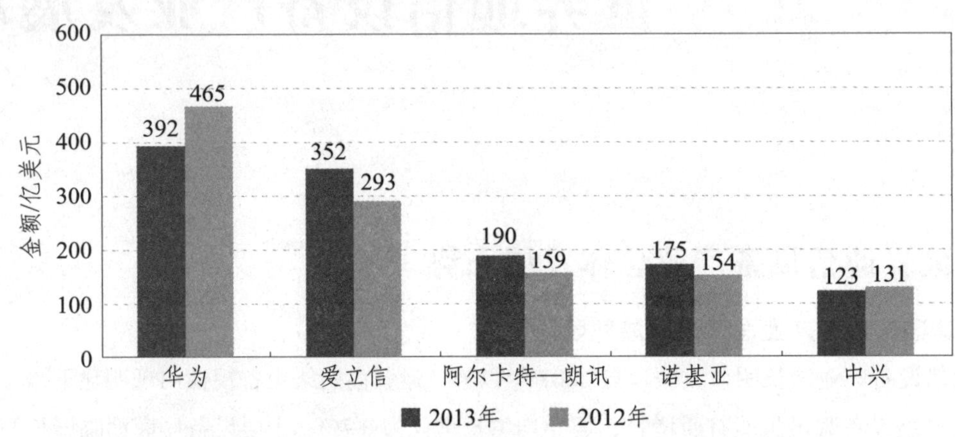

图3.2　2013—2014年全球主要通信制造商收入情况　亿美元

资料来源：上海科学技术情报研究所（ISTIS）分析整理

3. IT变革深刻影响全球通信设备产业

全球通信设备产业当前正面临IT（信息技术）化的如下三大变革。

一是基于标准、通用、开放软硬件架构的制造模式初露端倪。核心芯片领域对传统基于专用芯片的设备集成模式提出挑战；在基础软件方面，目前有多个软件企业推出支持Openflow等标准接口的网络控制器；通用IT设备开始逐步被引入通信网络，进一步对传统专用设备生产模式产生冲击。

二是软件应用牵引硬件集成将成为重要模式。一方面，电信运营商与互联网企业为降低全球数据中心建设和管理成本，从应用层面已经显现出定制网络设备的需求。另一方面，依靠"定制服务器"模式取得成功的代工企业则正积极布局定制设备的代工生产。

三是基于开放平台的生态系统正在形成。在通信设备软硬件架构开放化趋势下，一个类似于移动智能终端的生态系统正在网络设备领域形成，并催生出多种服务模式：网络虚拟化技术服务，开放网络应用服务，虚拟网络资源服务，虚拟网络运维托管服务。

传统通信设备企业顺应"开放"潮流，有的采取"开放北向接口＋资源虚拟化"模式，以有限开放保护设备产品销售收益；有的接受开放趋势，在"开放北向接口＋资源虚拟化"的基础上提供对第三方IT与网络设备的集成支持；有的采取更加开放的策略，进一步支持Openflow等通用接口协议。

二、世界通信设备产业重点领域发展

（一）4G 商用全面铺开，5G 进入标准制定阶段

1. 4G 商用推动相关设备市场增长

据 GSA 统计数据，截至 2014 年 10 月，全球已经有 331 家运营商在 112 个国家推出商用 LTE（长期演进）网络服务。LTE 时代的来临，拉动 4G 相关设备业增长。Infonetics Research 研究报告称，2014 年仅 4G LTE 技术就推动全球移动基础设施市场同比增长 10%，达到 468 亿美元，而这大部分归因于中国移动大规模的 TDD—LTE（分时长期演进）部署。业界一直认为，LTE 应该会使整个移动基础设施市场脱离困境，事实也是如此。2014 年 LTE 收入较上年增长了 69%。Infonetics Research 认为，虽然 2014 年全球已进入 LTE 建设高峰期，但技术演进、市场饱和等因素有可能导致移动基础设施从 2016 年开始进入下滑阶段，直到 5G 最终问世。Infonetics Research 预计全球 2G/3G/4G 移动基础设施市场到 2019 年将从 2014 年的近 470 亿美元跌至 270 亿美元，见图 3.3。

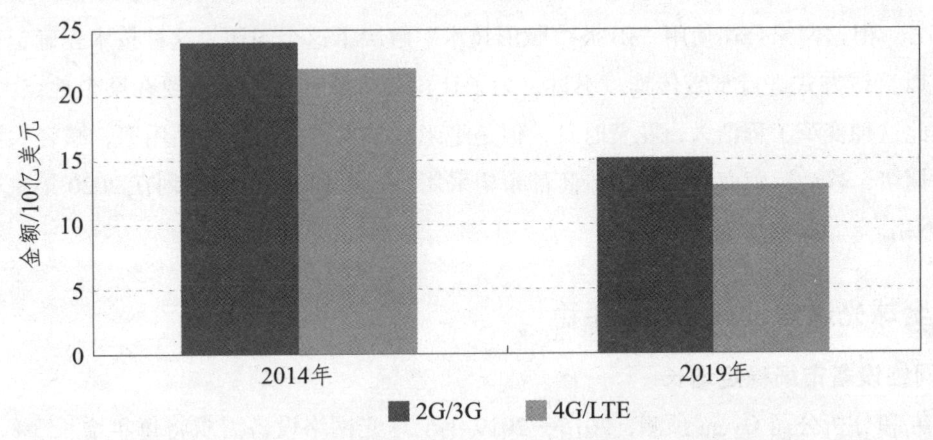

图 3.3　2014—2019 年 2G/3G/4G 移动基础设施市场收入

资料来源：Infonetics Research

2. 5G 进入标准制定阶段，主要厂商推出相关设备与技术

2015 年 2 月 IMT-2020（5G）推进组（简称推进组）发布了 5G 概念白皮书，指出 5G 工作已经由前期研究进入标准制定阶段。这标志着全球通信行业已经进入对未来 5G 的研究探索。同时全球主要厂商在 2015 年世界移动通信大会（MWC 2015）上推出 5G 相关设备和技术。

华为在大会上披露一系列 5G 空口技术，包括 F-OFDM 和基于 SCMA 的非正交接入技术，该技术基于自适应和软件定义的空口设计。据称，这些空口技术已经成功完成测试。测试结果表明，该空口设计可以有效提升频谱效率，提高连接性，减小时延，更利于部署物联网和适应高频段等。另外，华为所有的 5G 空口结构可支持带内全双工。测试结果表明，新的双工机制能提升频谱效率 200%，且融合 TDD 和 FDD 频谱。华为已组建了一支由 500 名专家组成的 5G 团队，并在全世界建立了 9 个 5G 研发中心。

爱立信在大会上展示围绕硬件、软件及服务解决方案的一系列产品，其中 5G 技术部分包括：第一，爱立信的“5G Radio Test Bed”展示世界上第一个双连接技术，即移动设备可以同时连接 5G 和

LTE。双连接技术是通往 5G 之路的里程碑，其有利于 LTE 向 5G 平滑演进。第二，毛细管网络。爱立信展示如何管理和控制大规模的物联网络。未来的 5G 网络将连接大量设备，其中大部分机器设备无人看管，毛细管网络概念将网络管理从一对一模式向一对多模式转变。第三，基于移动网络的远端控制。和沃尔沃建筑设备公司（Volvo CE）合作，爱立信展示如何通过移动网络控制挖掘机作业。第四，爱立信云系统。这是一个完整的堆栈解决方案，可处理跨多个行业的各种工作负载，为 5G 发展提供了一个平台。第五，爱立信推出模块化无线系统，重新定义移动网络架构。爱立信无线系统的模块化架构采用多模、多频及多层技术，可以灵活扩展，满足 5G 实现过程中的需求变化。

诺基亚西门子在大会上展示其超密度网络解决方案，包括以下内容：整合 LTE pico cells 和 Flexi Zone 3G/Wi-Fi 基站于一体的智能基站产品；TD-FDD，small cells 和基站之间的载波聚合技术；基于新的 8 通道 TD-LTE-Advanced 3.5GHz 无线频谱应用方案，并可扩展至 LTE-U；提升 LTE-A 和 TD-LTE-Advanced 频谱效率，包括 MIMO 4x4 和下行 CoMP 技术等。

三星和韩国电信运营商 SK 电信在大会上推出新 5G 技术：利用毫米波进行 5G 无线数据传输，速度可高达 7.5Gb/s。通常毫米波频率要求无阻碍连接路径，否则，如果在室内手机放入口袋里，手机都无法接收信号。但这两家公司使用“3D 波束赋形技术”解决了这个问题。这种技术先确定智能手机的位置，然后以直线方式进行窄带传输。不过，为了让这种方法起作用，需要在某个地点大量安装 5G 接入点，因此这种变革工程浩大，花费时日，但是毫米波技术可提高频段使用率，减轻大城市或低频率区的网络拥堵，移动运营商和设备制造商都希望采用，三星和 SK 电信计划在 2020 年左右在韩国推出首个 5G 网络。

（二）全球光通信设备业发展平稳

1. 光网络设备市场稳定增长

市场研究和分析公司 Ovum 预测，2015—2019 年全球光网络设备需求将每年增长 3%，增长缓慢但稳定，到 2019 年光传输市场规模将扩大至 170 亿美元。

数据中心互联成为光网络设备需求的主要驱动力。目前，全球数据中心互联设备的年销售额已超过 30 亿美元，使得互联网内容和云计算提供商成为设备供应商中一个重要的细分市场。

诸如 ADVA、阿尔卡特朗讯、BTI 系统、Ciena、思科和 Infinera 等公司已经锁定了北美数据中心互联市场。

其他区域市场的光网络设备需求也将保持上扬。中国是继北美之后的第二大光网络设备市场。2014 年，在中国运营商投资建设 LTE 和固网宽带驱动下，中国光网络设备市场增长了 9%，未来 5 年中国光网络设备市场的复合年均增长率为 4%。

除中国以外的亚洲和大洋洲市场未来 5 年光网络设备市场的复合年均增长率为 4.7%。该地区服务供应商正迅速更新其网络基础设施，升级光网络以支持无线网络需求增长。

欧洲、中东和非洲市场方面，2014 年该地区的光网络设备市场持续萎缩，不过 Ovum 预计 2015 年光网络设备市场将恢复增长。

2. FTTx 市场成长迅猛

OVUM 数据表明，2014 年全球 FTTx 市场成长迅猛，许多运营商扩大了该领域的网络部署投入，尤其是 GPON“热卖”带动整体市场增长，FTTx 市场规模超 60 亿美元。

从运营商角度来看，整个 FTTx 增长原因包括：首先是因为运营商宽带市场竞争激烈，推动更高宽带有线网络、超高清（4K）内容支持、多人在线游戏和基于云的存储备份；其次，无线运营商希望赢得移动和家庭用户，提高每用户平均收入（ARPU）和用户忠诚度；最后，无线运营商需要有线运营商的基于云计算的服务和数据中心战略。目前云计算、视频、基于互联网的视频及数据服务（OTT）业务发展迅速，市场对宽带需求不断增加。

另一个值得关注的是运营商在非住宅市场正在使用有线接入网络，如支持企业和 MBH（移动数据回传）。1G 接入宽带服务正在增加，所有欧美亚洲等主要的区域都至少有一家提供 1Gb/s 的 FTTH 服务，甚至开始出现 2G 对称服务，如美国 Comcast 和日本 Sonet 均已经提供 2G 接入服务。

此外，FMC（固定网络与移动网络融合）推动下一代无源光纤网络（PON）演进到基于时分和波分复用的无源光纤网络（TWDM-PON），以支持住宅区、企业、移动回程网络（MBH）等，并可能支持回程网络发展。

3. 全球光通信企业竞争态势

NTR—网络电信信息研究院、亚太光通信委员会共同发表了《2013—2014 年度全球光通信最具竞争力企业 10 强》榜单。在光通信设备领域，发达国家的厂商仍然占据主要地位，但中国企业在细分领域实力增长迅速。

在全球光传输榜单中，华为领先优势持续扩大，竞争力综合得分超出第二名阿尔卡特朗讯 46 分。此榜单前 10 家企业分别来自 5 个国家：法国（阿尔卡特朗讯）、日本（富士通、住友电工、日电）、瑞典（爱立信）、美国（讯远通信、英飞朗）、中国（华为、中兴、烽火通信），其中华为、中兴和烽火通信分别位列第 1 名、第 3 名和第 7 名，中兴在激烈的市场竞争中提升了竞争力，前进一名。

在全球光纤光缆榜单中，10 强企业由 5 个国家包揽，分别是来自美国（康宁）、意大利（普睿司曼）、日本（古河电工 /OFS、住友电工、藤仓）、印度（斯德雷特）和中国（长飞、亨通、烽火通信、富通），其中长飞位列第二名，亨通、烽火通信和富通分列第四名、第六名、第七名，其中亨通光电竞争力大幅增强，从第五名前进到第四名。

在全球光器件十强榜单中，有 5 家企业来自美国，4 家来自日本，中国企业仍然只有光迅科技入围，位列第 7 名。

4. 2015 年光通信市场发展趋势

（1）光通信业的软件革命

光通信业正在成为“软件定义网络（SDN）和网络功能虚拟化”的推动者，设备商们已经开始引入灵活网格 ROADM（可重构光分插复用器）技术、新的控制平面功能和管理功能来实现这一推动，但他们没有就此止步，通过基于 SDN（软件定义网络）软件控制来集成光和 IP 层将是最终目标。

（2）数据中心互连和城域 100G 崛起

以区域为基础的数据中心互连是推动 100G 从长途网延伸入城域网的最大因素。2014 年，大型运营商和网络巨头积极投资云计算服务，启动城域 100G 建设，这比一些设备商的预期至少早了几年。供应商们迅速反应，并推出针对城域网设计的新平台，2015 年将是区域 100G 数据中心互连重要的一年。

（3）网络巨头成为重要光通信买家

网络巨头正在成为光通信供应商业务增长的主要驱动力量。谷歌、亚马逊、脸书和其他大型网络巨头对设备商来说是不同类型的客户，因为相比传统电信运营商客户，前者有不同的部署标准和采购周期。因而，光网络厂商在围绕网络巨头重新定位自己。事实上，这种重新定位对于设备商们来说正逢其时，AT&T 和 Verizon 等一些电信运营商正准备在 2015 年削减开支。

（4）超 100G 技术演进

2014 年 100G 长途市场正日趋成熟，许多大型合同已经完成，但 100G 还有许多发展空间，如城域网市场的兴起和网络巨头的设备采购。400G 和 1T 也在演进不断，一些演示和试验已经在进展中，2015 年 400G 和 1T 将会有更多的进步，同时还有一些运营商选择升级到 200G。

（5）光器件市场的整合

光器件领域的整合并购每年都在发生，但 2015 年将有所不同。针对 100G 等市场的光器件业务并购不断，业界的共识是这个领域还需要更多的整合。一些光器件商已经开始寻找机会：比如菲尼萨光电通讯有限公司（Finisar）计划收购捷迪讯通讯技术有限公司（JDSU）的相关光器件业务。其他光器件商也在寻求产品与技术突破，以迎接下一波技术演进。

（三）IPv6 从试点应用正式转向大规模部署

1. “512K 事件”使 IPv6 部署迫在眉睫

2014 年 8 月，美国通信巨头 Verizon 公司向 IP 协议第四版（IPv4）路由表里添加 15000 条新条目，由于 IPv4 存储路由表条目空间有限，导致全球网络突然变慢，这就是轰动一时的“512K 事件”。事发后，全球各国意识到加快 IP 协议第六版（IPv6）部署迫在眉睫，否则，随着 IPv4 地址的逐渐耗尽，未来全球网速将越来越慢。

数据统计，世界上一些网络发达的国家已经开始逐渐用 IPv6 代替 IPv4，这方面走在最前面的是比利时，其 IPv6 的流量比例已经占到 27%，其后是德国 11% 和美国 9.5%。另外一些欧洲国家，如瑞士、卢森堡、罗马尼亚、捷克等国家也都表现良好，占比都在 5% 到 9% 之间。2014 年 6 月 6 日，全球互联网协会（ISOC）在“世界 IPv6 启动日”两周年之际发布全球 IPv6 分析报告。报告显示，自 2012 年以来，通过 IPv6 与谷歌网站相连接的流量增加超两倍，按此趋势发展，IPv6 将在 4 年内取代 IPv4，成为互联网主要协议。

根据谷歌的统计，在全球范围内已经有 5% 的网络使用 IPv6，相比 2014 年取得了较快增长。另外，全球知名互联网企业中，有 5 家（谷歌、脸书、YouTube、雅虎、Wikipedia）已全面支持 IPv6。

2. IPv6 地址数量与支持 IPv6 的设备快速增长

根据全球 IPv6 测试中心发布《2014 全球 IPv6 Ready 支持度报告》，截至 2014 年 12 月 31 日，全球共发放 IPv6 Ready Logo 认证数量 1939 个，同比增长 7.6%，中国地区设备认证增长率提高迅速，认证总量居全球第一。与此同时，在全球范围内，支持 IPv6 的终端产品也逐年增长，增幅达 150%。一些细分领域，包括工业交换机和应用支付，网络接入，网络安全等产品，也逐渐开始全面支持 IPv6，IPv6 支持领域逐渐向全面覆盖延伸。

全球 IPv6 地址申请数量持续增加，中国全球排名第二。截至 2014 年 12 月 31 日，全球已分配

IPv6 地址总数为 159147 块 /32，分配和申请数量持续增加。其中，中国 IPv6 地址数量为 18820 块 /32，占全球已分配比例的 11.83%，约合 81 万亿个，全国人均可分配 6 万余个 IPv6 地址，全球排名第二。而且，中国 IPv6 Ready 数量不断增长，连续两年居全球第一，见表 3.1 至表 3.3。

表 3.1　截至 2014 年 12 月 31 日全球 IPv6 地址分配和申请状况

国家	分配占比 /%	申请数量 /（块 · 32^{-1}）
美国	25.53	40 623
中国	11.83	18 820
德国	8.13	12 944
法国	6.16	9 810
日本	6.04	9 608
澳大利亚	5.48	8 719
韩国	3.59	5 713
意大利	3.30	5 257
阿根廷	2.76	4 390
埃及	2.61	4 153

资料来源：全球 IPv6 测试中心

表 3.2　全球 IPv6 Readay 分布

国家	分布数	分布占比 /%
中国	596	31
美国	595	30
日本	495	26
其他	253	13

资料来源：全球 IPv6 测试中心

表 3.3　全球 IPv6 Readay 设备领域分布

设备名称	设备领域分布占比 /%
交换机设备	44.51
路由器设备	18.45
安全设备	14.02
其他	9.01
接入终端设备	4.88
应用交付设备	4.73
操作系统	1.98
移动终端设备	0.76
上网行为管理设备	0.76
负载均衡设备	0.30

资料来源：全球 IPv6 测试中心

2014 年 IPv6 在家庭终端、移动终端、物联网终端、家庭网关 (WiFi，3G/4G) 等终端领域比重明显增加，2014 年度终端产品通过 IPv6 Ready 认证数量为 92 个，其产品增幅相比其他领域高 1 至 2 倍，对比 2013 年度增幅近 150 个。

3. 各国陆续出台 IPv6 支持政策

2014 年，“中国 LTEv6 工程”启动后，中国移动终端 IPv6 支持度明显增加。2014 年 8 月，韩国政府决定给予购买 IPv6 设备的服务商以税收优惠，通过 IPv6 Ready 认证的采购设备将享受 3%~7% 的退税政策，这一政策的发布直接影响韩国 IPv6 设备数量的迅猛增加。印度发布了《国家 IPv6 部署路线图(第二版)》，该路线图包含电信部（DoT）制定的为 IPV6 过渡准备的政策方针。与此同时，其他国家也在 2014 年出台了一系列对 IPv6 的支持政策。这直接影响了网络产品、应用软件、终端等大众产品的 IPv6 支持度急剧升高。

（四）全球智能手机市场虽然渐趋饱和，但创新力度持续不减

1. 新兴市场表现值得期待

2009 年至 2014 年，北美、日本以及欧洲市场的智能手机出货量在全球范围内所占比重逐渐减小，相反，中国、亚洲其他国家和地区以及拉美市场的出货量呈明显的增长趋势，新兴市场的市场潜力正逐渐表现出来。但总体而言，全球智能手机市场渐趋饱和，见图 3.4。

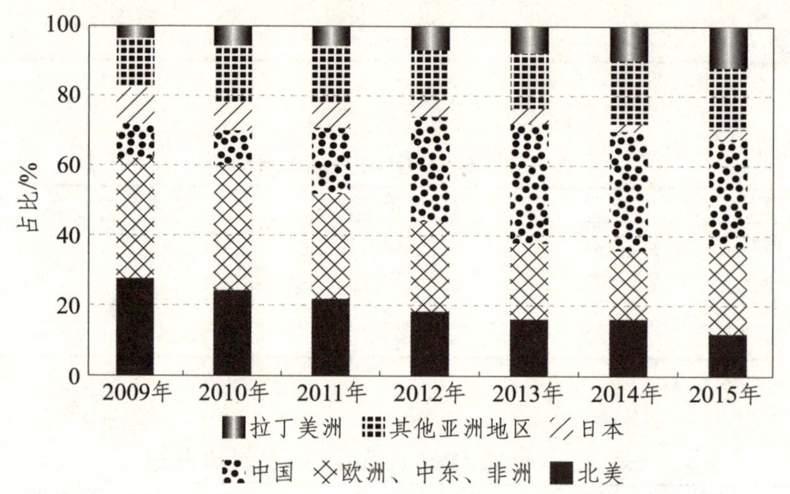

图 3.4　2009—2015 年全球按地域智能手机出货量占比

说明：2014、2015 年估计值
资料来源：上海科学技术情报研究所（ISTIS）分析整理

从智能手机的渗透率来看，2014 年北美与日本地区的智能手机渗透率最高，西欧与中国紧随其后，并且中国地区市场增长速度最快，未来将表现出更大的潜力。

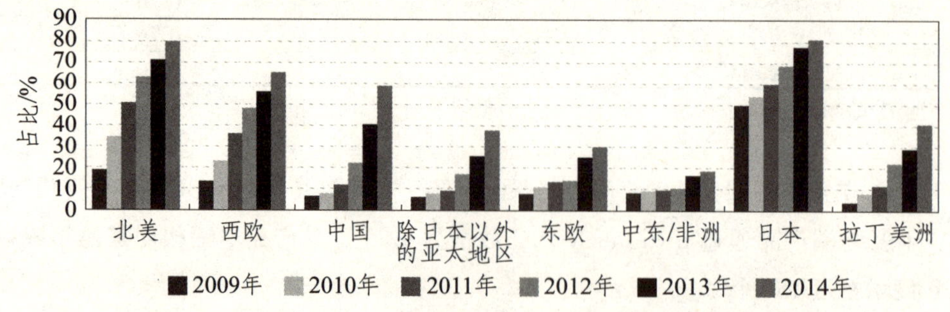

图 3.5　2009—2014 年全球智能手机渗透率（按地域）

说明：2013 年、2014 年为估计值
资料来源：上海科学技术情报研究所（ISTIS）分析整理

从操作系统来看，近三年来，安卓（Android）系统的市场份额获得了大幅度的增长。2015 年 Android、iOS 以及 Windows Phone 操作系统将占据市场的绝大部分份额，并且 Android 系统将占据绝对优势，见图 3.6。

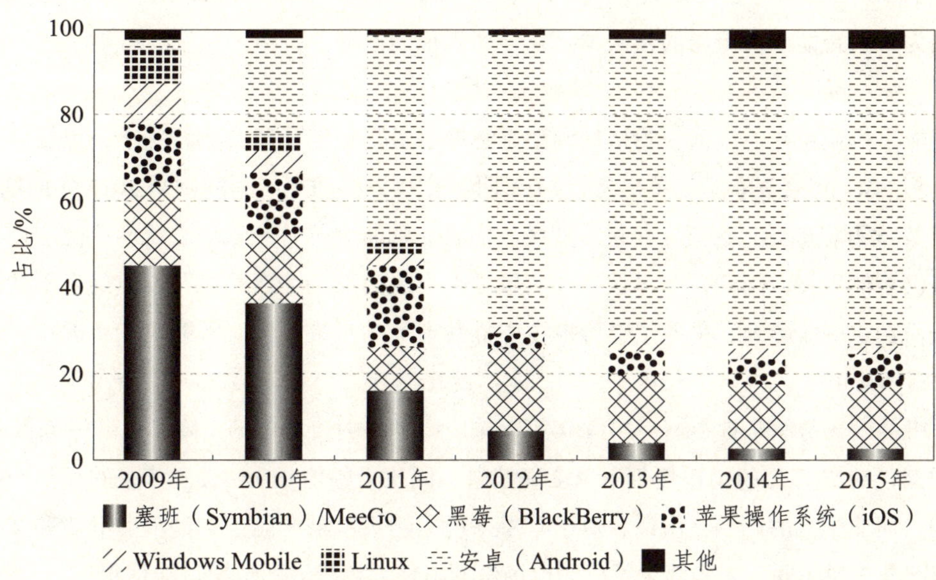

图 3.6　2009—2015 年全球智能手机出货量占比（按操作系统）

说明：2014 年、2015 年为估计值

资料来源：上海科学技术情报研究所（ISTIS）分析整理

2. 智能手机业进入新一轮格局调整

市场调研公司 Gartner 在 2014 年 12 月发布了 2014 年第三季度全球手机市场统计报告，从中可以观察全球智能手机厂商的竞争格局。2014 年第三季度，全球前五大智能手机厂商中有三家是中国公司，华为、小米和联想的总份额同比增长 4.1%；三星和苹果的总份额为 37%，同比下降 7%。表 3.4 为全球主要智能手机厂商的具体市场表现。

表 3.4　2013 年第三季度—2014 年第三季度主要智能手机厂商出货量及市场份额

公司	2013 年第三季度出货量	2013 年第三季度市场份额 /%	2014 年第三季度出货量	2014 年第三季度市场份额 /%
三星	73 212.4	24.4	80 356.8	32.1
苹果	38 186.6	12.7	30 330.0	12.1
华为	15 934.9	5.3	11 665.7	4.7
小米	15 772.5	5.2	3 617.5	1.5
联想	15 011.9	5.0	12 882.0	5.2
其他	142 891.6	47.5	111 445.0	44.5
总计	301 009.9		250 297.0	

资料来源：Gartner 2014 年 12 月

三星：2014 年第三季度，三星功能手机和智能手机销量双双下滑，份额也被侵蚀。三星功能手机销量同比下滑幅度最大，达到 10.8%；三星智能手机需求的疲软主要体现在西欧和亚洲市场。三星在

其最大市场中国的智能手机销量下滑 28.6%。

苹果：iPhone 第三季度销量同比增长 26%。随着 iPhone6、iPhone6 Plus 的首次推出，苹果蚕食了 Android 竞争对手的优势。两款大屏手机自发售以来一直供不应求。

小米：首次跃居全球前五大智能手机厂商行列。在前五大厂商中，小米的智能手机销量增速最快。小米已经成为中国智能手机市场的领头羊，在强劲表现的推动下，小米第三季智能手机销量增速达到 336%。

全球智能手机业正在上演新一轮格局调整。三星手机是近年全球行业领头羊，市场份额一度高达 35% 以上。但 2014 年第三季度三星出货量同比下降 8.2%，移动部门利润则从 2013 年同期的 6.7 万亿韩元暴跌至 1.75 万亿韩元，为近 4 年最差业绩。而且，随着大屏幕和安卓系统的广泛应用，三星手机的竞争优势已荡然无存，因此，业界认为“三星是否会成为下一个诺基亚”的质疑声不断。三星为避免高端市场份额进一步萎缩，采取了降价抢占中低端市场的对策，但有可能对三星近年树立起来的高端品牌形象有所影响。

苹果手机的市场份额略有萎缩，2014 年第三季度，苹果的市场份额下降了 0.9%；新款 iPhone 在全球引发抢购潮，3927 万部的销售量创下季度新纪录，同比大幅增长 16.1%。苹果的任何产品都是基于其生态系统，而非独立的产品，所以，对于苹果来说，购买苹果产品是一种消费潮流和文化现象，所以苹果的境况与三星不同，未来苹果手机的市场份额出现大幅滑坡的情况可能性很小。

近年来，中国手机厂商整体崛起，已经成为全球智能手机市场不可忽视的一股力量。中国手机厂商加快了技术创新步伐，以中兴、华为、酷派、联想构成的“中华酷联”阵容以及小米等厂商，依靠高性价比产品、互联网营销以及“走出去”战略，实现了销售量和市场份额的节节攀升。截至 2014 年第三季度，华为的主打产品 P6 已经在全球 110 多个国家和地区上市，累计销量超过 500 万部。而成功收购摩托罗拉移动的联想，有望凭借后者的品牌效应和技术专利，获得进入欧美成熟市场的通行证。事实上，2014 年以来，联想、华为、小米先后被不同市场机构评为全球第三大智能手机制造商。

纵观全球智能手机业，美国和欧洲市场需求日渐饱和，亚非拉等新兴市场仍存较大增长空间，这对主打中低端市场的中国手机厂商而言是个利好。未来全球智能手机业的竞争，或将因为中国厂商的参与而更加激烈。

3. 智能手机创新力度不断加大

目前的手机已经不是简简单单的一个通信终端，而是一个随时随地随身的互联网接入平台。面对一个渐趋饱和的市场，手机厂商将经营战略从主攻增量市场调整为运营存量市场的生态黏性和商业价值为主，为目标用户提供更多有针对性有特色的应用服务、关联产品和更好的使用体验，从软硬件尤其是软件方面着重发力。

（1）苹果、三星引领智能手机用嵌入式触控面板

内嵌式触控面板不仅效能佳，且可满足产品轻薄和低成本设计要求，已快速被智能手机厂商采用。自 2014 年开始，面板厂的嵌入式触控面板方案已经涵盖了不同的智能手机市场阶层。苹果的 In-cell TFT-LCD、三星的 On-cell AMOLED、Japan Display（日本显示公司）的 Hybrid In-cell TFT-LCD 主要专注于中高端市场，而单层多点的 On-cell TFT-LCD 正好补足了原先在中低端市场的空白。

由于苹果和三星两个品牌占有近 40% 的全球智能手机市场份额，因此这两家企业的智能手机出

货量，直接影响了触控面板市场不同技术的比重。Japan Display采用混合式结构的Hybrid in-cell TFT-LCD触控面板也得到一些品牌的认同，LG（乐金）、华为、小米，逐渐在高端智能手机采用Japan Display嵌入式触控面板。

根据IHS在2015年5月发布的报告显示，智能手机中所使用的嵌入式触控面板（包括In-cell LCD、On-cell LCD、On-cell AMOLED）在2015年的出货比重在所有手机使用的触控面板出货中，预计有可能达到40%。所有的嵌入式触控面板在2014年的出货量成长增幅达到47%，占所有手机使用的触控面板出货约36%的比重。

（2）高通新技术让智能手机更智能

美国高通公司于2015年5月发布一款采用Zeroth技术的新型智能手机，该手机的传感器能够感知用户周围的环境，读取文字信息，并反馈给用户或提前进行处理。

这款手机能够识别正在拍摄的图像内容。例如分析拍下的山景照，能以“室外”“天空”“云”“山”“花”等词语表达出这张照片中的物体以及环境状态。用户在图像和影像上添加标签保存后，可以用“6年前孩子生日的影像”这样的关键词进行检索。另外，外出旅游时，用户不用停下来拍照，也能够以最佳视角自动拍下历史古迹等。在美术馆等场合，能自动识别绘画并提供附加信息等。

虽然谷歌及脸书等公司已推出了通过云计算自动识别所拍照片的功能，但Zeroth技术可以将数据库下载到智能手机上，仅利用智能手机来识别，避免了因通过云计算服务分析智能手机日常收集的信息时所带来的安全和个人隐私问题。

Zeroth技术除应用于影像外，还可以应用于声音、陀螺仪等多种传感器。通过组合这些传感器，智能手机可以更加准确地分析用户周围的情况。安全领域也可以使用Zeroth技术。如果事先学习恶意软件的特征举动（文件的访问地址及调出的应用程序接口等），将该数据库下载到智能手机上，就可以发现未知的恶意软件。

（3）激光对焦技术或成为智能手机竞争新砝码

2014年LG公司推出智能手机G3，这是全球首款采用激光自动对焦功能的手机。照相功能开启后，G3会从和摄像头同侧的一个窗口中发射出一道锥形激光光束，反复地根据激光反射回来的时间长短来判断物体的距离，继而完成对焦。这个系统的原理就是激光测距，由于采用红外波长激光，因此人眼无法察觉。激光对焦可以更快更准确地对焦，并且在低光下可以拍出颜色更准确的照片。LG公司随后推出的G4也支持激光自动对焦。

OPPO在2015年出品的R7 Plus的后置摄像头有类似LG G3中的激光对焦系统。此外，Ubuntu的“一加”手机在2015年也推出了新版本，最大的改进就是将装备一个激光对焦指纹识别Home键。

智能手机的拍照功能一直是用户的关注重点，也是手机厂商的竞争焦点。目前，在智能手机市场日趋饱和，智能手机硬件产异化也越来越小的情形下，之后竞争的焦点将会转向用户体验，而激光对焦明显提升用户体验，可以预见更多智能手机会普及激光对焦功能。

（4）三星力推折叠智能手机

可折叠手机目前依旧处于概念阶段，并未达到量产的程度。但这类手机让用户打电话时手机与脸部更贴合；看电影和玩游戏时有更佳的手持感和视觉享受；用户查看信息能更加私密。LG首款曲面屏幕手机LG G Flex，配备了一块6英寸720像素分辨率曲面OLED面板，其卖点就是打电话时手机与脸的贴合度。

三星也将在2016上半年推出折叠智能手机，但这并不代表可以将手机折叠成正方形并且放进口袋之中，因为还有其他易损和非弹性的内部零件必须考虑在内，例如处理器、电池、相机等等，最多只是让屏幕的折叠性与弯曲性增大，降低损坏程度。目前，三星已面市的准折叠性手机 Galaxy Note Edge 只有一边是弯曲屏幕，距离易折性的理想还有一段距离，不过，这类旨在改善用户体验的新手机仍令人期待。

（5）智能手机助力房屋智能化

2015年3月，日本 Photosynth 公司研发了一款名为“akerun”商品，能够让智能手机控制房屋门锁。“akerun”只需要安装在门内部的指旋锁上即可使用，简易便捷。通过电池供电运作，利用蓝牙，在智能手机的应用程序上就可以实现对门锁开关的控制。与自动上锁相对应，出门后自动上锁，进入室内之后，点一下“akerun”，门也会自动锁上。目前，一些大企业已经开始关注“akerun”的发展，

早在十年前，利用笔记本或掌上电脑等来控制家里的电器或照明等的“智能房屋”构想就已被提出。随后，很多模型和理念商品诞生。不过，这类“智能房屋”都是大规模，不方便投入使用的。但随着智能手机发展，利用智能手机的软件来实现对智能家居的远程控制、场景控制、联动控制等，其便利性、易实施性给人带来一种魔法般的体验。手机正逐渐成为“智能家居”，乃至物联网的一个信息出入平台。小米公司首席执行官（CEO）雷军在2015年德国汉诺威电子展的中德信息和通信技术（ICT）峰会上透露，小米的下一个战略方向是智能家居，智能手机的爆炸式增长为连接所有智能设备创造了良好的基础条件。

（6）OMA 标准开启智能手机物联网应用新纪元

2015年4月开放移动联盟（OMA）宣布：OMA 通用开放终端 API（GotAPI）标准版本 1.0 正式发布。GotAPI 1.0 的发布开启了智能手机与外部设备之间互动的新纪元。

OMA GotAPI 作为一种完善的框架，能支持基于网页的设备 API（应用程序接口）在诸如安卓设备或者苹果手机等智能电话上无缝工作。就具体场景而言，OMA GotAPI 能使手表、照相机、智能眼镜、玩具、医疗保健设备甚至汽车等，以标准化方式与智能电话或者其他设备相连接。通过 GotAPI，应用程序能够与采用网页技术的智能电话及外部物联网设备进行协同工作。

GotAPI 提供的开放架构，也使开发人员能够创造一个由可互操作的设备与应用程序组成的全新生态系统，降低了开发人员为智能设备编写应用程序的复杂程度，而且扩大了应用的市场覆盖。

GotAPI 标准的制定得到了 OMA 成员的广泛支持，例如，日本移动运营商 NTT DOCOMO 提供设备连接网络应用程序接口（Web API），来作为 OMA GotAPI 的开发基础；美国智能眼镜公司 Vuzix 在 2015 世界移动通信大会上演示了 OMA GotAPI，将现场视频流从 Vuzix M100 智能眼镜传送到远端的电脑浏览器，操作者能在多个平台与操作系统之间实现无缝工作。

参考文献

[1] The 2014 Telecommunications Industry Review: An Anthology of Market Facts and Forecasts，http://insight-corp.com/reports/review14.asp.

[2] Global Telecom Equipment Market to 2015: Industry Size, Share, Trends and Forecast Research Report, http: //www.researchmoz.us/global-telecom-equipment-market-2011—2015-report.html.

[3] Global Telecom Equipment Market 2011—2015, https: //pdf.marketpublishers.com.

[4] Infonetics Assesses World's Top Telecom Equipment Vendors in Fact-based Scorecard, http: //www.infonetics.com/pr/2014/Telecom-Eqpmt-Vendor-Scorecard-Highlights.asp.

[5] Gartner 下调 2015 年全球移动设备销售预期，http: //www.c114.net/market/186/a907031.html.

[6] 郝也 . 新形势下的全球通信设备产业发展特点与趋势 [J]《现代电信科技》，2014 年 Z1 期 .

[7] 2014 年全球移动行业创造近 3.3 万亿美元营收，http: //tech.sina.com.cn/t/2015-01-16/doc-icczmvun5065699.shtml.

[8] 2015 年电信设备市场酝酿变局，http: //www.cww.net.cn/news/html/2015/5/15/2015515102129230.htm.

本章撰写：宋凯

第四章 世界半导体产业发展动态

一、世界半导体产业总体发展态势

1. 全球半导体产业将保持温和增长

2014 年，全球半导体产业实现稳健增长，据世界半导体贸易统计组织（WSTS）的数据显示，半导体产业销售额增长 9.9%，达到 3358 亿美元。2015 年，在智能手机和汽车电子的推动下，全球半导体产业将持续增长，但速度将放缓，预计销售额将达到 3472 亿美元，增长 3.4%，2016 及 2017 年继续保持温和增长态势，增长率将保持在 3% 左右。

在半导体细分市场，2014 年增长率最高的是分立半导体器件，达 10.8%。集成电路约占半导体整体市场的 82%，2014 年集成电路整体销售额增长 10.1%，其中存储芯片近年来受到云存储、大数据等产业的驱动，2013 年、2014 年都实现了接近 20% 的增长，但随着产业发展日趋成熟，预计存储芯片的增长态势亦将趋缓；另外，模拟芯片实现了 10.6% 的较高增长，微器件、逻辑芯片也实现了稳定增长。预计 2015 年半导体主要产品类别都将继续保持增长，其中光电子器件增长率最高，约为 8.3%，见表 4.1。

表 4.1　2014—2017 年世界半导体产品市场结构及增长率

名称	销售额 / 亿美元				年增长率 /%			
	2014 年	2015 年	2016 年	2017 年	2014 年	2015 年	2016 年	2017 年
分立半导体器件	201.70	204.02	209.98	215.67	10.8	1.1	2.9	2.7
光电子器件	298.68	323.60	335.26	346.55	8.3	8.3	3.6	3.4
传感器	85.02	86.86	91.12	94.59	5.8	2.2	4.9	3.8
集成电路	2 773.02	2 858.00	2 952.88	3 039.06	10.1	3.1	3.3	2.9
模拟芯片	443.65	468.46	493.23	516.00	10.6	5.6	5.3	4.6
微器件	620.72	625.39	642.77	658.30	5.8	0.8	2.8	2.4
逻辑芯片	916.33	949.43	994.76	1 029.62	6.6	3.6	4.8	3.5
存储芯片	792.32	814.72	822.12	835.14	18.2	2.8	0.9	1.6
总计	3 358.43	3 472.48	3 589.24	3 695.87	9.9	3.4	3.4	3.0

说明：2015—2017 年为预测值

资料来源：世界半导体贸易统计组织（WSTS），2015 年 5 月

2．亚太地区市场份额持续增长

从半导体销售市场区域分布来看，若按美元计算，受益于2014年全球半导体市场的稳健增长，各个区域市场相对于2013年都实现一定增长。其中美国市场2014年销售额增长最快，达12.7%，亚太地区（不包括日本）次之，增长率也达到了11.4%，而主要受汇率影响，欧洲和日本的增长率较低。若以日元计算，2014年日本半导体市场销售额约为36810亿日元，比2013年增长8.4%。WSTS预测2015年日本半导体市场按日元计算将比2014年微增，增长率为2.0%，市场规模将达到约37550亿日元，但是受汇率影响，按美元计算则比2014年减少9.5%，见表4.2。

表4.2　2014—2017年世界半导体市场区域销售额

主要国家和地区	销售额/亿美元				年增长率/%			
	2014年	2015年	2016年	2017年	2014年	2015年	2016年	2017年
美国	693.24	718.84	733.32	746.37	12.7	3.7	2.0	1.8
欧洲	374.59	361.13	369.98	377.78	7.4	−3.6	2.5	2.1
日本	348.30	315.08	321.48	326.20	0.1	−9.5	2.0	1.5
亚太	1 942.30	2 077.43	2 164.45	2 245.52	11.4	7.0	4.2	3.7
全球	3 358.43	3 472.48	3 589.24	3 695.87	9.9	3.4	3.4	3.0

说明：2015—2017年为预测值
资料来源：世界半导体贸易统计组织（WSTS），2015年5月

另一方面，近年来亚太地区（不包括日本）在世界半导体市场中所占比例一直稳步增长，已经从1987年的10.3%增长到2014年的57.8%，预计在2015年至2017年亚太地区（不包括日本）市场仍将继续快速发展，其增长率不仅将超过世界平均值，还将超过美国，成为增长最快的地区，至2017年，亚太地区的全球市场份额将超过60%，见图4.1。

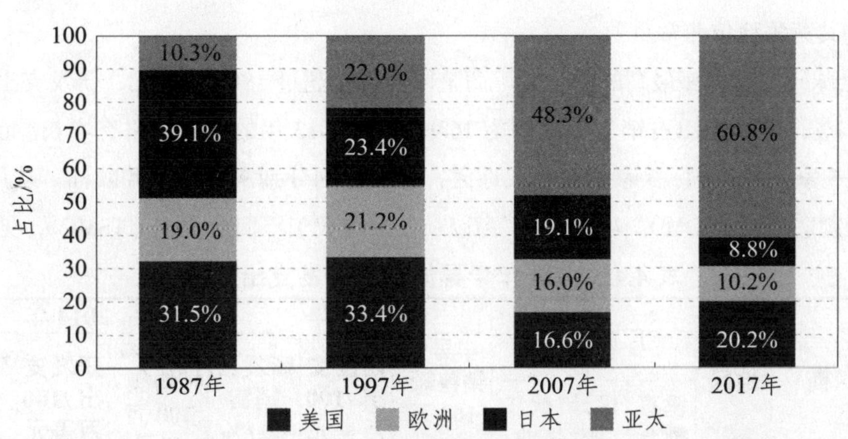

图4.1　1987—2017年世界半导体市场区域销售额比例变化

说明：2017年为预测值
资料来源：世界半导体贸易统计组织（WSTS），2015年6月

3．存储器厂商实现高增长

据Gartner数据显示，2014年全球半导体前十大厂商中，英特尔以15%的市场占有率蝉联半导体龙头地位，但其2014年增长率仅为4.6%，而排名第二的三星电子得益于存储器市场，2014年增长率

达到 15.1%，排名第三的高通也有 11.5% 的增长。

全球范围内对存储器的需求增加，对美光科技和 SK 海力士的营收影响最大，2014 年美光营收年度增长率达到 41.0%，排名超过 SK 海力士成为第四，而 SK 海力士虽然排名有所下降，但仍然实现了 26.1% 的营收增长，而它们也是半导体前 10 强中增长最快的。

另外，半导体巨头之间的整合并购也会对半导体格局产生影响，意法半导体、瑞萨电子虽然 2014 年仍排名前十，但营收分别下降 8.8% 和 9.1%，而恩智浦半导体收购飞思卡尔、联发科合并晨星之后很可能在 2015 年进入前 10 强，另外，安华高科技并购巨积之后于 2014 年首次进入前 25 强，见表 4.3。

表 4.3　2014 年全球前十大半导体厂商

2013 年排名	2014 年排名	厂商	2013 年营收 / 100 万美元	2014 年营收 / 100 万美元	增长率 /%	2014 年市场占有率 /%
1	1	英特尔	48 590	50 840	4.6	15.0
2	2	三星电子	30 636	35 275	15.1	10.4
3	3	高通	17 211	19 194	11.5	5.6
5	4	美光科技	11 918	16 800	41.0	4.9
4	5	SK 海力士	12 625	15 915	26.1	4.7
6	6	东芝	11 277	11 589	2.8	3.4
7	7	德州仪器	10 591	11 539	9.0	3.4
8	8	博通	8 199	8 360	2.0	2.5
9	9	意法半导体	8 082	7 371	−8.8	2.2
10	10	瑞萨电子	7 979	7 249	−9.1	2.1

资料来源：Gartner，2014 年 12 月

4. 厂商保持巨额研发投资

与其他产业相比，半导体产业受技术的影响更大。因此，对于半导体厂商而言，保持高水平的研发投资对于保持其竞争地位非常重要。

2014 年，全球研发投资额最高的前十大厂商整体销售额超过 1885 亿美元，研发支出约为 318 亿美元，总体增长 11%，研发支出占销售额比例为 16.9%，较 2013 年的 16.7% 略有增长。前十大厂商中，以英特尔为首，5 家来自美国，3 家来自亚太地区，另 2 家则分别来自日本和欧洲。从厂商类型来看，有 5 家垂直整合制造厂商（IDM），4 家设计厂商以及 1 家纯代工厂商台积电（TSMC），见表 4.4。

表 4.4　2014 年半导体十大研发支出厂商

2014 年排名	2013 年排名	厂商	地区	厂商类型			2013 年			2014 年			研发支出增长率 /%
				垂直整合	设计业	代工业	半导体销售额 / 100 万美元	研发支出 /100 万美元	研发占销售比 /%	半导体销售额 / 100 万美元	研发支出 /100 万美元	研发占销售比 /%	
1	1	英特尔	美国	★			48 321	10 611	22.0	51 400	11 537	22.4	9
2	2	高通	美国		★		17 211	3 395	19.7	19 291	5 501	28.5	62
3	3	三星电子	亚太	★			34 378	2 820	8.2	37 810	2 965	7.8	5
4	4	博通	美国		★		8 219	2 486	30.2	8 428	2 373	28.2	−5
5	7	台积电	亚太			★	19 935	1 623	8.1	24 976	1 874	7.5	15
6	5	东芝	日本	★			11 958	2 040	17.1	11 040	1 820	16.5	−11
7	6	意法半导体	欧洲	★			8 014	1 816	22.7	7 384	1 520	20.6	−16
8	9	美光科技	美国	★			14 294	1 487	10.4	16 814	1 430	8.5	−4

（续表）

2014年排名	2013年排名	厂商	地区	厂商类型			2013年			2014年			研发支出增长率/%
				垂直整合	设计业	代工业	半导体销售额/100万美元	研发支出/100万美元	研发占销售比/%	半导体销售额/100万美元	研发支出/100万美元	研发占销售比/%	
9	14	联发科＋晨星半导体	亚太		★		5 723	1 110	19.4	7 032	1 430	20.3	29
10	10	英伟达	美国		★		3 898	1 323	33.9	4 348	1 362	31.3	3
前10强总计							171 951	28 711	16.7	188 523	31 812	16.9	11

说明：★表示该公司的涉足领域

资料来源：IC Insights，2015年2月

十大研发支出半导体厂商中，英特尔研发支出最高，超过115亿美元，占前10强总支出的36%，占全球半导体研发支出（约560亿美元）的21%。作为业内最大的两家垂直整合制造厂商，英特尔和三星电子对于尖端晶圆厂的先进集成电路内部产能的重视使它们不断增加研发支出。不过，三星电子通过参加国际商业机器公司（IBM）的通用平台联盟减少了部分研发支出，使其能够将研发/销售比保持在较低的水平（7.8%），相比之下，英特尔2014年的研发/销售比则高达22.4%。

设计业巨头高通的研发支出排名第二，这也是它自2012年来连续三年排名第二。高通虽然在中国被调查反垄断案，有10亿至14亿美元的罚款准备压力，但其2014年的研发支出仍达到55亿美元，是前10强中增长最快的，年度增长率达到62%。设计业厂商的整体研发/销售比都较高，英伟达、高通和博通的研发/销售占比分别达到31.3%、28.5%以及28.2%。而联发科因为合并晨星，其2014年的研发支出总额达到14.3亿美元，年增长率29%仅次于高通，从2013年的第14名进入了前10强。

随着越来越多集成电路制造商转变为轻晶圆或无生产线厂商，台积电自2010年起进入研发支出前10强。2014年，由于东芝和意法半导体研发支出下降，台积电凭借15%的研发支出增长从2013年的第七前进至第五。不过，台积电2014年的研发费用占销售额比重约7.5%，与积极发展1X纳米制程的英特尔、三星相比较低。

另外5家研发支出超过10亿美元但未进入前10强的厂商包括德州仪器（13.6亿美元）、SK海力士（13.3亿美元）、美满（11.8亿美元）、超微（10.5亿美元）以及安华高（10亿美元）。

5. 大型半导体厂商并购整合频繁

随着物联网市场的发展，以及消费电子产品的轻薄化趋势，半导体厂商为了巩固市场优势，进一步完善现有产品线，强化自身的同时减少竞争对象，纷纷采取并购策略。根据汤森路透集团的数据，在2014年，全球半导体行业共发生472笔并购，比2013年增加了89笔，涉及金额达310亿美元，创2011年以来新高。而在2015年，预计全球半导体产业的整合并购会更加频繁。

2014年以来，半导体产业并购趋于常态，其中较受瞩目的有：联发科（MediaTek）经过长时间波折后终于合并晨星半导体（MStar）、安森美半导体收购Aptina Imaging、安华高科技（Avago）对巨积（LSI）的并购等。2015年初，国际半导体行业内又完成了多项重大收购，如英飞凌（Infineon）于1月以30亿美元收购美国国际整流器公司（International Rectifier）、莱迪思半导体在1月以约6亿美元收

购硅映公司（Silicon Image）；3 月，恩智浦半导体宣布以 167 亿美元收购飞思卡尔半导体；5 月，安华高与博通共同宣布双方已达成最终协议，安华高将以 370 亿美元收购博通；6 月英特尔宣布将以约 167 亿美元现金收购阿尔特拉。

在此轮并购热潮中，中国企业表现抢眼。例如，清华紫光继 2013 年收购展讯通信后，于 2014 年 7 月完成了对于锐迪科微电子的收购；而浦东科技也在 2014 年 6 月以 6.93 亿美元收购了澜起科技。2014 年 6 月，国务院印发《国家集成电路产业发展推进纲要》，国家集成电路产业投资基金于 2014 年 9 月正式设立，从国家层面对中国集成电路发展进行扶持，掀起了中国半导体行业的投资热情。2015 年 1 月，中国最大的封装企业长电科技与国家半导体产业投资基金、中芯国际全资子公司芯电半导体共同出资成立长电新科，再由长电新科与产业基金共同成立长电新朋，以 7.8 亿美元收购新加坡星科金朋，依靠国家基金的帮助，长电科技仅出资 2.6 亿美元即完成了这次海外并购，实现了技术和资本的快速提升，得以与行业龙头日月光进行全球竞争。

二、世界半导体产业链发展及其布局动向

1. 设计业——中国大陆厂商快速发展

自 1982 年美国诞生第一家半导体设计公司以来，半导体设计业得到了长足的发展。其主要原因在于半导体制造对于资金、技术的要求极高，一般的厂商根本无法承受，相对而言设计业对于资金、技术要求较低，而代工业的出现进一步降低了设计公司进入半导体领域的门槛。同时，大量原有的垂直整合制造厂商（IDM）纷纷进行轻晶圆厂（Fablite）、无晶圆（Fabless）厂的转型。

进入 21 世纪之后，设计业的整体表现明显超过半导体整体行业。据 IC Insights 的数据，自 1999 年至 2014 年，设计业销售额从约 99 亿美元成长至约 841 亿美元，复合年均增长率约为 15%，与之相比，半导体整体销售额的复合年均增长率约为 5%，而垂直整合制造厂商（IDM）呈现明显的周期性波动，整体复合年均增长率仅为 3%，见图 4.2。

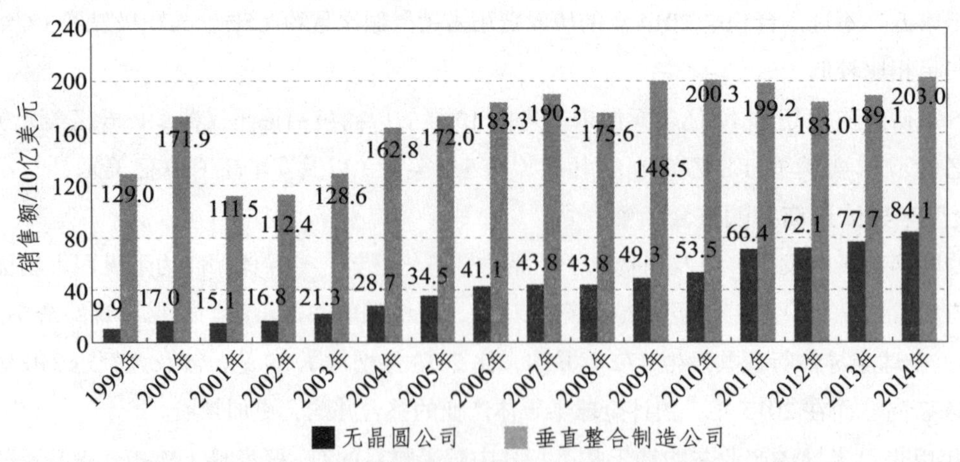

图 4.2　1999—2014 年无晶圆及垂直整合制造公司销售额

资料来源：IC Insights，2015 年 4 月

从设计业的区域发展来看，美国仍然是全球半导体设计龙头，据 IC Insights 的数据，2014 年的全

球前 50 大无晶圆厂半导体设计厂商中，美国占有 19 席，市场份额达到 64%。

不过，中国大陆的设计产业近年来实现了快速的发展。普华永道的《中国对半导体行业的影响》2014 年度报告更新版显示，中国半导体集成电路（IC）设计业收入从 2003 年的 5.41 亿美元上升到了 2013 年的 132 亿美元，增长了 24 倍，复合年均增长率达 37.6%，占国内半导体产业比重从 6.5% 增长到 20%。

2014 年的全球无晶圆厂半导体设计厂商 50 强中，来自中国大陆的厂商达到 9 家，包括海思、展讯、大唐微电子、南瑞智芯、中国华大、中兴、瑞芯微电子、锐迪科以及全志，其中有 5 家聚焦于智能手机市场。而在 2009 年，中国大陆还仅有海思一家榜上有名。虽然，目前中国大陆的无晶圆厂设计产业规模相对较小，2014 年整体市场份额约占前 50 大设计厂商的 8%，但产业成长显著且具有策略性。

随着 2014 年 6 月中国政府发布《国家集成电路产业发展推进纲要》，以及 9 月成立的集成电路产业投资基金，设计业在政策、资金的双重支持下更是迅速发展。展讯发布两款采用 28 纳米工艺的四核系统级芯片（SoC）平台；英特尔信息技术峰会上，英特尔宣布与瑞芯微电子合作的第三代 SoFIA3G-R 通信芯片正式发布。与此同时，一些没有知名度和一定市场占有率的厂商也正在迅速崛起，虽然产品仍处于低端市场，但是通过市场和技术积累一定能够逐渐进入高端市场。

台湾工研院 IEK 认为，中国大陆半导体制造业较难超越台湾地区，但是在设计业，通过政府投资进行全球性并购扩大规模，对台湾地区的设计业造成重大挑战。例如海思 2013 年的销售额已经达到联发科的一半，而展讯与锐迪科合并后的规模亦将超过联咏，预计至 2016 年，中国大陆的设计业规模可能会超过台湾地区。

2. 代工业——客户寻求多元供应

半导体制造是对于资金要求最高的，即使是成熟制程的晶圆厂也需要数以亿计美元投资，而且对于中小型设计厂商而言，不仅建厂投资金额庞大，而且光凭自己的产品也无法充分利用产能，再加上晶圆厂的管理、制程研发、人才需求等，使得晶圆代工（foundry）成为产业链中的重要一环。

据 Gartner 公司的数据，2014 年全球代工业收入总额近 469 亿美元，较 2013 年增长 16.1%。这是代工业连续第三年实现 16% 的收入增长。有多项因素促成了代工业业务增长，包括苹果公司的供应链厂商因 iPhone 6 与 6 Plus 的成功而收入大增、垂直整合制造厂商（IDM）向代工的转变，以及可穿戴式设备早期采用所带动的晶圆需求等。

在前十大代工厂商中，得益于其 28 纳米和 20 纳米的先进技术，台积电（TSMC）在 2014 年营收达到 251.75 亿美元，增长 25.2%，市场占有率达到 53.7%；台联电（UMC）则依靠其在 28 纳米领域的奋起直追，2014 年实现 46.2 亿美元的营收，排名重回第二，市场占有率为 9.9%；格罗方德（Globalfoundries）年营业收入 44 亿美元，排名第三，市场占有率为 9.4%，见表 4.5。

虽然目前台积电在代工业显得一枝独秀，但是由于代工业的良好增长势头，英特尔、三星电子等领先 IDM 厂商近年来纷纷进入代工领域，而许多客户也在分散订单寻求多元供应。苹果公司就通过扩大采取分散供应商策略，让台积电和三星电子激烈竞争从而“坐收渔利”。为了苹果，台积电将 14 纳米制程世代改成 16 纳米制程，以求得产能扩充的弹性优势，而且在交货期、良品率、品质、服务等方面也都以苹果需求为优先。这也导致了其原有大客户如高通（Qualcomm）、联发科、英伟达（NVIDIA）等纷纷采取分散订单的策略，寻求台联电、格罗方德、三星电子、英特尔、中芯国际等其他代工厂的多元供应。

表 4.5　2014 年全球前十大半导体代工厂商收入情况

2014 年排名	2013 年排名	厂商	2014 年营收 / 100 万美元	2014 年市场占有率 /%	2013 年营收 / 100 万美元	增长率 /%
1	1	台积电	25 175	53.7	20 113	25.2
2	3	联华电子	4 621	9.9	4 172	10.8
3	2	格罗方德	4 400	9.7	4 550	−3.3
4	4	三星[1]	2 412	5.1	2 300	4.9
5	5	中芯国际	1 970	4.2	2 069	−4.8
6	6	力晶	917	2.0	862	6.4
7	10	TowerJazz	828	1.8	505	64.0
8	7	世界先进	790	1.7	712	11.0
9	9	华虹宏力[2]	665	1.4	555	19.7
10	13	富士通半导体	653	1.4	459	42.2
		2014 年前十大代工厂	42 431	90.6	36 297	16.9
		其他	4 421	9.4	4 052	9.1
		总计	46 852	100		

说明：1. 三星电子包含 7.45 亿美元的传统代工及来自苹果公司 A6/A6X/A7 的收入，但不含 A4/A5/A5X 晶片收入。
2. 上海华虹宏力半导体制造有限公司，为上海华虹 NEC 电子有限公司和上海宏力半导体制造有限公司新设合并而成。

资料来源：Gartner，2015 年 4 月

高通、联发科的各类产品从高、中、低阶分别与多家晶圆代工厂合作，目前高阶制程主要下单给台积电，但联电亦已承接部分订单，而在联电 28 纳米制程良率获得突破后，高通、联发科将大量订单转给了联电。而从低阶基频（Baseband）到高阶 28 纳米制程技术，高通、联发科则分别与格罗方德及中芯国际、华力微电子等合作。而在鳍式场效晶体管（FinFET）制程方面，由于台积电的 16 纳米制程推出时间略晚，高通选择三星电子的 14 纳米制程为第一供应商。除此之外，英伟达也已增加三星电子作为新的晶圆代工伙伴，台积电的另一家重要客户阿尔特拉则可能被英特尔直接收购，从而使台积电对于苹果公司的依赖性更高。

3. 封装测试业——技术发展逐步进入新阶段

封装是对通过测试的晶圆进行切片、装片、键合、封装、电镀、切筋成型等一系列加工工序而得到的具有一定功能的集成电路产品的过程。测试则主要针对芯片、电路以及老化后电路产品的功能、性能等进行，也包括外观检测。由于测试业务主要集中在封装厂商，通常统称为封装测试业，简称封测业。

在市场和技术的推动下，集成电路封装技术不断发展，大体经历三个技术发展阶段：第一阶段是 1980 年之前以为代表的通孔插装（THD）时代；第二阶段是 1980 年代开始的表面贴装（SMT）时代，该阶段的主要特点是引线代替针脚，采用这种方式较 THD 插装形式可大大提高引脚数和组装密度。该阶段的主要技术代表包括小外形晶体管（SOT）、小外形封装（SOP）、翼型四方扁平封装（QFP）等。至 20 世纪末，在电子产品趋小型化、多功能化需求驱动下，出现了以焊球代替引线、按面积阵列形式分布的表面贴装技术。该阶段主要的封装形式包括球状栅格阵列封装（BGA）、芯片尺寸封装（CSP）、晶圆级芯片封装（WLP）、多芯片封装（MCP）等。目前，这一阶段的部分现金技术依然得到封测厂商的青睐，由于技术趋于成熟，近年来台积电、日月光、硅品等都积极布局 Fan-out 扇形晶圆级封装，预

计采用该技术的封装市场将由 2013 年 3 亿个单位大幅成长至 2018 年 19 亿个单位，5 年内成长 6 倍。

第三阶段是 21 世纪初开始的高密度封装时代。随着电子产品进一步向小型化和多功能化发展，特征尺寸越来越小，通过减小特征尺寸方式提高集成度也逐渐接近极限，为了延续摩尔定律，出现了以 3D 堆叠、硅穿孔（TSV）为代表的三维封装技术。利用三维封装技术，能够提高芯片在三维方向的堆叠密度，减小外形尺寸，改善芯片速度和低功耗性能。目前该阶段技术尚未成为主流，TSV 尚面临制造成本居高不下、技术工艺尚不完善、业界对其发展路径态度不一等问题。

总体而言，全球集成电路封装技术的主流正处在第二阶段，并且由于技术成熟，应用普遍，预计在未来几年内总体规模仍将保持稳定，但是随着技术的进一步发展，高密度 3D 封装在主流器件设计和生产过程中的使用将越来越多，技术发展逐步进入新的阶段。

4. 设备与材料业——进入上升通道

受益于业界朝先进制程的演进，半导体设备与材料业逐渐进入上升通道。设备方面，根据国际半导体设备暨材料协会（SEMI）2015 年 3 月发布的数据，2014 年全球半导体制造设备销售总额达到 375 亿美元，年增长率达到 18%。2014 年的总体设备订单比 2013 年高出 8%。

按分类来看，全球封装领域设备增长最多，达到 33%；测试设备销售额增长率为 31%，包括光掩模制造、晶圆制造、晶圆厂设备在内的其他前端设备增长率为 15%；晶圆加工设备市场同样增长 15%。

从区域分布来看，除中国台湾地区以外的各大区域的设备支出都有所增长。台湾地区虽然有所下降，但仍然是最大的半导体设备市场，以 94.1 亿美元的设备销售额连续三年排名第一；北美市场以 81.6 亿美元，55% 的年增长率保持第二；韩国排名第三，销售额为 68.4 亿美元，中国大陆增长 30%，以 43.7 亿美元的销售额超过日本成为第四；日本和欧洲的设备销售额分别为 41.8 亿美元及 23.8 亿美元；其他地区设备销售额为 21.5 亿美元，见表 4.6。

表 4.6 2013—2014 年半导体资本设备市场区域分布

国家或地区	2014 年销售额 /10 亿美元	2013 年销售额 /10 亿美元	增长率 /%
中国台湾	9.41	10.57	−11
北美	8.16	5.27	55
韩国	6.84	5.22	31
中国大陆	4.37	3.37	30
日本	4.18	3.38	24
欧洲	2.38	1.91	25
其他	2.15	2.07	4
总计	37.50	31.79	18

资料来源：SEMI，2015 年 3 月

材料方面，2014 年全球半导体材料市场销售额达到 443 亿美元，年增长率为 3%，这也是 2011 年以来半导体材料市场的第一个增长。

从分类来看，2014 年晶圆制造材料以及封装材料的销售总额分别为 240 亿美元和 204 亿美元。2013 年，晶圆制造材料市场为 227 亿美元，封装材料则为 204 亿美元。整体来看，晶圆制造材料年度增长 6%，但封装材料则与 2013 年基本持平。不过有部分原因在于封装业近年来逐渐采用铜打线代替成本较高的金打线，拉低了封装材料销售额。如果不计算打线，则 2014 年的封装材料增长 4%。

由于拥有庞大的代工和封装基地，台湾地区连续5年成为半导体材料的最大市场。2014年市场规模达到95.8亿美元，较上年增长8%；日本市场以71.9亿美元位居第二；韩国排名第三；包括新加坡、马来西亚、菲律宾、东南亚和其他较小市场在内的其他地区排名第四；中国大陆排名第五，之后则是北美和欧洲，见表4.7。

表4.7 2013—2014年半导体材料区域市场占比

排名	国家或地区	2013年销售额/10亿美元	2014年销售额/10亿美元	增长率/%
1	中国台湾	8.91	9.58	8
2	日本	7.17	7.19	0
3	韩国	6.87	7.03	2
4	新加坡、马来西亚、菲律宾、东南亚等	6.64	6.66	0
5	中国大陆	5.66	5.83	3
6	北美	4.76	4.98	5
7	欧洲	3.04	3.08	1
8	总计	43.05	44.35	3

资料来源：SEMI，2015年4月

三、主要国家（地区）产业发展动态

1. 美国——垂直整合与设计业龙头

美国一直是世界半导体产业发展的重要驱动力量，2014年，美国半导体市场销售额达到693亿美元，较上年增长12.7%，全球市场占有率大约为20%。美国是垂直整合制造（IDM）与设计的龙头国家。总部位于美国的IDM和Fabless厂商2014年的销售额均超过全球市场的一半。其中IDM市场份额为52%，而Fabless的市场份额则达到63%，有19家厂商进入全球设计业50强。全球最大的半导体IDM厂商英特尔以及最大的设计厂商高通的总部都位于美国。

在IDM和设计业，其他地区与美国均有较大的差距。IDM领域排名第二的韩国虽然有三星电子这一仅次于英特尔的IDM大厂，但其IDM市场规模仅为美国的一半，全球占比26%，日本虽然拥有东芝等多家半导体IDM厂商，但其半导体产业近年来持续萎靡，IDM市场占有率仅为12%；设计业方面，排名第二、第三的分别是中国台湾地区和中国大陆，市场占有率分别为18%和9%，见图4.3。

美国半导体业界对于设计业的发展十分重视，目前，由于半导体设计复杂程度的提高，使得新创的芯片设计厂商难以获得资金、工具和相关服务的支持。为了帮助这些新创厂商，一些美国半导体资深从业人员创立了半导体产业孵化机构SiliconCatalyst，该机构于2015年5月在硅谷正式成立，是全球第一家专注于半导体产业的孵化机构，其目标是复兴硅谷的芯片设计产业，合作伙伴包括是德科技（Keysight）、比利时微电子研究中心（IMEC）、新思科技（Synopsys）、台积电（TSMC）、日本爱德万（Advantest）、欧特克（Autodesk）等，为新创厂商提供工具、办公场所、募集资金服务等。目前，该机构正在培育3家新创企业，分别专注于低成本电源芯片、2.5D堆叠集成电路以及蓝牙ID标签。

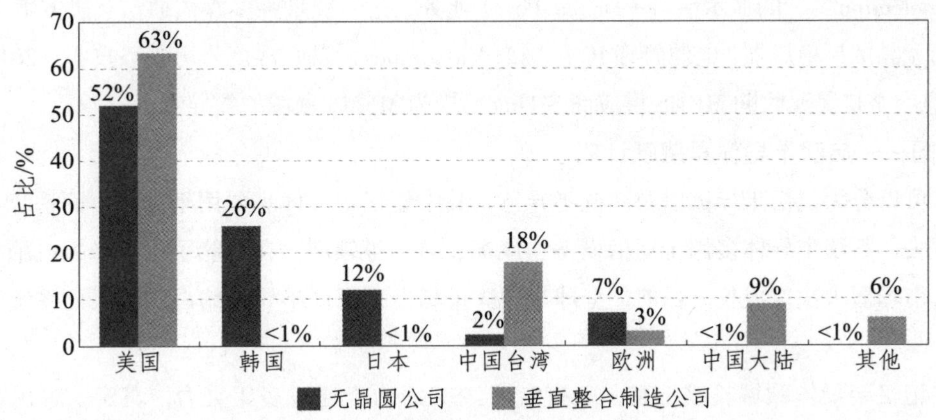

图 4.3　2014 年全球无晶圆及垂直整合制造公司市场份额占比

说明：按公司总部计算统计
资料来源：IC Insights，2015 年 4 月

从政府角度看，美国政府一般不会对半导体产业加以直接干涉，因此，美国半导体行业协会（SIA）一直将自己定位为美国半导体产业的"喉舌"，不遗余力地游说联邦政府机构，为产业发展争取更多有利的政策支持。2015 年 6 月，SIA 连同超过 250 家技术、商业及研究机构，向联邦政府递交了《创新：美国的当务之急》（*Innovation: An American Imperative*）文件，希望联邦政策制定者能够制定一系列促进增长和创新的政策，为了维持美国的经济实力、技术领导地位以及全球竞争力。SIA 还推动美国政府出台"贸易促进授权法案"（TPA），认为该法案将强化美国的半导体产业地位。

2. 日本——新兴企业或成黑马

近年来，日本半导体产业一直处于低迷状态，2014 年全球半导体市场增长 9.9%，而日本仅增长 0.1%，2015 年受汇率影响，预计其销售额较 2014 年将下滑 9.5%。

从厂商来看，2014 年全球前十大半导体厂商中，日本仅余东芝和瑞萨，如果 2015 年恩智浦（NXP）和飞思卡尔（Freescale）完成合并，预计当年仅有东芝能够进入前 10 强。与之相比，1990 年日本半导体业企业曾在前十强中占有 6 席，这个纪录至今还未有其他国家能够达到。1995 年，日本在半导体前 10 强中的数量下降到 4 家，2000 年为 3 家，到 2014 年的 2 家，日本半导体产业持续萎靡。

根据 DIGITIMES Research 的预测数据，日本前三大半导体厂商东芝（Toshiba）、瑞萨电子（Renesas Electronics）、索尼（Sony）2014 会计年度（2014 年 4 月至 2015 年 3 月）的收入虽然有增有降，但总体而言，它们的营益率都能够达到 2008 年以来的相对高点。不过受到日元贬值的影响，若与其他国家和地区的半导体厂商相比，日本的半导体厂商对全球半导体产业的影响力仍在减弱。

在日本各大 IDM 半导体厂商面临困境的同时，1990 年创立，总部位于大阪的无晶圆设计公司 Megachips 却得到了长足发展，成为唯一一家进入 IC Insights 发布的 2014 年全球前 25 大无晶圆厂商之列的日本公司，全球营收规模约为 6 亿美元。目前，Megachips 的主要营收来自特定用途集成电路（ASIC），但是该公司未来的成长不仅锁定日本国内的 ASIC 元件，而是放眼全球市场的特殊应用标准产品（ASSP）元件——特别是聚焦物联网与可穿戴式应用的传感器中枢（sensorhub）。

自 2013 年 4 月合并川崎微电子（Kawasaki Microelectronics）以来，Megachips 还收购了意法半导

体（STMicroelectronics）的显示端口（DisplayPort）业务，进一步增强多媒体通信解决方案及技术实力；投资了美国无晶圆厂稳压器 / 电源管理 IC 供应商 Vidatronics，以取得该公司核心技术。2014 年 10 月，Megachips 宣布 2 亿美元收购 MEMS 供应商 SiTime，成为 MEMS 领域的领导者。

3. 韩国——启动半导体再跳跃计划

半导体可以分为记忆半导体以及系统半导体，其中记忆半导体主要用于储存，而系统半导体则负责运算。过去，系统半导体多用于通信设备、汽车、航空等领域，在智能手机、平板电脑等移动设备带动下，其市场需求快速成长。目前，全球半导体市场上，记忆半导体约占 20%，而系统半导体占比则为 80%。

韩国在记忆半导体领域长盛不衰，三星电子、SK 海力士通过多年努力，奠定了韩国在存储器市场的霸主地位。以动态随机存取存储器（DRAM）为例，1990 年代全球 DRAM 厂商达到 26 家，由于产能过剩，存储器市场环境恶化，价格暴跌，1997 年，日本 NEC、日立（Hitachi）、富士通（Fujitsu）等企业陆续退出 DRAM 市场，德国奇梦达（Qimonda）于 2009 年宣布破产，而台湾地区厂商也由于缺乏自有技术等原因逐渐萎缩，结果全球 DRAM 市场形成韩国三星电子、SK 海力士两大龙头与美国美光抗衡的局面。而 NANDFlash 市场则由韩国三星电子、SK 海力士、日本东芝以及美国美光为主导。目前，三星电子在两个领域市场的全球占比均超过 30%。

随着系统半导体市场的迅速发展，韩国半导体产业凸显出过分依赖存储器，发展不均衡的隐忧。韩国的系统半导体产业面临人才不足、过度偏重大企业以及国内市场等问题，为了改变这种状况，韩国政府提出要在 2025 年前成为世界第二大的系统集成电路制造国，2014 年 8 月，韩国启动半导体再跳跃计划，重点发展应用处理器核心架构，电源管理（PWM）集成电路，系统芯片（SoC）解决方案，以及整合式软件系统等。

在韩国制订的开发项目计划中，难度最大的是应用处理器架构设计以及电源管理 IC 设计，在应用处理器架构上，韩国三星电子等厂商主要使用英国 ARM 公司开发的 ARM 架构，为此，韩国厂商每年需要向 ARM 支付 3 亿多美元的专利授权费。韩国政府认为，如果能够开发韩国国产的处理器架构，将可以免去巨额的授权费开支，有助于增强韩国芯片产业的竞争力。

为了开发期整合式软件以及 SoC 产品，韩国将利用汽车、航空、机器人、造船、电子以及医疗产业的优势。以自动驾驶汽车为例，韩国首先会开发用于车速、距离、方向控制方面的控制软件，随后将会开发各种系统芯片，包括传感器、距离侦测、驾驶算法等，最后开发自动驾驶汽车的平台和其他解决方案。

为了推动半导体知识产权银行的发展，韩国将推动半导体厂商通过“韩国 IP 交易所”交易知识产权，以降低各自的研发开支，同时也为软件和系统芯片的发展，创造一个更好的环境。另外，韩国政府还将推动三星电子与中小型 IC 设计公司进行合作。

4. 中国台湾地区——稳固产业人才队伍

中国台湾地区半导体产业为全球第二，晶圆代工及封测产业均居全球之冠。根据工研院 IEK 统计，2014 全年度台湾地区集成电路产值达 22 033 亿元新台币，较 2013 年增长 16.7%。其中设计业产值为 5763 亿元，较 2013 年增长 19.8%；制造业为 11 731 亿元，较 2013 年增长 17.7%，其中晶圆代工为 9140 亿元，较 2013 年增长 20.4%，记忆体制造为 2591 亿元，较 2013 年增长 9.2%；封装业为 3160 亿元，较

2013 年增长 11.1%；测试业为 1379 亿元，较 2013 年增长 8.9%。2015 年，随着全球半导体产业的温和增长，预计台湾地区半导体产业增长速度也将减缓，但仍将保持 9.3% 的增长率，见表 4.8。

表 4.8　2010—2015 年中国台湾地区集成电路产业产值

项目	2010 年产值 / 亿元	2010 年增长率 / %	2011 年产值 / 亿元	2011 年增长率 / %	2012 年产值 / 亿元	2012 年增长率 / %	2013 年产值 / 亿元	2013 年增长率 / %	2014 年产值 / 亿元	2014 年增长率 / %	2015 年产值 / 亿元	2015 年增长率 / %
IC 产业产值	17 693	38.3	15 627	−11.7	16 342	4.6	18 886	15.6	22 033	16.7	24 077	9.3
IC 设计业	4 548	17.9	3 856	−15.2	4 115	6.7	4 811	16.9	5 763	19.8	6 350	10.2
IC 制造业	8 997	56.0	7 867	−12.6	8 292	5.4	9 965	20.2	11 731	17.7	12 964	10.5
晶圆代工	5 830	42.8	5 729	−1.7	6 483	13.2	7 592	17.1	9 140	20.4	10 364	13.4
内存制造	3 167	88.1	2 138	−32.5	1 809	−15.4	2 373	31.2	2 591	9.2	2 600	0.3
IC 封装业	2 870	30.6	2 696	−6.1	2 720	0.9	2 844	4.6	3 160	11.1	3 340	5.7
IC 测试业	1 278	32.3	1 208	−5.5	1 215	0.6	1 266	4.2	1 379	8.9	1 423	3.2
IC 产品产值	7 715	39.2	5 994	−22.3	5 924	−1.2	7 184	21.3	8 354	16.3	8 950	7.1
全球半导体成长率	–	31.8	–	0.4	–	−2.7	–	4.8	–	9.9	–	4.8

说明：2015 年为预测值
资料来源：台湾半导体行业协会（TSIA）；工研院，2015 年 5 月

台湾地区虽然处于发展黄金期，但是仍然面临人才问题。一方面，2008 年开始的员工分红费用化对台湾地区原本的股票分红产生了较大冲击，对包括半导体产业在内的高科技产业人才收入造成较大影响，时至 2014 年台湾地区半导体产业已经逐渐出现人才短缺的问题。另一方面，中国大陆对半导体产业进行扶持，并于 2014 年成立产业基金，台湾地区的许多半导体人才纷纷转向中国大陆厂商，在一定程度上加重了台湾地区的半导体产业人才问题。为了稳固产业人才队伍，一方面，台湾地区半导体厂商通过加薪来稳定人才，例如联发科子公司晨星、力旺等均在 2015 年初大幅提高员工薪酬，另外，联咏、旭曜也都分别在 2014 年底启动结构性调薪。另一方面，台湾半导体行业协会向科技管理部门提出产学合作计划，由产业界和管理机构共同出资，每年投入 10 亿元培育半导体人才并研发尖端技术。在该计划中，部分经费将提供半导体学科领域的教授进行研发并帮助他们获得知识产权，另一部分经费则用于半导体学科领域博士研究生的奖学金。而台湾地区科技管理部门也表示将协助半导体产业培养专业人才。

四、主要跨国公司发展动态

1. 英特尔——着力追赶移动芯片市场

英特尔在半导体产业一直处于领先地位，至 2014 年，英特尔已经连续 23 年排名第一。但是，由

于个人计算机市场的委靡以及在移动市场的落后，英特尔在过去几年遇到了许多困难，不过，自2014年英特尔大举进入平板电脑处理器市场，并且通过补贴以及折扣等方式后，全年出货量达到4600万台，超额完成了4000万台的目标。借此机会，英特尔重启曾一度搁浅的智能手机业务，希望在移动芯片市场缩小与对手的差距。2015年3月的世界移动通信大会上，英特尔宣布将针对不同类型和价位区间的移动设备推出新的移动设备平台与产品组合。其中包括凌动x3、x5、x7处理器，第三代英特尔XMM7360LTE调制解调器，以及针对移动设备的无线连接产品。连同高端的酷睿M芯片，英特尔移动芯片覆盖了大多数类型的移动设备。

为了应对移动芯片市场的竞争，英特尔进行了详细部署：首先，英特尔与瑞芯微、展讯等中国芯片厂商合作，这两家厂商在供应链和客户群上有着广泛的积累，英特尔能够借此接触到更多中国品牌。这两家厂商基于英特尔的架构来设计产品，有助于英特尔在移动市场上迅速扩张。虽然目前瑞芯微和展讯的芯片多见于低端的智能手机、平板电脑、电视盒子，但是英特尔认为，通过向低端移动设备公司提供帮助，能够逐渐改进产品质量。其次，为了让那些低端厂商生产出更高品质的产品，英特尔为他们提供关于平板电脑和智能手机的参考设计。目前，英特尔中国团队正在加快基于英特尔芯片方案的平板及手机产品的快速上市，这里面除了参考设计外也包括一些上下游的零配件厂商备用的选择。第三，英特尔正在为合作伙伴提供“交钥匙”工程，压缩产品研发周期，让合作伙伴最短可以用6至8周的时间就能把采用英特尔芯片的产品快速推向市场。

除了力图在移动芯片市场重获竞争力之外，英特尔正着力在物联网以及可穿戴设备有所发展。2014年，英特尔重组成立了物联网解决方案事业部；2015年4月，英特尔又宣布成立新科技事业部，希望通过整合各部门研发能力，扩大内部协同效应，进而有效提升创造动能，迎接可穿戴设备市场的挑战。

2. 高通——两大业务面临考验

高通成立于1985年，经过30年的发展，已经成为半导体设计行业的领军企业，控制着3G、4G的核心专利和高端芯片供应，2014年营业收入超过191亿美元。高通成功崛起的关键主要是对CDMA、OFDMA等通信源头专利的控制，而在5G、物联网标准体系中能否同样获得成果，尚未确定。高通现阶段的两大业务——授权业务、芯片业务均面临考验。

授权业务是高通的主要业务之一，当GSM技术还吸引大部分移动通信巨头的眼光时，高通敏锐地看到了CDMA的价值，并围绕其进行研发和收购。后来，CDMA成为CDMA2000、WCDMA两大3G标准的基础，而高通收购和发明的专利几乎涉及所有CDMA核心专利和外围专利。所有采用CDMA2000、WCDMA开展通信业务的厂商，无论终端厂商、设备厂商，都需要向高通支付授权费。2000年，高通开始OFDMA技术研发，2005年收购Flarion公司，成功积累了大量核心专利。2008年，第三代合作伙伴计划（3GPP）公布了第一个LTE 4G标准，OFDMA成为4G专利体系核心。在此基础上，高通2007年发布的骁龙芯片，成为移动互联网市场份额最高的芯片之一。也正因为高通具有专利垄断地位，正面临着多个国家反垄断机构的调查，2015年2月，中国政府对高通作出60.88亿元的巨额罚单，并且对高通的授权方式提出5项整改要求，而高通为了保证进一步拓展中国市场，选择认罚。除中国之外，高通的授权业务还面对美国联邦贸易委员会、欧盟委员会、韩国公平贸易委员会等的反垄断调查。

在芯片业务方面，高通的主要对手包括英特尔、联发科、三星电子等业界巨头。其中最大的威胁来自高通原本第二重要的合作伙伴——三星电子。三星电子的大多数机型原本使用高通的芯片，但是2015年3月，三星电子发布的最新旗舰机型Galaxy S6开始采用自行研发的14纳米Exynos7420芯片，对高通造成重大影响。而随着ExynosM1处理器的开发研制，三星电子还将对高通的领导地位和技术优势形成进一步的冲击。受此影响，高通面临着是否要拆分芯片业务和授权业务的讨论。

3. SK海力士——紧追三星电子

SK海力士成立时间并不长，但早在1983年，其前身现代电子株式会社已在韩国创立，1996年在韩国上市，1999年收购LG半导体有限公司之后，成立现代半导体株式会社，2000年，公司剥离了电子线路设计、显示屏销售业务，2001年更名为海力士（Hynix）半导体有限公司，并对网络、通信服务、CDMA移动通信设备制造等业务的剥离。2012年，SK电信斥资约30亿美元收购海力士约21%的股份，成为公司的最大股东，同年公司名称改为SK海力士（SK Hynix）。

SK海力士刚成立时，业务重点从原有的“PC设备为中心”转移至“以移动设备为中心”，重点产品包括移动DRAM芯片、NAND闪存芯片和CMOS图像传感器等。经过三年的发展，2014年，SK海力士已是世界第五大半导体厂商，依托存储器市场，实现营业收入约为159亿美元，较上年增长26.1%，增长速度仅次于美光科技。

存储器芯片市场上原本主要有三星电子、SK海力士、尔必达三大厂商，2012年市场占有率排名第三的尔必达申请破产并被美光科技收购。目前，市场占有率最高的是三星电子，同为韩国存储器大厂，三星电子也是SK海力士最为强劲的对手。2014年12月，三星电子宣布量产LPDDR4内存，而仅过了两个月，SK海力士便在2015年2月初宣布开始量产8GB LPDDR4内存。

随着非存储器芯片市场的发展，2014年，三星电子与SK海力士均通过资源重新配置、扩大资本支出等方式，加速强化非存储器芯片业务。例如，在2013年的固态硬盘（SSD）市场，三星电子以26%的市场占有率处于领先地位，而SK海力士原本在SSD市场影响很弱，但在2014年5月，SK海力士并购美国ViolinMemory的扩充卡（PCIe card）部门，6月再购并Softeq Development FLLC旗下的韧体事业部，进军SSD市场。另外，SK海力士于2015年完成20纳米制程转换，截至2015年4月，SK海力士正在对其清州M8厂进行调整，增加晶圆生产种类。目前，M8厂专门生产非存储器芯片，主要包括CMOS238影像感测器(CIS)、电源管理IC、显示器驱动IC等。

五、世界半导体产业技术发展趋势

1. 极紫外光（EUV）技术获得突破，有望走向应用

在半导体技术发展过程中，业界一直遵循着摩尔定律，即价格不变时，集成电路上可容纳的元器件的数目，约每隔18至24个月便增加一倍。当工艺制程进入22纳米、20纳米时，成本相比28纳米不仅没有下降，反而升高。其主要原因在于缩小到这个工艺尺寸后，传统的193纳米光刻，包括使用浸液式、光学临近效应校正（OPC）等技术已经无能为力，必须采用辅助的两次图形曝光技术（double patterning）。这又带来两大问题：一个是光刻加掩模的成本迅速上升，另一个是工艺的循环周期延长。

极紫外光（EUV）光刻即采用波长为10至14纳米的极紫外光作为光源，从理论上看，使用EUV

技术能够将曝光波长降低到13.4纳米，即使在10纳米工艺制程上也无需采用两次图形曝光技术，从而节省成本。如果EUV光刻能够进入量产，即表明摩尔定律能够持续向10纳米及以下制程顺利推进，从而推动半导体产业进入新一轮的增长周期。并且增强晶圆制造厂的信心，从而推动450纳米尺寸晶圆的应用。

虽然早在2009年，阿斯麦（ASML）就公布了EUV光刻技术，2012年，英特尔、台积电、三星电子等都对ASML进行投资以推进EUV光刻技术发展，但一直未有显著进展。直到2014年7月，英特尔成功利用EUV微影技术，在24小时内完成曝光逾600片晶圆，之后台积电也成功在一天内完成600片晶圆曝光，意味着EUV技术获得突破，有望走向应用。而ASML的EUV机台预计在2016年年底将达到每天曝光1500片晶圆的处理能力，协助厂商采用EUV设备来量产10纳米的工艺制程。

2. 鳍式场效晶体管（FinFET）制程——面临技术与成本挑战

FinFET由于晶体管的形状与鱼鳍的相似性而得到该命名。这是一种新的互补型金属氧化物半导体（CMOS）晶体管。FinFET是对场效晶体管的一项创新设计，革新了传统晶体管结构，其控制电流通过的闸门被设计成类似鱼鳍状的3D架构，将原来的单侧控制电路接通与断开变革为两侧。

过去数十年，电子产品一直以CMOS平面晶体管作为主要建构材料，通过缩小晶体管的几何结构开发出性能更高、更便宜的芯片，然而，当晶体管缩小到20纳米以下时，会降低通道闸极控制效果，造成漏极（drain）到源极（source）的漏电流增加，并引发不必要的短通道效应（short channel effect），而晶体管也会进入不当关闭状态，进而增加电子装置待机耗电量。而在FinFET结构中，由于通道被三层闸极包覆，可更有效压制关闭状态漏电流。另外，三层闸极还能让设备在“开机状态”下增强电流，进而带来更低的耗电与更高的设备效能。整体而言，FinFET技术能减少晶片漏电流、提高效能并缩小晶粒尺寸，带动系统芯片（SoC）的发展。

2011年，英特尔首先推出商业化的22纳米节点工艺的FinFET，至2013年，台积电、格罗方德、三星电子等都开始积极安排FinFET的量产日程，希望能够在2014年第3季度开始量产16、14纳米制程FinFET芯片。但是，由于面临技术和成本挑战，技术方面的困难主要包括新的多重曝光（multiplepatterning）流程、芯片良率（yield）以及后端制程衔接调整。这也导致多家厂商推迟原定计划。如英特尔为提升芯片良率，比原订计划晚几个月开始导入14纳米制程FinFET芯片，至2014年底才生产，导致下游厂商Altera也将其14纳米FPGA生产日期从2014年延至2015年底。而成本则是生产FinFET芯片的另一挑战，中阶14纳米系统芯片（SoC）的设计定价约为8000万美元，大约是传统28纳米平面型晶体管设计定价的3倍，再加上其他成本，造成许多厂商只能承受28纳米芯片，对FinFET保持观望。

3. 硅穿孔（TSV）——发展依靠成本和工艺路线

除FinFET之外，硅穿孔（TSV）技术是另一种实现3D IC的技术方案。硅穿孔技术采用立体堆叠方式进行开发，可缩短每层芯片间的内部连接路径，提升信号传递速度，并降低噪声与功耗，同时，也可实现更多异质功能整合，满足移动设备轻薄且多功能的严苛要求。

2014年，半导体厂商陆续将TSV立体堆叠纳入技术蓝图。目前TSV市场已经开始启动，业界对未来TSV的应用前景十分看好。其应用主要集中在两个方面：一是大数据，这个领域对芯片性能要求很高，对价格也不是很敏感；二是内存制造领域，这个领域不断追求更大的存储容量。

在技术方面，TSV 的结构深度是一大挑战，立体堆叠设备需要将大于 10：1 深宽比的互联结构用铜进行金属化。另外，工艺制程、刻蚀工艺等也存在难题，不过，随着技术发展，这些问题正在逐步得到解决。例如，应用材料公司推出的 Endura Ventura PVD 系统能够完成连续薄屏障层和种子层的硅通孔沉积，沉积出高质量连续的铜种子层，从而打造出性能可靠的硅通孔。

对于 TSV 而言，更大的困难在于成本，以及业界尚未对其工艺路线的发展取得共识。因此，推进低成本的解决方案，以及促使业界对 TSV 与制造工艺的集成方式、集成阶段等取得共识，是 TSV 技术开发取得进一步进展的关键。

参考文献

[1] 国际半导体贸易组织．http：//www.wsts.org

[3] http：//www.icinsights.com/

[4] http：//www.csia.net.cn/

[6] http：//www.semi.org.cn/

本章撰写：杨绎

第五章 世界物联网产业发展动态

一、全球物联网产业总体发展态势

1. 全球物联网产业增长强劲，经济影响力日益显现

随着传感器、卫星导航定位、云计算、大数据等新一代信息技术的发展，以及 3G、4G 移动通信网络等基础设施在全球范围内的普及，全球物联网（internet of things, IoT）产业快速发展的基础条件已经具备。经过前几年的培育酝酿，2014 年全球物联网产业进入大规模商业化应用、强劲增长阶段。据 TechNavio Analysis 数据，2014 年全球物联网市场规模为 1963.2 亿美元，预计 2019 年其市场规模可以达到 7784.3 亿美元，期间年均复合增长率高达 31.72%。麦肯锡全球机构（McKinsey Global Institute）预估，至 2025 年物联网带来的经济影响力将高达 6.2 万亿美元，见图 5.1。

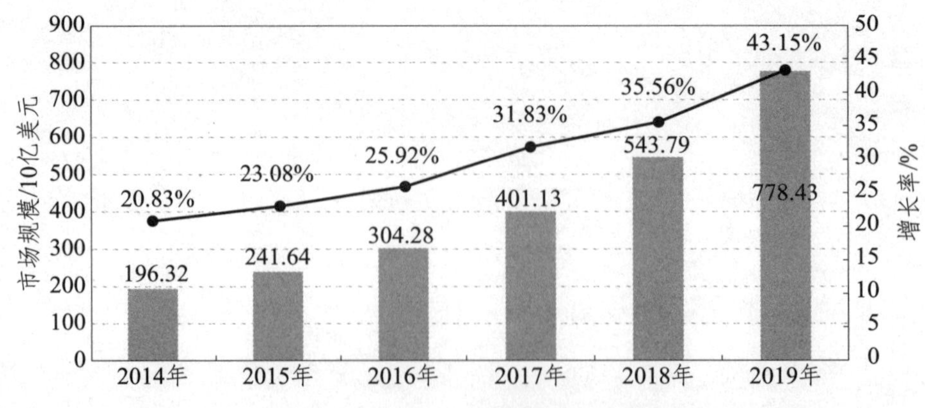

图 5.1 2014—2019 年全球物联网市场规模及增长率

说明：2015—2019 年为预测值
资料来源：TechNavio Analysis

2. RFID、传感器仍是全球物联网市场中重要环节

按照产品划分，全球物联网市场主要由射频识别（RFID）、传感器、近场通信（NFC）、网关、云服务等构成。当前，RFID 仍是全球物联网市场最重要的环节。据 TechNavio Analysis 数据显示，2014 年 RFID 占全球物联网市场份额为 28.21%；传感器、NFC、网关路由和云服务分别占全球物联网市场份额 18.32%、14.63%、9.26% 和 6.85%；其他包括复杂事件处理（CEP）、数据采集与监视控制系统（SCADA）、入侵检测系统（IDS）和通信器件等，合计占比为 22.73%，见图 5.2。

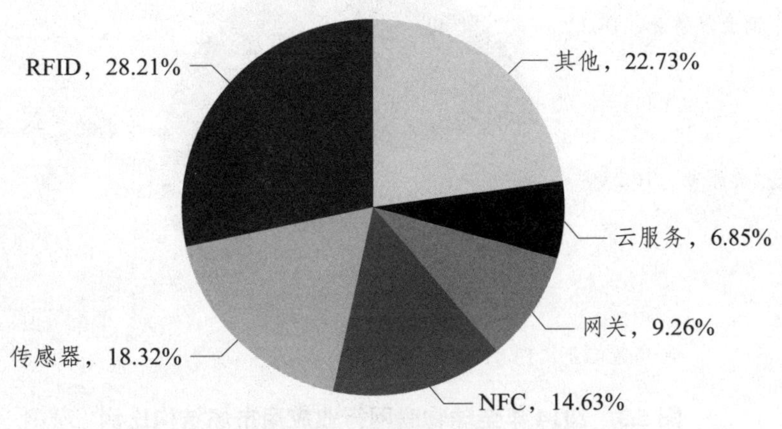

图 5.2　2014 年全球物联网市场结构比例

资料来源：TechNavio Analysis

3. 全球物联网产业已进入应用深化阶段

全球物联网产业发展已进入应用深化阶段，应用场景逐步由初期主要集中在公共管理、个人消费等有限领域向车联网、工业物联网等更广阔市场演进；物联网应用的深度也从最初的行业闭环、小规模、有限功能的应用，向跨行业、跨地区业务深度融合演进。

商业零售业依然是目前物联网商业化最成熟、市场规模最大的应用领域，涉及 RFID 等技术在产品识别和追溯、仓储物流管理等方面的应用。据 TechNavio Analysis 数据显示，2014 年商业零售业物联网应用占物联网应用市场份额的 21.53%。健康医疗是规模仅次于商业零售业的物联网应用领域，主要是借助于可穿戴和植入式设备，对患者健康情况实施远程实时监测等，2014 年全球健康医疗行业物联网应用占物联网应用市场份额的 16.28%。此外，信息通信技术行业占物联网应用市场的比重为 13.81%，包括制造业、能源、交通、政府部门等在内的其他应用领域合计占物联网整体市场的 48.43%，见图 5.3。

与此同时，工业物联网、车联网已经展现出巨大的应用前景，并受到了社会各界的普遍关注。德国、中国、日本、韩国等国政府均出台了工业 4.0 发展战略，核心就是发展工业物联网，思科、通用电气、西门子等跨国企业均已投入工业物联网平台的开发应用。根据埃森哲（Accenture）公司的研究报告，到 2030 年，工业物联网将为全球创造 14.2 万亿美元的价值，对全球经济增长的贡献超过 1%。车联网是物联网另一重要发展方向。目前，车联网技术关注更多的还是“车载信息服务”——主要是面向驾驶员实时提供行车和车况信息服务，未来车联网的发展方向将是汽车“网络化”和“智能化”，借助于移动互联网、传感器、云计算、大数据等技术，实现面向汽车电子的车内网与面向智能交通的车际网的融合，以及自动驾驶等“智能化”功能。据美国市场研究机构 Gartner 发布的《2015 物联网预测报告》(*Predicts 2015: The Internet of Things*)，到 2020 年全球将会有 2.5 亿辆联网汽车，这些联网汽车将具备远程信息处理、自动驾驶、车载信息娱乐系统以及各种移动服务功能。

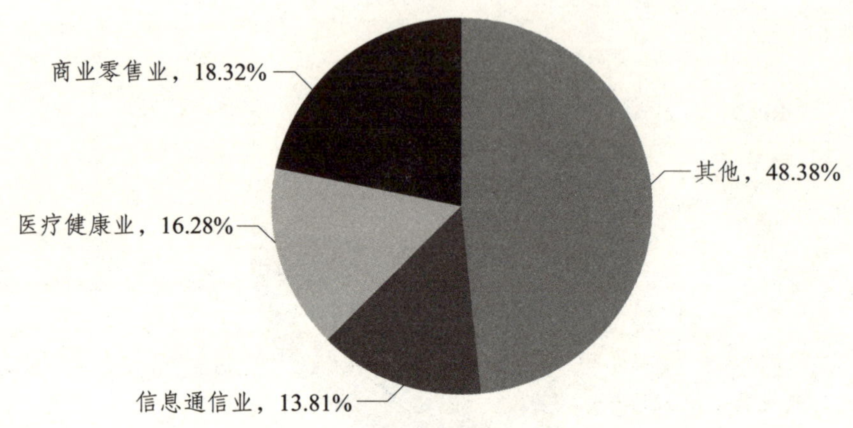

图 5.3　2014 年全球物联网行业应用市场结构比例

资料来源：TechNavio Analysis

4. 北美、亚太为全球物联网技术创新与应用的领先地区

亚太、美洲是全球范围内部署物联网基础设施及开展应用创新的重点地区。据 TechNavio Analysis 数据，2014 年亚太、美洲地区物联网市场规模分别为 960.4 亿、703 亿美元，占全球物联网市场份额 48.92%、35.81%。欧洲、中东、非洲物联网市场规模合计为 298.8 亿美元，占全球份额 15.27%。预计 2014—2019 年，亚太、美洲将分别保持 31.81%、31.68% 复合年均增长率，到 2019 年两地物联网市场规模分别达到 3820.5 亿、2782.9 亿美元。

亚洲地区物联网产业主要集中在中、日、韩三国。依托政府的大力扶持，中国已成为全球最大的物联网市场，2014 年中国占全球市场的比重 28%~30%；日本是世界上第一个提出“泛在”战略的国家，其物联网产业发展主要依托富士通、日立、NEC 等电子信息集团，以及丰田、三井等大型制造企业，对智能电网、智慧城市、智慧农业、智慧医疗等领域涉足较多，在基础材料及相关元器件研发方面具有领先优势；韩国是全球物联网产业的后起之秀，优势主要体现在消费类智能终端、RFID、NFC、移动通信等产品的技术解决方案。美国是仅次于中国的全球第二大物联网市场，占全球物联网市场比重 16% ~ 18%，作为全球物联网技术创新、商业模式创新的引领者，美国拥有涵盖器件制造、网络运营、平台提供以及云计算、大数据分析等在内完整的物联网产业链，并已经开始在军事、工业、农业、环境监测、建筑、医疗、空间和海洋探索等领域投入应用；欧盟也是全球物联网产业的重要一极，已形成体系化物联网产业政策，也是最早开展物联网技术研发合作、标准化工作的地区之一，并且在工业物联网、车联网等领域中处于全球领先地位，见图 5.4。

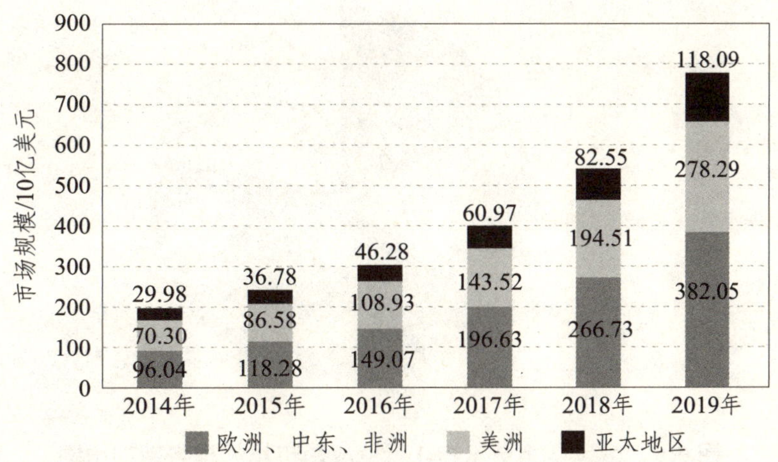

图 5.4 2014—2019 年全球物联网市场规模地区分布

说明：2015—2019 年为预测值

资料来源：TechNavio Analysis

二、物联网重点领域发展动态

（一）RFID

1. RFID 市场规模快速增长，应用场景不断拓展

RFID 研发开展较早，商业化也较为成熟。据 IDTechEx 数据显示，2014 年全球 RFID 市场（包括标签、阅读器、软件及服务）规模达到 92.4 亿美元。IDTechEx 预测，到 2024 年全球 RFID 市场规模将达到 304.1 亿美元。

目前，全球对 RFID 电子标签需求最大的是交通运输（电子票证）及车辆管理、金融及安全行业，2014 年市场规模分别为 33 亿、28 亿美元，占全球 RFID 市场的 36%、30%；消费品零售业是对 RFID

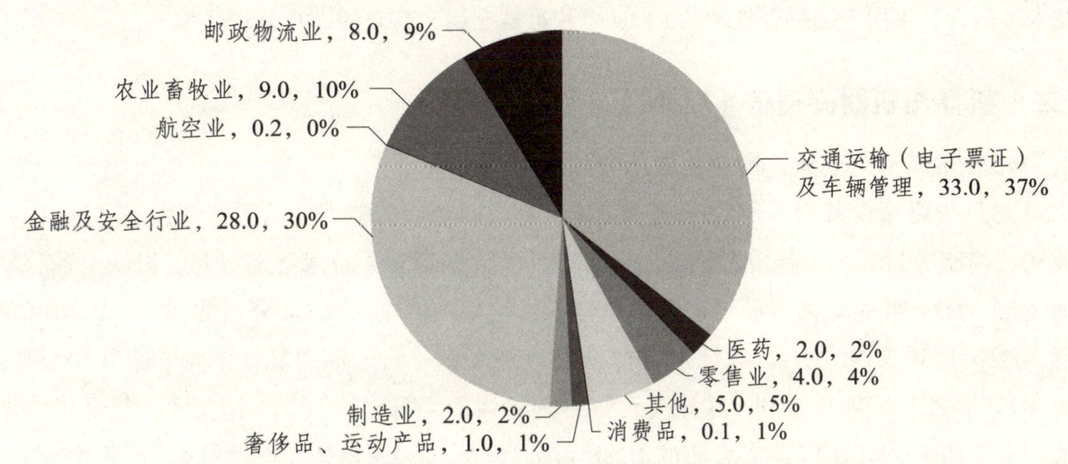

图 5.5 2014 年全球 RFID 行业应用市场规模与结构比例 （亿美元）

资料来源：IDTechEx

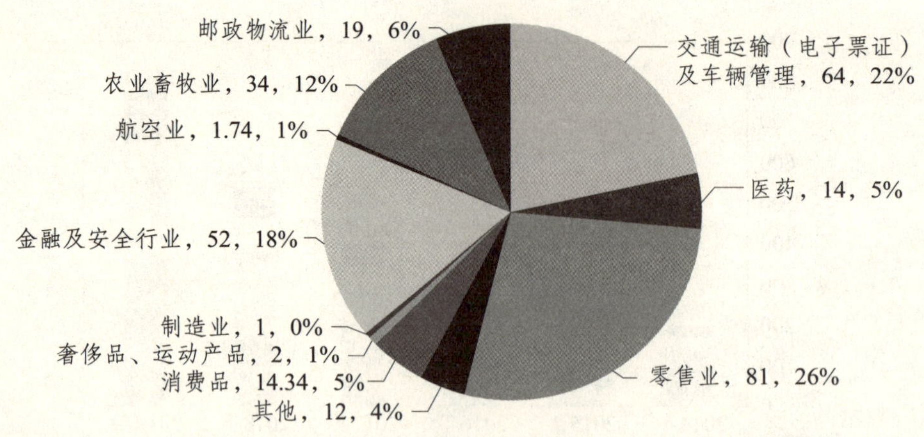

图 5.6　2024 年全球 RFID 行业应用市场规模与结构比例　（亿美元）

资料来源：IDTechEx

电子标签需求增长最快的应用领域，主要用于消费品的库存、流通管理、产品防伪等，预计到 2024 年该市场规模将达到 81 亿美元，占比 27%，成为最大的 RFID 应用市场。此外，消费电子、医疗、制造业等也是未来增长较快的 RFID 应用领域，见图 5.5 和图 5.6。

2. RFID 技术向小型化、多频段、融合化方向发展

RFID 标签小型化成为发展趋势。RFID 设计和开发技术的进步带动了小型化和柔性化 RFID 器件的发展。相对传统的 RFID 芯片，小型化 RFID 在成本及应用场景等方面优势更加突出。

高频 RFID 及多频兼容是 RFID 技术发展的另一个重要方向。RFID 技术诞生之初采用的是 134 千赫兹低频波段固定频率，当前 RFID 使用的频段已经拓展至 3 兆~30 兆赫兹中频、860 兆~960 兆赫兹高频以及 2.45 吉~5.8 吉赫兹微波等，工作于不同频率的 RFID 芯片具有不同的技术特征及应用场景，高频、微波 RFID 可以应用于较远距离数据交换，多频段 RFID 则有效提高了系统的兼容性。

RFID 与其他技术的融合也是 RFID 技术发展的重点之一。如：RFID 与 WiFi 无线通信、GPS 实时定位技术等融合，采用上述融合技术的 RFID 芯片可被应用于高效的库存管理系统。

（二）机器与机器间通信（M2M）

1. M2M 市场潜力巨大，商业化应用更加成熟

M2M 通过为终端设备嵌入通信模块，使其具备联网和通信能力，从而实现设备之间互动通信、远程监测、控制等目的。随着传感技术、云计算、大数据等相关技术逐渐成熟，以及全球移动互联网快速发展，M2M 商业化部署已经进入实质性推进阶段。据 TechNavio 公司数据显示，2014 年全球 M2M 终端数量达到 2.574 亿台，预计到 2019 年将达到 9.66 亿台，期间复合年均增长率 30.28%；2014 年全球 M2M 服务市场规模达到 193 亿美元，2019 年该市场有望达到 572 亿美元，复合年均增长率 24.27%。据沃达丰公司 2014 年底发布的 *M2M Adoption Barometer* 报告，通过对 14 个国家 7 个行业中的 600 家企业调研，目前有 22% 的企业已经引入了 M2M 方案，与过去一年相比，实现了逾 80% 的显著增长，预计到 2016 年企业 M2M 的采用率将接近 55%。

看好 M2M 数据通信业务的增长前景，电信运营商成为全球 M2M 发展的主要推动者，领先的移动电信运营商已经开始进行规模化的 M2M 网络平台建设，并积极进行战略联盟，以期在未来获得竞争先机。2014 年移动通信在 M2M 通信市场的份额为 73.9%，此外，固网通信、卫星通信的份额分别为 14.1%、12.0%；预计到 2019 年在全球 M2M 通信市场中移动通信份额将进一步提高，届时移动通信、固网通信、卫星通信占比分别达到 87.2%、7.3%、5.5%。

从垂直行业来看，全球 M2M 应用市场主要为消费电子、汽车、健康医疗、能源基础设施、交通运输、工业制造、其他（包括商业零售、金融服务、消费品、POS 机、公共服务、公共安全）等。当前 M2M 行业应用主要集中在消费电子、汽车两大市场，2014 年两者占全球 M2M 服务市场份额分别为 27.7%、19.7%。随着 M2M 应用的进一步深化，预计健康医疗、能源基础设施有望成为对 M2M 需求增长最快的领域。如：健康医疗领域，利用 M2M 技术为慢性疾病防治提供有效低成本方案、用药提醒、远程诊断和远程医疗服务；能源基础设施领域，在智能电表、智能故障管理系统、智能电网、水坝监控、智能开关等展开 M2M 技术应用。预计健康医疗、能源基础设施占全球 M2M 服务市场份额将从 2014 年的 10.9%、10.3% 增长至 2019 年的 16.4%、16.0%，见图 5.7。

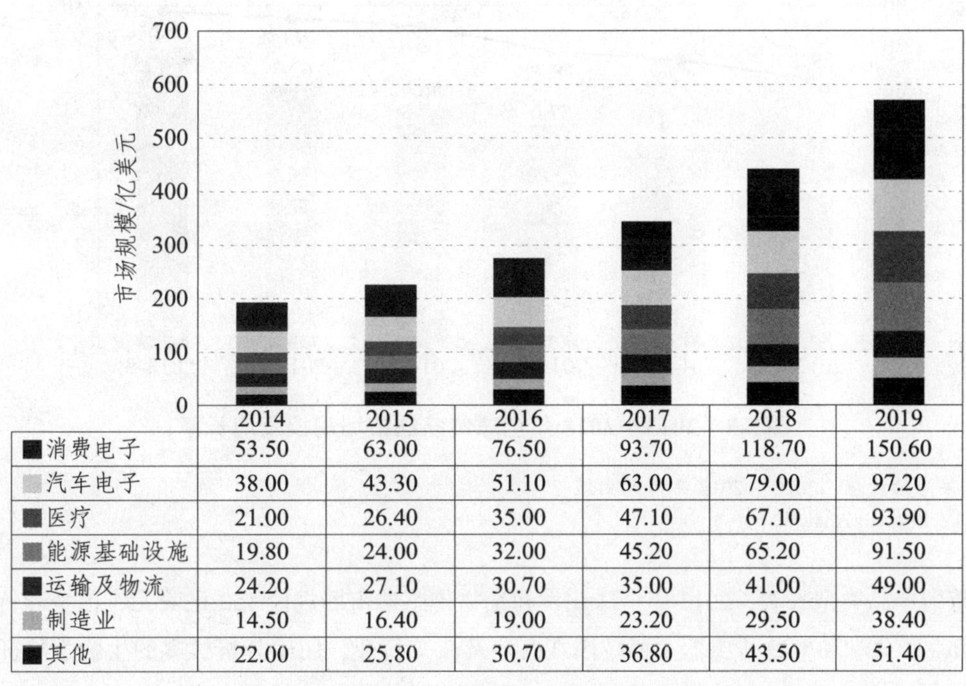

	2014	2015	2016	2017	2018	2019
消费电子	53.50	63.00	76.50	93.70	118.70	150.60
汽车电子	38.00	43.30	51.10	63.00	79.00	97.20
医疗	21.00	26.40	35.00	47.10	67.10	93.90
能源基础设施	19.80	24.00	32.00	45.20	65.20	91.50
运输及物流	24.20	27.10	30.70	35.00	41.00	49.00
制造业	14.50	16.40	19.00	23.20	29.50	38.40
其他	22.00	25.80	30.70	36.80	43.50	51.40

图 5.7　2014—2019 年全球 M2M 垂直行业服务市场规模

说明：2015—2019 年为预测值
资料来源：TechNavio Analysis

2. M2M 的数据通信量逐步增加，LTE 将主导全球 M2M 市场

目前，M2M 还是基于一些小数据流量通信。以字节（Byte）为单位计算，M2M 通信所产生的流量在移动通信网络总流量中的份额相当小，仅为 0.1%。随着 4G LTE 网络的普及以及功能更强大的低功耗处理器在终端中应用，一些对高接入带宽、低接入延迟有特殊要求的 M2M 应用将被开发，与之相应，M2M 通信流量在移动通信网络总体流量中的占比将持续增加。

现有 M2M 应用对数据通信速度要求普遍不高，目前 M2M 通信主要还是基于第二代移动通信 2G 的 GSM 网络。据爱立信发布的 *Mobility Report 2014* 报告，目前采用 2G 网络的 M2M 终端占到了总量的近 80%，采用 LTE 网络的 M2M 终端占总量比重约为 3%；预计到 2018 年年底，采用第三代及第四代移动通信网络的 M2M 终端将占到总量的 50% 以上；到 2020 年，采用 LTE 网络的 M2M 将成为主流，届时采用 2G 网络 M2M 终端比重将降至 25%，采用 LTE 网络的 M2M 终端占比将提高到 20%~30%。

（三）传感器

1. 全球传感器市场规模稳步提升

据 TechNavio 公司数据显示，2013 年全球传感器市场规模 441 亿美元，预计 2018 年达到 684 亿美元，复合年均增长率 9.2%。汽车、工业控制等是传感器的传统应用市场，医疗电子及智能手机等消费电子产品已成为传感器的新兴目标市场。未来随着物联网发展继续深入，传感器有望带动全球传感器市场进一步增长，见图 5.8。

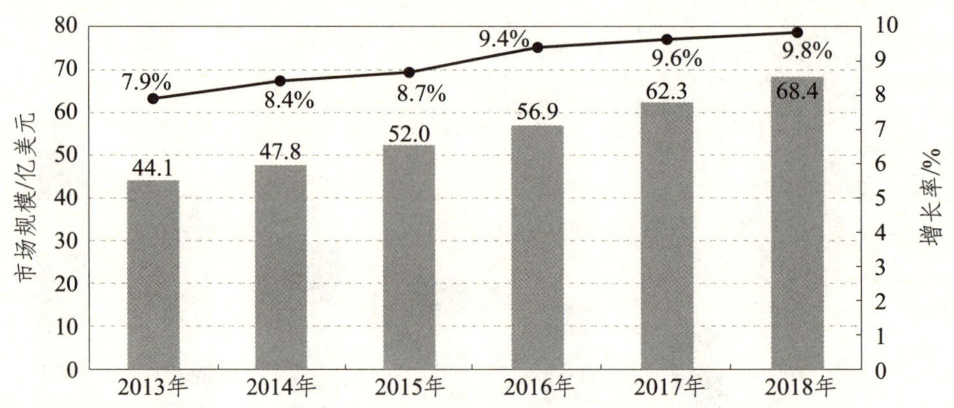

图 5.8　2013—2018 年全球传感器市场规模及增长率

说明：2014 年为估计值，2015—2018 年为预测值
资料来源：TechNavio Analysis

按传感器产品类型来看，2013 年全球化学和生物传感器市场规模 152 亿美元，占全球传感器市场份额的 34.6%。化学和生物传感器主要应用在医疗及汽车行业，用于分析样本的生物学特征，或汽车工况信息。图像传感器市场规模 90 亿美元，占全球传感器市场份额 20.4%。主要应用于消费电子、医疗、国防、汽车等行业。当前，智能手机是图像传感器的最大市场，而无人机摄像机、数字放射和医疗成像设备等新兴应用成为图像传感器新增长点。压力传感器占全球传感器市场份额 13.3%，压力传感器被广泛应用于工业、汽车、医疗、消费电子等行业，未来压力传感器的增长主要在胎压监测、电容压力传感，以及在石油和天然气领域的传感应用。2013 年全球流量传感器市场规模 54.7 亿美元，占全球传感器市场的 12.4%。能源行业是流量传感器主要市场。2013 年全球温度传感器市场规模 38.4 亿美元，占比 8.7%。应用行业包括食品饮料、汽车、工业、消费电子和医疗保健等。水平传感器占全球传感器市场 6.4%，主要应用于工业、消费电子、油气、汽车等行业。目前，非接触式水平传感器有取

代接触式水平传感器的趋势，近年来水平传感器的主要制造企业，如ABB、西门子、艾默生等均在积极展开并购，以巩固和扩大市场份额。气体传感器占全球传感器市场的4.2%，主要用于检测工厂的有害气体，如二氧化碳、甲烷、氮氧化物等。随着全球制造业向亚太地区转移，预计未来这一地区将成为气体传感器最大的市场，见图5.9。

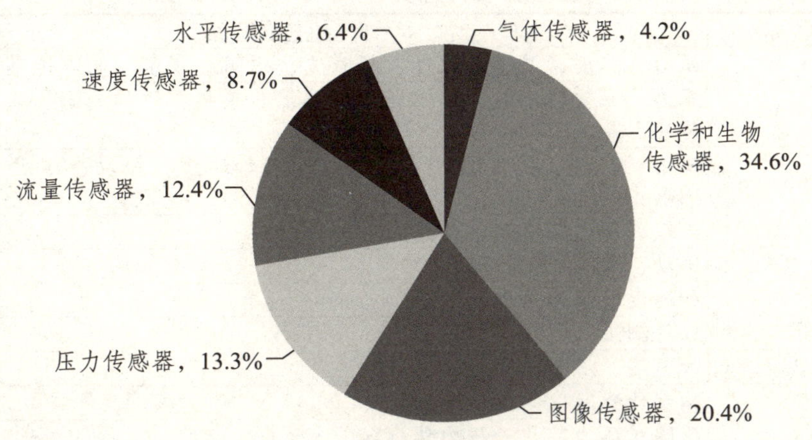

图5.9　2013年全球传感器市场产品结构

资料来源：TechNavio Analysis

从区域市场格局来看，美、日、欧等国家传感器技术先进、上下游产业配套成熟，既是技术革新的主导者、行业标准的制订者，又是全球中高端传感器产品的主要生产者，以及最大的应用市场。据统计，2014年美国、日本和德国分别占据了全球传感器市场29.0%、19.5%、11.3%的份额。亚太等新兴市场国家随着工业化等的发展，对传感器需求量逐年放大，成为全球最有潜力的传感器市场，但发达国家在传感器领域所具有技术和品牌等优势仍将保持，未来全球传感器市场格局并不会有显著改变，见图5.10。

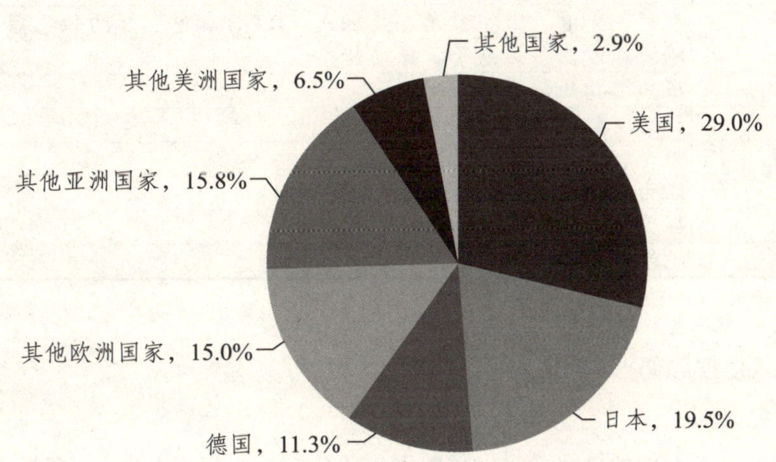

图5.10　2014年全球传感器市场分布状况

资料来源：工业和信息化部电子科学技术情报研究所，2014

美国、德国、日本等国家传感器企业具有很好的技术基础，而且在设备、材料投入和后期技术跟进，包括工艺的提高和上下游产业链的配合方面，都已形成完整的体系，许多厂商都实现了规模化生产，企业年生产能力可达数千万甚至上亿只，并几乎垄断了"高精尖"传感器和新型传感器的市场。比较著名的传感器厂商有美国霍尼韦尔、MEAS 等，见表 5.1。

表 5.1　全球著名传感器厂商及产品应用领域

国家	企业名称	主要产品
美国	霍尼韦尔	压力、温度、湿度、红外、超声波、磁阻、霍尔、电流传感器
	罗克韦尔	压力、温度传感器、容性接近传感器、感性接近传感器、光电传感器、超声传感器等
	MEAS	压力、位移、角位移、霍尔、磁阻、加速度、振动、湿度、温度等各类传感器
	通用电气	车载、压力温度光学传感器
	艾默生电气	振动、pH 传感器
	飞思卡尔	加速度、压力传感器
	雷泰	红外测温仪、温度传感器
	PCB	加速度、压力传感器
	STS	称重传感器、高温传感器
	MSS	压阻式压力芯片、压力传感器
德国	博世	压力、加速度、气体传感器、陀螺仪
	西门子	温度、压力传感器、工业自动化产品中所用传感器
	倍加福	测距、光电、视觉、对射式、倾斜、超声波传感器
	英飞凌	压力、磁力、胎压传感器
	宝得	流量、气体、压力、分析、温度传感器
	巴鲁夫	光电、位移、电感式 / 电容式接近传感器
	WIKA	温度、压力传感器
	HBM	力、扭矩、位移、应变式称重传感器
	爱普科斯	温度、液位、压力传感器等
	First Sensor	力敏芯片、压力传感器
	Sensortechnics	压力、微型氧气传感
日本	丰田电装 DENSO	压力、加速度、气体传感器、陀螺仪
	欧姆龙	温 / 湿、开关量传感器等
	富士电机	压力、电容传感器和变送器等
	基恩士	光纤、光电、数字激光、接触式、RGB 颜色、压力传感器
	村田	陶瓷滤波器、振荡子、振动传感器
	KYOWA	压力、扭矩传感器
	NTS	压力、称重传感器
	奥普士	激光、光纤、光电传感器
	SMC	压力、流量、磁性传感器
	NMB	压力、称重传感器
	精工爱普生	陀螺传感器

资料来源：ofweek 工控网

2. 传感器技术发展趋势

（1）集成化、智能化

集成化是传感器技术发展的趋势之一。传感器集成化有三个发展方向：一是同类型多个传感器的集成，即同一功能的多个传感元件用集成工艺在同一平面上排列，组成线性传感器阵列，如 CCD 图像传感器；二是多种功能传感器一体化集成，即几种不同的敏感元器件集成在一起，除具有体积小、可同时进行多种参数测量的优势外，还可对不同参数的测量结果进行综合处理和评价，实现补偿和校正，更准确地反映出被测系统的状态；第三种是将多个传感元件和专用集成电路（ASIC）集成在一起，甚至和微控制芯片（MCU）集成在一起，使之具有测量、校准、自诊断和网络通信、数据处理等功能。

传感器智能化发展方向是指通过将具有一种或多种传感元器件与存储、射频、数字处理、执行电路等集成，在相应软件、算法的支持下，实现参数测量、信号转换处理、计算、双向通信，以及自动校准、自诊断、自动响应等功能。

（2）低成本、低功耗、微型化

随着传感器在智能手机、可穿戴设备等应用普及，对传感器小型化、低成本、低功耗提出更多要求，MEMS 传感器成为新型传感器的开发重点之一。据 TechNavio 公司预计，未来 5 年全球 MEMS 传感器市场规模增长 1 倍，达到 112 亿美元规模。

MEMS 传感器将集成电路微细加工工艺，如溅射、蒸镀、等离子体刻蚀、化学气体淀积（CVD）、外延、扩散、腐蚀、光刻等，引入传感器的生产制造，实现了传感器规模化生产，并为传感器微型化发展提供了技术支撑，而 MEMS 工艺与光、生物等其他领域技术融合，又可以开发出许多新型 MEMS 传感器产品。如：MOMES（MEMS 与微光学的结合）、智能传感器（MEMS 与 CPU、信息控制技术的结合）、生物化学传感器（MEMS 与生物技术、电化学的结合）以及网络化传感器（MEMS 网络技术的结合）、纳米传感器（纳米技术与传感技术的结合）。

三、全球物联网企业竞争态势

（一）跨国公司加快物联网产业布局

瞄准全球物联网产业增长机遇，跨国企业纷纷从自身核心技术、重点业务出发，在硬件、软件、开发平台等不同环节布局物联网产业链，积极调整组织架构，通过并购及战略联盟等方式，完善其技术、产品线，构建产业生态体系。

1. 加快产业布局，实现产业链重点环节突破

以联发科、英特尔、高通、三星等为代表的芯片企业相继推出了针对物联网应用的低功耗专用芯片，微软、谷歌、三星、华为等企业开发了物联网专用操作系统，高通、ARM 等企业推出了针对物联网应用的软硬件开发平台。

芯片方面，2014 年英特尔相继发布了 Edison 和 Curie 平台，前者采用了 22 纳米英特尔 Atom 芯片，包括一个双核双线程 500 兆赫兹中央处理器（CPU）和一个 32 位 100 兆赫兹微控制单元（Quark MCU），可同时支持安卓（Android）系统及实时操作系统，适用于通用物联网应用场景；后者包括一颗 Quark SE SoC、80KB SRAM 内存、384KB 闪存、低功耗版蓝牙（BLE）、电源管理 IC、集成 DSP 以及 6 轴传感器，支持开源实时操作系统，主要面向各类可穿戴设备应用。联发科也面向可穿戴设备企业推出了 MT2502、MT2601 两款 SOC 芯片，以及包括 LinkIt 开发平台和设计参考（Turnkey Reference Design）的完整解决方案，协助开发者在其 LinkIt 平台上开发各类可穿戴产品及相关 APP 应用，并共享各种传感器的数据。

物联网操作系统方面，在收购智能家居企业 Nest 后，谷歌发布了命为 Project IoT 的物联网项目，以及物联网操作系统 Brillo 和专用编程语言 Weave。其中，Brillo 是一个基于 Android 底层框架的操作系统，支持 WiFi、低功耗蓝牙（BLE）等协议，可在 32MB 或 64MB 内存的设备上运行。微软针对物联网市场，整合旗下各项业务，推出了免费的 Windows 10 IoT 系统，打通了云平台 Windows Azure 和嵌入式微平台 .NET，并宣布提供统一开源的开发语言 .NET、统一的开发环境 Visual Studio。微软正在开发的 Windows 10 操作系统将会提供一款“物联网”版本。该版本 Windows 10 操作系统能为各种设备，如机器人、物联网网关和传感器等，提供访问通用应用（universal apps，即通过微软应用商店安装的应用）和驱动模组的支撑，机器－机器、机器－云服务通信的原生连接协议，以及企业级安全功能。IoT 版本 Window 10 使得 Windows 10 操作系统覆盖范围从 PC、移动设备扩展到 ATM 机或工业机器人等领域。Azure IoT Suite 是微软发布针对物联网市场的云平台方案，旨在为企业提供一个集成和管理未来所有联网设备的可行方案，该平台的主要功能将包括资源管理、远程监控和预见性维护等，Azure IoT Suite 还整合数据流服务。2015 年 4 月微软发布了 Azure Stream Analytics，帮助企业处理物联网实时数据。此外，嵌入式微平台 .NET Micro Framework，统一的开发语言 .NET、统一的开发环境 Visual Studio，则方便了应用的开发、移植，大大提高了程序员的开发效率。

平台战略方面，2014 年 ARM 公司发布了与其 Cortex-M 芯片相配合的 mbed 开发平台，旨在弥合不同厂商芯片之间的硬件差异，使终端企业能专心于产品创新，减少开发成本与上市所需时间。mbed 平台主要包括两部分：mbed 操作系统（mbed OS）和 mbed 服务器端方案（mbed Device Server）。mbed 操作系统专为基于 ARM Cortex-M 处理器的设备所设计的免费操作系统，将物联网所需的所有基础组件，包括安全、通信传输与设备管理等功能，整合为一套完整软件，以协助开发低功耗、产品级的物联网设备并实现量产。mbed Device Server 提供行业必需的服务器端技术，以便安全地连接并管理设备，可作为物联网设备专用通信协议与网络开发商所使用的应用程序编程接口间的桥梁。通过 mbed Device Server 软件，可以将物联网设备所搜集到的“微量数据”传送至云端，再由云端架构的“大数据”分析技术来处理经过汇总的信息，简化物联网设备的信息整合。mbed 设备服务器基于开放标准，具备可扩展性，可处理多达数百万个设备的连接与管理。飞思卡尔、恩智浦半导体、Marvell、Salesforce 和 IBM 等企业已宣布将采用 Mbed 开发平台。高通公司也试图通过平台战略从移动芯片市场转战物联网市场。2015 年高通发布了首款认知运算平台——Qualcomm Zeroth 平台，Zeroth 平台借助云计算技术，能实现手势、表情、面部识别、感知周围环境以及阅读文本等功能，并且能够学习用户的操作习惯，以及在不同设备之间共享个性化设置，可应用于汽车、可穿戴、智能手机、用户端运算等广泛领域；针对虚拟现实，高通开发了 Vuforia 平台，Vuforia 拥有来自 130 个国家、12.5 万多名注册开发者组成的全球生态系统支持；在行业物联网应用领域，高通发布了开源的 AllJoyn 平台、AllPlay 架构，推动不同厂商的产品在其框架下可以互联互通，目前 AllJoyn 平台已经获得索尼、海尔、LG、松下等企业的支持；此外，高通还与全球超过 15 家汽车制造企业合作了 40 多个车联网项目，目前全球有 1000 多万辆汽车搭载了高通的晓龙芯片。

2. 成立专门部门，拓展物联网业务

2015 年 3 月，IBM 宣布成立专门的物联网部门，并计划未来四年将投资 30 亿美元用于物联网相关业务。IBM 物联网部门将提供 IBM 产业 IoT 云开放平台及 Bluemix IoT Zone 等云服务及开发工具。IBM 产业 IoT 云端开放平台提供新的分析服务，可协助客户与合作伙伴设计产业化的 IoT 解决方案。

IBM Bluemix PaaS 平台的 IoT Zone 服务，可以让开发人员在云端开发及部署 IoT 应用时，能更容易地整合传感器及设备等 IoT 数据，通过整合实时数据与嵌入式分析，使企业现有各类信息化系统，如企业资产管理、设施管理及软件工程设计工具，实现自动响应和流程优化，同时加速数据的处理和分析。IBM 宣布的物联网合作伙伴包括了 AT&T、ARM、Semtech 以及气象分析公司 Weather Company 等。目前，IBM 已经协助汽车零件商 Continental、柴油引擎制造厂 Cummins、飞行器发动机制造商 Pratt & Whitney、赛艇厂商 SilverHook Powerboats 等建立了 IoT 应用。

3. 实施物联网发展战略

众多跨国企业发布了各自的物联网发展战略。以华为为例，2015 年华为提出了“1+2+1”物联网战略，即“一个物联网平台、两种接入方式、一个物联网开源操作系统”。该战略旨在解决当前物联网应用中的三个主要问题：一是物联网中对物的管理和感知界面，当前传感接入尚未标准化，难以实现丰富的数据采集和控制；二是物在数字世界中的接入，物联网需要丰富多样的接入技术，满足不同场景需求；三是物联网的服务管理平台，物联网需要统一的运营管理平台，实现海量连接、设备管理和运营管理。

华为还宣布将和合作伙伴共同开发行业物联网应用，如：智能工厂、智能城市的安全监控等；同时，华为发布了其全系列敏捷物联网关三大系列产品，包含工业交换机、工业路由器和 ICT 融合网关。华为 AR 系列物联网关产品，支持 17 种以上的物联网接口和协议，并且能够根据需要动态从敏捷控制器加载协议，实现新协议和私有协议的对接和转换，见表 5.2。

表 5.2 华为“1+2+1”物联网战略

“1+2+1”战略	说明
第一个“1”是指一个平台	建立一个物联网的平台，集中收集、管理、处理数据后向合作伙伴、行业开放，基于该平台行业伙伴可以开发应用
“2”是指利用华为既有的优势	网络接入，包括有线接入和无线接入
最后一个“1”	华为新推出的轻量级开源物联网操作系统 LiteOS 主要用于智能家居、穿戴式设备、车联网、智能抄表、工业互联网等 IoT 领域的智能硬件上，支持数据采集、实时控制

资料来源：华为公司网站

（二）物联网领域并购趋于活跃

伴随着全球物联网市场的快速增长，物联网领域的并购投资也趋于活跃。据统计，2014 年全球物联网并购规模比此前 3 年平均水平扩大了 50% 以上，包括谷歌、思科、三星电子、英特尔等跨国企业均在物联网领域有所投资布局，并购主要集中在智能硬件、无线通信算法模块等方面。

跨国企业一方面通过物联网领域并购进行横向扩展，通过双方技术、产品的创新组合，开发新的市场领域；另一方面通过并购进行产业链上下游纵向整合，形成技术优势互补，完善产品线，实现由单一产品生产转向解决方案提供，或是通过并购合并同类业务，扩大规模，提高企业在特定市场的地位。

前者如英特尔收购德国网络芯片制造企业领特科技（Lantiq）及可编程逻辑芯片（FPGA）企业阿尔特拉（Altera）。收购 Lantiq 后英特尔将其产品线拓展到 DSL、光纤、LTE，以及物联网智能路由器等其他网关设备市场，并将业务触角延伸智能家居、汽车电子、工业互联网和智慧城市等领域。收购 Altera 则增强了英特尔在大型云数据中心及物联网等新领域的竞争力。Altera 的主业是 FPGA，FPGA

具有高度定制化和极高的性能功耗比等特点，能够加速搜索、排序以及字母配对算法，并可编程应对多种应用，已被微软、百度等公司用于其数据中心，成为提升数据中心效能的重要手段，英特尔希望通过将 Altera 纳入旗下，保证其在数据中心市场的绝对领先地位；此外，FPGA 的低功耗、定制化也是物联网芯片市场的核心竞争力，Altera 在物联网相关的智慧城市、工业互联网及生态系统等方面已经具有解决方案和实际的应用，英特尔的传统强项在于 PC 处理器，其在 PC 之后的移动市场并没有优势，而收购 Altera 也有助于英特尔未来进一步拓展物联网市场。

与英特尔相比，Avago 并购博通、恩智浦并购飞思卡尔则主要是基于并购壮大规模、优化产业的目的。而两者各自有着不尽相同的特征。Avago 收购博通更多的是从丰富产品线的角度，实现产业上下游互补型的优化和合作，博通的加入，强化了 Avago 在移动设备、数据中心以及物联网等领域的技术，合并后的新公司将成为全球最大的消费性电子与商用市场通信芯片方案供应商。恩智浦与飞思卡尔之间的产品线交叠更多，则是更典型的同业之间壮大规模的并购，新公司将巩固其在汽车电子、无线射频领域的全球优势地位，见表 5.3。

表 5.3　2014—2015 年上半年全球物联网领域主要并购事件

时间	收购方	收购金额 / 亿美元	被收购企业	备注
2014 年 1 月	谷歌	32	Nest	表明谷歌决心进入物联网智能家居领域
2014 年 3 月	谷歌	未披露	Luxottica Group	收购意大利知名眼镜制造商，进一步完善谷歌眼镜的外观和使用舒适度
2014 年 3 月	英特尔	1	Basis Science	主要产品是腕带，可记录心律、排汗量、运动和睡眠情况，英特尔加快扩张可穿戴市场的实力并能够获得第一手的终端用户体验
2014 年 3 月	微软	1.5	Osterhout 设计集团（ODG）	ODG 服务于军队和政府机构的可穿戴设备开发商，涉及增强现实技术和头戴式设备等
2014 年 4 月	飞兆半导体	0.6	Xsens	Xsens 从事开发传感器融合技术。电源与移动半导体芯片供应商飞兆半导体，通过收购 Xsens 正式涉足物联网市场
2014 年 5 月	Microchip	3.28	中国台湾 ISSC 技术	Microchip 收购 ISSC 为的是获得在蓝牙解决方案方面的无线技术，成为物联网领域中的重要芯片厂商
2014 年 6 月	Nest	5.5	Dropcam	率先推出了面向家庭的新型无线网络协议“Thread”，逐步将大数据与物联网终端设备连接在一起
2014 年 7 月	Facebook	20	Oculus VR	虚拟实境眼镜制造商，Facebook 抢夺穿戴式设备入口位置的重要举措
2014 年 7 月	爱特梅尔（Atmel）	1.4	Newport Media	得到低功耗 WiFi 和蓝牙解决方案两项连接技术，使得 Atmel 能够扩展用于家庭与楼宇自动化设备及消费设备的物联网产品
2014 年 7 月	Invensense	0.81	Movea/Trusted-Positioning	目标是在音频、运动和软件基础上打造内容敏感的平台
2014 年 7 月	Audience	0.41	Sensor Platforms	目的是为了进入声音加运动内容识别领域，向传感器融合中枢控制领域扩张
2014 年 8 月	三星	2	Smart Things	三星拥有众多产品线，还有一个家庭自动化平台。此次收购表明了三星今后的主要发展方向
2014 年 10 月	高通	25	CSR	收购 CSR 的蓝牙技术以及室内定位技术主要用于便携、汽车和可穿戴设备之中，从移动产业向汽车、智能家居和物联网方向扩展

（续表）

时间	收购方	收购金额 / 亿美元	被收购企业	备注
2014 年 11 月	恩智浦（NXP）	未披露	Quintic	NXP 得到可穿戴蓝牙低功耗技术，完善其物联网体系标准
2014 年 11 月	MegaChips	2	SiTime	收购有助于 MegaChips 为客户群和市场提供多样化服务，成为 MEMS 领域的技术领导者
2014 年 12 月	赛普拉斯	约 40	Spansion	实现组合用于物联网的系统芯片技术
2015 年 2 月	英特尔	20	领特科技（Lantiq）	英特尔将其产品线拓展到 DSL、光纤、LTE，以及物联网智能路由器等其他网关设备市场
2015 年 3 月	恩智浦（NXP）	118	飞思卡尔	在 MCU、射频、汽车电子等领域实现优势互补、增强市场主导力
2015 年 5 月	安华高（Avago）	370	博通（Broadcom）	强化 Avago 在移动设备、数据中心以及物联网等领域的技术
2015 年 6 月	英特尔	167	Altera	结合英特尔在微处理器及 Altera 在 FPGA 的优势，拓展大型云数据中心及物联网等市场

资料来源：上海科技情报研究所整理

（三）产业结盟成为趋势，标准化工作稳步推进

随着物联网市场逐渐成熟，物联网的标准化进程也在不断加速。为抢占市场，产业链上下游企业纷纷结成联盟，通过共同制定标准增强竞争力，把握市场话语权。当前比较活跃的有如下产业联盟。

1. AllSeen 产业联盟（AllSeen alliance）

2013 年 12 月，高通、Linux 基金会、LG、夏普、海尔、松下、HTC、Silicon Image、TP-Link 等企业发起成立 AllSeen 产业联盟，当前已有超过 120 家企业加入该联盟，涵盖消费类电子、家电制造、汽车制造以及云服务提供商等。该联盟以高通 AllJoyn 开源架构为基础，旨在建立统一的设备间通信标准，实现不同厂商设备的互联及互操作，并通过建立开放软件架构和 SDK 嵌入软件，方便第三方开发者创新。

2. 开放互联联盟（open interconnect consortium）

2014 年 7 月，英特尔、三星电子、Amtel、博通、戴尔及风河系统等 6 家企业成立开放互联联盟（OIC），旨在推动联网装置之间安全的互通与互操作性。

OIC 联盟的工作目标是定义一个通用的通信框架，制定无线通信设备间的连接标准、开发开源应用、制定认证计划。使设备之间便可以超越硬件平台、通信协议、操作系统的限制，以无线方式实现可靠通信。通信协议计划支持 WiFi、蓝牙、WiFi Direct、Zigbee、Zwave 及 ANT+ 等；操作将支持 iOS、Android、Linux、Tizen 及其他实时操作系统。

OIC 联盟先期主要针对办公和家居应用场景，之后将逐步扩展到汽车、医疗设备及工业设备等领域。

3. 工业互联网联盟（industrial internet consortium）

2014 年 3 月，由 AT&T、思科、通用电气、IBM 和英特尔发起成立工业互联网联盟（IIC），目前成员数量超过 100 家。联盟希望透过采用开放互通标准和通用架构，建立一套工业物联网工程标准，将企业的智能设备、工业机器、人员、流程与数据连接起来，使设备、传感器和网络终端在确保安全的前提下可辨识，可互联，可互操作，并更好地接入大数据，以此实现关键工业领域的更新升

级。2015 年 1 月，IIC 公布了开放源码技术标准 IoTivity 预览版 (IoTivity 0.9.0 版)，IoTivity 工作组将在 Apache License 2.0 之下开放授权。IoTivity 是一个物联网装置、产品及服务开源软件框架，将实现来自不同厂商物联网产品及服务的相通性，标准可以应用于智能家居、汽车、生产自动化与健康医疗等多个行业。IIC 联盟计划建立一系列的测试平台以解决设备的互通性。目前，开放互连联盟与工业物联网联盟已宣布将共组物联网联盟阵线，以建立统一的工业物联网标准，未来双方将透过信息共享加快物联网通用标准制定。

除了公司之间组成联盟设定标准游戏之外，官方标准机构也在进行标准化工作竞争。多个国际标准化组织设立专门的工作组来总体协调和推进物联网标准化，国际电信联盟通信标准化组织（ITU-T）设立了全球物联网标准举措（IoT-GSI）、M2M 焦点组（FG M2M），国际标准组织 / 国际电工委员会（ISO/IEC ）JTC1 设立物联网特设组（SWG5），欧盟提出了 IoT-A 的参考架构，电气电子工程师协会（IEEE）、美国国家标准与技术研究院（NIST）等机构也积极加入开放标准的讨论中。

四、工业物联网发展现状

工业物联网是物联网产业发展的最新趋势，代表着物联网产业发展由个人消费、公共服务领域开始进入到产业应用的新阶段。当前，工业物联网已展现出引发工业生产方式根本性变革的力量，并成为全球制造业竞争的关键所在。

（一）工业物联网概念与特征

工业物联网又称作工业互联网（industrial internet）其概念由通用电气（GE）最先提出，按照 GE 的定义，工业互联网是一个开放、全球化的网络，将人、数据和机器连接起来，工业互联网的目标是升级那些关键的工业领域，即通过平台，网络和数据的开放，引入第三方创新者打造全新的服务和制造业商业模式。与工业物联网类似的概念还有工业 4.0、智能制造、智能工厂、信息物理系统（CPS）等，虽然上述概念有不同的侧重，但均包含了以下共同的特征：互联、集成、数据。

互联是指工业物联网将无处不在的传感器、嵌入式终端、智能控制系统、通信设施等通过信息物理系统（CPS）形成一个智能制造网络，使得不同的设备之间、产品与设备之间以及数字世界和物理世界之间能够互联，将物理设备连接到互联网上，让物理设备具有计算、通信、控制、远程协调和自治等五大功能，从而实现虚拟网络世界与现实物理世界的融合。

集成是指将不同设备提供商、技术方案商、运营商、服务商的产品、服务集成形成完整的工业物联网解决方案，将单机智能设备集成成为智能生产线，进而形成智能车间，最终将不同地域、行业、企业的智能工厂集成一个制造能力无所不在的智能制造系统。实现从企业内部的信息集成向产业链信息集成，从企业内部协同研发体系到企业间的研发网络，从企业内部的供应链管理与企业间的协同供应链管理，从企业内部的价值链重构向企业间的价值链重构。

数据是指在工业物联网时代，随着信息物理系统的推广、智能装备和终端的普及以及各种各样传感器的使用，将会带来无所不在的感知和无所不在的连接，所有的生产装备、感知设备、联网终端，包括生产者本身都在源源不断地产生数据，这些数据将会渗透到企业运营、价值链乃至产品的整个生命周期，最终通过大数据的价值挖掘重新塑造整个产业生态链，并在各个环节激发创新提升效率。

（二）工业物联网影响带动作用

1. 工业物联网对经济增长带动逐渐显现

自从 2011 年德国率先提出“工业 4.0”战略之后，工业 4.0、工业物联网概念受到各主要制造业国家的普遍关注，多个国家、地区相继推出了涉及工业物联网的发展战略，包括：中国大陆的“中国制造 2025”、中国台湾地区的“生产力 4.0”、日本的“工业 4.1J”（Industry 4.1J）、韩国的“制造业创新 3.0”（Industry Innovation 3.0）等，带动工业物联网进一步发展。

根据我国台湾地区资策会（MIC）的预估，2015 年全球智能工厂市场规模可达 179.88 亿美元，较 2014 年 166.95 亿美元增长 7.7%。预计到 2018 年，全球智能工厂市场规模可达 235.29 亿美元，2015—2018 年，全球智能工厂市场规模年增长率可达 7%~11%。GE 公司预测，2025 年全球将有 80% 的制造业引入物联网，见表 5.4。

表 5.4　2030 年工业物联网对国内生产总值（GDP）贡献预测

项目	美国	德国	英国	中国
对 GDP 贡献率 /%	2.3	1.7	1.8	1.3
带动 GDP/ 亿美元	71 000.0	7 000.0	5 310.0	18 000.0

资料来源：Accenture，2015.1

2. 工业物联网推动制造业价值链由硬件制造向云端、数据分析延伸

工业物联网是硬件、云端存储和数据分析处理的结合。传统制造业价值链的重心反映在硬件产品制造上，随着工业物联网的引入，制造业价值链的重心转向工业云平台搭建及对数据的挖掘。工业物联网的发展催生了一种面向工业领域的新型云服务——泛在传感信息的数据集成和分析，以 GE 等为代表的工业技术和服务企业实现跨界发展，开拓出基于工业物联网的新型工业云服务模式。“数据驱动业务发展”的理念逐渐被大部分企业接受，数据成为企业的重要资产，成为制造企业提升效率、优化流程、产品及服务创新等的重要手段。

3. 工业物联网带动制造业模式创新

工业物联网的引入是对传统制造模式的根本性变革，为制造业发展提供了新的应用场景、新的商业模式、新的体验以及新的商业价值。一方面，工业物联网改变了工业大规模流水线的生产方式，转向定制化的规模生产，出现大量个性化生产以及分布式生产。另一方面，通过引入多种工业物联网应用，使制造业产业形态从生产型制造向服务型制造转变。在工业物联网发展过程中，产品制造、销售仍然是商业模式的重要组成部分，但更重要的部分是依托制造设备、过程及产品，展开的增值服务和创新服务。服务型转变拓展了制造业的价值链，引导制造业进入全新的发展阶段。

（三）案例：通用电气工业互联网

1. 通用电气工业互联网实践路径

通用电气是最早提出发展工业互联网的跨国公司之一。2011 年，GE 在硅谷建立了全球软件研发中心，启动了工业互联网的开发。2012 年，GE 正式提出“工业互联网”概念，同年发布的《工业互

联网——冲破思维与机器的边界》报告中，GE 将工业互联网称为继“工业革命”“互联网革命”之后的“第三次”产业创新与变革。2013 年，GE 宣布将在未来 3 年投入 15 亿美元开发工业互联网。2014 年 3 月，GE 与 AT&T、思科、IBM 和英特尔共同发起成立了工业互联网联盟（IIC）。2014 年末，GE 发布了《2015 工业互联网观察报告》，强调了大数据分析在工业互联网中的作用，并且针对虚拟安全、数据孤岛和系统集成等挑战提出了解决思路和行动指南。截至 2014 年底，GE 已推出 24 种工业互联网解决方案，涵盖石油天然气平台监测管理、铁路机车效率分析、医院管理系统、提升风电机组电力输出、电力公司配电系统优化、医疗云影像技术等领域，工业互联网相关收入超 10 亿美元。

目前，GE 的工业互联网主要沿两个方向推进，一是推广其 Predix 平台；二是构建工业互联网的产业生态。

（1）主推 Predix 平台

Predix 平台是 GE 工业互联网解决方案的核心。该平台基于 GE 的资产性能管理系统（APM）开发，APM 系统是 GE 为了提升自身的资产管理绩效而推出的一整套综合了云计算和物联网技术的解决方案，将机器设备等各种工业资产和供应商相互连接并接入云端，提供资产管理和运营优化服务，该系统已在 GE 内部应用多年的。APM 包括：企业资产管理（EAM）、预防性维护（PM）、预见性维护（PdM）、工厂资产管理（PAM）、环境健康和安全（EH&S）等方面。目前，GE 的 APM 系统每天监测和分析来自 1000 万个传感器发回的 5000 万条数据，这些数据涉及资产价值达到万亿美元，最终目标是帮助客户实现 100% 的无故障运行。为了进一步推广其 Predix 平台，GE 还发布了 Predix 应用工厂（App Factory），用于快速开发建模、实现和部署工业互联网应用。GE 已宣布 2015 年向所有企业开放 Predix 平台，帮助各行各业的企业创建和开发自己的工业互联网应用。

（2）积极构建工业互联网产业生态链

为整合服务和提升软件、分析及云能力，推广工业互联网应用，GE 积极推动构建工业互联网产业生态体系。2014 年 3 月 GE 联合思科、IBM 等企业组建了工业互联网联盟。

处理器、网关设备方面，思科和英特尔成为 GE 工业互联网战略的合作伙伴。GE 正与思科紧密合作使其 Predix 平台能够运行在思科的网络产品上，双方合作的第一个的产品是一款支持 Predix 平台的思科路由器，外部经过强化处理，能够经受石油和燃气设施的恶劣工作环境考验。英特尔则帮助 GE 为边缘设备开发了一个参考架构，将英特尔的处理器和 Predix 平台集成起来，在任意设备中嵌入智能联网接口。双方还计划将新的设计提交给通信设备制造企业，使新的联网设备和传感器网络能够支持 Predix 平台。

数据分析方面，GE 与埃森哲已建立全球战略联盟，共同开发技术和分析应用，帮助不同行业企业充分利用业务运营中产生的海量数据。2012 年，双方成立合资公司 Taleris，主要为航空公司提供分析技术，分析飞机零部件和系统可能出现的故障并提供预防措施。

云计算方面，GE 与 Pivotal 技术合作，利用 Pivotal 的 Cloud Foundry 和基于 Hadoop 的技术，联合开发并部署工业互联网解决方案。GE 还与亚马逊网络服务建立战略合作关系，亚马逊网络将成为 GE 部署工业互联网平台的首个云服务提供商。GE 将利用亚马逊网络服务这一强大、可扩展的低成本平台，向客户提供用于工业应用和基础设施的云解决方案。

在网络连接性方面，GE 与软银、Verizon 和沃达丰达成全球联盟，为工业互联网提供优化无线网络连接方案。GE 还与 AT&T 签署了一项联盟协议。根据协议，GE 机器可连接到 AT&T 网络和云端，从而创建出首个“工业互联网”高安全性无线通信系统。用户可使用此系统在几乎世界任何地方远程跟踪、监控、记录和操作 GE 机器设备。此外，GE 还计划将电动车辆充电器、照明、发动机等工业产品开发，融合 AT&T 网络技术、单一全球用户身份模块、设备专业技术、安全和云访问的产品和服务。两家公司还计划在 AT&T Foundry 创新中心展开合作，为 Predix 平台开发 M2M 解决方案，实现对工业机器设备的主动维护和远程控制。

2. 构建 GE 能源互联网解决方案

能源行业是 GE 工业互联网行业应用重点领域之一。GE 能源互联网方案体系架构分为三个模块：一是整个能源互联网的系统集成；二为基础设施支撑层，包括：由 GE 提供的发电、输配电等相关设备，由英特尔、思科等企业提供的能源互联网信息系统所需的软硬件产品，以及由软银、沃达丰等电信运营商提供通信网络支撑；三是能源行业用户，包括：发电环节（传统电厂、风电、光伏），输电环节（主电网、微网），配、售电环节（配售电企业）以及终端用户环节（工商业、居民），见图 5.11。

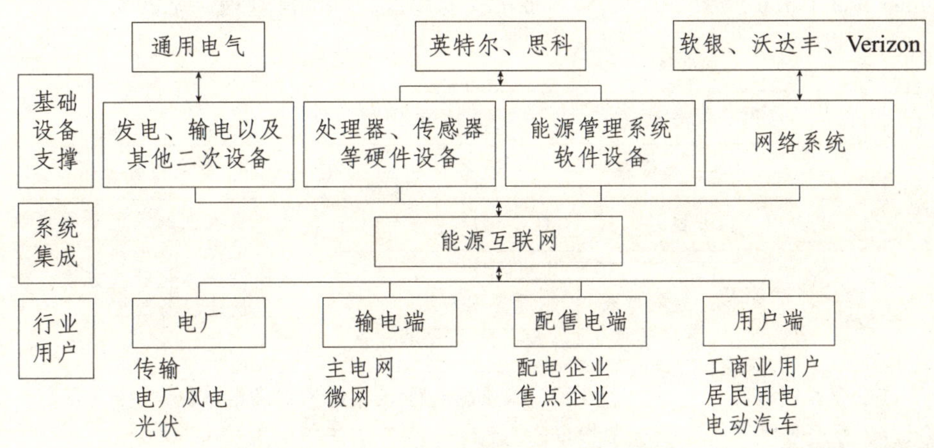

图 5.11 GE 能源互联网架构

资料来源：新能源观察，海通证券研究所

GE 能源互联网主要有两种商业模式：一是提供增值服务，将“发输配用”端的设备相连接构建了能源互联网平台，在“发输配用”环节提供增值服务，实现智能管控、节能减排等；二是提供交易平台，将电力需求方与供给方、电气设备需求方与供给方对接，打造以“电力”以及以“电气设备”为商品的交易平台。

（1）增值服务

发电侧：提供增值服务，提升电厂的效率。具体包括：故障检测及解决，通用电气可对各发电设备实时监测以及运营维护，可提供一系列的故障诊断与解决方案，在故障发生之初进行快速补救反应，提升了设备运行稳定度和发电效率，确保系统正常运行；电厂效率提升及成本降低，通用电气可根据各地区天气状况、电力价格、电网条件等生成区域内的电力需求报告，通过发电机组之间的智能交互，实现调度优化和电厂产能充分利用，对于风、光伏发电可实施智能调控，降低成本。

配售电侧：提供智能电力供需管理。具体包括：提供调度和仪表板功能，可实时监控关键用能单位，协助改善电力系统可视化，提高电力系统资产利用率以及配电网可靠性；用电需求管理系统，可通过智能电表作为流量入口，积累大数据，建立消费者档案、消费特征、电力使用情况，可统计在不同税费、政策的条件下客户的需求响应方案以及合同，可跟踪客户合同、制定能源管理方案。

用电侧：协助用户节约用电量，降低电价。具体包括：GE 节能系统，该系统是建立在智能电表所构建的能源互联网基础之上的，用户通过智能电表时时监控各用电设备，配合先进的电力计量模型，加上动态定价的电力市场形成节能方案，同时以智能电表为流量入口积累大数据，外延至智能家居、智能交通等其他领域，提供附加值。消费者可根据报告来修改他们的能源利用概况，改变用电设备运行模式，实现错峰用电，将高耗能活动推迟到用电低谷；该系统也是未来打造智能工厂、智能家居系统的核心构成。

（2）交易平台

GE 能源互联网解决方案可以提供两个交易平台：电气设备销售平台——数字化能源线上商店（Digital Energy Online Store）实现电气设备定制、咨询等功能；电力以及碳交易平台——电力用户门户网站（Consumer Web Portal）提供电力、碳排放的交易以及合同能源管理，见表 5.12。

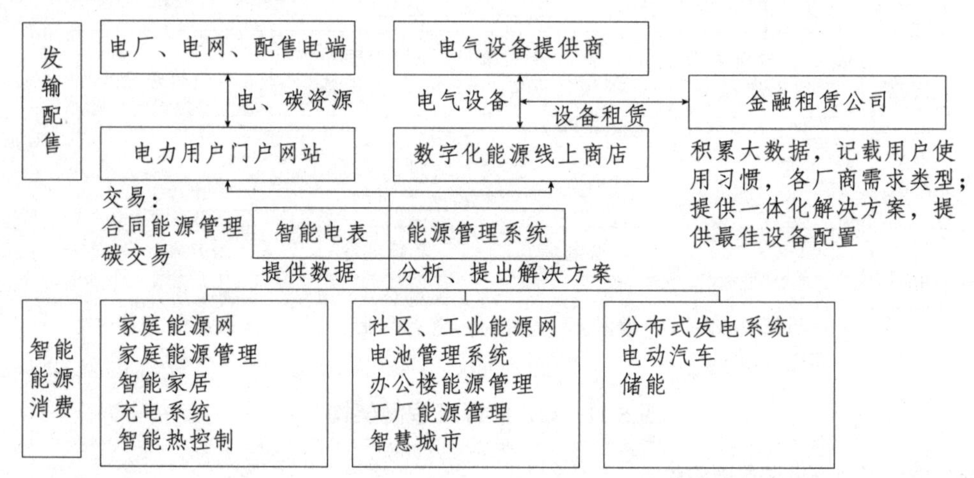

图 5.12　GE 能源互联网交易平台商业模式

资料来源：GE 能源互联网发展规划，海通证券研究所

数字化能源线上商店主要针对电厂和电力设备相关生产企业，可以提供工程咨询、设备定制、金融租赁等服务。数字化能源线上商店连接电气设备制造企业与电厂、电网企业、配电企业以及用电企业，借助于通用电气在电力行业长期经验，平台积累的大量数据（包括用户使用习惯、电厂需求、设备供应商信息），以及大批行业、技术专家，提供设备报价、功能咨询、设计方案、硬件设备 / 软件设备采购等服务；同时该平台还连接通用金融租赁公司提供设备等的金融租赁服务。目前，数字化能源线上商店销售的产品包括输电设备（变压器、保护器等）、居民用电设备（电表等）、工商业用电设备（电表、监测设备），以及能源管理系统、数字能源监控系统等。平台客户包括了卡塔尔石油公司、亚洲航空、E.ON 等企业，2014 年平台完成订单交易额 84 亿美元，其中 72% 为硬件设备销售、28% 为咨询服务以及软件系统。

电力用户门户网站主要针对电厂、输配电企业、电力公司以及个人、企业用户，可以提供电力、碳排放的交易以及合同能源管理等服务。电力用户门户网站连接电厂、输配电企业、企业用户、居民用户，借助于双向智能电表，积累用户用电详细数据，建立用户个人档案，实现发输配端与消费端的互动。输配电端可以根据消费者用电习惯以及发电厂的发电量制定差异化电价，汇总到GE的电力用户门户网站，消费者可以根据自身情况选择相匹配的供电方，同时企业用户可采用电厂直供电模式进行交易。

主要参考文献

[1] TechNavio. Global Sensors Market 2014—2018[R].

[2] TechNavio. Global MEMS Market 2015—2019 [R].

[3] TechNavio. Global Internet of Things IOT Market 2015—2019 [R].

[4] TechNavio. Machine to Machine M2M Market in China 2015—2019 [R].

[5] TechNavio. Global RFID Market 2014—2018 [R].

[6] 工业和信息化部电子科学技术情报研究所. 中国传感器产业发展白皮书 [R]. 2014-10.

[7] CCID. 物联网及传感器产业发展白皮书（2015 版）[R].

[8] WEF. Industrial Internet of Things: Unleashing the Potential of Connected Products and Services [R].

本章撰写：杜渐

第六章 世界生物产业发展动态

作为生命科学与工程技术的整合，现代生物技术发展浪潮已势不可挡。其身影在医学、农业、材料、信息、化学等各个学科领域都随处可见，产业化程度日益提高。本章在分析世界生物产业总体发展态势的基础上，跟踪生物医药、生物农业、生物能源等重点领域和美国、欧洲、中国等地发展动向，最后对抗肿瘤药物这一热门产品的现状与趋势展开剖析。

一、世界生物产业总体发展态势

1. 生物产业市场总体规模稳步持续增长

据 MarketLine 咨询公司的 2015 年年度行业报告显示，2014 年全球生物技术产业市场规模达到 3231 亿美元，较 2013 年增长了 4.7%，2010 年至 2014 年的复合年均增长率达到 7.2%（图 6.1）。据报告预测，到 2019 年，全球生物技术产业市场将达到 4273 亿美元，较 2014 年增长 32.2%。2014 年，生物医药 / 保健仍是全球生物技术产业最大的行业，占 59.1%。此外，食品与农业、服务提供、环境与工业处理以及技术服务分别占 12.8%、11.4%、8.6% 和 8.2%。从区域来看，美洲仍占有最大份额，达到 44.5%，随后欧洲、亚太和中东 / 非洲地区分别占 28.8%、24% 和 2.6%。生物产业整体快速增长的同时，也吸引了更多的新参与者。

据安永会计师事务所（Ernst & Young）2014 年生物技术产业年报显示，生物技术产业在 2013 年强劲回升，全球（统计范围包括美国、加拿大、欧洲和澳大利亚）共有上市生物技术公司 616 家，员工 17.9 万人，同比增长 2% 和 8%；总收入 988 亿美元，同比增长 10%；研发投入 291 亿美元，同比增长 14%；市值达到 7918 亿美元，同比增长了 65%。上市公司实现了两位数的收入增长，融资规模急剧上升。医疗产品的成功提高了公司收入，进而吸引了投资者和大公司研发投资增加。尽管整体业绩表现强劲，但大多数生物技术公司仍处于资源有限的环境中，面临日益增长的高效研发的需求。

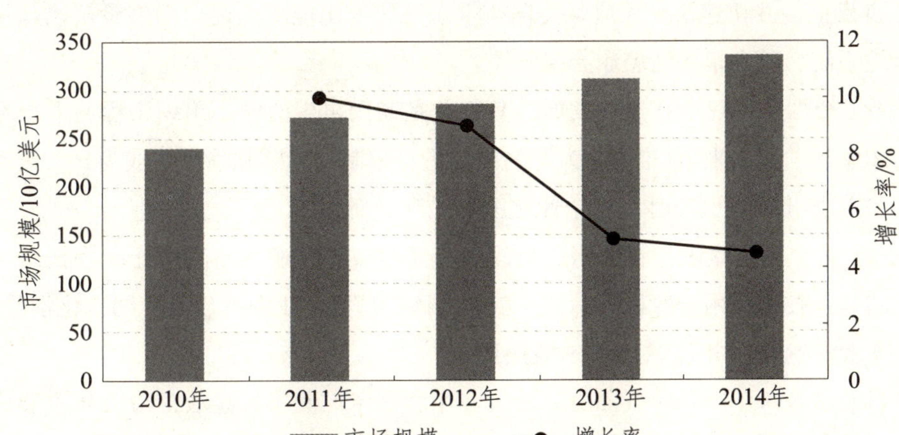

图 6.1　2010—2014 年全球生物技术市场规模

说明：2014 年为估计值
资料来源：MarketLine

2. 新技术成为生物产业发展的重要驱动力

在各国政府、企业和科学家的共同努力下，生物技术发展日新月异，新兴技术层出不穷，以下技术被认为是生命科学研发的重要驱动力，并有望助推生物技术进入全新领域。这些技术包括大数据、临床组学、应对病毒的技术、表观遗传学、肿瘤免疫学、纳米药物、个性化医疗和合成生物学等。

大数据：大数据催生大生物学，生物统计学家和生物信息学专家正在解决难题，并开发复杂的解决方案来处理海量信息。如此大量的数据在医疗保健领域尤为有用，因为药物研究者必须在设计实验时充分考虑人群的变异性。大数据分析的复杂性也是源于对于不同类型信息的整合，如源自基因组、蛋白组、细胞信号转导、临床研究，甚至环境科学研究的数据。

临床组学：基因组学技术、新一代测序技术和生物标志物研究正逐渐从基于研究的实验室工作中走出，进入临床应用的舞台。美国政府将用数亿美元积极推动基因组学向临床医学的转化，探索基因组学的新前沿，其他各国政府也积极跟进。

应对病毒的技术：随着埃博拉病毒、中东呼吸综合征病毒（MERS）、新型禽流感病毒的爆发，相应药物和诊断技术的研发也明显加速，诊断和治疗公司获得了一个巨大的机会来对付这些新兴的病毒。

表观遗传学：表观遗传学是研究基因的核苷酸序列不发生改变的情况下，基因表达的可遗传的变化的一门遗传学分支学科。表观遗传学有望回答许多基因不能回答的遗传问题，未来五年的市场价值有望超过 7.83 亿美元。

肿瘤免疫学：肿瘤免疫治疗由于其卓越的疗效和创新性，在 2013 年被《科学》杂志评为年度最重要的科学突破。肿瘤免疫治疗有望成为继手术，化疗，放疗，靶向治疗之后，肿瘤治疗领域的一场革新。许多业界人士都认为这一疗法将成为人类对抗癌症病魔最有力的武器之一，各大制药公司纷纷加大投入。例如，辉瑞斥资近 30 亿美元与德国默克公司达成协议，共同开发 PD-L1 抗体，以治疗多种癌症，帮助人体免疫系统对抗癌症。

纳米药物：纳米药物治疗让少量的药物靶定身体的特定部位。纳米药物的剂量小，其目标是降低成本、减少不良反应，并快速治疗疾病。美国科学家已研发出能安全运送高剂量抗癌药物直接抵达癌细胞的纳米运输系统，可大幅提高癌症治疗效果。

个性化医疗：个性化医疗正在迅速发展，其特点是使用再生医学、组织工程、干细胞、基因组医学和药物基因组学等。在未来 10 年内，为每名患者量身定制的诊断和治疗将成为日常医疗实践的一部分。2015 年，美国推出精准医疗计划将个性化医疗提升到新高度。

合成生物学：合成生物学家正在对猪进行改造，通过改变其遗传密码而让动物长出人类的肺，供移植使用，并将这一技术应用于生物燃料、疫苗和抗体、植物、工业酶以及生物基化学品的开发。

3. 生物技术投融资和并购掀起新一轮热潮

据安永会计师事务所（Ernst & Young）2014 年生物技术产业年报显示，2013 年主要成熟市场（北美与欧洲）生物技术领域募集资金为 315.6 亿美元。其中，债券融资达到 128.2 亿美元；增发融资为 93.9 亿美元；风险投资额为 58.3 亿美元；首次公开募股（IPO）募集资金为 9.4 亿美元（表 6.1）。Burrill 公司的报告指出，2014 年前 9 个月，生物技术并购活动的交易额达到 2315 亿美元，而 2013 年为 1318 亿美元。Biopharm Insight 分析认为，随着医疗保健公司和机构考虑到平价医疗法案的影响、经济复苏，以及对资本和技术改善的需求，许多实体将并购作为一种手段，来增强资源。

普华永道公司和美国风险投资协会对 2014 年投放在生命科学领域的资金进行了评估，发现 2014 年进入该领域的风险投资金额达到了 86 亿美元，仅次于 2007 年。其中在生物技术产业领域投资金额达到了 60 亿美元，比 2013 年上升了 29% 之多。而作为美国传统的生命科学中心，旧金山湾区和波士顿都吸引了数目巨大的风投资金。同样以第四季度为例，波士顿在这三个月中达成了 32 项投资案，资金总额达到了 9.59 亿美元。其中 9.28 亿美元的资金流入生物技术类公司，剩余的 3100 万美元则用于支持医疗器械类公司的发展；旧金山湾区则以 8.39 亿美元的成绩屈居第二。

表 6.1 2003—2013 年来北美与欧洲地区生物技术募集资金情况 单位：100 万美元

项目	2003 年	2004 年	2005 年	2006 年	2007 年	2008 年	2009 年	2010 年	2011 年	2012 年	2013 年
首次公开募股	484	2 104	1 900	1 995	2 267	116	840	1 324	858	880	3 521
增发及其他	6 043	7 265	7 141	10 875	9 657	4 336	9 859	6 347	6 316	7 930	9 389
债券	7 296	6 347	6 050	9 702	10 574	5 785	5 605	12 011	20 462	14 349	12 822
风险投资	4 236	5 719	6 035	6 229	8 150	6 220	5 913	5 879	5 816	5 547	5 829
合计	18 058	21 435	21 126	28 802	30 648	16 456	22 217	25 560	33 452	28 706	31 562

资料来源：Ernst & Young

4. 创新竞争不断加剧，促成新型合作模式

过去几十年间，医疗科技行业一直走在科技创新的前沿，目前整个医疗行业正在经历翻天覆地的变化，创新投资的回报率在传统医疗技术公司中不断下降。在最新的医疗经济学中，创新在医疗科技行业中被重新定义，并且其价值核心和便捷性受到更多关注。根据普华永道的最新报告，医疗科技公司需要通过持续不断的创新，才能在新的市场环境中保持竞争力。很多非医疗行业的公司正在为进入医疗科技行业进行大量的创新投资，许多来自通信、家用电子产品的公司都已经进入医疗科技领域，开展了实质性的业务，见表6.2。对于医疗科技公司来说，从产品技术到商业模式都离不开创新，两者的创新结合也将为企业注入新的生命力。企业需要快速更新现有的产品和服务组合，并创造更多具独特卖点的明星产品。

表6.2　跨界医疗与信息技术行业的著名公司

公司	进入时间	提供的服务／产品	主要业务策略与行动
三星	2013年	NeuroLogica	三星通过可移动CT（computed tomography）扫描仪软件扩大其医学影像业务，该扫描软件可加载在移动设备上使用户跟踪营养、运动及体重
	2012年	S Health	
Verizon	2013年	综合健康管理	FDA 510（K）批准了远程健康监护解决方案，此方案将病人在医疗设备上的数据定时连接到Verizon云端，使病人与临床医生随时能获取信息
AT&T	2012年	远程病人监护（RPM）	配置蓝牙的设备连接计量生物数据，并且将病人信息转给指定的临床医生或者看护人员
佳能	2013年	医疗保健光学	马萨诸塞州研发中心就机器人协助手术、心血管疾病发现、脑成像以及微型内窥镜检查工具做重点研究
高通生命	2011年	连通平台	无线健康解决方案整合集中不同设备、应用程序及服务中的病人数据
锐步MC10	2013年	智能帽	附传感器的可携带式设备，可以检测对抗较强的体育活动中的头部外伤严重程度
Verizon与摩托罗拉	2013年	VML 700 LTE车调节器	采用威瑞森4G LTE网络的摩托罗拉调制解调器，可以安全访问病人数据系统，并当救护车还在路上时将重要数据或视频传送至医院
索尼与奥林巴斯	2013年	索尼奥林巴斯医疗解决方案	结合索尼在数位成像上的经验与奥林巴斯镜片制造上的成熟技术来共同制造医疗设备
富士康	2015年	销售放疗设备	富士康与美国医疗设备制造商Varian Medical Systems谈判，共同开拓医疗市场。Varian主要生产放射治疗、放射外科和近距离放射治疗设备及相关软件，最终富士康希望获得在中国销售放疗设备的许可权
	2014年	无限可穿戴医疗设备的传感器和电池	富士康入股美国医疗设备初创Sotera Wireless，为Sotera医疗设备制造传感器和电池。Sotera主要制造无线可穿戴设备，这些设备可以监测血糖等生命特征
阿里巴巴	2015年	阿里健康	阿里巴巴集团将转让天猫在线医药业务的营运权给予阿里健康，以换取阿里健康新发行的股份和可转股债券
腾讯	2015年	“腾爱·糖大夫”智能血糖仪	腾讯推出首款智能医疗设备，将传统的血糖仪与微信结合。帮助糖尿病人更好地对自己的血糖进行管理。这款产品可以定时自动提醒测血糖，绑定微信后自动记录数据并生成图表，针对每个人情况制定专门的饮食和运动计划等等功能

资料来源：普华永道2013年医疗科技创新调查报告

生物科技公司、大型制药企业、政府监管部门、医疗保险公司、患者福利组织、学术专家、行业研究机构，所有参与者都应该意识到药物研发是一个整体，作为整体，它超越了各个部分的局部诉求，需要各个部分紧密协作。而合作的前提就是建立一种开源合作模式，让新药研发所需的人力、物力资源都能以一个清晰的结构聚拢，从而让整个研发体系也变得清晰、高效。例如，2015年强生（JNJ）旗下杨森研发（JRD）宣布推出3个新的研究平台，专注于疾病预防、疾病拦截和微生物组，推动科技创新，并以变革性的医疗创新，重新定义医疗保健，新的团队将与五大治疗领域（心血管和代谢性疾病、免疫学、传染病和疫苗、神经科学、肿瘤学）及外部合作伙伴紧密合作，以支持正在开展的科学研究，推进极具潜力的领域中的科学知识，改变当前疾病的管理方式。

二、生物产业重点领域发展动态

（一）生物医药

1. 处方药

据全球知名市场调研公司 GlobalData 发布的《2014 年全球处方药销售 TOP25 制药巨头》榜单（该排名是根据各大药企在全球药品市场的处方药，包括仿制药的销售数据），瑞士制药巨头诺华（Novartis）超越过去 10 来年稳居第一的美国制药巨头辉瑞（Pfizer）问鼎榜首，见表 6.3。近年来，诺华明确提出了多元化运作模式，通过多次并购不断壮大旗下业务，如眼科护理单元爱尔康（目标是全球领先的眼科集团），并在横跨多个治疗领域建立起强大的药物管线，这些措施成功化解了年销 60 亿美元的高血压重磅药物代文（Diovan，缬沙坦）专利悬崖的巨大冲击。

辉瑞尽管位居第二，但在降脂药立普妥（Lipitor，阿托伐他汀）2012 年遭遇专利悬崖后，已采取各种手段控制成本，在 2014 年成功实现强势复苏。所采取的手段包括出售旗下动物保健部门 Zoetis、收购生物仿制药公司 Hospira 以及更加专注于新的药物，尤其是肿瘤学业务，该业务正给辉瑞带来强劲而稳定的收入流。而立普妥在巅峰时年销售额达 130 亿美元，在 2014 年的销售额仅为 28 亿美元。

吉利德（Gilead）在榜单中最为耀眼，该公司 2014 年从以往的 20 名之后强势挤进前 10 名，排在第 9 的位置。这几乎完全归功于丙肝明星药物（Sovaldi，索非布韦）巨大的商业成功，该药在 2014 年的销售额超过 100 亿美元，是全球第二畅销药，地位仅次于艾伯维（AbbVie）的修美乐（Humira，阿达木单抗）。与 2013 年相比，吉利德在 2014 年实现销售增幅高达 127%，从 108 亿美元增长至 244 亿美元。该公司推出的丙肝鸡尾酒 Harvoni 预计在 2015 年的销售成绩比 Sovaldi 还要好，这也意味着吉利德在 2015 年预计将继续实现销售大幅增长。

葛兰素史克在 2012 年因非法营销和隐瞒安全数据被美国食品与药品管理局（FDA）罚款 30 亿美元，创下最高医药罚款记录。而在 2014 年，又因采取行贿销售谋取不正当利益被中国美国食品与药品管理局（CFDA）罚款 5 亿美元，这些事件对该公司在中美市场的声誉和药品销售带来了沉重打击。另外，葛兰素史克在 2014 年与诺华进行了总额 200 亿美元的资产置换，将旗下肿瘤学单元出售给了诺华。

英国第二大制药巨头阿斯利康（AZN）在 2014 年拒绝了来自辉瑞高达 1180 亿美元的敌意收购，并明确表明了独立发展的意愿。近年来，该公司几乎每个月都与生物技术公司和学术界达成新的合作伙伴关系，不断扩充药物管线。未来几年，阿斯利康预计仍将保持在榜单前 10 名的位置。

礼来受制于相对薄弱的药物管线，同时主要产品面临专利悬崖，2014 年销售额较上一年跌幅达 18%。该公司重磅精神分裂症药物再普乐（Zyprexa，奥氮平）在颠覆时期的年销售额达 25 亿美元，但在 2012 年专利到期后销售呈断崖式下跌，未来几年的发展形势也不容乐观。

表 6.3 2014 年全球处方药销售排名前 25 位的制药企业

排名	公司名称	2014 年销售收入 / 亿美元	2013 年销售收入 / 亿美元	销售收入变化 / 亿美元	增长率 /%
1	诺华	471.01	474.68	−3.67	−1
2	辉瑞	457.08	478.78	−21.70	−5
3	罗氏	391.20	391.63	−0.43	0
4	赛诺菲	364.37	371.24	−6.87	−2
5	默沙东	360.42	374.37	−13.95	−4
6	强生	323.13	281.25	41.88	15
7	葛兰素史克	295.80	333.30	−37.50	−11
8	阿斯利康	260.95	257.11	3.84	1
9	吉利德	244.74	108.04	136.70	127
10	武田	204.46	191.58	12.88	7
11	艾伯维	202.07	187.90	14.17	8
12	安进	193.27	181.92	11.35	6
13	梯瓦	183.74	183.08	0.66	0
14	礼来	172.66	209.62	−36.96	−18
15	百时美施贵宝	158.79	163.85	−5.06	−3
16	拜耳	154.86	148.54	6.32	4
17	诺和诺德	153.29	148.77	4.52	3
18	安斯泰来	140.99	135.08	5.91	4
19	勃林格殷格翰	138.30	157.89	−19.59	−12
20	阿特维斯	130.62	86.78	43.84	51
21	大冢	113.08	112.26	0.82	1
22	第一三共	104.30	120.67	−16.37	−14
23	百健	93.98	66.68	27.3	41
24	百特	88.31	83.47	4.84	6
25	默克	76.78	83.99	−7.21	−9

资料来源：GlobalData

2. 生物制剂

据全球知名市场调研公司 GlobalData 发布的“2014 年全球生物制剂销售 TOP15 制药巨头榜单”（该排名是根据各大药企在全球药品市场中生物制剂处方药，包括仿制药的销售数据），肿瘤学巨头罗氏（Roche）一如既往雄霸榜首，该公司上市的血液肿瘤和自身免疫性疾病治疗药物美罗华（MabThera，通用名：rituximab，利妥昔单抗）和结直肠癌、乳腺癌、肺癌、卵巢癌、肾癌药物安维汀（Avastin，通用名：bevacizumab，贝伐单抗）在 2014 年的全球合并销售额高达 139 亿美元。此外，罗氏 2014 年在横跨所有药物管线都表现出强劲的销售，如乳腺癌药物赫赛汀（Herceptin，通用名：trastuzumab，曲妥珠单抗）2014 年销售额达 62.7 亿美元，眼科药物 Lucentis（ranibizumab，兰尼单抗）和肺癌药物 Tarveca（erlotinib）的合并销售额也达到了 31.3 亿美元，见表 6.4。

从 2013 年起，生物技术巨头安进（Amgen）、抗糖尿病药巨头诺和诺德（Novo Nordisk）、生物技术巨头艾伯维（AbbVIE）及法国制药巨头赛诺菲（Sanofi）一直保持在榜单前 5 的位置。在生物制品收入方面，诺和诺德和赛诺菲主要依赖于胰岛素产品，安进则主要依赖于骨质疏松症药物 Prolia（denosumab，地诺单抗）和化疗不良反应治疗药物 Neulasta（pegfilgrastim，非格司亭）。而艾伯维几乎完全依赖于自身免疫性疾病治疗药物修美乐（Humira，通用名：adalimumab，阿达木单抗），该药是全球最畅销的药物，2014 年全球销售额高达 130 亿美元。

然而，GlobalData 预计，未来几年，随着生物仿制药陆续登陆欧美市场，从 2016 年起，各大巨头在榜单中的排名注定将发生大的变化。目前，针对强生 / 默沙东的单抗药物 Remicade（infliximab）的数种仿制药已获欧盟批准，而艾伯维的修美乐（Humira）和赛诺菲的来得时（Lantus）也即将面临生物仿制药威胁。

表 6.4　2014 年全球生物制剂销售排名前 15 位的制药企业

排名	公司名称	2014 年销售收入 / 亿美元	2013 年销售收入 / 亿美元	销售收入变化 / 亿美元	增长率 /%
1	罗氏	300.96	291.74	9.22	3
2	安进	176.29	167.84	8.45	5
3	诺和诺德	141.92	132.59	9.33	7
4	艾伯维	138.94	118.98	19.96	17
5	赛诺菲	138.73	126.85	11.88	9
6	强生	113.80	104.73	9.07	9
7	辉瑞	113.45	107.39	6.06	6
8	默沙东	92.11	89.32	2.79	3
9	礼来	65.07	61.28	3.79	6
10	百健	63.47	56.58	6.89	12
11	默克	46.37	45.85	0.52	1
12	葛兰素史克	40.02	47.85	−7.83	−16
13	百时美施贵宝	37.39	31.26	6.13	20
14	诺华	36.68	33.65	3.03	9
15	拜耳	34.53	33.06	1.47	4

资料来源：GlobalData

3. 仿制药

MarketLine《全球仿制药报告》显示，2014 年全球仿制药市场规模达到 2329 亿美元，较上年增长 6.9%（图 6.2），仿制药占全球药物市场的份额也逐年上升，2014 年达到了 83.7%。从区域来看，美洲的仿制药占到全球市场的 40.2%，亚太地区占到 35.7%，欧洲占到 21.9%，中东和非洲占到 2.3%。据报告预测，2019 年全球仿制药市场将达到 3284 亿美元，较 2014 年增长 41%，复合年均增长率达到 7.1%。

Frost & Sullivan 公司预计，生物仿制药的市场规模将从 2013 年的 12 亿美元增长到 2019 年的 230 亿美元。当前生物仿制药市场仍处于起步阶段，而围绕生物仿制药的专利问题及监管途径仍存在许多争议点。这也意味着针对这些主要品牌药的生物仿制药，在全球主要市场的上市可能会延迟。然而，一旦初期阶段的问题得到解决，生物仿制药将大量充斥市场，价格方面预计将低于品牌药 20%~30%。

诺华旗下的仿制药公司山德士（Sandoz）是全球排名第一的生物仿制药公司。该公司的生物仿制药年销售额大约为 5 亿美元，并且正在以每年 20% 左右的速度持续增长。随着很多高价抗体药物失去专利保护，2017—2019 年将有大量生物仿制药上市。这些高价的抗体药不少是所属公司的最畅销产品。另一些公司，比如以色列公司梯瓦（Teva）和韩国公司 Celltrion 正在加速开发一些重磅癌症药和自身免疫药的生物仿制药，以期在这些药物专利过期前获得批准。

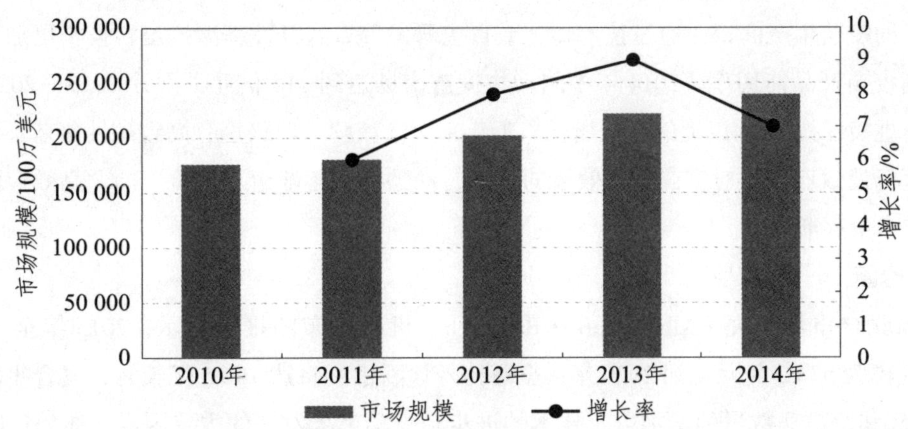

图 6.2　2010—2014 年全球仿制药市场规模

说明：2014 年为估计值
资料来源：MarketLine

经过数年的争论，美国食品药品管理局在 2015 年准备允许更廉价的生物仿制药替代复杂且昂贵的生物制剂，治疗诸如癌症及自身免疫病。FDA 顾问团一致认为应该接受瑞士药业巨头诺华（Novartis）旗下非专利药品公司山德士公司（Sandoz）生产的生物仿制药，来替代安进公司（Amgen）生产的 filgrastim（Neupogen），以激发正在接受癌症治疗的病人的免疫力。美国的首种生物仿制药即将上市，这具有突破性的意义。

4. 新型疫苗

世界卫生组织（WHO）调查显示，目前世界上已有可预防 26 种传染病的疫苗产品，预防细菌性疾病包括霍乱、百日咳、白喉、伤寒、B 型流感嗜血杆菌感染、脑膜炎球菌感染、肺炎球菌感染、破伤风、肺结核等，病毒性疾病包括日本脑炎、黄热病、流感（季节性流感、大流行流感）、甲肝、乙肝、腮腺炎、脊髓灰质炎、狂犬病、麻疹、风疹、天花等。疫苗每年能够拯救近 600 万人的生命。从卫生经济学的角度考虑，使用疫苗的成本效益比为 1：2~1：27，即每投资 1 元疫苗接种，可节约 2~27 元的卫生经费。

目前全球疫苗市场规模在 300 亿美元左右，2005—2009 年，疫苗行业复合增长率高达 25.5%，但 2009—2014 年下降至 10% 左右。随着全球范围内疫情频发，各国政府和民众的预防意识逐步提高，疫苗市场依然具有十分广阔的发展空间。Evaluate Pharma 预计，到 2020 年，全球疫苗行业将以 7% 的速度增长。赛诺菲和赛诺菲巴斯德 MSD 将成为世界第一大疫苗公司，销售额将达 88 亿美元，占到 21.3% 的市场份额。辉瑞将以每年 10% 的增长率迅速增长，主要得益于 Prevnar13 的销售，预计该疫苗 2020 年销售额将达到 60 亿美元。

新型重磅疫苗将是未来全球疫苗市场发展的重要增长动力，如辉瑞公司的肺炎结合疫苗 Prevnar7/13，2014 年销售额达到 44.64 亿美元，同比增长 12.3%，成为世界上单品牌销售额最高的疫苗产品。而葛兰素史克公司于 2009 年推出的 10 价结合疫苗 Synflorix，2014 年销售额达到 3.98 亿英镑。

新兴市场免疫重视性的提高，也促进了本地生产商研发新型高端疫苗的信心。印度、中国、巴西、南非及墨西哥的疫苗生产商都在通过技术转让或自主研发等方式开发新型疫苗，投资更加先进的制造技术，并提高疫苗产品使用率。2014 年中国动物疫苗市场达到 115 亿元，预计 2015—2020 年，中国动物疫苗市场规模保持 15% 以上的高速增长。近年来，禽流感、口蹄疫、高致病性猪蓝耳病、猪瘟等动物疫情的流行使政府提高对疫苗免疫效果的重视，动物疫苗逐渐由“低价”向“高效”转变，动物疫苗生产的技术也逐渐升级。

5. 检测诊断

根据美国联合市场研究（Allied Market Research）机构发布的报告显示，2013 年全球体外诊断（IVD）市场规模为 533.2 美元，到 2020 年，全球体外诊断市场将达 746.5 亿美元，复合年均增长率为 5.34%。慢性病和感染病数量的增加以及技术的进步是驱动市场发展的主要因素。体外诊断市场按区域分主要包括北美、欧洲、亚太以及其他地区，其中北美地区占据最大的市场份额。此外，对先进诊断设备需求的增加以及医疗保健方面消费能力的增长促使亚太地区成为体外诊断市场增长最快的区域，有望在 2020 年创造最高的收入。体外诊断市场的领头公司包括：Alere、Arkray、Biomerieux、Danaher Corporation、罗氏、Becton Dickinson And Company（碧迪）和 Bio-Rad Laboratories（伯乐）、雅培、拜耳、Arkray Inc.、Sysmex、强生、西门子。

据波士顿咨询公司（BCG）报告显示全球体外诊断产品成熟领域如免疫检测、生化检测等增长已经放缓，仅为 3%~4%。新兴领域如分子诊断、组织学等增长迅速，复合年均增长率达到 8%~9%。全球范围内，无论从美国食品药品监督管理局审批通过的产品清单，还是从风险资本投资额来看，分子诊断和基因检测都是增长最快的领域之一。未来，全球市场的研发创新也将逐渐转向这两大领域。从检测物角度来说，单细胞分析、干细胞生物学、基因组学和蛋白质组学、实时分析、微生物组生物学等技术将更多应用于新的产品中；从技术角度来说，多路检测、纳米技术、敏感性提升、微型化、分辨度更高、无标记检测等有望推动未来增长；就未来体外诊断的增长平台来说，遗传学测序、聚合酶链式反应（PCR）、基因测序、下一代肿瘤诊断、细胞分选与单细胞分析、多路检测平台等将是主要趋势。

虽然创新技术发展强劲，但传统体外诊断市场还是存在机遇。随着创新技术的强劲发展，体外诊断迎来了黄金发展期，虽然新技术发展一片利好，一些非分子诊断企业仍成功地创造价值，主要在一些专业化的小众市场。比如，日本希森美康公司在小众市场拥有顶尖技术，公司的血液分析仪技术领先市场一至两代；意大利索灵公司销售额及利润率增长完全由维生素 D 检测推动，维生素 D 测定在临床试验中非常普遍；德国 Biotest 公司出售了分子诊断业务，转而重点发展极具增长前景的注血浆蛋白类检测。

中国体外诊断产品市场过去几年一直保持高速增长，2013 年市场规模为 34 亿美元（按出厂价计算），预计未来仍会保持快速增长，2013 年到 2018 年复合年均增长率在 16% 左右。成熟领域如免疫检测、生化检测等仍占 2/3 左右的市场份额。免疫化学发光产品和分子诊断将会是未来中国市场增长的最大动力。

（二）生物农业

巨大的经济和环境效益是转基因技术在较短的时间内被众多国家的农民所采用的主要原因。据国际农业生物技术应用服务组织（ISAAA）报告显示，2014 年，28 个国家的 1800 万农民种植了 1.815 亿公顷的转基因作物，比 2013 年增长了 630 万公顷，见图 6.3。2014 年共有 28 个国家种植转基因作物，孟加拉国是新成员。美国继续以 7310 万公顷的种植面积领先全球，种植面积比 2013 年增加了 300 万公顷，即 4% 的增长率。中国在 2014 年种植 390 万公顷转基因作物，其中主要为抗虫棉，2014 年转基因棉花在中国的采用率从 90% 提高到 93%，而抗病毒木瓜的种植面积增加了大约 50%，见表 6.5。

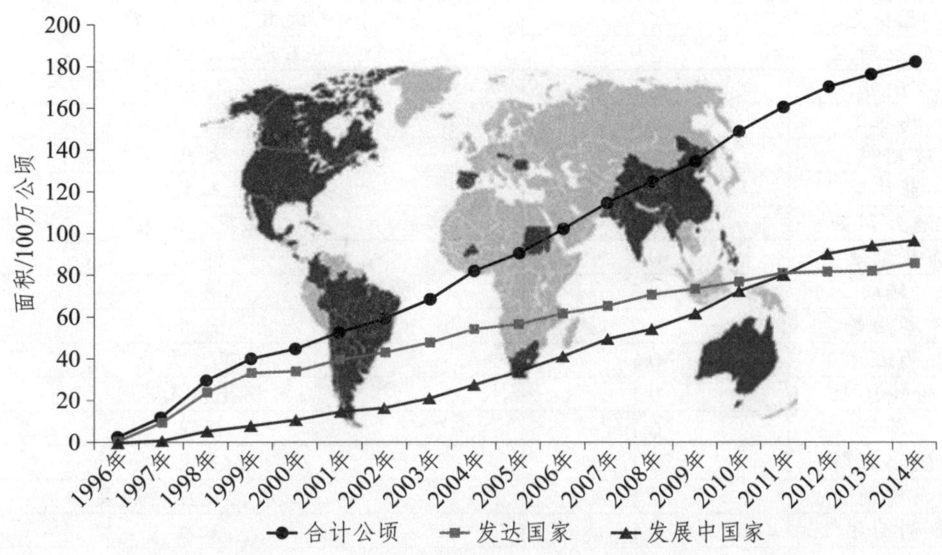

图 6.3　1996—2014 年全球生物技术农作物种植面积发展趋势

说明：图中深色区域为 28 个生物技术农业国
资料来源：国际农业生物技术应用服务组织（ISAAA）

国家层面，美国在转基因技术领域处于绝对领先地位，虽然我国近年来在专利申请量方面有了跳跃式的增长，但是在转基因核心技术的专利上仍有不少差距，主要表现在拥有自主知识产权的基因不多，种子产品的相关专利少。

机构层面，以先锋、孟山都、拜耳、巴斯夫、先正达和陶氏等为代表的跨国企业在全球专利布局上的领先态势明显，商业化转基因种子及性状产品的专利技术大都掌握在这些企业手中，其专利数量占到总数量的 1/3 左右，相对集中和垄断了全球转基因农作物种植，种子产品、基因遗传工程和改良基因型方法方面的专利研究是这些企业重点关注的领域，同时这些核心竞争机构在转基因作物相关的农药和除草剂方面也有专利布局。

技术研发层面，目前各国主要是研究具备特定功能的基因片段和含有这些功能基因的转基因植物品种，以及用于植物的基因重组技术等，中国和韩国对转基因检测方面关注度较高，而欧洲则偏重转基因作物农药方面的研究。转基因农作物多肽方面专利增多，未来转基因作物的趋势将朝着改变农作物营养性状的方向发展，改善食品质量，这将是第二代转基因作物研发的重点。从技术热点角度看，转基因玉米和大豆是农作物中主要研究对象，利用转基因途径提高植物非生物胁迫耐受性的专利主要涉及抗虫、抗除草剂、干旱、洪涝和盐碱等方面。

表 6.5　2014 年全球生物技术农作物种植国家

排名	国家	种植面积 /100 万公顷	转基因作物
1	美国	73.1	玉米、大豆、棉花，油菜、甜菜、苜蓿、木瓜、南瓜
2	巴西	42.2	大豆、玉米、棉花
3	阿根廷	24.3	大豆、玉米、棉花
4	印度	11.6	棉花
5	加拿大	11.6	油菜、玉米，大豆、甜菜
6	中国	3.9	棉花、木瓜、白杨、番茄、甜椒
7	巴拉圭	3.9	大豆、玉米、棉花
8	巴基斯坦	2.9	玉米、大豆、棉花
9	南非	2.7	棉花
10	乌拉圭	1.6	大豆、玉米
11	玻利维亚	1.0	大豆
12	菲律宾	0.8	玉米
13	澳大利亚	0.5	棉花、油菜
14	布基纳法索	0.5	棉花
15	缅甸	0.3	棉花
16	墨西哥	0.2	玉米
17	西班牙	0.1	棉花、大豆
18	哥伦比亚	0.1	棉花、玉米
19	苏丹	0.1	棉花
20	洪都拉斯	＜ 0.1	玉米
21	智利	＜ 0.1	玉米、大豆、油菜
22	葡萄牙	＜ 0.1	玉米
23	古巴	＜ 0.1	玉米
24	捷克	＜ 0.1	玉米
25	罗马尼亚	＜ 0.1	玉米
26	斯洛伐克	＜ 0.1	玉米
27	哥斯达黎加	＜ 0.1	棉花、大豆
28	孟加拉	＜ 0.1	茄子
	总计	181.5	

资料来源：国际农业生物技术应用服务组织（ISAAA）

（三）生物能源

据国际能源署《2014 可再生能源中期市场发展报告》，预计到 2020 年，生物质能源在交通领域的应用以及可再生能源供热、制冷应用将缓慢增长。到 2018 年，世界生物柴油产量预计将 330 亿升，比 2013 年的预测高出 6 亿升，这一增长动力主要来自非经合组织（OECD）成员国的亚洲国家。全球可再生能源供热（包括传统生物质燃料）到 2020 年预计将达到 49.7 艾焦 [1]，每年的增长率为 1% 左右。以此同时，由于城镇化和现代供能手段的发展，传统生物质能源的使用量在大多数非经合组织国家中将大幅减少，新型可再生能源供热量将由 2013 年的 14.5 艾焦增长到 2020 年的 17.9 艾焦。

从全球生物质能源产业分布看，主要集中在一些发达国家和能源短缺但生物质原料丰富的国家。从生物质能源产量规模看，美国和巴西两国的生物乙醇产量已经达到全球产量的 70%；从生物质能源占国内能源消费比重大小来看，芬兰和瑞典两个国家该项指标较大，如在芬兰国内全部总能源消耗中，

[1] 10 的 18 次方焦耳，EJ

已经有超过 12% 是由生物质能源供给的。据英国能源咨询公司的 2014 年报告，巴西将超越美国成为世界上最大的生物能源市场。虽然目前在生物能源的利用方面，美国仍然居于全球领先地位，但预计 2018 年巴西的生物质发电装机容量将从 2013 年的 1151 万千瓦上升到 1710 万千瓦，从而超越美国，成为全球首屈一指的生物能源市场。长期以来，美国一直是生物能源开发和使用方面的领导者，但该报告显示，美国过时的基础设施和已经饱和的市场，将使其领先地位在未来被超越。巴西这一新兴生物能源市场的迅速发展与巴西政府的极力推动有着很大的关系。

在技术方面，全球生物能源公司（Global Bioenergies）于 2014 年 11 月宣布，已通过直接发酵成功地生产出生物来源的丁二烯。这是第一次通过一个完全的生物生产过程，即没有任何化学步骤，生产出重要的石化原料丁二烯，取得生物丁二烯生产的突破性进展。

（四）医疗器械

医疗仪器的发展，紧密围绕疾病预防、临床诊疗、健康促进的需要，突入融合、无创检测、动态监测、微创治疗、精确治疗等新技术不断涌现，医疗器械早已不再局限于技术含量低下的手术器械等消耗品或是伽马刀等大型医疗设备，许多医疗器械都已经渐渐走近了生活，变得越来越智能、越来越小巧。

国家市场调研中心发布的最新世界医疗器械前十名公司依次为强生、通用医疗、百特、泰科、美敦力、雅培、飞利浦医疗、西门子医疗、碧迪以及弗雷申纽斯，其中有 7 家公司是美国的，见表 6.6。目前美国医疗器械产业最关注的技术分别为影像诊断、远程医疗、分子诊断、助行器械、微创手术、微流体系统与微机电系统、无创监护、生物材料、生物植入技术和药物输送。而可穿戴医疗器械包含了以上若干核心技术。

表 6.6　2014 年世界医疗器械公司前 10 名

排名	公司名称	国家	所属业务
1	Johnson&Johnson（强生）	美国	外科缝合线、微创外科系列产品、心血管介入产品、消毒灭菌产品、骨科产品
2	GEMS（通用医疗）	美国	CT、MRI、PET、B 超等各种医学影像设备及病人监护产品等
3	Baxter（百特）	美国	血细胞分离技术与产品系统、全自动血浆采集系统、输液系列产品、腹膜及血液透析产品
4	Tyco（泰科）	美国	缝线和腹腔镜、外科器械和装置、诊断成像产品、注射针和注射器
5	Medtronic（美敦力）	美国	世界最大的心律调节器生产商、心血管支持产品、药物传输系统、电疗产品
6	abbott Laboratories（雅培）	美国	药物注射及传输系统、各类诊断设备等
7	Philips medical system（飞利浦医疗）	荷兰	CT、MRI、PET、B 超等各种医学影像设备及病人监护产品等
8	Siemens medical（西门子医疗）	德国	CT 等医疗影像设备及病人监护系统等
9	Becton Dickinson（碧迪）	美国	自毁型注射器、眼科手术器械、输液产品、细菌鉴定仪等
10	Fresenius medical care（弗雷申纽斯）	德国	透析系列产品等

资料来源：国家市场调研中心

美国器械市场占据了全球41%的市场份额，美国本土主要有三个州以医疗器械著称，即加利福尼亚州、明尼苏达州和马萨诸塞州，分别位于美国的西部、中部和东部。其中，明尼苏达州的支柱产业就是医疗器械，并有数以千计的医疗器械企业，拥有众多国际巨头的总部。

据 Research and Markets 公司的调查报告，亚洲地区（日本市场份额未计算在内）的医药器械市场在未来几年将出现井喷态势。据预测，2017 年医疗器械市场规模将达到 150 亿美元。日本市场作为仅次于美国的全球第二大医疗器械市场，已经相当成熟，未来数年内仍将保持 2.9% 的增长率，2017 年将增长至 349 亿美元左右；韩国医疗器械市场在亚洲地区仅次于日本和中国，2013 年市场规模达到 51 亿美元，预计未来几年将保持 7.7% 的年增长率；印度医疗器械发展相对滞后，但由于国内对医疗器械的极高需求，预计未来几年内增长趋势将十分可观。从需求角度分析，亚洲生物医疗器械市场每年增长速度只有超过 10% 才能满足市场对医疗器械日益庞大的需求。

三、主要国家和地区生物产业发展动态

（一）美国

1. 基本情况

据安永发布的研究报告显示，2013 年美国生物技术产业收入达到 719 亿美元，较上年增长 13%；其中，上市公司 339 家，市值达到 6300 亿美元，较上年大幅增长 75%；首次公开募股（IPO）数量达到 41 个，同比大幅增长 242%；上市公司年募集资金 197 亿美元，较上年增长 4%；另有 2010 家私人企业，年募集资金 56 亿美元，较上年增长 17%，见表 6.7。

表 6.7　2013 年美国生物技术产业基本情况

项目 / 单位	2013 年基本情况	2012 年基本情况	增长率 /%
产品销售额 /10 亿美元	71.9	63.7	13
研发支出 /10 亿美元	23.3	19.4	20
净收益 /10 亿美元	2.6	4.4	−42
市值 /10 亿美元	633.0	361.3	75
员工数量 / 人	109 530	99 910	10
上市公司募集资金 /10 亿美元	19.7	18.9	4
首次公开募股数量 / 家	41	12	242
私有公司募集资金 /10 亿美元	5.6	4.8	17
上市公司 / 家	339	316	7
私有公司 / 家	2 010	2061	−2
上市公司与私有公司合计 / 家	2 349	2377	−1

资料来源：Ernst & Young

旧金山湾和新英格兰地区是美国两大生物技术产业集聚区，2013 年上市公司数量分别为 66 家和 58 家，市值达到 1704 亿美元和 1480 亿美元。此外，圣地亚哥、纽约州、新泽西、亚特兰大、洛杉矶 / 橙县、宾夕法尼亚 / 特拉华谷、北卡罗来纳、德克萨斯、科罗拉多等地区的生物技术产业也较为集中，见表 6.8。

2013 年美国生物技术领域的商业领袖（年收入超过 5 亿美元的企业）有 17 家，比 2012 年增加 1 家。连续两年进榜的企业有 Alexion 制药、安进（Amgen）、百健艾迪（Biogen Idec）、Biomarin 制药、

伯乐（Bio-Rad）、塞尔基因（Celgene）、Cubist、吉利德（Gilead）、IDEXX 实验室、Illumina、生命技术（Life technology）、Regeneron 制药、Salix 制药、药物公司、联合治疗和 Vertex 制药，2013 年新晋入榜企业有一家，即 Myriad 遗传公司。

表 6.8　2013 年美国主要地区生物技术上市公司情况　单位：100 万美元

州或地区	上市公司数量	市值	收入	研发投入	净收益（亏损）	现金及等价物	总资产
旧金山湾	66（2%）	170 478（78%）	16 777（11%）	5 081（8%）	214（−633%）	10 493（−2%）	37 463（8%）
新英格兰	58（18%）	148 008（71%）	12 993（15%）	5 253（25%）	−638（−289%）	9 517（−14%）	27 133（23%）
圣地亚哥	38（9%）	45 949（88%）	6 117（7%）	1 546（17%）	−471（45%）	4 149（2%）	14 987（7%）
纽约州	29（0%）	34 208（73%）	2 831（36%）	1 224（23%）	−104（−115%）	1 911（42%）	4 982（41%）
新泽西	22（10%）	79 572（116%）	7 506（19%）	2 712（23%）	1086（−2%）	6 494（23%）	14 450（7%）
中部 − 大西洋地区	19（12%）	13 511（161%）	1 723（16%）	739（36%）	−87（−243%）	1 588（32%）	3 983（33%）
东南地区	17（−6%）	5 310（102%）	266（19%）	202（7%）	−346（58%）	499（33%）	1 824（157%）
洛杉矶 / 橙县	15（7%）	92 802（36%）	18 972（9%）	4 375（19%）	4 578（16%）	19 967（−56%）	67 959（24%）
太平洋西北地区	12（0%）	7 111（66%）	660（16%）	530（27%）	−694（−5%）	862（−34%）	1 350（−7%）
宾夕法尼亚 / 特拉华流域	11（0%）	13 512（178%）	1 194（5%）	504（25%）	−396（465%）	552（−26%）	1 451（8%）
中西部	11（10%）	2 637（86%）	111（155%）	197（−15%）	−427（24%）	446（11%）	717（26%）
北卡罗来纳州	11（22%）	7 990（158%）	972（13%）	369（30%）	−149（159%）	1 715（37%）	3 545（50%）
得克萨斯	8（0%）	2 435（9%）	260（19%）	174（13%）	−107（−24%）	222（−39%）	462（19%）
科罗拉多	6（0%）	3 008（197%）	70（−18%）	151（19%）	−184（53%）	149（−43%）	191（27%）
犹他	4（33%）	2 015（−13%）	613（24%）	61（5%）	122（55%）	422（−2%）	856（9%）
其他	12（20%）	4 428（66%）	848（11%）	167（44%）	170（−31%）	595（−15%）	1 636（38%）
合计	339（7%）	632 975（75%）	71 912（13%）	23 285（20%）	2 566（−42%）	59 581（−30%）	182 991（18%）

说明：括号内数字为 2013 年较 2012 年增长情况

资料来源：Ernst & Young

2. 美国多地设立新医学与医药中心以谋求创新发展

2015 年，美国明尼苏达州罗切斯特市宣布投入 65 亿美元打造新的世界医学中心。罗切斯特市政府通过了一项名为"终极医学中心计划"（*Destination Medical Center Plan*, DMC）的提案。梅奥医学院、罗切斯特市政府和明尼苏达州政府都将参与到这项浩大工程中。其中私人投资方将承担 60 亿美元左右，而州政府和罗彻斯特市政府将花费5.85亿美元。位于罗切斯特市的梅奥医学院几乎代表了美国乃至世界最顶尖的医学力量，每年世界各地有超过100万名患者来此就诊，患者中不乏国外政要和皇室成员，这些患者的衣食住行为当地提供了不菲的收入，每年由梅奥医学院产生的税收总额就达到了15亿美元。在这项周期长达20年的终极医学中心计划中，罗切斯特市总人口预计将增加4万人以上，而由此新增的工作岗位也将增加2.5万~4.5万个。

与此同时，礼来公司宣布决定在美国马萨诸塞州坎布里奇市设立一处新的医药研发中心，这也是最新一家进驻坎布里奇市的大型跨国生物医药公司。这处名为"礼来坎布里奇创新中心"的医药研发中心预计将于年底正式投入使用。未来两年内，将有30名科学家在这里工作，为礼来公司的药物输送以及医疗器械等领域研究出谋划策。未来生物产业发展趋势之一是传统疗法与新设备的结合，基于这种趋势，礼来公司一直在为自己寻找合适的定位。而此次增设的研发中心将为礼来公司提供更强大的创新动力。坎布里奇是世界著名的生物医药产业中心，礼来公司希望在该地区设立研发中心，更为便捷地获得强大学术力量的支持，为今后的研发工作打下良好的基础。事实上，美国坎布里奇的优势也吸引了诺华、辉瑞、赛诺菲等跨国医药巨头在过去几年中设立企业研发中心，并促进了这一地区生物医药产业发展的良性循环。

（二）欧洲

1. 基本情况

据安永发布的研究报告显示，2013年欧洲生物技术产业收入达到210亿欧元，较上年增长3%；其中，上市公司168家，市值达到1151亿欧元，较上年上涨了44%，年募集资金42亿欧元，较上年增长42%；而2083家私人企业，年募集资金15亿欧元，同比增长15%；首次公开募股（IPO）数量为8个，同比大幅增长167%，见表6.9。

表6.9 2013年欧洲生物技术产业基本情况

项目/单位	2013年基本情况	2012年基本情况	增长率/%
产品销售额/100万欧元	20 959	20 397	3
研发支出/100万欧元	4 834	5 020	−4
净收益/100万欧元	1 033	184	462
市值/100万欧元	115 131	80 098	44
员工数量/人	55 030	52 540	5
上市公司募集资金/100万欧元	4 231	2 972	42
首次公开募股数量/家	8	3	167
私有公司募集资金/100万欧元	1 484	1 295	15
上市公司/家	168	169	−1
私有公司/家	1 915	1 934	−1
上市公司与私有公司合计/家	2 083	2 103	−1

资料来源：Ernst & Young

欧洲的生物技术发展迅猛，许多小的国家全国都是生命科学发展孕育的港湾，而不像美国按片区分别聚集着生物技术公司、医药公司、大学和研究机构。从安永的上市公司排名来看，目前欧洲生物技术产业领先的国家有英国、瑞典、法国、德国、挪威、丹麦、瑞士、比利时以及荷兰，见表6.10。

生物谷网站2015年评选出欧洲生物制药产业十大强国。排名第一的是德国，该国在专利、核心生物企业数量方面均位列欧洲第一，吸引的资金总额居欧洲第二。位于莱茵河北岸的威斯特法利亚和巴伐利亚州是两个生物企业活跃的地区，一半的生物公司都位于这两个地区，著名的拜耳总部就在威斯特法利亚；排名第二的是英国，该国拥有世界一流的大学，欧盟研究资助生物类专项516项，风投总额4.4亿美元，均位列欧洲第一，核心生物企业309家，位列欧洲第二。英国生物企业多聚集在伦敦、剑桥和牛津组成的三角区域中，爱丁堡和苏格兰也有一些专注于干细胞研究的机构和生物产业。2014年7月，Illumina和惠康基金会共同筹资4.7亿美元旨在2017年完成10万人的基因组测序，这将奠定英国在全球癌症和罕见病遗传学领域的王牌地位；排名第三的法国，在生物制药领域，2014年有专利124项，2013年风投1.8亿，均位列欧洲第二，欧盟研究资助专项438项，核心企业255家，均位列欧洲第三。欧洲生物制药排名四至十位的是荷兰、瑞士、意大利、比利时、丹麦、瑞典以及爱尔兰。

表 6.10　2013 年欧洲主要国家生物技术上市公司情况　　单位：100 万欧元

国家	上市公司数量	市值 /	收入	研发投入	净收益（亏损）	现金及等价物	总资产
英国	30（−3%）	32 825（54%）	5 774（5%）	1 217（−5%）	547（−9%）	3 054（39%）	10 652（12%）
以色列	26（8%）	3 259（58%）	173（30%）	142（1%）	−159（2%）	591（90%）	867（109%）
瑞典	24（−8%）	9 451（51%）	2 627（6%）	658（2%）	34（669%）	338（−2%）	7 281（4%）
法国	23（5%）	11 532（41%）	3 919（13%）	692（11%）	−1（−99%）	978（10%）	5 105（17%）
德国	13（0%）	3 469（74%）	286（8%）	147（−19%）	−108（−59%）	409（3%）	1 070（17%）
挪威	9（0%）	3 070（96%）	157（−6%）	59（18%）	−94（827%）	312（59%）	508（30%）
丹麦	9（13%）	15 766（59%）	2 463（8%）	541（−7%）	339（185%）	412（−3%）	3 719（8%）
瑞士	8（0%）	10 614（71%）	1 989（4%）	556（−14%）	382（135%）	1 327（−19%）	3 779（10%）
比利时	6（0%）	2 483（−31%）	423（14%）	254（19%）	−59（3%）	734（61%）	1 098（30%）
荷兰	3（0%）	5 813（33%）	1 323（3%）	184（25%）	27（−67%）	512（4%）	4 251（2%）
其他	17（−11%）	16 850（15%）	1 827（−28%）	384（−25%）	124（−167%）	1 553（−13%）	5 572（5%）
合计	168（−1%）	115 131（44%）	20 959（3%）	4 834（−4%）	1 033（462%）	10 220（12%）	43 901（10%）

说明：括号内数字为 2013 年较 2012 年增长情况
资料来源：Ernst & Young

2. 欧盟生物经济政策演变过程与推动作用

2005年欧盟将“生物经济”概括为“以知识为基础的生物经济”（KBBE），具体表述为：生物经济是一个浓缩性的术语，它将生命科学知识转化为新的、可持续、生态高效并具竞争力的产品，能够描述在能源和工业原料方面不再完全依赖于化石能源的未来社会。在此后出台的一系列政策文件中，欧盟对生物经济的定义进行了调整。例如，2011年欧洲技术平台（ETPs）在其发布的政策白皮书中将生物经济描述为：“生物经济是通过生物质的可持续生产和转换来获得食品、健康、纤维和工业产品及能源等一系列产品的经济形态”。在2012年发布《为可持续增长的创新：欧洲生物经济》战略与行动计划的官方报道中将生物经济定义为：生物经济是指利用来自陆地和海洋的生物资源及废弃物，作为工业和能源生产投入的经济；同时涵盖从生物基过程的利用到绿色工业领域。

欧盟先后出台多项生物经济发展战略，包括：2005年欧盟发布首份生物经济政策报告《以知识为基础的生物经济新视角》，该报告认为，生命科学与生物技术正成为经济增长和竞争力提高的重要驱动力，能够应对人类面临的全球性问题的挑战，改善人类健康、开发环境友好型产品、提高人类生活质量。2007年欧盟理事会发表《迈向基于知识的生物经济》战略报告，首先强调生物经济的外在（经济社会需求）与内在（生命科学与生物技术）驱动力；其次从工业生物产品制造、生物能源、食品与营养、生物制药等分领域描述了至2030年生物经济发展前景，并对生物经济相关新概念与新技术趋势进行了展望；最后讨论了生物经济发展的障碍因素与建议。2010年欧盟发布《欧洲基于知识的生物经济：成就与挑战》战略报告，对欧洲生物经济当前市场和就业情况及其未来增长进行了描述，提出了整合政策、研究与创新、支持向低碳可再生基产品系统转换等建议。同年，欧洲生物工业协会（EuropaBio）提出了《构建欧洲生物经济2020》政策报告。2012年欧盟发布《为可持续增长的创新：欧洲生物经济》战略，旨在促使欧盟经济向更多使用可持续的可再生资源的经济形态转变。2013年欧盟提出针对生物基产业联合行动规则的政策建议。在生物经济的领域层面也出台了多项行业政策，例如，《工业（白色）生物技术：欧洲政策议程》（2006）、《生物燃料战略》（2006）、《面向2020年的共同农业政策：应对食品、自然资源和区域的未来挑战》（2010）。

德国是欧盟生物经济的引领者。2009年，德国联邦政府发布《可再生资源综合利用行动计划》；2010年，联邦政府通过“生物经济2030国家研究战略”，旨在发展可持续生物经济，以遵循自然物质循环、确保丰富多样的饮食以及通过高价值的可再生产品提高国家竞争力；2011年，德国生物经济理事会提出了“德国生物经济优先发展主题”；2012年联邦教研部等联合发布《生物炼制路线图》；2013年德国政府批准了新的生物经济战略。芬兰、荷兰、丹麦、爱尔兰、瑞典、奥地利等欧盟成员国以及挪威等其他欧洲国家，也已制定或正在实施本国的生物经济战略。例如，2011年，芬兰发布《可持续生物经济：芬兰的潜力、挑战和机遇》政策报告。2014年，芬兰推出生物经济发展战略。

（三）中国大陆

1. 基本情况

旺盛的市场需求和利好政策为中国生物产业的发展创造了良好的成长环境。“十二五”期间，中国生物产业取得的迅速发展，其中生物医药产值突破2万亿元，生物农业、生物能源、生物材料表现出巨大的增长潜力。2013年，中国仅医药制造业、医疗器械就分别实现21 055.6亿元和1926.3亿元的产值，同比增长17.9%和18.8%。与此同时，生物产业发展质量逐步提升，产业投资保持活跃，生物产业在国民经济中作用日益突出。

中国政府高度重视生物技术研究及其产业发展。为了加强对全国生物技术及产业化工作的领导和协调，国务院特地成立了国家生物技术研究开发与促进产业化领导小组。《国民经济和社会发展第十一个五年规划纲要》《国家中长期科技发展规划》均把生物技术及产业化列为战略性高科技产业。此外，《“十二五”国家战略性新兴产业发展规划》明确提出到2020年把生物产业发展为“国民经济支柱产业”

的目标。《中国制造 2025》将生物医药及高性能医疗器械列为重点领域，提出发展针对重大疾病的化学药、中药、生物技术药物新产品，重点包括新机制和新靶点化学药、抗体药物、抗体偶联药物、全新结构蛋白及多肽药物、新型疫苗、临床优势突出的创新中药及个性化治疗药物；提高医疗器械的创新能力和产业化水平，重点发展影像设备、医用机器人等高性能诊疗设备，全降解血管支架等高值医用耗材，可穿戴、远程诊疗等移动医疗产品；实现生物 3D 打印、诱导多能干细胞等新技术的突破和应用。

根据中国生物技术发展中心统计数据，国家自然科学基金项目、“973”计划、“863”计划、重大科技专项等中央财政经费项目中生物类项目投入额度不断增长，企业自主研发项目经费也在增长。虽然和发达国家相比还有差距，但一直处在高速增长中，近几年年均增长率在 27% 以上。科技成果产出数量也非常可观。2000—2013 年，我国在生物领域发表论文 62 231 篇，排世界第 2，仅次于美国。生物类论文数量占国内论文总量的 28.90%，占全球生命科学论文 10.95%。在《科学》(*Science*)、《自然》(*Nature*)、《细胞》(*Cell*) 等世界顶级期刊发表文献数排全球第 4。专利授权总数排全球第 2 位，仅 2013 年就多达 15 375 件。

2. 中国生物医药园区发展特点

生物医药产业高技术、高投入、高风险、高附加值的特征，决定了其聚集化发展的特性。以园区形式的聚集，可帮助生物医药企业快速获取技术、资金、人才等资源，从而促进其成长。因此，各国均高度重视生物医药园区的发展。随着国务院将生物医药产业确立为战略性新兴产业，作为其发展重要依托的生物医药园区也受到中国各级政府的高度重视。除环渤海、长三角、珠三角区域一线的生物医药产业园区快速发展外，西南，华中，东北地区生物医药产业及园区也取得了快速发展，部分产业集群及规模赶超一线区域的生物医药园区。据 Bio Insight 统计，目前，中国有近百个涉生物医药基地城市，三百多个涉生物医药园区。

中国生物医药园区发展各具特色，在每个方面都有园区表现出强劲的实力。据《中国生物医药园区发展特点及未来发展建议》分析：基础竞争力方面，排名第一的是广东省广州高新技术开发区，园区内生物医药企业共 231 家，占园区内企业数的 11%，所有企业承担的国家级在研课题 159 项，经费超过 5 亿元。研发竞争力方面，排名第一的是上海市张江高科技园区，园区内有国家级工程中心 11 个，医药孵化器 1 个，5 年来获得国家级奖项共计 9 个。产出竞争力方面，排名第一的是河北省石家庄市高新技术产业开发区，2012 年园区内生物医药总产值 490 亿元，占园区国内生产总值（GDP）的比重为 37%。龙头竞争力方面，排名第一的是江苏省无锡市国家高新技术产业开发区，园区内有上市医药企业 1 家，2012 年销售过 4 亿元的生物医药企业 4 家，销售过亿元的产品 16 个，同时有 7 家全球医药百强企业在园区内落户。可持续发展竞争力方面，排名第一的是湖北省武汉市东湖新技术开发区，该园区以北部科研院所、高等学校群作为科技与产业依托的重要基础，园区内有 18 所高等院校，56 个国家级科研院所，生物医药从业人员约 1.2 万人，占园区总从业人数的 60%，其中千人计划 12 人，长江学者 26 人。

（四）中国台湾

1. 基本情况

台湾地区生物技术产业（台湾地区当地通常简称为生技产业）自 1970 年成立第一家生技公司，发展迄今已有40多年，已逐渐迈入产业成熟期。在台湾地区行政管理机构与民间企业共同努力下，产业规模逐年增加，生物技术产业结构也渐趋完善。台湾地区生物技术产业相关领域主要包括农业、特化、食品、环境、生技服务等（见表6.11）。

表6.11　台湾地区生物技术产业相关领域及主要应用产品

产业领域	生技应用产品
农业生技	植物种苗、水产种苗、种禽畜、动物用疫苗、机能性食品、生物农药、生物肥料、检测诊断、分子农（牧）场
特化生技	生技化妆品、工业用酵素、氨基酸、生体高分子
食品生技	保健食品、健康食品、食用酵素
环境生技	环境生物制剂、生物可分解性材料、环保检验试剂、生质能源
生技服务	受托研究机构（CRO）、委托生产服务业（CMO）、临床试验中心管理机构（SMO）、委外行销服务（CSO）、实验仪器/材料供应、平台技术服务、技术评价、创投、资讯服务、人才培训、干细胞、脐带血储存等医疗服务

资料来源：台湾地区经济部生技医疗产业发展推动小组

根据台湾地区经济主管部门编制的生物技术产业文件统计，台湾地区生物技术产业营业额已由2004年的新台币1449亿元增长到2013年的新台币2769亿元，2004年至2013年的复合年均增长率为7.5%。此外，2013年台湾地区生物技术产业厂商家数共计1601家，从业人员71580人；出口值则由2012年的新台币936亿元，上升到2013年的新台币979亿元；进口值也同步上升，由2012年的新台币2035亿元增长到2013年的新台币2092亿元；台湾地区生物技术产业市场需求则由2012年的新台币3729亿元，增加到2013年的新台币3882亿元。

依据财团法人柜台买卖中心统计资料，2013年台湾地区共新增12家上市生物技术公司，仅次于2012年的13家，累计至2013年底，上市的生物技术公司已达83家，且2011至2013年成功上市的公司有为35家，占总上市生物技术公司家数的约42%。此外，截至2014年10月底创业板申请登录件数突破100家，其中筹资金额超过新台币1000万元以上的公司，有超过半数都来自生物技术产业，说明活跃的资本市场有利于中小型生物技术公司的资金筹措，显示市场投资者持续看好生物技术厂商的发展潜力。

2. 台湾地区生物技术产业推动政策

生物技术产业具有研发期长、大量资金需求的特性，更需要长期稳健的资金支持。为有效整合资源，台湾地区先后推动《加强生物技术产业推动方案》《台湾生技起飞钻石行动方案》《农业生物技术产业化发展方案》《台湾生技产业起飞行动方案》等出台，并通过《生技新药产业发展条例》，为产业发展提供技术、人才及资金等方面的租税优惠措施，以鼓励厂商投入生物技术开发。此外，台湾地区已运用开发基金直接投资生物技术公司，或经由投资生技创投基金间接投资生物技术公司，以推动生物技术产业发展。

2010年，台湾地区行政管理机构为妥善连接上中下游，实际推动制药产业的发展，合并执行“台湾生技起飞钻石行动方案（2009—2012年）”与“生技医药科技计划”（2011—2016年），总计投下近100亿元新台币经费，推动以新药、新试剂、新治疗策略和新兴医疗器材研发为主的研究，选择重点发展项目，整合岛内医药研发体系与能力，落实研发成果进入临床前及初期临床试验，加速促成研发成果产业化与商品化，以发展疾病预防、诊断与治疗的技术、新药与相关产品，解决人类重要健康问题。该计划的总目标在于强化中游发展，将研发成果推进临床前及初期临床试验，再通过技术转让、授权、产学合作等机制，将研究成果导入企业，落实研发成果产业化的目标。该规划的短期目标为建构与整合研发体系与能力；中期目标为健全成果管理与产业化推动；长期目标则为培育优质具有国际竞争力的医药人才及产业，并将台湾地区的研发能力及成果推向国际，最终目标是希望能研发出台湾地区自己的新药。

目前，该计划的执行内容主要分为两大板块，一部分用于补助各类计划，包括研究计划、转译医学计划、临床试验计划、产学合作计划（隶属研究群组）、先导药物评估计划与候选药物推动计划（选题机制）；另一部分则用于提供各种服务、咨询及合作机会，以支持项下计划所需的技术、分析及规划布局等，包括资源中心服务、小额委外试验服务（隶属临床前发展群组）、生物分子标靶新药研发合作计划（隶属临床前发展群组）、产业化推动暨海外合作服务等。

生技医药科技计划为台湾地区制药产业的发展产生巨大的影响。2011 年至 2014 年，该计划陆续补助执行 268 件研发项目、4 件先导药物开发与候选药物推动项目、100 件转译医学项目、66 件临床试验项目及 27 件产学合作项目等。其中以小分子药物研究高居首位，占所有补助项目的 37.3%；其次是生物标记研究，占比 17.2%；生物制剂也占有 13.1%。若依疾病分类，癌症研究一直高居首位，占比超过一半，达 51.5%；其次是相关跨领域研究，高达 13.8%；感染性疾病也是热门领域，占比 13.4%。从研究计划申请发展趋势看，神经及精神疾病研究有增加趋势，至 2014 年度新进项目中已经占有 21%，生物制剂研究也有增加趋势，项目数占比已经从 2011 年度的 12% 增长到 2014 年的 17.54%。在此期间，该计划已经逐渐降低原本偏重研发上游项目的补助，而聚焦资源在“以产品为导向”的潜力项目。2014 年度新项目的研发阶段往下游推进的比例已经大幅增加。该计划的整体经费是 6 年 166 亿元新台币，自 2011 年至 2015 年，台湾地区行政管理机构核定预算总计达 94 亿元新台币。

四、抗肿瘤药物的发展态势

（一）抗肿瘤药物市场总体趋势

2014 年世界卫生组织（WHO）发布的癌症报告显示，全球癌症病例正呈现迅猛增长态势，每年新增病例将由 2012 年的 1400 万，逐年递增至 2025 年的 1900 万，而中国的新增癌症病例高居全球第一位。抗肿瘤药自从 2007 年超越降血脂药后，一直是全球医药市场的领头羊。诊断时间提前、治疗时期延长，以及药物治疗有效性增加，都在助推癌症药物开支的增加。

根据医药市场研究机构艾美仕（IMS）发布的《全球抗肿瘤药物市场趋势报告：癌症治疗创新和对健康系统的影响》（*Global oncology trend report: Innovation in cancer care and implications for health systems*）显示，2013 年全球肿瘤药物市场规模为 910 亿美元（按出厂价计算）。2003—2008 年受益于阿瓦斯汀、赫赛汀等重磅产品的推动，抗肿瘤药物市场增长迅速，复合年均增长率达到 15%。肿瘤治疗领域获批重磅产品有所减少，2008—2013 年的复合年均增长率回落至 5.4%。

从区域看，美国、欧盟 5 国及日本仍旧是全球抗肿瘤药物市场的主力军，2013 年分别占全球肿瘤药物市场 41%、24% 和 10% 的市场份额。医药新兴市场国家（中国、巴西、俄罗斯、印度等 21 个国家）虽然目前仅占有 12% 的市场份额，但增长迅速，2008—2013 年复合年均增长率达到 16.8%，远超其余区域。过去 10 年全球抗肿瘤领域的用药结构同样发生了很大的变化，2003 年抗肿瘤激素类药物占据了 48% 的市场份额，但 2013 年该比例已下降至 24%，取而代之的是靶向治疗药物（46%）。此外，发达国家与新兴市场国家在用药结构上也存在较大差异，靶向治疗药物在新兴市场国家占比仅为 27%，低于全球平均水平 19 个百分点。

抗肿瘤药物一直是各大制药企业的研发重点，目前全球共有 6234 个处于活跃状态的在研新药，其中抗肿瘤药物接近 2000 种。在临床前、临床一期阶段，33% 的在研新药均为抗肿瘤产品；但在晚期开发阶段，这一比例逐步下降，由此也能看出抗肿瘤药物研发的难度。过去 10 年，全球抗肿瘤领域已获批的新分子实体（NMEs）以小分子药物为主，生物制品占比相对较少。报告还预测，2020 年全球抗肿瘤生物仿制药市场将达到 60 亿~120 亿美元，约占全球生物制品市场份额的 2%~4%。从市场规模的角度看，美国将是全球最大的生物仿制药市场。

（二）抗肿瘤药主要企业和产品

全球前二十大的制药企业基本都涉足抗肿瘤药领域，罗氏是其中的领导者。2014 年罗氏公司的利妥昔、阿瓦斯汀和赫赛汀销售额稳居全球最畅销抗肿瘤药物排名前三，合计市场规模达到了 210 亿美元，未来 5 年，罗氏仍将是拥有肿瘤产品销售额最多的企业，Perjeta、Gazyva、Kadcyla 和 MPdl3280A 这些后续肿瘤产品年销售额将会在 2020 年达到 100 亿美元左右。塞尔基因公司的多发性骨髓瘤药物 Revlimid 在 2014 年的销售额将近 50 亿美元，据预测该药物将会成为首个在 2020 年年销售额超 100 亿美元的肿瘤产品。另外，辉瑞的乳腺癌治疗药物 Ibrance 预计在 2020 年的年销售额将达到 47 亿美元左右，有望成为增速最快的肿瘤产品。未来 5 年，前景良好的肿瘤产品还有由艾伯维和强生联合推广销售的 Imbruvica，预计该药在 2020 年销售额最高能达到 80 亿美元，见表 6.12。

表 6.12　2014 年全球最畅销抗肿瘤药物排名前 20 位

产品	适应症	公司	销售额 / 亿美元
Rituxan	非霍奇金淋巴瘤等	罗氏	75.46
Avastin	结直肠癌、肺癌、肾癌等	罗氏	70.18
Herceptin	HER2 阳性乳腺癌	罗氏	68.63
Revlimid	多发性骨髓瘤	塞尔基因	49.8
Gleevec	慢性淋巴细胞性白血病等	诺华	47.46
Velcade	多发性骨髓瘤	武田 / 强生	30.69
Alimta	非小细胞肺癌	礼来	27.92
Zytiga	前列腺癌	强生	22.37
Erbitux	结直肠癌、头颈癌	默克雪兰诺 /BMS	19.25
Afinitor	乳腺癌	诺华	15.75
Tasigna	慢性淋巴细胞性白血病	诺华	15.29
Sprycell	慢性淋巴细胞性白血病等	BMS	14.93
Tarceva	非小细胞肺癌	罗氏	14.14
Yervoy	黑素瘤	BMS	13.08
Xtandi	前列腺癌	安斯泰来	12.54
Xgeva	肿瘤骨转移	安进	12.21
Sutent	肾细胞癌 / 胃肠道间质瘤	辉瑞	11.74
Nexavar	肾细胞癌 / 肝癌	拜耳	10.27
Perjeta	HER2 阳性乳腺癌	罗氏	10.04
Zoladex	乳腺癌、前列腺癌	阿斯利康	9.24

资料来源：新康界

到2020年，品牌肿瘤药将会出现仿制药或者生物类似物的竞争。例如诺华的格列卫（Gleevec，甲磺酸伊马替尼）和强生的万珂（Velcade，硼替佐米），两种药物的销售额预计将呈现大幅度下降。

2014年，美国食品与药品监督管理局（FDA）药品评价和研究中心批准了41个新分子实体和生物制品许可申请，其中抗肿瘤领域有9种新药，获得美国FDA的“突破性药物”认定的抗肿瘤药物有4种，分别是诺华的色瑞替尼、默沙东的派姆单抗、吉利德科学公司的艾代拉里斯和安进公司的布里莫单抗。据预测，到2019年这9种新药将有合计超过250亿美元的市场规模，见表6.13。

表6.13　2014年美国FDA批准的肿瘤药物

通用名	商品名	原研公司	适应症
雷莫芦单抗（ramucirumab）	Gvramza	礼来	治疗晚期胃癌或胃食管结合部腺癌注射液
色瑞替尼（ceritinib）	Zykadia	诺华	晚期转移非小细胞肺癌、间变性淋巴瘤激酶（ALK）酪氨酸激酶抑制剂
贝利司他（belinostat）	Beleodaq	Spectrum	侵袭性非霍奇金淋巴瘤（NHL）外周T细胞淋巴瘤（PTCL）
艾代拉里斯（idelalisib）	Zydelig	吉利德	慢性淋巴细胞白血病（CLL）、滤泡性淋巴瘤（FL）和小淋巴瘤（SLL）
派姆单抗（pembrolizumab）	Keytruda	默沙东	抗PD-1人源化单克隆抗体，晚期或不可切除黑色素瘤
奈妥吡坦和帕洛诺司琼（Netupitant and palonsetron）	Akynzeo	卫材	癌症化疗患者的恶心及呕吐
布利莫单抗（blinatumomab）	Blincyto	安进	Ph染色体阴性前B细胞急性淋巴细胞白血病（B-ALL）
奥拉帕尼（olaparib）	Lynparza	阿斯利康	有缺陷的BRCA基因晚期卵巢癌治疗
纳武单抗（nivolumab）	Opdivo	百时美施贵宝	晚期黑色素瘤、非小细胞肺癌

资料来源：美国食品与药品监督管理局（FDA）

在丰厚的市场预期下，制药企业纷纷加大投入，开展研发合作。如2015年3月，百时美施贵宝（BMS）和再鼎医药有限公司宣布双方达成战略联盟，在中国共同开发治疗肝细胞癌制剂——布立尼布。礼来公司也宣布和德国生物技术公司BioNTech公司达成了合作协议，共同开发新型肿瘤疗法。2015年4月，日本的医药巨头安斯泰来宣布和位于美国马萨诸塞州坎布里奇市的Potenza医疗公司达成协议，共同进行多种肿瘤免疫疗法的研发。

（三）肿瘤免疫疗法成为业内关注焦点

肿瘤免疫治疗是应用免疫学原理和方法，提高肿瘤细胞的免疫原性和对效应细胞杀伤的敏感性，激发和增强机体抗肿瘤免疫应答，并应用免疫细胞和效应分子输注宿主体内，协同机体免疫系统杀伤肿瘤、抑制肿瘤生长。目前已在一些肿瘤类型如黑色素瘤、非小细胞肺癌等的治疗中展示出了强大的抗肿瘤活性，并已有肿瘤免疫治疗药物获得美国食品与药品监督管理局批准临床应用。肿瘤免疫治疗由于其卓越的疗效和创新性，在2013年被《科学》杂志评为年度最重要的科学突破。肿瘤免疫治疗有望成为继手术、化疗、放疗、靶向治疗后肿瘤治疗领域的一场革新。

如今肿瘤免疫疗法已经成为生物医药产业冉冉升起的新星，许多业界人士都认为这一疗法将成为人类对抗癌症病魔最有力的武器之一。目前在研的肿瘤免疫疗法药物集中于免疫检验点单抗、T细胞受体疗法和嵌合抗原受体修饰的T细胞疗法、单克隆T细胞受体疗法、CD47单抗、肿瘤疫苗等。预计2018年抗肿瘤药前二十药物中有3种免疫疗法药物，包括百时美施贵宝（BMS）的黑色素瘤药物

PD1 单抗 nivolumab、CTLA4 单抗 Ipilimumab 和默克的黑色素瘤肺癌药物 PD1 单抗 MK-3475。花旗银行预测，未来十年癌症免疫治疗药物用于 60% 的晚期癌症患者，有可能会成为潜在的最大药物类别，2023 年销售额将超过 350 亿美元。

在利用人体自身免疫系统对抗癌症的疗法上，各公司均正不遗余力地与各方合作，以寻求最新突破，抢占癌症免疫疗法的至高点。譬如，辉瑞斥资近 30 亿美元与德国默克公司达成协议，共同开发 PD-L1 抗体，以治疗多种癌症，帮助人体免疫系统对抗癌症；诺华公司在免疫疗法上的业务组合呈现多样化，包括嵌合抗原受体 -T 细胞（CART）疗法、新型检查点抑制剂等。2015 年初，诺华又与 Aduro Biotech 公司达成了长期战略合作关系，并且组建了一支新的免疫肿瘤研究小组。Aduro Biotech 公司的核心技术是基于干扰素刺激基因的肿瘤免疫疗法，临床前候选药物可以帮助人体免疫系统更好地识别和攻击肿瘤细胞；而安进公司则一直将主要精力集中在抗癌新药的开发上，其癌症疫苗 T-Vec 在后期开发中引起了人们的广泛关注。安进公司和默沙东公司 2015 年又启动了一项研究工作，将免疫治疗药物与后者开发的 PD-1 抑制剂 Keytruda（pembrolizumab）结合在一起。

主要参考文献

[1] MarketLine 公司．Global biotechnology industry profile [R]．2015．

[2] MarketLine 公司．Global generics industry profile[R]．2014．

[3] 安永会计师事务所．.Beyond borders global biotechnology report[R]．2014．

[4] 国际农业生物技术应用服务组织（ISSAAA）．Global status of commercialized biotech-GM crops [R]．2014．

[5] 艾美仕咨询公司（IMS）．Global oncology trend report：Innovation in cancer care and implications for health systems[R]．2014．

[6] 美国食品药品监督局（FDA）网站．http：//www.fda.gov．

[7] GlobalData 网站．http：//www.globaldata.com/．

[8] 新康界网站．http：//www.sinohealth.com/．

[9] 曾海燕等．欧盟生物经济政策过程与特点及相关讨论 [J]．中国生物工程杂志，2014（10）：108-113．

[10] 濮润等．我国生物医药园区发展特点及未来发展建议 [J]．中国生物工程杂志，2015（3）：104-106．

本章撰写：姚恒美

第七章 世界民用航空航天产业发展动态

一、世界民用航空航天业总体发展态势

（一）世界民用航空业发展态势

1. 商用客机的储备订单数量创新高

截至 2014 年 11 月，全球在役喷气客机总量为 2 万架左右。2013 年底，商用喷气客机的确认储备订单数创新高。其中 71% 的储备订单都是单通道客机，这反映了单通道机型的强劲需求。波音 787 和空客 350XWB 这两个机型占据了双通道客机储备订单 70% 左右的份额。

根据航升在线机队数据库统计，截至 2014 年 8 月底，空客 A320 系列飞机及对数量比上年同期增长了 8.4%，达到 5614 架。波音 737–600/700/800/900 飞机数量增长了 7.3% 达到 4576 架，而 737–200/300/400/500 机队数量下降了 8.3%，减至 1067 架。在宽体机领域，波音 777 仍然保持领先地位，机队数量比上年同期增长了 8.1%，达到 1184 架。空客 A330 飞机在役数量从上年同期的 927 架增至 1013 架，增长幅度为 9.3%。在支线飞机方面，巴航工业继续巩固其市场领先地位，E–Jets 飞机机队数量比上年增长了 8.2%。ERJ 飞机机队规模降低了 3.5%，数量为 695 架。庞巴迪公司 50 座机级飞机的数量减少了 11%，但 CRJ700/900/1000 系列飞机比上年同期增长了 7.5%，达到 649 架，成为原畅销机型 CRJ100/200 飞机的替代机型。涡桨支线飞机制造商 ATR 公司的 ATR72 飞机数量增长了 14.6%，达到 581 架。俄罗斯“超级喷气”100 飞机目前有 28 架正在服役，有 76 架尚未交付，尚未首飞的 MC–21 飞机持有 92 架订单。

2. 双发远程客机竞争加剧

面对空客的 A350XWB 新宽体客机计划，波音公司在 2013 年 11 月的迪拜航展上宣布推出波音 777X 系列先进双发客机系列计划，不仅瞄准 350 座级以下的 A350XWB–1000 和 400 座及以上的 A380 之间的市场缺口，而且直逼 A380 的市场。

空客为应对波音 777X 的攻势，考虑新的发展战略。在 2014 年范堡罗航展，空客公司推出了基于 A330、换装遄达 7000 发动机的 A330neo 计划。A330neo 将继承 A330 优越的经济性、多功能性以及可

靠性的同时，A330neo 最为明显的变化就是安装新的发动机，相比安装在现款 A330 上的遄达 700 发动机，遄达 7000 的风扇直径从 97.5 英寸增加到 112 英寸，涵道比由 5：1 增加到 10：1，燃油消耗降低 11%，噪声降低 10 分贝。除了新发动机以外，A330neo 还进行了诸多气动性能改进，包括对上部机腹整流罩的优化，1 号缝翼的优化等，其中最主要是安装和 A350XWB 类似的融合式翼梢小翼。该翼梢小翼由复合材料制成，相比现款 A330 的小翼，它和大翼完全融为一体，尺寸更长，A330neo 飞机的翼展也由此从 60.3 米增加到 64 米，有效提高了飞机的升阻比，减小了阻力。但 A330neo 更大的翼展并没有超过现款 A330 所使用的登机口限制，仍然满足 E 类机场的要求，地面运行不需要做出任何改变。空客认为，该机型在中远程市场段将享有绝对垄断地位。因为与 A330neo 航程接近的波音 767 已经停产，波音 757 也没有退出替代机型，而 A320neo 和波音 737-9 属于尺寸更小、航程更短的市场。

3. 制造商着力业务部门重组提升企业效益

2014 年 7 月 23 日，庞巴迪公司正式宣布重组，将原来的庞巴迪宇航集团拆分成商用飞机部、公务机部和飞机结构件与工程服务部，新的组织架构计划于 2015 年 1 月 1 日生效。重组过程中将解雇 1800 名雇员，主要来自财务和人力资源部门，占宇航业务员工的 4.8%。C 系列飞机项目关系到庞巴迪宇航业务的命运。2014 年 5 月，由于 PW1500G 发动机故障导致 C 系列飞机停飞；C 系列飞机在研制试验中也发现了一些问题，需要进行设计改进，这使得原本已经历多次推迟的 C 系列项目更加困难。

虽然庞巴迪宇航的喷气公务机业务发展较好，但也面临较大的竞争压力。从 2006 年起，庞巴迪取代湾流成为第一大喷气公务机制造商。但是，目前里尔 85、环球 7000 和 8000 等新喷气公务机项目进展并不顺利。面临支线喷气飞机市场占有率不断被竞争对手挤压，在 Q400 项目上与俄罗斯的合作始终悬而未决，庞巴迪不得不靠重组来重新梳理公司未来的发展路径，寻找新的盈利来源，并精简机构渡过难关。庞巴迪希望通过此次调整来适应当前的竞争形势，应对面临的困难与挑战，解决自身存在的问题，通过优化组织结构和改善管理，有效提高效率和竞争力，同时扭转 C 系列飞机等机型研制拖期、商用飞机订单下降的不利局面。

4. 欧美地区积极出台绿色航空发展战略

美国和欧洲国家为了保持在航空运输领域的领先地区，从战略高度积极推进绿色航空的发展，提出了针对性的战略规划。

美国制定了一系列驱动绿色航空技术发展的详细计划，包括“航空环境责任项目”（ERA）、“低能耗、低排放与低噪声”（CLEEN）计划和“N+3”飞机发展计划等。ERA 计划由美国航空航天局（NASA）负责，与欧盟的“清洁天空”计划形成抗衡。CLEEN 计划由美国联邦航空管理局（FAA）负责，主要研究未来 3 年内技术成熟度能达到 6、7 级的绿色飞机和发动机技术。“N+3”飞机发展计划由 NASA 提出，计划将于 2030—2035 年投入使用，燃油消耗率比现役波音 737 降低 70%。

欧盟制定了一系列框架计划对技术发展和演示验证提供支持。2014 年，欧盟启动了第 8 框架计划（FP8）对航空航天的投资进行全面规划和重点投入。“清洁天空”2 阶段计划在欧盟 FP8 计划下继续开展，“清洁天空”计划开展了 6 项综合技术验证项目，包括绿色支线验证机、智能固定翼飞机验证机、绿色旋翼机验证机、绿色运行系统验证机、生态设计研究。“清洁天空”2 阶段计划的主要目标是推进用于下一代商用飞机、支线飞机、喷气式公务机和旋翼机的相关技术的成熟度，以满足欧洲航空业设定的环境保护目标，大幅降低二氧化碳、氢氧化物和噪声排放。在该计划的支持下，欧盟共开展了 3000 多个项目，推动了绿色航空技术的快速发展。国际航空运输协会于 2013 年采用自下而上的评估方法提出了未来民用飞机发展技术路线图，对能够改善燃油效率的绿色航空技术进行了量化评估。

5. 前沿技术推动航空工业发展

在新科技革命中，航空工业和航空科技既承担着推动者的使命，又扮演着被推动和革新的角色。新科技革命已经对传统的飞行器设计、制造理念与方法已经组织样式和流程产生了革命性影响，直接催生了高超声速飞行器、无人机系统、微型飞行器、倾转旋翼 / 复合旋翼飞行器等突破性进展。

纳米技术的航空应用已经有所突破，纳米涂层材料已投入使用，基于碳纳米管的复合材料也已进入工程评估。除纳米材料外，与飞行器结构和特殊功能系统密不可分的其他先进材料和多种类型的功能材料，如超材料、智能材料、仿生材料以及极端制造技术，对未来飞行器的发展同样有着重大影响。

随着未来飞行器向高性能、多功能、复合化、智能化、低成本和高环境适应性的方向发展，传统的固定翼飞机和直升机的各自独立飞行方式正在被颠覆，高速旋翼机、混合式飞艇、前翼—旋翼 / 机翼飞机、“圆盘旋翼”机、风扇—推力混合动力垂直起降飞机等新构型新布局飞行器正在研究和开发中。

脑机交互技术有了重大突破，经脑机接口采集到的脑电信号，经过专门算法，解读出情感参数，生成特征信号，传给具有一定智能功能的设备，已可实现人类首次用脑电波控制 4 轴遥控飞机。2014 年 5 月，德国慕尼黑工业大学在脑飞行计划中实现飞行员用大脑精准操控飞行；9 月，西班牙、法国、美国科学家联合发布人际脑电波远程传输首获成功，发出的信号在编码端和解码端正确无误地得到传递和接收。基于脑机互动的控制系统与飞行动力学相结合，将产生新的飞行控制方式，极大地改变人机界面；借鉴人脑构造和运行，开发出全新的信息处理系统，从而赋予飞行器航电系统新的功能和形态。

（二）世界民用航天业发展态势

1. 世界民用航天产业稳步增长

全球航天产业保持稳定增长的态势。根据美国航天基金会发布的《2014 年航天报告》，全球航天经济总量 2013 年增长到了 3141.7 亿美元，比 2012 年的 3022.2 亿美元增加了 4%。增长的很大一部分源自商业活动（含航天产品与服务和商业基础设施）的推动。从 2008 年到 2013 年，全球航天经济总量已增长了 27%。商业航天产品与服务收入比 2012 年增长了 7%，而商业基础设施与保障业则增长了 4.6%。政府开支 2013 年下降了 1.7%，但各国的增减情况差异很大。美国航天预算的大幅削减，加拿大、印度、俄罗斯、韩国和英国预算的大幅增加。这几个国家的航天预算增幅都在 25% 以上。并购活动 2013 年有所减少，只有 24 项与航天有关的交易，而 2012 年有 30 项。在各公司出于政府航空航天和国防活动预算的不确定性而采取谨慎态度之际，这一变化也符合全球国防并购活动的走势。随着美国和其他地区的这种不确定性开始下降，加之全球卫星服务需求的继续增加，并购活动很可能会在不久的未来再次增多。美国航天队伍人数连续第 6 年下滑，从 2011 年的 242 724 人减少到了 2012 年的 234 173 人，减幅为 3.6%。欧洲和日本的航天就业人数均有所增加。欧洲地区就业人数 2012 年增加了 1.5%，新增约 500 人。在日本，航天队伍总人数增长了 11%，但作为日本政府航天局的日本宇宙航空研究开发机构（JAXA）的雇员数量有所减少。

2. 航天军民融合发展趋势更加突出

航天系统建设周期长、投入高、风险大，其技术具有典型的军民两用性，为最大限度发挥航天装备效益，实现军事航天能力的持续发展，航天大国积极推进航天军民融合式发展。

美国在发展下一代气象卫星计划中，注重航天能力共用，把军事需求与民用需求进行整合，与国家海洋与大气管理局联合开发联合极轨卫星系统以满足军事作战所需的战场气象监测与预报信息。2014 年 1 月通过的美国国防法案废除了 1999 年指定的将卫星和航天器零部件列入军事技术出口管制清单的法规。新的法案将许多航天器零部件列入了受限较少的商业管制清单，虽然贸易限制对制造商的影响难以量化，但将增强美国航天器零部件制造商的竞争力。通过购买商业卫星服务来满足军事通信和远程监控的需求也反映了航天军民融合的发展态势。2014 年 6 月，美国军队与 SES 公司签订了一份价值 820 万美元的合同，租用非洲上空的一颗卫星上的两个应答器。这份 5 年期合同是一系列探索性协议之一，目的是寻求一条获得商业卫星通信服务，同时比 2013 年减少 10 亿美元开支的新路。法国通过销售斯波特（SPOT）卫星的高分辨率图像及后续增值服务，形成对地观测卫星产业。日本 2014 年 5 月发射的先进陆地观测卫星—2 卫星，除用于对地观测外，也兼具海洋监视能力。

3. 卫星导航系统呈现多极竞争态势

目前，世界卫星导航定位系统发展的格局，已经从全球定位系统（GPS）一枝独秀，演变为美国 GPS、俄罗斯 GLONASS、中国北斗和欧洲伽利略四大导航系统竞相发展，日本准天顶卫星系统、印度区域导航卫星系统猛赶直追的局面。

美国加快 GPS 系统现代化。2014 年，共发射 4 颗 GPS-2F 卫星（2F-8/7/6/5），使 GPS-2F 卫星数量达到 8 颗，GPS 系统工作星数量达到 34 颗。俄罗斯继续推进 GLONASS 系统建设。2014 年 3 月和 6 月，俄罗斯发射两颗 GLONASS-M 卫星，对卫星星座进行补充更新。11 月，俄 GLONASS-K 卫星计划于 2015 年完成状态测试。当前 GLONASS 系统工作星为 24 颗，新一代 GLONASS 卫星将于 2020 年完成在轨部署。欧洲伽利略导航系统工作星开始发送导航信号。2014 年 8 月，欧洲发射首批两颗具备完全运行能力的伽利略-5 和伽利略-6 导航试验卫星，卫星未能进入预定轨道。当前，伽利略系统在轨卫星 4 颗，计划于 2017 年完成 30 颗全部卫星组网。印度导航卫星系统建设取得新进展。2014 年 4 月和 10 月，印度发射区域导航卫星（IRNSS）系统第二颗和第三颗卫星，向建立独立卫星导航系统又迈进一步。印度计划 2015 年前完成 7 颗卫星组网并投入运行。建成后，可为印度及其周边 1500 千米范围内的用户提供定位、导航和授时服务。中国北斗卫星导航系统首次获得国际组织认可，将用于海事领域。2014 年 11 月，国际海事组织海上安全委员会第 94 次会议审议通过了对北斗卫星导航系统认可的航行安全通函，使北斗导航系统成为继 GPS、GLONASS 后第三个服务世界航海用户的全球卫星导航系统。

4. 运载火箭项目商业化趋势加剧

新一代运载火箭研制采用了商业化开发和运作模式，最终的目标是降低太空项目的成本，取得竞争优势。2011—2013 年，俄罗斯、中国、美国和欧洲生产的运载火箭数量之和已占全世界的 91.7%，印度和日本等国家也开始制造自己的运载火箭型号。

根据美国联邦航空管理局（FAA）的统计，商业发射的数量从 2011 年的 19 次增加到 2013 年的 23 次，在这段期间，政府主导的发射数量从 66 次下降到 58 次，而商业团体的发射活动占全部发射任务的比例已从22.4%提高到28.4%。太空探索技术公司（SpaceX）开发了“猎鹰”系列商业发射运载火箭，已获得40多个商业发射合同。该公司计划在2015年发射首个“重型猎鹰”火箭，回收和再利用“猎鹰”9火箭的第一级推进器。

2014年12月，欧洲航天局（ESA）成员国通过了一项为期10年、总预算为82亿欧元的计划，研制阿丽亚娜6运载火箭以及升级阿丽亚娜5获奖和“织女星”小型火箭。阿丽亚娜6火箭计划在2020年投入使用，研发投入比阿丽亚娜5火箭减少了每年1亿欧元的政府补助，因此发射成本比政府主导的发射项目降低30%。负责研制阿丽亚娜6和升级5ME火箭的公司为空客赛峰运载火箭公司，由空客公司和赛峰集团合资成立，该公司的目标是承接法国航天局34%的发射合同。

2014年3月，日本宇宙航空开发机构（JAXA）选择三菱重工负责研制下一代H-X运载火箭，预计在2021年投入使用。H-X项目的关键目标是将火箭的发射成本降到现役的H-Ⅱ A运载火箭的一半，从而能与SpaceX的“猎鹰”9火箭竞争。

5. 新技术引入支撑卫星需求的增长

新技术的引入使卫星市场出现了新的变化，这些技术不仅可以降低卫星本身及其发射成本，提高卫星性能和发射灵活度，同时也可以激发新的市场和服务。

新技术不断满足卫星功率需求的增长。砷化镓太阳能电池和锂离子电池增加了大型商用通信荷载的可用电源。高数据流量的Ku和Ka波段卫星可以更快的速度处理更多的数据，利用点波束指向特定地点的特性，可重复使用同样的频率为多个客户服务，增加了卫星可提供的带宽。尽管卫星的尺寸在增大，市场对于采用新技术的小卫星的采购量也在增长。波音公司的702SP全电卫星使用氙离子推进器来提升轨道，只有同等功能的化学推进式卫星重量的一半。2015年年初，ABS和Eutelsat公司的首批两台全电卫星将以联体的方式用SpaceX的“猎鹰”9运载火箭一起发射升空，波音估计发射成本可降低20%。为了缩短变轨的时间，空客防务与空间公司将在欧洲的首个全电卫星E3000上使用推力更大的离子发动机。洛克希德·马丁公司将大推力的霍尔效应推进器作为A2100卫星的全电推进方式。欧洲的下一代卫星平台NeoSat按照电推进的方式进行优化，但是也可使用化学推进或混合推进方式，计划在2020年前发射，可降低30%的成本。2014年12月，Eutelsat公司从空客订购了首台软件定义的量子卫星，这台重点为450千克的SmallGEO卫星将于2015年发射。部署在低轨道的小型通讯卫星数量不断增长。O3b网络公司将12颗重量为700千克的Ku波段卫星发射到中距离地球轨道（MEO），以便提供全球因特网连接服务。2015—2017年，该公司还将发射72颗重量为800千克的L波段铱星组成下一代MEO卫星星座。激光通信公司计划用8~12颗MEO卫星组成全光学通信系统，该系统能够以200吉字节/秒（GB/s）的运算速度每秒处理6万亿字节（TB）的数据。

二、世界民用航空业发展动态

（一）干线飞机

1. 波音飞机订单和交付量持续走高

2014年波音共交付723架民用飞机，连续第二年创历史新高；收获了价值2327亿美元的1432架净订单，打破了公司2007年创下的纪录，见表7.1。截至2014年底，波音民用飞机的储备订单数达到

5789 架，为公司最新纪录。2014 年，三个飞机项目再次创下了年度交付新纪录：737 项目交付 485 架飞机；777 项目交付 99 架飞机；787 项目交付 114 架梦想飞机，包括首架 787—9 交付启动用户新西兰航空，以及向 13 家航空公司客户首次直接交付飞机。

在波音 2014 年获得的 1432 架民用飞机净订单中，新一代 737 和 737 MAX 占到了 1104 架，777 和 777X 则占到 283 架。2014 年波音继续给市场带来创新产品和服务，包括在 9 月启动 737 MAX 8 的改型 737 MAX 200。这种机型最多可载客 200 人，显著提升了盈利能力并将燃油效率提升最高达 20%。

表 7.1　2014 年波音飞机订单、交付和储备订单情况

机型	总订单数	净订单数	交付数	储备订单数
737	1 196	1 104	485	4 299
747	2	0	19	36
767	4	4	6	47
777	283	283	99	564
787	65	41	114	843
合计	1 550	1 432	723	5 789

资料来源：波音公司

2. 空客交付宽体飞机数量创公司最高纪录

空中客车公司超额完成公司制定的各项目标。2014 年，空客向分布在全球各地的 89 家客户（包括 8 家新客户）交付了 629 架飞机，创造了公司新的交付纪录（图 7.1）。在全年交付的 629 架飞机中，包括 490 架单通道的 A320 系列，108 架 A330 系列飞机，30 架 A380 飞机以及年底交付的首架 A350XWB 宽体飞机。至此，空客成功实现飞机交付量连续 13 年增长。

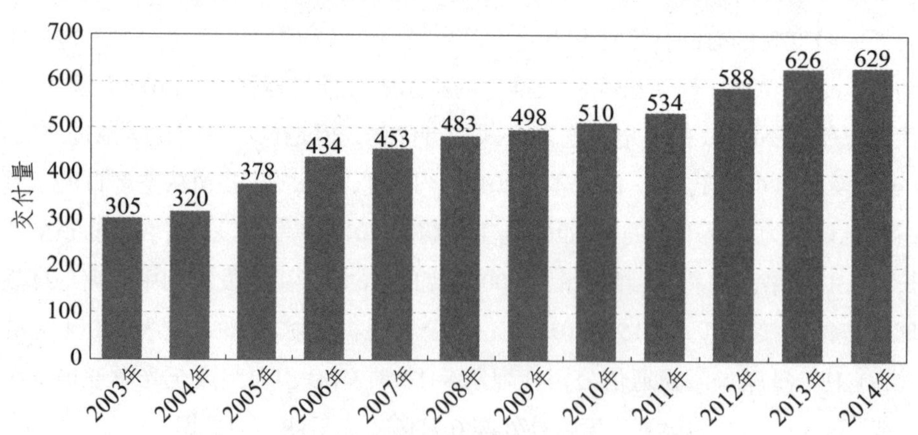

图 7.1　2003—2014 年空客飞机交付量情况

资料来源：空客

空客在订单方面也取得卓越成绩。2014 年，空客共获得了来自 67 家客户（包括 14 家新客户）的 1456 架净订单，使得 2014 年成为空客历史上年度订单量第二高的年份（2013 年空客净订单 1503 架）。在 2014 年的 1456 架净订单中，包括 1321 架 A320 系列飞机订单和 135 架宽体飞机（包括 A330、A350XWB 和 A380）订单。截至 2014 年年底，空客的储备订单量攀升至业内最高的 6386 架，价值

9193亿美元。

截至2014年年底，空客在100座以上级别民用飞机市场的市场占有率超过50%。在2014年所取得的突出销售成就中，A330neo在推出六个月的时间里就获得120架确认订单最值得一提。另一亮点是美国达美航空公司订购了25架换装新发动机的A330neo飞机，用于跨大西洋航线，同时还订购了25架空客最新型远程宽体飞机A350XWB用于跨太平洋航线。另外，单通道的A320neo和现款A320系列继续获得市场的青睐，获得了数笔大订单，特别是获得了数笔来自租赁公司的大订单。

工业生产方面，2014年空客最新机型A350XWB成功完成测试、取证以及首架飞机按时交付卡塔尔航空公司。同时，空客在这一年按计划交付了30架A380客机，其中韩亚航空、卡塔尔航空和阿提哈德航空都是首次接收这一旗舰机型。在2014年宣布启动A330neo项目并受到市场追捧之际，大受市场欢迎的现款A330系列飞机获益于空客公司对其进行的持续改进，依然保持强大的市场吸引力。A320neo项目目前正在稳步推进，随着2014年9月成功完成首飞，空客将于2015年第三季度完成A320neo飞机的取证工作并在第四季度交付首架飞机。

3. 波音和空客寡头竞争愈发激烈

2014年，波音和空客全新飞机的研制均已接近完成，未来10年的重点将集中在提高产量和对现有机型的改进升级，收入与利润将进一步提高，公司经营业绩与财务状况将不断优化，双方的竞争也将进一步升级。

从研制项目的进展情况来看，目前波音的窄体机项目737MAX的订单已超过2500架；737NG已有5000架下线，2017年737NG的生产速度将达到47架/月。波音777作为波音最大的双发宽体客机，最新改进包括8X和9X两个机型，该机的复合材料机翼制造与组装中心计划于2016年建成。波音787项目的在研机型仅剩下787-10仍处于详细设计阶段，计划2017年实现首飞、2018年首架交付。受到波音787的影响，在空客A330市场份额与订单不断下降的情况下，A330neo的推出对A330项目扭转不利局面具有重要作用。A320neo的油耗预计将在A320ceo基础上进一步节省15%。首架装配普惠PW1100G发动机的A320neo已经首飞，计划于2015年第4季度首架交付配装PW1100G发动机的A320neo，2016年第2季度交付首架配装Leap-1A发动机的A320neo。

从重大战略活动来看，波音2014年的全球并购更为活跃，共实施了3次市场兼并活动，并购对象均为软件公司。2014年5月，波音宣布并购燃油效率管理与分析软件供应商英国ETS航空有限公司，为客户提供数字化解决方案，通过优化飞行运营、维修以及机组人员规划与计划等，提高飞机运营商机队运营效率。同月，波音又并购荷兰航空软件公司Aerdata集团，旨在为客户提供飞机维修记录管理。6月，波音并购Ventura解决方案公司以提高公司的信息与安全能力。为加强亚太地区客户支持，波音还与新加坡航空公司下属的SIA工程公司共同出资成立波音亚太航空服务公司。空客集团从2014年1月1日起进行结构调整与业务重组，整合成空客公司、空客防务与航天公司、空客直升机公司三大子公司，并计划在2016年年底裁员5800人。2014年，空客还积极展开对外合作项目。2月，空客与新加坡航空签署谅解备忘录，在新加坡成立飞行培训合资公司空客亚洲培训中心，为空客飞机运营商提供飞行员培训服务。该新公司空客持有55%股份，新加坡航空持有45%股份。6月，空客与CESI培训与教育集团建立合作关系，为空客员工提供培训课程，以保持空客员工的技术水平。

4. 单通道飞机需求推高未来干线飞机市场

波音预测未来20年全球需要36770架新飞机，较上年预测的数据增长4.2%。波音在伦敦发布2014年度《当前市场展望》报告，预测全球对新飞机的需求价值约为5.2万亿美元（表7.2）。推高市场预期的主要因素是对单通道飞机的强劲需求。由于低成本航空公司的不断涌现，单通道飞机预计将成为增长最为迅猛的细分市场，未来20年将需要25 680架单通道飞机，占总需求量的70%。

波音预测，未来20年双通道宽体机细分市场需要8600架新飞机，其中对像787-8和787-9梦想飞机、座级介于200到300座的小型宽体客机的需求增长幅度最大。预测反映出航空市场的需求继续从超大型飞机向类似787-10和新型777X这样的高效双发宽体机型转移。

表7.2 2014—2033年全球干线飞机新增数量和市值预测

项目	亚太	北美	欧洲	中东	拉美	独联体	非洲	全球
2014—2033年新交付数								
大型宽体	210	20	60	300	0	30	0	620
中型宽体	1 420	510	590	790	40	60	50	3 460
小型宽体	1 940	630	810	460	360	90	230	4 520
单通道	9 540	4 820	5 870	1 360	2 360	990	740	25 680
支线	350	1 570	120	40	190	160	60	2 490
合计	13 460	7 550	7 450	2 950	2 950	1 330	1 080	36 770
2013年机队数	5 470	6 650	4 350	1 180	1 380	1 180	700	20 910
2033年机队数	15 220	9 120	7 710	3 360	3 530	1 820	1 420	42 180
2014—2033年民用航空市值/10亿美元								
大型宽体	80	10	20	120	0	10	0	240
中型宽体	480	170	190	270	10	20	20	1 160
小型宽体	490	140	220	120	90	30	50	1 140
单通道	960	490	600	130	230	80	70	2 560
支线	10	60	10	5	10	10	5	100
合计	2 020	870	1 040	640	340	150	140	5 200

资料来源：波音公司

（二）支线飞机

1. 庞巴迪持续完善支线产品

庞巴迪航空集团2014年实现收入105亿美元，同比增长11.9%；业务部门支出为91.5亿美元，同比增长12.7%，因此庞巴迪航空集团的全年运营利润为13.5亿美元，同比增长6.6%。2014年，庞巴迪的商用机型C-Series、CRJ NextGen和Q400 NextGen获得了148份净订单，与2013年获得的81份商用飞机净订单相比增长了82.7%。全年共交付84架商用飞机（其中有22架是在2014年第四季度交付的），与2013年交付的55架商用飞机相比增长了52.7%。

庞巴迪计划通过对CRJ900的持续改进，在2020年前将其燃油效率提升10%以上。该机采用三级客舱布局，载客76人，包括公务舱12人、优质经济舱36人、经济舱28人。三舱的作为排距分别是0.99米、0.89米和0.79米。庞巴迪可能采取的措施包括改进气动外形、采用轻质材料。发动机圆锥喷管技术已经在庞巴迪现有机型上得到应用，能将油耗降低0.5%。庞巴迪还可能在CRJ900的改进型上采用碳刹车技术，这项技术可使飞机减重181千克，目前该技术已经在CRJ1000飞机上应用。此外，庞巴迪还在研究气动优化、机翼尺寸等方面的改进，并对方向舵和平尾的集成设计技术进行测试。

2. 巴航工业储备订单增长

2014年，巴航工业营业收入增长至近63亿美元，全年交付92架商用飞机和116架公务机，达到了既定目标。但是，由于交付的产品中E175比例较高、大型公务机交付量低于预期造成了公司息税前利润降低了24%，仅为5.43亿美元，低于既定目标。其中，在2014年第四季度，巴航工业交付了30架商用飞机，收入降低了11%至20亿美元，息税前利润减少超过一半，仅为1.96亿美元。储备订单方面，截至2014年年底，巴航工业的确认订单储备量为459架，储备订单价值接近210亿美元，增长了15%（表7.3）。从确认订单数量来看，E190机型为580架，位居首位，E175机型紧随其后，订单数量为421架，接下来依次为E170机型和E195机型，订单数量分别为193架和145架。从交付数量来看，E190机型遥遥领先，交付数量为515架，E175和E170交付数量分别为249架和188架，见表7.3。

表7.3　截至2014年年底巴航工业支线飞机订单储备情况

机型	确认定单数	承诺订单数	交付数	确认储备定单数
E170	193	12	188	5
E175	421	353	249	172
E190	580	135	515	65
E195	145	2	138	7
E175—E2	100	100	0	100
E190—E2	60	70	0	60
E195—E2	50	50	0	50
总计	1 549	722	1 090	459

资料来源：巴航工业

3. 未来20年支线飞机市场仍具增长潜力

庞巴迪预测在未来20年，20至149座级细分市场的飞机交付量将为13 100架，价值达6580亿美元，具有上升空间。

庞巴迪按细分市场的行业交付量预测，20~59座级市场新飞机的交付量为400架，新飞机交付量将保持温和发展，老飞机将退役，并被大型飞机取代。60~99座级细分市场交付量为5600架，细分市场的机队规模将达到目前的两倍以上，新交付飞机中大型涡桨飞机和大型支线机数量相当，市场将继续成为商用航空最活跃的细分市场之一。100~149座级细分市场交付量为7100架，在过去20年该市场不是飞机发展的关注要点，但随着全新机型的投入使用，机队将进行大幅转换。

全球空中旅行和飞机的需求继续向新兴市场转移。随着国内生产总值（GDP）的增长和中产阶级的壮大，新兴市场的空中旅行需求不断增长。但是，与公务航空业情况相同，在预测期内，北美将继续引领商用飞机交付量，预计交付3650架新飞机；其次为大中华区，交付2280架飞机；随后为欧洲，交付量为1840架；亚太地区交付量为1400架；拉丁美洲交付量为1100架；独联体交付量为830架；印度交付量为760架；非洲交付量为700架；中东交付量为540架。20~149座级飞机在新兴市场开发、直飞和增加频率方面至关重要。全球70%的中短途市场日单向客流量为50至250人次，20~149座级飞机为最佳选择。

（三）公务机

1. 全球喷气公务机交付量企稳回升

全球喷气公务机交付量结束了连续5年下滑的趋势，出现了复苏迹象。根据航升咨询公司的数据显示，2014年，全球喷气公务机共交付了713架喷气公务机，比2013年的663架增长了7%。其中超轻型喷气公务机（最大起飞重量小于4536千克）市场交付36架，同比下降35%，交易量持续下跌。入门级喷气公务机（最大起飞重量4536~5987千克）交付量为45架，达到2009年以来的最高位，相比2013年大幅度增加了73%。轻型公务机（最大起飞重量5987~9072千克）交付了119架，比上年增加了11%。轻中型飞机（最大起飞重量9072~14 967千克）的交付量为83架，比上年增长了24%。竞争日益激烈的中型喷气公务机（最大起飞重量14 967~22 680千克）继续保持增长态势，交付169架，比上年增长15%。重型喷气公务机（最大起飞重量22 680~36 287千克）的市场需求量依然保持高位，新交付227架，基本与2013年持平。

2015年，全球喷气公务机机队首次突破2万架，截至2015年3月，在役及库存飞机达到20 228架。北美的公务机运营商拥有12 781架飞机，占全球机队63%的份额。欧洲运营商的在役/储存飞机数量为2683架，占全球机队的13%，拉丁美洲和加勒比海的运营商的机队份额占12%，亚太地区拥有1125架飞机，占全球机队的5.5%。在全球公务机机队中，塞斯纳飞机有6595架，占全球机队数量的32.6%；庞巴迪的“挑战者”“环球”和里尔系列飞机总计4501架，占全球机队数量的22.3%；湾流公司的飞机为2712架，达索公司的“猎鹰”公务机为2069架。从飞机的类型来看，轻中型公务机和轻型公务机各占25%左右的份额，中型公务机和重型公务机分别占据了18%和11%的市场份额。全球公务机机队中大约92%的飞机用于公务、公司、行政任务，其他飞机用于国家元首乘用、飞行训练、空中救护、空中研究以及军事任务等。

全球不同地区对公务机的市场需求有所不同。北美地区需求多元化，欧洲地区商业客机改装公务机数量全球第一；亚太地区公务机机队发展速度较快；拉美及加勒比海地区，巴西飞机制造业的优势以及岛国免税的吸引力使得公务机的市场需求有所增加。

2. 公务机研制倾向更远、更宽敞的产品

2014年全球喷气公务机交付价值为220.15亿美元，高于2008年的219.48亿美元，这增强了公务机制造商的研发热情。公务机市场对“更远、更宽敞”产品的偏好，直接影响到公务机制造商的研发方向，见表7.4。

庞巴迪交付量高居公务机制造商榜首。2014年，庞巴迪交付公务机204架，总价值达到75.6亿美元。经多次延期后的里尔85于2015年1月宣布暂停，主要原因是公司巨大的资金压力。同时进行的C系列客机、“环球”7000/8000都需要大量的资金支持。庞巴迪缺乏制造全复合材料中型公务机的技术基础及经验积累，里尔85作为庞巴迪宇航首款按FAR-25部设计的全复合材料公务机，取证难度相当大。放弃里尔85项目也是庞巴迪的战略选择。由于里尔85的复合材料制造通用性与其他里尔产品关联度较低，庞巴迪专门为里尔85项目建造了复合材料工厂、建立了一套研制管理体系，然而里尔85项目对企业整体发展的带动有限。

湾流交付量仅次于2008年交付峰值。2014年湾流共交付了150架公务机。从交付的产品类别看，湾流公司2014年交付大都是中大型公务机，与2008年43%的中小型公务机相比，在产品价值方面都有了很大的提升。湾流推出G500/G600两款全新设计的机型，G500与G600分别定位于9260千米和11 112千米市场，航程与达索新推出的“猎鹰”5X/8X以及庞巴迪“环球”5000/6000相近。G500将于2017—2018年取证交付。2018年后将同时出现高性能G500与老款G450同场竞技的局面。G600

是对 G500 与 G550 之间细分市场的补充，其将在首架 G500 交付后的 12~18 个月进入市场。

达索公司在 2014 年交付了 66 架公务机，全部是中大型产品。“猎鹰”5X 是达索近 10 年首款全新设计的机型，达索在 5X 的备餐间顶部设计了一个大尺寸天窗以改善采光效果。“猎鹰”5X 将于 2015 年首飞，2017 年投入市场，这将对投入市场超过 10 年的 G450 和“环球”5000 的销售带来冲击。“猎鹰”7X 的最新改进型“猎鹰”8X 已完成了首飞。8X 在 7X 的基础上将机身等值段延长 1.1 米，更换了发动机，优化了机翼前缘及翼梢小翼。按照计划，“猎鹰”8X 将于 2016 年年中完成适航取证，2016 年下半年开始交付。

巴航工业在 2014 年共交付了 5 型 116 架公务机，其中交付量最好的当属飞鸿 300，批产五年累计交付 250 架，加上飞鸿 100 累计交付的 318 架，这一型号系列已取得了巨大的市场成功。针对公务用途全新研制的中型公务机莱格赛 500，在 2014 年取证的同时，交付了 3 架。这款高性价比的产品及莱格赛 450，其结构通用件接近 95%，这样大大减少了生产、设计、取证费用的同时，推出两款不同级别的产品参与市场竞争，见表 7.4。

表 7.4　全球主要公务飞机制造商机型最新研制机型

类别	庞巴迪	塞斯纳	达索	巴航工业	湾流	其他
超轻型公务机		Mstang M2 CJ2+ CJ3/ CJ3+		Phenom 100		HondaJet Eclipse 550 SJ30−2
轻型公务机	L70 L75 L60XR L85	CJ4 XLS+ Latitude Sovereign+		Phenom 300 Legacy 450	G150	PC−24
中型公务机	CL350 CL605 CL850	Citation X+ Longitude	F2000S F2000LX F900LX	Legacy 500 Legacy 600	G280 Legacy 650 G450	
大型公务机	G5000 G6000 G7000 G8000		F7X F5X F8X		G500 G550 G650 G650ER	
大型合作航空公司				Lineage 1000E		ACJ 318/319 BBJ 1/2/3 BBJ MAX8/9

说明：无底纹区域表示该机型正在生产中，深色底纹区域表示该机型正在研制中

资料来源：庞巴迪公司

赛纳斯在 2014 年交付了 159 架公务机，距 2008 年的历史峰值有所差距，这与塞斯纳公司产品平台过于老旧有关。塞斯纳公司在产的大部分涡扇公务机，投入市场已经 10~20 年之久，只是通过延长机身、升级航电、换发、改进内饰等方式延续着生命。塞斯纳在 2006 年发布的 CE—850“奖状哥伦布”就是一款全新设计的宽体远程公务机，但很可惜这一项目有始无终。

3. 公务机市场有望复苏

公务航空市场持续表现出明显的复苏迹象。2014 年公务机交付量结束下滑局面，比上年增长 7%。根据庞巴迪对全球公务机市场的预测报告，2015 年交付量将继续上升。随着公务机需求向新兴市场转移，大、中型类别的公务机数量将实现增长，其中大型公务机增长最快。该报告预测，2014—2033 年公务机量将达到 22000 架，市场规模约为 6170 亿美元。2014—2023 年庞巴迪公务飞机交付量有望达到 9200 架，市场规模为 2640 亿美元；2024—2033 年交付量为 12800 架，市场规模为 3530 亿美元（图 7.2）。从 2014 年至 2033 年，新交付公务机地区中，北美比例最大，其次为欧洲，后者将继续保持第二大市场的地位。从未来 20 年的交付量来看，中国预计将成为第三大区域，2014 至 2033 年交付量将为 950 架，2024 至 2033 年交付量将为 1275 架。

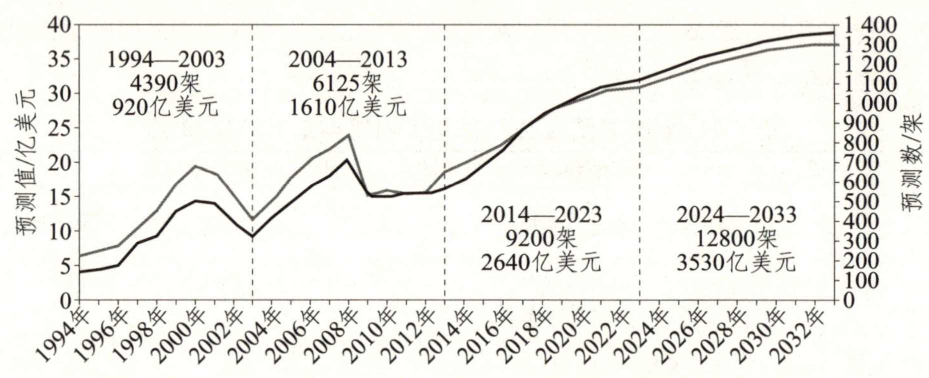

图 7.2　2014—2033 年全球公务机市场预测

资料来源：GAMA and Bombardier

（四）民用航空制造业研发进展

1. 积极开展多项绿色、高效能、低油耗民用航空发动机研发项目

开式转子发动机是可以满足下一代民用飞机动力需求的备选方案之一。当前，英国罗罗公司、法国斯奈可玛公司和美国通用电气（GE）公司都在开式转子发动机研发领域开展了大量工作。比如，罗罗公司的发动机在德荷 DNW 高速风洞实验室进行了噪声测试，斯奈克玛公司主导研制的直接传动式开式转子发动机也已进入试验验证阶段。欧洲清洁天空研究项目中，专门设有可持续绿色发动机研究计划，作为该计划重点研究对象之一的开式转子发动机，将在 2018 年左右完成全部验证计划，并达到技术成熟度 6。

齿轮传动发动机通过减速齿轮箱的衔接，可以保持低压转子在高速优化转速下运转，同时确保风扇在低转速、高效率下工作，在保持材料安全裕度的同时达到高性能表现。普惠公司从 20 世纪 80 年代开始专注于齿轮传动发动机研制，并在 21 世纪初完成验证机台架试验，为进一步提高整机燃油经济性，普惠公司为其 PW1000G 系列发动机配备了带有可变面积风扇喷口技术的短舱，并预期最先在 C 系列飞机上得到应用。通过新材料升级和设计技术改善等措施，齿轮传动发动机的性能可以再次提升，但是否需要性能升级，最终有客户需求和市场前景来决定。

作为一种新型发动机设计，一种能够进一步降低燃油消耗率的间冷回热发动机得到关注。目前，美国和欧洲正在广泛开展间冷回热发动机相关技术研究，其中典型代表便是新航空发动机核心机概念项目，该项目获得欧盟的7000万欧元资助，由德国MTU公司主导负责，各大航空院校、研究机构和企业等共同参与。该发动机在应用过程中遇到的主要困难为：发动机后部热端部件内的回热器重量较大，在安装时受到支撑结构和空间限制；未匹配整机性能，高压压气机构型的设计需要反复权衡；离心压气机可以作为高压压气机的优选方案之一，既易于满足压比要求，又能保证喘振裕度。MTU公司和英国兰克菲尔德大学的性能计算表明，间冷器和回热器只有在设计点才会明显增强发动机的推力，在非设计点其优势会有所下降；间冷回热循环参数的优化结果表明，发动机总压比在30左右能够最大限度发挥这一构型的内在优势。

2. 民用航空电子设备设计更强调人机互动

各大航电设备制造商都在积极设计新一代更安全、高效的驾驶舱。罗克韦尔柯林斯公司正在研究"革命性的座舱"，其重点是提升飞行员的态势感知能力，简化自动飞行模式，同时增加了包括四维（4D）在内下一代航空运输系统（NextGen）的显著特征。霍尼韦尔公司的新一代驾驶舱方案强调各种信息的连通性，十分注重"以人为核心"，强调要以明确、易于理解的方式向飞行员提供所需的信息。泰雷兹公司在2013年巴黎航展上推出了"航电2020"未来驾驶舱，它以直观的人机交互为基础，最大特征是取消了所有开关、旋钮或按钮，设有四维导航、数字滑行等新功能，还可显示机载间隔辅助系统。通过调整飞机速度确保与其他飞机的间隔，实现规定的飞机运行目标，从而维持正常交通流。泰雷兹公司的"绿色起飞"概念也将在"航电2020"中实现，优化了飞机起飞和爬升程序，降低了碳排放和噪声。

提高机载设备中数据和资源的共享能力是航空电子系统的发展方向之一。为了实现航空电子云的资源共享，跨平台的资源虚拟化是十分必要的。目前虚拟化技术已经比较成熟，但是虚拟化技术主要是针对处理器、内存和存储器，还没有针对传感器、通信设备、导航设备、飞行控制设备、气象监测设备、雷达和娱乐设备等航空电子资源的虚拟化方法。目前的虚拟化技术限制了用户对服务的配置，比如用户不能够配置服务的处理器和存储器的个数。解决这个问题的方法之一是使用额外的字符定义对硬件的需求，这样并不影响与现行虚拟化技术的兼容性。

3. 民用航空制造技术向高可靠、高精度和数字化方向发展

飞机机体的寿命和可靠性与制造技术密切相关，通过采用以提高机体表面完整为目标的高速数控加工、热表处理、表面强化技术，以及激光冲击强化、超声波冲击强化技术，可进一步提高机体表面压应力层的深度，从而大幅度提高机体结构的抗疲劳型和可靠性。

数控加工技术重点关注两个方向：一是提高材料去除速率、保证工件精度、降低资源消耗，如采用切削参数优化技术提高工件材料去除速率、采用加工方法优化技术提高零件加工合格率、采用分布式数控（DNC）及集成管控技术提高数控设备运行有效性、应用模拟与仿真技术降低零件加工成本和资源消耗。二是发展基于智能化的自适应加工技术，用自动化的过程代替手工劳动，通过现场快速测量、特征型面重构、加工数据再处理、加工运行等过程，实现工件的精确加工。

数字化制造技术从概念走向应用。国外飞机研制模式已经从传统的大而全的主制造商—供应商方式转变为设计、制造与服务保障全球一体化协同方式，飞机制造也经历了模线样板、图纸数字化、无纸化设计、数字样机、数字化生产线、移动生产线，进入数字化工厂时代。增材制造技术开始得到发展和应用，但总体还处于探索和初步应用阶段。欧美国家已将增材制造技术视为提升航空航天领域水平的关键支撑技术之一。波音公司已经利用增材制造技术制造了大约300种的不同的飞机零部件，包括将冷空气导入电子设备的形状复杂的导管等。目前波音公司和霍尼韦尔公司正在研究利用增材制造技术打印出机翼等更大型的产品。

三、世界民用航天业发展动态

2014年全球航天发射次数达到20年来的高值，轨道发射达到92次（1994年为93次）。俄罗斯和印度发射了新型火箭，NASA的Orion乘员飞行器成功地进行了试验飞行，中国发射了绕月实验舱，日本发射了一个登陆小行星的航天器。2014年的航天发射成功率为1992年以来最高的一年，俄罗斯、美国和中国的火箭发射次数占据了全球发射总数的80%以上。

（一）世界主要国家民用航天业发展态势

1. 美国

（1）美国航天业市场略有增长

美国航空航天工业协会的报告显示，与2013年相比，2014年美国航空航天与防务公司保持了赢利，年销售额预计增加到2284亿美元，2013年为2194亿美元（图7.3）；2014年税后利润为255.01亿美元，为年销售额的9.3%。2014年航天业销售额较2013年略有上升，增长25亿美元。2014年是航天产业出口的关键一年，11月，美国政府公布了航天器系统及其相关设备的最终出口规则，使得商业卫星从“美国军需物品清单”中剔除，保证了美国在未来几年国际市场的竞争力，同时将维持美国航天工业基础的健康发展。

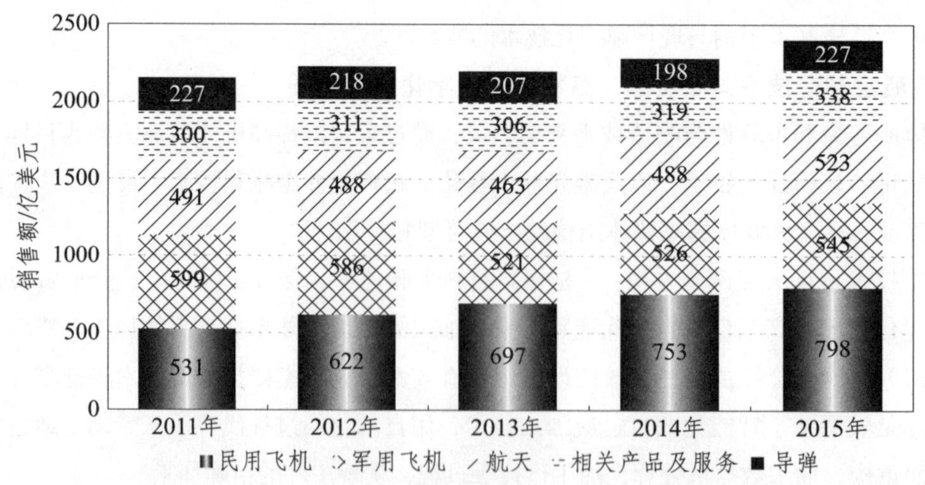

图7.3　2011—2015年美国航空航天业主要产品销售额

说明：2014、2015年为估计值
资料来源：美航空航天工业协会

美国在发射数量和发射质量方面均有较大提高。2014 年完成 23 次发射任务，占全球发射总次数的 25%，仅次于俄罗斯；发射航天器个数为 130 个，其中 1 次发射失败，损失 30 颗卫星，包含 29 颗微纳卫星，发射数量居全球首位。美国航天器数量多、质量佳的主要原因在于微纳卫星的快速增长，这也是 2014 年全球航天器发射数量继续大幅增加的驱动力。美国从 2013 年开始，微纳卫星的数量快速增加。在航天器研制数量和所属数量方面，美国保持领先地位，拉大与其他国家的差距，尤其在微纳型应用航天器的研制和应用方面，美国处于绝对领先地位。在 2014 年发射的 293 个航天器中，美国研制的航天器为 148 个，在 2013 年的基础上继续增加 60.87%，其中应用卫星数量为 126 个；所属航天器总数量为 141 个，其中应用卫星数量为 119 个。

美国航空航天局集中精力研制探索系统，并依靠“国际空间站”的研究进一步推动空间生存和作业能力的发展，而近地轨道的运载能力则依靠商业航天运输。美国航空航天局公布了 2015 财年的预算案，预算申请总额为 174.606 亿美元，涵盖了科学、航空、空间技术、航天探索、航天活动、设施建设等。航天探索和航天活动仍是美国航空航天局发展的重点领域，二者的预算申请分别为 39.76 亿和 39.054 亿美元，占预算总额的 45.14%。美国航空航天局在 2015 财年的预算案中明确提出人类航天飞行已经进入了近地轨道以远的深空探索的时代。为了实现深空探索的目标，美国航空航天局将采用能力驱动的方法，实施多目的地探索的战略。

（2）制定战略规划阐述未来发展路径

美国以保持“领导地位”为目标，全面推进航天发展。在民用航天方面，着重技术创新引领发展。2014 年 6 月，美国航空航天局发布了《NASA 2014 战略规划》文件，概述了 NASA 未来发展构想，将提供对 NASA 未来科研活动的清晰、统一和长期的指导，提出了三大战略目标：扩展太空知识、能力和机会的边界；推进对地球的了解以及开发改善地球生活质量的技术；通过有效管理人员、技术能力和设施实现任务、为美国公众服务。白宫首次出台《民用对地观测国家规划》，以天基为重点，从全球视野对美国对地观测系统全面规划，提出“地球大数据计划”（BED I），支撑地球科学和技术创新发展。针对航天领域，加强政策保障和引导，提出航天出口管制阶段性意见，更新调整“商业管制清单”；修订遥感数据政策，放宽商业遥感卫星图像分辨率许可限制；解除企业参与全球竞争的政策束缚，提升企业全球竞争力。

2. 欧盟地区

（1）欧洲民用航天市场保持稳步发展

欧洲航天产品销售额和就业人数均保持稳定增长。根据欧洲航空航天和防务工业协会（ASD）2014 年 10 月发布的年报显示，2013 年欧洲航天工业产出为 107 亿欧元，比上年同期增长 9.2%；航天产品销售额为 68.2 亿欧元，卫星应用系统为 33.7 亿欧元，占航天产品销售总额的 49.4%，航天发射产品销售额为 14.5 亿欧元，占比 21.3%，科学系统产品销售额为 10.8 亿欧元，占比 15.8%，工程与服务产品销售额为 3.6 亿欧元，占比 5.3%，地面系统销售额为 4.4 亿欧元，占比 6.4%，其他产品销售额为 1.2 亿欧元，占比 1.8%；航天产品在欧洲的销售额为 38.7 亿欧元，航天产品出口欧洲以外地区的销售额为 15.8 亿欧元。航天产业就业人数为 3.62 万人（图 7.4），比上年同期增长 1.4%。从就业人员的组成分析，研究生及以上学历人员占比 40%，大学本科毕业人员占比 27%，高等职业院校毕业人员占比 23%，职业学校毕业人员占比 5%，学徒工占比 4%，普通学校毕业人员占比 1%。

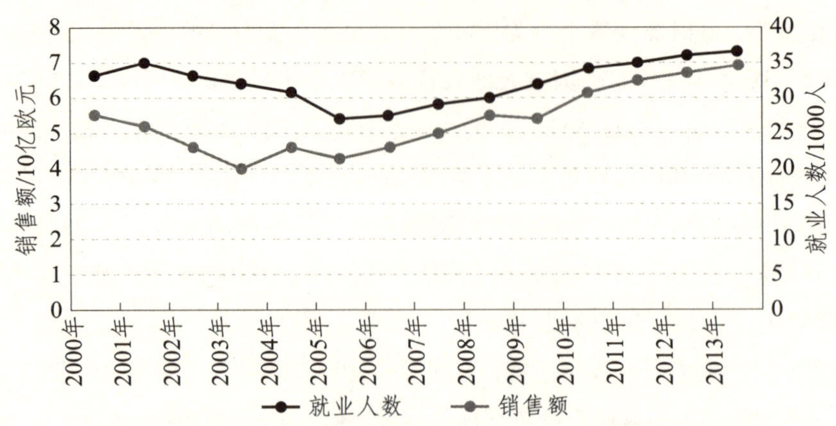

图 7.4　2000—2013 年欧洲航天产业销售额及就业人数趋势

资料来源：ASD

虽然欧洲 2014 年受“联盟”火箭发射故障的影响，推迟了部分发射，但仍可看出增加势头。在 2014 年的 92 次发射中，欧洲 11 次，发射航天器 23 个；欧洲发射首批“伽利略”全面运行能力（FOC）卫星，因火箭上面级问题未进入预定轨道，因而推迟了后续发射计划，这对欧洲“伽利略”系统的部署计划造成影响。欧洲受发射部分失败的影响，推迟了部分发射任务，在所属航天器数量连年增加的趋势下，2014 年出现下降。2014 年欧洲航天器研制数量为 33 个，其中应用卫星数量为 20 个；所属航天器总数量为 32 个，其中应用卫星数量为 18 个。欧洲的航天器研制数量一直多于所属数量，但从 2012 年开始，两者的差值减小；美国 2012 年之后的研制数量开始多于所属数量，分流了欧洲的航天器出口份额。

欧洲两大火箭制造商进行整合提升航天竞争力。2014 年 12 月 3 日，空客集团和赛峰公司宣布成立新的合资公司，公司命名为空客赛峰运载火箭公司。空客赛峰运载火箭公司初始员工数量为约 450 人，于 2015 年 1 月 1 日起投入运营。新公司将负责维持阿丽亚娜 5 型运载火箭的出色质量和可靠性，同时缔造顶尖航空运载火箭的最新产品，以推动欧洲在航空工业领域的领先地位。新公司将在法德两国的关键产业基地融合空客集团和赛峰在太空运载火箭领域的技术专长。合资公司的总部拟设在巴黎附近的伊西莱穆利诺市。这一新的合资实体将成为全球运载领域的一支重要力量，更好地服务于科研以及商业用户。

（2）欧盟持续推进欧洲航天一体化建设

欧盟在“欧洲 2020 战略”指引下，持续推进欧洲航天一体化建设。在民用航天方面，正在制定新版航天政策，大力推进“哥白尼”和“伽利略”两大欧洲联合旗舰项目，寻求欧盟级空间探索专项，制定一体化航天工业政策，提高航天技术独立自主能力。在军事航天方面，在欧洲空客防务与空间系统公司（EDAS）和北约联合空天力量转型办公室的领导下，以空间信息系统和空间态势感知为重点，全面规划军事航天系统。为提升欧洲航天创新能力，完成“科学进步引发的技术突破”战略研究，规划了空间态势感知与空间气象、载人空间探索、天体生物学和行星保护、空间数据气候建模等 4 个空间技术群，提出 22 个前沿技术方向，以期在新一轮技术革命中抢占先机。

3. 俄罗斯

（1）航天工业呈现复苏态势

俄罗斯为保证其航天大国地位，对航天业进行战略规划和稳定投入。根据2013年12月俄联邦通过的2014—2016年俄联邦预算法，俄罗斯2015年的航天预算总量为2024.74亿卢布。《2030年前及未来俄联邦航天活动国家政策》确定未来航天领域主要目标和优先级，提出在载人航天飞行和无条件完成航天领域国际义务中保持俄罗斯联邦的领先地位的同时，确保有利于科学和社会经济的航天活动的安全与实施。

在经历了2010年至2012年连续发生7次航天发射事故的低谷期，以及2013年的改革调整期后，2014年俄罗斯航空航天呈现出复苏势头，展现出其保持自身在航空航天领域传统优势的决心。俄罗斯在发射次数的排名上始终领先，从数量上看，除2012年外，俄罗斯各年度发射次数较为稳定，占全球发射活动的1/3左右。2014年，俄罗斯发射次数最多，达到33次，占全球航天器发射总次数的35.87%；发射航天器为88个，其中1次发射失败，损失1颗卫星；1次发射部分失败，1颗卫星未入正确轨道。

在航天发射方面，俄罗斯继续保持了较高的成功率，成功将土耳其、埃及、哈萨克斯坦等国的商业卫星及多颗本国军用民用卫星送入预定轨道，完成多次“进步”号货运飞船和“联盟”号载人飞船的发射任务，确保了国际空间站及俄罗斯舱段的正常运行。

运载火箭方面，俄加紧新型“安加拉”系列运载火箭的研制工作。2014年10月，俄罗斯提出，计划于2016年向太空发射“安加拉”轻型运载火箭。截至目前，“安加拉”家族已有四枚运载火箭，载重量从1.5吨到35吨不等，使用氧和煤油环保燃料。新型“安加拉”运载火箭能让俄罗斯独立进入太空并有可能达到新的技术水平，俄罗斯将有能力将重型航天器送入地球静止轨道。新火箭的所有组件都是俄罗斯本国制造，这将保障俄罗斯的技术安全性。

（2）细化2030年前航天应用阶段目标与任务

俄罗斯加紧制定“2016—2025年规划”，进一步加大航天投入力度。发布“2030年前使用航天成果服务俄联邦经济现代化与区域发展的国家政策总则”，从国家层面推动航天应用，构建国家航天应用基础设施和一体化综合信息网，实施区域政府示范工程和导航应用专项示范工程，建立政府和民间联合机制，推动市场化运营，推动航天可持续发展。启动航天工业体制改革，突出联邦航天局政府管理职能，正式成立联合火箭—航天集团（ORKK），对国有航天企业进行股份制改造，理顺管理关系，提升工业实力，提高国际竞争力。

4. 日本

（1）日本航天业投入获得持续增长

日本2014财年航天开发预算中，航天经费预算为3666亿日元，较2013财年增加了13.9%。包括基本预算和推进优先课题两部分。其中，基本预算额度为2774亿日元，占总预算经费的76.27%；推进优先课题申请的预算额度为892亿日元，占总预算经费的13.73%。日本内阁府宇宙战略室在审定预算经费时，强调要把“提升航天开发能力和应用水平”作为核心目标，全力推进航天应用，鼓励日本的企业“参与国际市场竞争，在竞争中提高技术和产品水平，要在增强航天产品在国际市场上的竞争力方面下功夫。这样做不仅可以获得丰厚的经济利益，还可以提高日本企业在国际上的知名度，提升日本在国际上的地位”。

日本的发射活动比以往有所增加。2014 年，日本发射航天器次数为 4 次，发射航天器个数为 18 个。2014 年 5 月 24 日，H–2A 火箭在种子岛发射了“先进陆地观测卫星”（ALOS）2，并搭载发射了 4 颗小卫星。ALOS–2 又称“大地”2，由三菱电机公司建造，重量约为 2.3 吨，载有 L 波段合成孔径雷达，用于制图、区域观测、灾害监测和资源普查，设计寿命 5 年。10 月 7 日，H–2A 火箭在种子岛发射了“向日葵”8 静地气象卫星。该卫星采用 DS–2000 平台，发射重量约 3500 千克，载有“先进向日葵成像仪”（AHI）、“空间环境数据获取监测仪”（SEDA）和“数据采集分系统”（DCS），采用东经 140 度轨位，设计寿命 15 年以上。AHI 将同美“静地业务环境卫星”（GOES）R 系列的“先进基线成像仪”（ABI）兼容，能增强短时预报、数值预报和环境监测能力。12 月 3 日，H–2A 火箭在种子岛发射了日本第二个小行星采样回送探测器“隼鸟”2，并搭载发射了 3 颗小卫星。“隼鸟”2 任务为的是要在日首次小行星采样回送任务成功的基础上再进一步。

（2）日本航天业加强空间利用布局

日本以国家安全为重心，修订国家航天规划。日本防卫省依据最新“国家安全保障战略”和“防卫计划大纲”，发布新版《防卫航天开发利用基本方针》，提出建立涵盖“活动空间”（即侦察监视）、“基础空间”（即通信导航）、“应对空间”（即预警监视）和“稳定空间”（即空间安全）的完整军事航天体系，发展侦察监视、快速响应、军用通信、导航、导弹预警和空间态势感知等卫星系统。正在开展新版《宇宙基本计划》的修订工作，以“突出宇宙开发在国家安全保障的重要性”、“通过太空合作强化日美同盟”为重点，将军事卫星体系纳入国家航天规划，全面体系化发展。

（二）民用航天业重点领域发展动态

美国卫星产业协会（SIA）2014 年 6 月公布的卫星产业报告显示，2013 年全球航天产业收入 3200 亿美元，其中，卫星产业的总收入约为 1952 亿美元，同比增长 3%，占全球航天产业收入的 61%。本节着重对卫星产业中的卫星服务业、卫星制造业、发射服务业、地面设备制造业等重点领域发展动向展开分析。

1. 卫星服务业市场保持稳定增长

2013 年全球卫星服务业收入增长了 5%，达到 1186 亿美元，见表 7.5。大众消费通信服务（包括卫星电视直播、卫星音频广播、卫星宽带和消费卫星宽带）收入增长到 981 亿美元，其中，卫星电视直播服务，包括直播卫星 / 直播到户（DBS/DTH），收入为 926 亿美元，占到所有卫星服务收入的 78%，占大众消费通信服务收入的 94%。卫星固定通信服务收入与 2012 年持平，其中转发器租赁和管理网络服务收入也与上年相同，分别为 118 亿美元和 46 亿美元。2013 年卫星移动通信服务收入增长率为 6%。卫星遥感服务收入增长 16%，主要源自美国政府对卫星遥感图像产品和服务需求的增加，以及 2013 年新的商业遥感公司部署试验卫星和加大资本投入的结果（如天空盒子成像公司和行星实验室公司）。

2. 卫星制造业市场继续增长

2013 年全球卫星制造业总收入为 157 亿美元，比 2012 年增长 8%，见图 7.5。2013 年发射了 107 颗卫星，多于 2012 年的 81 颗。通信卫星占到 2013 年卫星制造业总收入的 47%，而军事监视卫星则占到30%。立方星虽占研发型卫星的大多数，但在总收入中占比不到1%。美国卫星制造收入增长了33%（增速略高于2012年），从82亿美元增至109亿美元，主要原因是面向美国政府用户的高造价卫星的交付，约75%的收入来自美国政府合同。2013年全球地球静止轨道（GEO）商业卫星共签订了23颗制造订单，与2012年的18颗卫星相比增加了5颗。美国卫星制造商2013年共获得15颗GEO商业卫星制造订单，订单数全球占比为65%，较2012年67%的略有下降。

表7.5　2008—2013年全球卫星服务业收入情况　单位：亿美元

项目	2008年	2009年	2010年	2011年	2012年	2013年
大众消费通信服务	681	753	809	886	933	981
卫星电视直播	649	718	769	844	884	926
卫星音频广播	24	25	28	30	34	38
消费卫星宽带	8	10	12	12	15	17
卫星固定通信服务	130	144	150	157	164	164
转发器租赁	102	110	111	114	118	118
管理网络服务	28	34	39	43	46	46
卫星移动通信服务	22	22	23	24	25	26
移动话音业务	9	7	7	7	7	8
移动数据业务	13	15	16	17	18	18
遥感服务	7	10	10	11	13	15
总计	841	928	992	1 078	1 135	1 186

资料来源：美国卫星产业协会

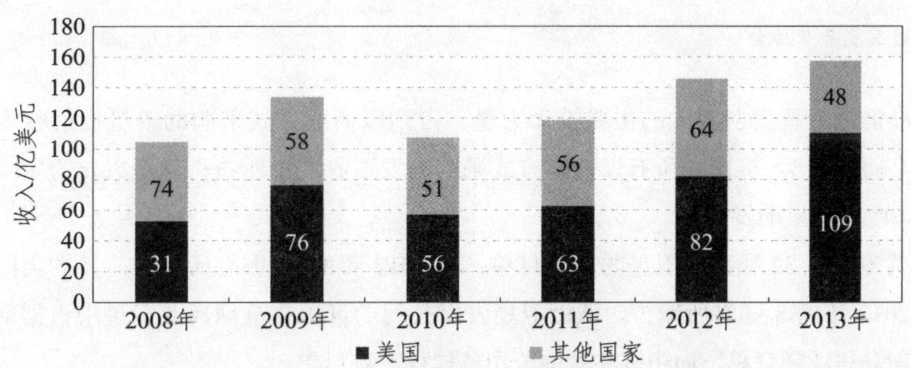

图7.5　2008—2013年全球卫星制造业收入情况

资料来源：美国卫星产业协会

高吞吐量卫星（HTS）采用频率复用、点波束和星上处理等技术大幅提高了卫星的工作效率。目前全球已有27颗HTS卫星在轨运行，已订购或在研的HTS卫星数量为24颗。虽然大多数的HTS卫星都是地球静止轨道卫星，但是2013年有4颗HTS卫星发射到中地球轨道（MEO），它们是O3b宽带卫星星座的首批4颗卫星，另有8颗O3b卫星正在准备发射或者正在建造中。全电推进技术可以大幅减轻卫星质量，但是其最终到达GEO轨道所需要的时间更长。2012年全球首次签订了全电推进GEO商业通信卫星订单。2013年，美国政府也签订了首份全电推进卫星订单。目前全球大部分的卫星制造商都可以向用户提供全电推进技术。

3. 发射服务业收入略有下降

相比 2012 年 21% 的高位增长，全球卫星发射业总收入 2013 年下降了 7%，但美国这项收入增加了 17%，从 20 亿美元增至 24 亿美元。全球卫星发射业收入下滑的原因是高费用发射次数较少。2013 年全球以商业方式采购的卫星发射收入为 54 亿美元，比上年略有下滑，见图 7.6。全年开展的以商业方式采购的发射次数为 62 次（发往低地轨道 31 次，中地轨道 4 次，静地轨道 23 次，静地轨道以外 4 次），略多于 2012 年的 59 次。以商业方式采购的阿里安航天公司发射次数比 2012 年少了 3 次。海射公司 2013 年只进行了 1 次发射，而 2012 年是 3 次。

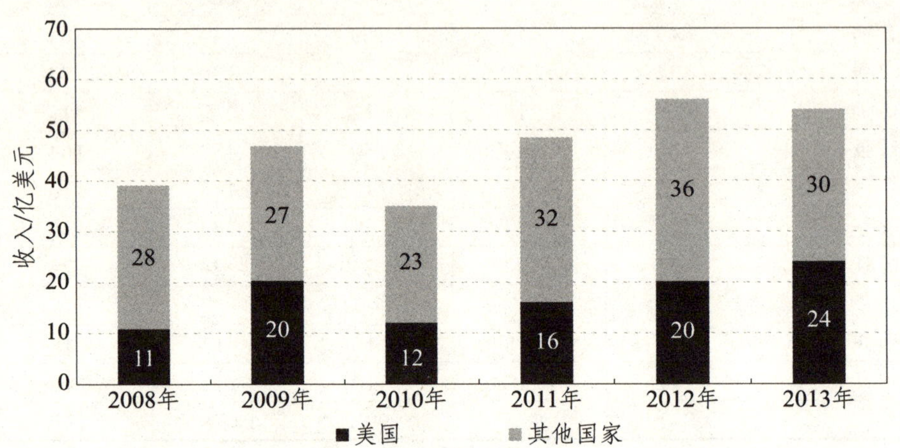

图 7.6　2008—2013 年全球发射服务业收入

资料来源：美国卫星产业协会

政府用户仍是卫星发射收入的主要推动力量，占到以商业方式采购的卫星发射收入的 70%，高于 2012 年 64% 的占比。美国在所有以商业方式采购的发射收入中所占份额最大，为 45%，其中超过 70% 来自美国政府卫星的发射。

2013 年共签订了 32 颗商业卫星的发射订单，比 2012 年的 25 颗有所增长。其中美国公司的订单为 6 颗，比 2012 年的 8 颗有所减少。欧洲卫星发射公司的订单在全球商业卫星中占据最大份额，为 18 颗。俄罗斯获得 4 颗订单，而中国和其他公司各取得 2 颗订单。

4. 地面设备制造业收入较上年略有增长

2013 年地面设备业总收入增长了 1%，达到 560 亿美元，见图 7.7。其中，网络设备收入较上年下降 10%，卫星导航设备占到地面设备业总收入的近 57%，占比低于 2012 年的 60%。2013 年卫星导航设备收入下降了 3%，反映了市场从独立设备向内置芯片的转移。非卫星导航类（卫星电视、无线电广播、宽带设备和移动卫星终端）者设备收入增长了 22%。

据欧洲全球导航卫星系统局市场研究报告统计，2013 年全球导航卫星系统（GNSS）设备直接销售额约为 710 亿美元。目前在用的具备 GNSS 功能的设备约有 22 亿部，预计 2022 年将达到约 70 亿部。GNSS 设备销售收入的 47% 来自内置于智能手机、平板电脑、笔记本电脑、数码相机和其他基于位置服务（LBS）移动设备。GNSS 的主要市场是农业、汽车、航空、位置服务（LBS）、海事、铁路和勘测领域。其中汽车领域收入约 430 亿美元，占 GNSS 全部收入比重 60.6%；基于位置服务收入 200 亿美元，占比 28.2%；勘测领域收入为 34 亿美元，占比 4.8%；航空领域收入 10 亿美元，占比 1.4%；农业领域收入 8 亿美元，占比 1.1%。

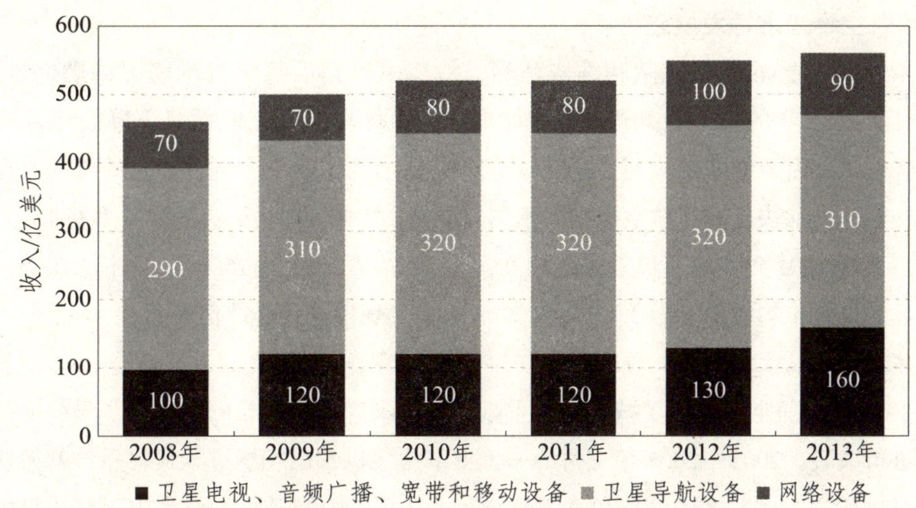

图 7.7 2008—2013 年全球地面设备收入情况

资料来源：美国卫星产业协会

四、世界航空维修市场发展动态

（一）民用航空维修市场发展态势

1. 全球民用航空维修市场维持增长态势

据《航空周刊》报告显示，2014 年全球民用航空维修市场规模达到 563 亿美元，各地区的维修需求各有侧重。非洲地区的在役机队规模将达到 1500 架，所需维修费用为 19 亿美元，其中部件修理费用为 5.16 亿美元。亚太地区的发动机维修费用将达到 39 亿美元，2016 年有望继续增至 44 亿美元，改装费用将达到 10 亿美元。东南亚地区的涡桨飞机维修业务将急速增长。中国的民用航空维修费用将达到 39 亿美元，其中航线维修费用为 6.47 亿美元。东欧的机体重维修费用是发动机维修费用的 1/3，预计到 2016 年该地区的机体重维修费用将会降至 2.89 亿美元。印度的维修费用将达到 7.23 亿美元，其中发动机维修费用为 2.84 亿美元。拉丁美洲（包括墨西哥地区）的维修费用将超过 30 亿美元，其中部件维修费用约为 9.26 亿美元。与 2014 年相比，中东的重维修费用将大幅下降，预计为 5.28 亿美元，但改装费用仍将达到 5.48 亿美元。2015 年中东地区的在役机队规模将超过 1600 架。北美的维修费用为 158 亿美元，其中航线维修费用将占到 30 亿美元。西欧的机体重维修费用将位居全球首位，到 2016 年将成为全球第二大机体重维修市场，仅次于北美。此外，西欧的发动机维修费用将达到 47 亿美元。

2014 年的机队维修市场中，空客 A320 和波音 737-300/400/500 的重维修工作量最大，分别占整个机体重维修市场需求的 12% 和 8%。2014 年发动机修理和翻修支出为 220 亿美元，占全球总的维修支出的 39%。其中维修需求最大的发动机是 CFM56-3 和 V2500-A5。在整个发动机的维修需求中，北美约占33%。在亚太地区，中国和印度运营商的发动机维修费用占该地区的26%。在2014年的部件维修市场中，机轮和刹车的需求较为旺盛，随后是辅助动力装置（APU）、发动机燃油和控制部件以及设备翻新。

2. 民用航空维修市场发展趋势

根据《航空周刊》的民航机队和维修预测，喷气飞机和祸桨飞机维修市场规模将从2014年的563亿美元增至2019年的651亿美元，但在此期间，机体重维修工时数呈下降态势，其复合增长率为-0.4%。这主要是因为维修供应商通过持续改进提高了工作效率、航材和发动机的修理成本增加以及新飞机的交付速度加快。据《航空周刊》预测，虽然2014—2019年的机体重维修工时数下降，但从2020年起，工时数的复合年均增长率将达到0.9%，到2023年达到7500万工时。2014—2023年全球整个维修市场的复合年均增长率为3.4%，到2023年市场规模达到763亿美元。

（1）窄体飞机客舱改装业务发展迅速

2015—2016年，航空公司为了减轻客舱重量、满足乘客不断增长的个人电子设备使用需求，将会对电源系统进行改装。2005—2008年交付的一大批窄体飞机都已相继进入机体重维修阶段，因此航空公司将在重维修阶段完成其客舱翻新和升级改装。近几年，内饰升级主要集中于宽体飞机的头等舱和公务舱；受低成本（LCC）运营模式的影响，亚太地区越来越多的内饰升级工作转移至窄体飞机的经济舱中。

越来越多的航空公司选择客舱升级，希望通过提升乘客的乘坐体验延长飞机的使用寿命。窄体飞机运营商在与维修企业签署重维修服务协议时，有意识地增加飞机客舱内饰升级改装的项目。航空公司受其市场营销部门的驱动，要求为飞机客舱加装无线局域网（Wi-Fi）设施和最先进的机上娱乐系统等。此外，技术的升级也是推动客舱改装升级的原因之一。如一直专注于空客A320、波音737CL/737NG等窄体机型维修服务的FL技术公司，希望能够更多地拓展客舱和航电系统升级等业务，特别是在客舱内加装WIFI模块或者对其他通信设备进行改装。

（2）窄体飞机重维修市场需求强劲

重维修是窄体飞机维修市场的重要组成部分。2015—2016年，空客A320和波音737两款机型的机龄、飞行小时数和飞行循环等统计数据显示其C检和D检工作量将会增加，其重维修检查工作几乎垄断了整个窄体飞机维修市场，而MD80飞机步入了退役阶段、重维修工作量开始下降。在发展中国家，特别是亚洲地区，空客A320和波音737这两款机型逐渐进入成熟期，接近了重维修时间点。《航空周刊》预测数据显示，2015—2016年波音737NG和空客A320的重维修费用将分别位居第一和第二。空客A3202015年的重维修费用预计达到8.1亿美元，2016年将达到8.43亿美元；波音737NG系列飞机2015年的重维修费用将达到4.85亿美元，2016年将达到4.93亿美元。长期从事波音窄体飞机维修和改装工作的FlightStar公司希望在2015年承接更多空客窄体飞机的维修工作，特别是早期生产的波音737NG和空客A320飞机。

随着越来越多的航空公司将机队更换为新机型，以及俄罗斯等独联体国家的经济继续保持增长趋势，窄体飞机维修市场的一大亮点是因波音737CL的加速退役而导致其维修需求持续走低，以及空客A320在租赁市场中的需求增长而带来的维修量增加。从窄体飞机的维修需求来看，未来3~5年内起落架等关键部件的大修需求也将非常强劲。

（3）新一代宽体飞机进入大修期

新一代宽体飞机开始进入大修期，2009—2010 年交付的约 35 架空客 A380 将在 2015—2016 年进行重维修，而波音 777 和空客 A330 飞机凭借其市场占有率，总体维修费用在宽体飞机维修市场占较大份额。波音 747-400 等四发宽体飞机的维修市场呈明显下降趋势，有不少波音 747-400 开始淘汰，其拆解工作将有所增加。从 2015—2016 年宽体飞机重维修费用预测数据可以看出，2015 年波音 747-400 的维修费用预计 4.13 亿美元，2016 年将缩减至 3.27 美元；而空客 A330-300 在 2015 年的维修费用预计为 2.19 亿美元，2016 年则将增至 2.42 亿美元。

就整个宽体飞机维修市场而言，随着波音 747-400、波音 767、麦道 MD-11、空客 A300、A310、A340 等维修需求量大的飞机的陆续退役，宽体飞机的整体维修量呈下降趋势。由于新一代宽体飞机所需维修需求的减少，以及熟练工人紧缺和劳动力成本上涨等因素，亚洲维修企业的成本优势逐渐被削弱，北美地区宽体飞机维修企业与亚太宽体飞机维修企业之间的维修成本差距正日趋缩减，而且北美的机体维修设施充足，这将有助于北美地区维修市场的复苏。

法荷航工程维修公司的市场分析报告称，未来两年内波音和空客或将引入许可证制度，限制维修企业对波音 787 和空客 A350 技术数据的访问。因此，从事新一代宽体飞机维修的企业可能在数量上会有所减少。对于法荷航工程维修公司来说，波音 787 和空客 A350 等新一代宽体飞机可为其部件和发动机维修业务带来新的发展机遇。同样，汉莎技术也正计划拓展其波音 787 和空客 A350 等新一代宽体飞机的基地维修业务。目前该公司的宽体飞机维修业务主要集中于空客 A330、A340、A380 和波音 747-400、747-8 和 767 等机型，同时汉莎技术也在通过其合资公司 Ameco 为波音 777 提供全方位服务。

（4）CFM56 和 V2500 引领发动机维修市场

在空客 A320neo 和波音 737 MAX 等新一代窄体飞机投入运营前，空客 A320 和波音 737NG 等在未来 3~4 年内仍将是主力机型，而这类窄体飞机所装配的 CFM56-5B、CFM56-7B 和 V2500-A5 发动机的维修需求正在不断增多。2015 年，这些发动机将进入首翻期，维修需求将有所增长，同时 CFM56-3 发动机因其配装的飞机开始进入退役而导致维修市场开始下滑。据预测，V2500-A5 和 CFM56-7B 发动机的维修需求将在 2015 年和 2016 年位居全球发动机维修市场前两位，其中 V2500-A5 的维修市值分别超过 28 亿美元和 32 亿美元；CFM56-7B 的维修市值分别超过 24 亿美元和 27 亿美元。

GE90、GE9X 等宽体飞机的发动机维修增长也较快，GE90 和 GEnx 两款发动机的维修需求将占宽体飞机发动机维修市场需求增长的主要部分，2015 年 GEnx 发动机将迎来其首次返厂维修。而 PW4000 等较老宽体飞机装备的发动机的维修市场正在缩水。《航空周刊》的数据显示，到 2016 年 GE90-115B 发动机的维修市场有望位居全球十大维修市场的第 3 位，其维修费用将超过 17.6 亿美元；2015 年其维修市场预计将居于全球十大维修市场的第 4 位，维修费用为 14 亿美元。相反，普惠公司的 PW4000-94 发动机在 2015 年将位居第 7 位，维修费用约为 8.82 亿美元；在 2016 年将位居第 10 位，维修费用降为 8.18 亿美元。

据 MTU 预计，2015—2016 年 V2500-A5、CFM56-5B 和 CFM56-7B 的维修市场将迎来小高峰，这部分业务的增长将有力补偿 CFM56-3 发动机维修需求的下滑。支线飞机发动机的维修市场趋势也极为类似。虽然 50 座级支线喷气机逐步淘汰，CF34-3 发动机维修市场严重下滑，但 70 座级和 90 座级支线飞机配装的 CF34-8 和 CF34-10 发动机的维修市场将有所增长，将对 CF34-3 发动机维修市场的下滑进行补充。宽体飞机的发动机维修市场也将有些变化。例如，随着CF6-80C2发动机配装的波音767等飞机的逐步退役，该型发动机将进入二手航材市场。

2015年，预计全球航空发动机维修市场的增长率为8%左右，其中，CFM56—7B发动机维修市场的增长率超过20%，是增幅最大的发动机维修细分领域。2015年亚太地区（包括中国）的航空发动机维修市场规模为38亿美元，2016年将超过43亿美元。

（二）民用航空维修技术发展趋势

目前，飞机维修已不仅仅是通过判定飞机零部件的寿命来确保飞机安全性能，还需要从引入新型制造加工模式、加强与新兴信息技术融合应用、提升航空维修数据分析优化能力等角度，不断提高维修技术与方法，从而保证飞机机体设备的安全运行。

1. 增材制造技术将更为广泛应用

增材制造技术或3D打印技术将在航空航天领域得到广泛应用。3D打印技术采用的是增材制造原理，它不需要向传统零部件加工那样经过切割、磨削、腐蚀等工序流程，减少了这些流程中对航材的浪费，基本能够做到“按需取材”，节省了原材料，减少了航材废料，提高了航材的使用效率。例如，使用传统制造技术生产某型飞机的风扇叶片，材料利用率仅有7%左右，而3D打印技术可将材料利用率提高到80%以上。

3D打印技术弱化了传统加工工艺中对加工工具和模具的依赖程度，更加重视被加工的飞机零部件的材料和部件尺寸。3D打印技术在复制原物方面具有很大的优势，比如只需掌握物体扫描坐标或者模型数据，就能够生产出和原物一样的零部件，这在标准件生产方面具有重要的意义。

随着智能制造的不断深入发展，更多的材料技术、控制技术以及信息技术将被应用到飞机的零部件制造生产上来，同时3D打印技术也会被推向更高的层面。3D打印技术将会逐渐向着便捷化、通用化、智能化、精密化等方向发展，进一步提升3D打印的精度、效率和速度，开拓多材料打印、大件打印、连续打印、并行打印的工艺方法，开发更为多样的3D打印材料，如复合材料、非均质材料、纳米材料、功能梯度材料、智能材料，特别是在打印金属材料方面将是研究的重点。

2. 可穿戴技术应用步伐进一步加快

在航空维修领域，可穿戴技术可帮助航空公司减少维修工作的复杂性和维修人员的工作量。例如，日本航空为其维修人员配备了谷歌眼镜，使其在为跑道上的飞机执行维修检查时，眼镜能够将飞机图像直接发送给维修专家，维修专家对飞机状态进行评估后再将评估结果反馈给外场维修人员，此外还能够记录下所有信息，便于后续的进一步评估。位于日内瓦的SITA实验室致力于智能眼镜研究，特别是谷歌眼镜、Epson Moverio和Vusix M100三款产品，并于2014年6月首次在某航空公司的维修厂进行了可穿戴设备的试用。

但是，可穿戴设备的技术水平如耐用性、连通性及电池寿命等方面问题是迫切需要解决的问题。SITA认为可穿戴设备的生产厂家在未来两年内有望解决其电池寿命和耐用性问题，使其可更好地满足维修工作的需要。届时，可穿戴设备在维修领域的将得到普遍应用。

3. 与信息技术融合应用将成为常态

信息技术将在航空维修领域发挥重大作用。移动应用程序（APP）与移动设备的嵌入整合将在维修全领域取得突破。例如，工程人员通过移动设备上的APP可随时获得所需的信息，而不必从穿行于停机坪与办公室之间或者排队通过终端机获取相关信息，极大地提高维修效率、降低费用，避免操作的复杂性。

4．大数据将成为辅助航空维修的关键

在航空维修领域，大数据技术具有巨大的潜在应用价值，从预测分析、库存优化到使用模式的监测以及对机体设备的运行状态进行实时跟踪和分析等。2015年1月28日，美捷香港商用飞机有限公司宣布将在其公司内部实施飞行数据分析计划（FDAP），成为亚太地区率先利用飞行记录分析计划技术提高商务航空运行安全性的公司。该数字化飞行数据管理软件系统将作为现有安全管理系统的有效补充，使美捷能够全面掌控和深入分析飞行数据，以降低飞行时的安全危害或潜在风险。同时，美捷的维修人员可借助飞行数据的专业分析结果，针对潜在故障制定合理的维修解决方案。

主要参考文献

[1] Current Market Outlook 2014 to 2033[R]. Boeing，2014.

[2] Market Outlook 2014 - 2033[R]. Embraer，2014

[3] Business Aircraft Market Forecast 2014—2033[R]. Bombardier，2014.

[4] Commercial Aircraft Market Forecast 2014—2033[R]. Bombardier，2014.

[5] General Aviation Statistical Databook & Industry Outlook 2013[R]. GAMA，2014.

[6] Facts and Figures 2013[R]. ADS，2014.

[7] Aerospace Industry Report 2013 [R]. AIA，2014.

[8] The Space Report 2013[R]. Space Foundation，2014.

本章撰写：张耘

第八章 世界智能制造装备产业发展动态

智能制造装备是《国务院关于加快培育和发展战略性新兴产业的决定》和《中华人民共和国国民经济和社会发展第十二个五年规划纲要》中明确的高端装备制造业领域中的重点方向。由于国际上没有“智能制造装备产业”这一提法，无法获取该产业的直接数据，所以难以描绘该产业发展的全貌。本章着重分析智能制造装备重点行业数控机床、智能控制系统和3D打印设备发展动向。第十三章则对全球机器人产业发展态势进行详细研究。

一、世界智能制造装备产业总体发展态势

1. 智能制造装备产业总体处于发展上升阶段

关于“智能制造（intelligent manufacturing）”，国际上尚无公认的定义，也无相应的统计。一般认为，智能制造装备主要涵盖了以下细分领域：数控机床、工业机器人、智能控制系统、精密仪器与智能仪表和3D打印设备等。其中，机床产业发展相对最成熟，在智能制造装备中份额最大，但近年来相关市场（特别是欧美地区市场）逐步趋于饱和，增长逐步放缓；智能控制系统是仅次于机床的智能制造装备第二大细分市场，近几年呈现稳步发展态势；工业机器人则正处于产业发展的上升阶段，近年来工业机器人应用范围和领域不断拓展，世界工业机器人销量屡创历史新高；3D打印则代表了一种全新的制造方式，受到美、欧、日发达国家和地区的普遍关注，尽管目前整个产业仍处于起步阶段，规模还相对较小，但是增长速度及未来潜力巨大。

2. 发达国家和地区主导智能制造装备市场和技术创新方向

当前，以美、德、日等为代表的工业发达国家主导了全球智能制造装备市场，并引领智能制造技

术创新的方向。美、德、日等发达国家在数控机床、工业机器人、智能控制系统、3D 打印等智能制造装备各相关领域有多年的技术积累，其产品经过长期的检验，技术先进、质量可靠，并具有很强的品牌优势，处于市场掌控地位。

发达国家智能制造装备的技术优势主要体现在以下三个方面：一是掌握智能制造装备的一批共性、基础性关键支撑技术，包括新型传感原理和工艺、高精度运动控制、高可靠智能控制、工业通信网络安全、健康维护诊断等；二是拥有发展智能制造装备所需的关键零部件配套产业，如智能测控装置等；三是能够成套化提供智能制造装备产品。

3．智能化制造技术将引领未来制造业变革

随着生产制造由劳动密集型向现代化制造转型，在工业生产向自动化生产转型的道路上，大力引进工业机器人变得不可或缺。金融危机以后，以美国为代表的发达国家为实现制造业回流，工业机器人需求快速复苏。3D 打印技术作为制造业智能化革命的一项重大突破，已经进入了工业化和实用化的初级阶段，在促进新兴产业快速发展的同时，也带来了生产方式、商业模式和组织结构的深刻变革。3D 打印技术正在成为发达国家实现制造业回流、提升产业竞争力的重要载体。

新一轮的全球制造业竞争极有可能是 3D 打印与机器人等高端智能制造装备的竞争。以工业机器人和 3D 打印为代表的数字化、智能化制造技术将成为引领未来制造业变革的重要技术之一，使制造业从传统迈向智能化时代。

4．主要工业化国家将智能制造装备作为重振制造业战略的重要抓手

制造业在发达国家的工业化和现代化进程中曾经发挥了主导性的作用，此后随着以互联网为代表的新经济的兴起，发达国家经济重心转向互联网、金融等服务性产业，国内制造业开始大规模转移至海外。2008 年金融危机以来，以美国为代表的发达国家政府开始重新审视制造业在本国经济发展中的作用，提出先进制造业是其经济活力和创新动力的基础，相继出台了一系列促进制造业发展的政策、法规、战略，而发展智能制造装备是其中最核心的内容之一。例如，美国于 2011 年和 2012 年分别提出的“先进制造业伙伴计划”和“先进制造业国家战略计划”，对过程控制系统、3D 打印和机器人技术予以高度关注；2013 年德国工业 4.0 战略提出加强信息物理系统建设，在智能工厂、智能生产实现突破；2014 年、2015 年日本连续在制造业白皮书中提出发挥 3D 打印、机器人、大数据等对制造业的影响作用，见表 8.1。

表 8.1　主要国家 / 地区智能制造装备相关发展战略

国家 / 地区	时间	规划	主要内容
日本	2014 年 6 月	制造业白皮书（2013 年版）	将机器人、下一代清洁能源汽车、再生医疗以及 3D 打印技术作为今后制造业发展的重点领域；提出科技研发的两大主要方向：一是发挥日本在既有领域内的优势，包括信息通信、纳米技术、制造业等；二是针对国家安全保障
	2015 年 6 月	制造业白皮书（2014 年版）	白皮书中指出，日本制造业在积极发挥信息技术作用方面落后于欧美，建议转型为利用大数据的下一代制造业。日本制造业依然有着勃勃雄心，一方面，不断通过海外并购打通相关领域，整合优势资源，从而有更进一步提升的空间；另一方面，通过大量开放专利技术使技术得到普及，从而成为行业“领跑者”

（续表）

国家 / 地区	时间	规划	主要内容
美国	2011 年 6 月	先进制造业伙伴计划	其中国家机器人计划（NRI）目标是开发下一代机器人，提高机器人系统的性能和可用性；2012.9 和 2013.10，美国国家科学基金会（NSF）、国立卫生研究院（NIH）、农业部（USDA）和航空航天局（NASA）共同宣布，NRI 第一轮、第二轮资助计划总额分别达 4000 万、3800 万美元
	2012 年 2 月	先进制造业国家战略计划	为先进制造业提供良好的创新环境；统筹促进公共和私人对先进制造技术基础设施的投资；促进先进制造技术规模的迅速扩大和市场渗透
德国	2013 年 4 月	保障德国制造业的未来：关于实施“工业 4.0“战略的建议（2013）	建设一个网络 (Cyber–Physical System，信息物理系统)、研究两大主题（智能工厂、智能生产）、实现三大集成（横向集成、纵向集成与端对端集成）、推进三大转变（实现生产由集中向分散的转变；实现产品由大规模趋同性生产向规模化定制生产转变；实现由客户导向向客户全程参与的转变）

资料来源：上海科学技术情报研究所（ISTIS）整理

二、重点行业领域发展动态

（一）数控机床

1. 世界机床产值和消费连续三年呈现萎缩状态

经过 2010 和 2011 年两年大幅增长后，近年来世界机床产值和消费继续维持萎缩态势。据美国 Gardner 公司最新公布的数据，2014 年世界 27 个主要机床生产国和地区的机床产值约为 812 亿美元，较 2013 年下降 3.1%；2014 年世界 27 个主要机床生产国和地区的机床消费额约为 753 亿美元，较 2013 年微幅增长 0.3%，见图 8.1。

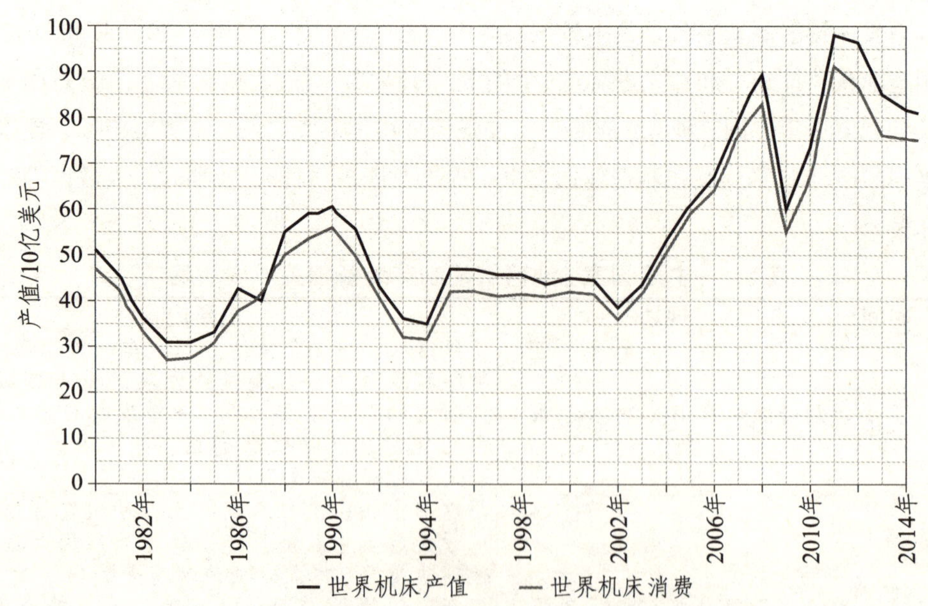

图 8.1　1980—2014 年世界机床产值和消费趋势变化

资料来源：Gardner Publications, Inc，上海科学技术情报研究所（ISTIS）整理

2. 主要国家和地区机床产值下降，机床消费涨跌互现

经过 2011 — 2012 年大幅增长后，近两年全球主要国家和地区的机床产值呈现下降趋势，机床消费呈现涨跌互现态势。就机床生产国（地区）排名看，前 10 名中，除了日本、韩国和中国台湾地区机床产值较 2013 年有所增加外，其余 7 个国家的机床产值均较 2013 年有所下降。2014 年中国大陆机床产值约为 238 亿美元，虽然产值较 2013 年有所下降，但仍遥遥领先于其他国家；2014 年机床产值前五位国家分别是中国、德国、日本、韩国和意大利。就机床消费排名看，和 2013 年一样，2014 年前五位国家依然是中国、美国、德国、日本和韩国。虽然中国大陆机床消费连续三年出现萎缩，但是 2014 年机床消费仍达到 317 亿美元，继续排名第一。美国继续保持世界第二的位次，与 2013 年基本持平。由于 2013 年德国机床消费额较 2012 年大幅增长，因此 2014 年德国机床消费与 2013 年相比有较大幅度的下降。2014 年日本和韩国机床消费较 2013 年相比有较大增长，见表 8.2。

表 8.2　2014 年世界主要国家和地区机床产值及机床消费额

排名	国家 / 地区	机床产值 /100 万美元		排名	国家 / 地区	机床消费额 /100 万美元	
		2014 年	2013 年			2014 年	2013 年
1	中国大陆	23 800.0	24 700.0	1	中国大陆	31 700.0	31 900.0
2	德国	12 957.2	15 268.7	2	美国	8 056.3	8 048.5
3	日本	12 831.6	11 333.6	3	德国	6 758.2	7 573.4
4	韩国	5 631.0	5 150.0	4	日本	5 150.2	3 695.8
5	意大利	5 074.7	5 475.9	5	韩国	4 891.0	4 320.0
6	美国	4 900.4	4 956.1	6	意大利	2 266.9	2 098.4
7	中国台湾	4 700.0	4 537.0	7	俄罗斯	2 030.2	2 054.5
8	瑞士	3 111.7	3 242.8	8	墨西哥	1 708.9	1 924.2
9	奥地利	1 101.2	1 217.0	9	中国台湾	1 687.0	1 629.0
10	西班牙	1 083.0	1 285.1	10	印度	1 416.5	1 337.7
11	英国	931.9	1 007.1	11	加拿大	1 235.0	1 342.0
12	土耳其	722.0	719.0	12	土耳其	1 227.0	1 261.0
13	法国	698.9	797.3	13	英国	1 087.2	1 077.5
14	印度	645.3	576.0	14	瑞士	1 081.8	1 126.1
15	捷克	625.9	697.2	15	巴西	1 014.6	1 464.9
16	加拿大	571.0	685.0	16	法国	977.3	1 113.8
17	荷兰	380.5	428.8	17	奥地利	663.7	734.0
18	巴西	280.0	417.5	18	西班牙	534.8	426.1
19	比利时	254.0	317.8	19	捷克	464.3	435.5
20	俄罗斯	234.4	210.9	20	澳大利亚	333.0	374.7
21	芬兰	170.2	191.8	21	荷兰	303.9	342.5
22	墨西哥	144.0	140.6	22	比利时	221.2	190.4
23	澳大利亚	143.4	160.0	23	阿根廷	195.7	210.0
24	瑞典	135.7	163.4	24	葡萄牙	166.5	209.6
25	葡萄牙	102.1	119.2	25	瑞典	161.3	194.2
26	丹麦	45.0	49.3	26	芬兰	115.5	121.9
27	阿根廷	37.5	36.2	27	丹麦	59.6	63.0
合计		81 312.6	83 883.3	合计		75 268.7	75 507.6

资料来源：Gardner Publications, Inc，上海科学技术情报研究所（ISTIS）整理

3. 汽车、机械、军工和电子信息是数控机床的最大用户

数控机床产业链贯穿技术研发、原料采购、产品生产制造、市场销售及最终用户。数控机床产业链上游主要包括主要原材料（钢铁铸件）、主机制造（基础件、配套件）、数控系统制造（控制系统、驱动系统）、外围制造（包括铸造、锻造、模具加工、焊接等）四大类；数控机床产业的下游主要是四大应用行业，即汽车行业、机械行业、军工行业（航空航天、造船、兵器、核工业等）和其他行业（主要是以电子信息技术为代表的高新技术产业），分别占总需求的45%、25%、20%和10%左右，见图8.2。

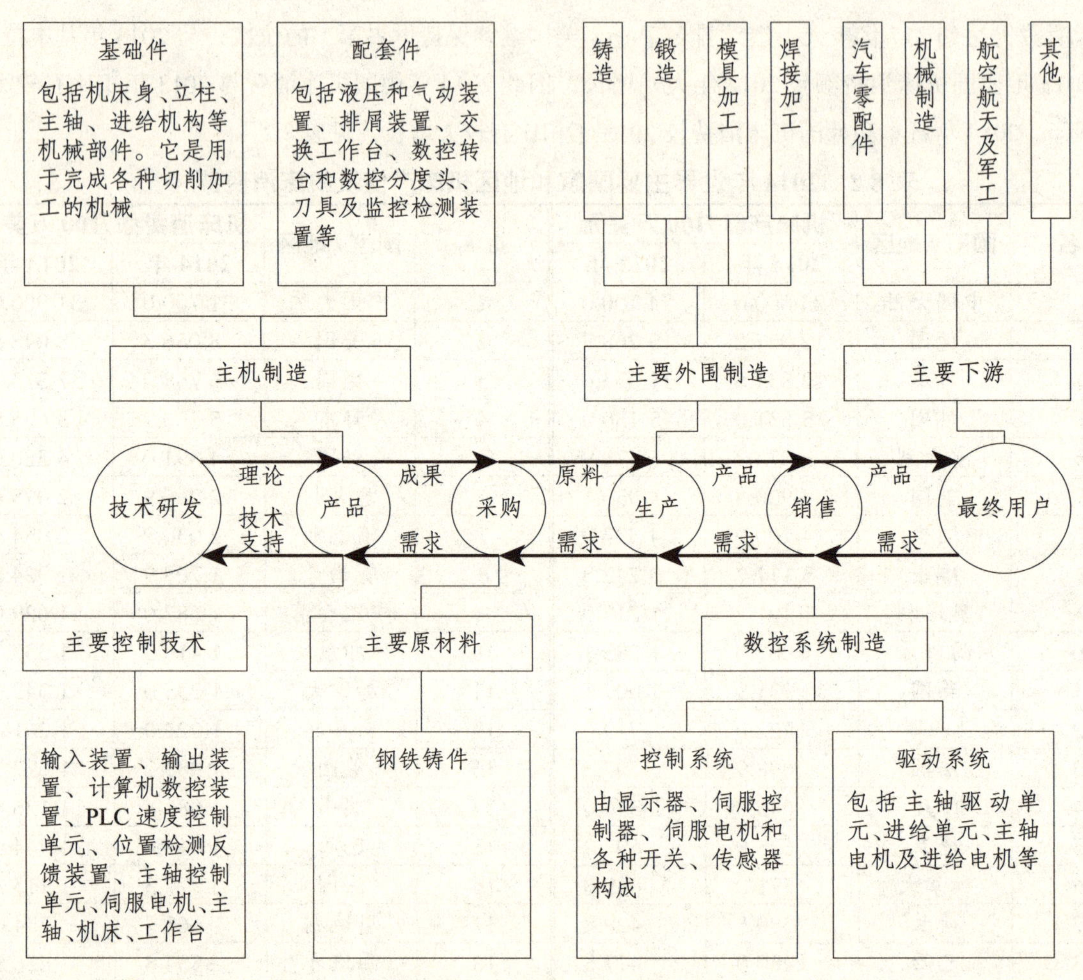

图8.2 数控机床产业链

资料来源：上海科学技术情报研究所（ISTIS）整理

各个下游行业对机床产品的主导需求各不相同。汽车行业和军工行业由于其生产规模较大，加工工艺要求较高，因此对高端的大型、专用数控机床及加工中心需求量较大；而电子信息产业由于其所需的生产设备主要用于加工小型精密零件，因此，对小型、精密、高速的高档机床需求量较大。机械行业包含的子行业众多，而工程机械是机械行业中的机床需求大户，约占整个机械行业需求的40%左右。目前，汽车行业和航天军工产业对机床市场需求最大且需求产品技术水平最高。表8.3简要罗列了不同行业所需的机床种类。

表 8.3　各行业需求机床种类

行业		机床种类
军工	航空	高速 5 轴龙门移动式或横梁移动式加工中心、数控立式车床、立卧转换镗铣加工中心、5 轴卧式加工中心、六坐标镗铣中心、高精度齿轮加工机床、数控磨床、高精度数控万能磨床、高精度电加工机床等
	航天	精密数控车床和车削中心、7 轴控制双主轴车削中心、立卧转换 4~5 轴铣削中心、小规格 5 轴立式加工中心、高精度电加工机床、高精度数控万能磨床、数控光学成形磨床、5 轴双柱立式车铣中心、大型外圆磨床、落地镗铣床和龙门加工中心
	造船	重型和超重型龙门铣镗床、重型数控落地镗铣床、6 轴五联动数控镗铣床、数控立式车床、大型数控成型砂轮磨齿机、曲轴镗铣床、大型曲轴车铣中心、大型曲轴磨床
	兵器	重型龙门铣镗床、对置式落地镗铣床、立卧式加工中心、5 轴加工中心、齿轮加工机床、数控车床、车削中心和其他各类数控机床
汽车	汽车	高速卧式加工中心、数控曲轴内铣或外铣床、数控曲轴磨床、曲轴抛光机、数控车床、立式加工中心、卧式加工中心，数控高效磨床和数控齿轮加工机床、柔性生产线
机械	冶金设备	大型龙门铣床、大型数控卧车和立车
	发电设备	重型数控龙门铣床、大型数控落地镗铣床、大型数控立式车床、叶根槽专用铣床以及叶片数控加工设备
	工程机械	数控龙门铣床、数控车床
	模具行业	汽车覆盖件模具：高速龙门铣床和三坐标测量机；大中型塑料模具：数控镗铣床、加工中心、电加工机床、深孔钻床、磨床；中小型精密模具：高精度加工中心、坐标磨床、光学曲线磨床、精密成形磨床、精密平面磨床、精密电加工机床等
	轻工业	多轴联动加工中心、数控成套设备、一般金切机床
	纺织工业	加工中心、数控金切机床
电子信息	电子信息	精密车床和亚微米加工设备、纵切自动机、盘型棒料自动车床、排刀式数控车床、小型 5 轴立式加工中心、高速加工中心、高速铣削中心、精密细丝电火花线切割机床、精密电火花成型机、高速精密冲床和其他专用设备

资料来源：上海科学技术情报研究所（ISTIS）整理

4. 日本、德国机床制造商在世界数控机床产业中占据绝对领先地位

从美国 Gardner 公司 2015 年 5 月发布的 2014 年世界机床产值前 20 位企业排名看（表 8.4），日本和德国最多，分别是 7 家和 6 家；美国 3 家；中国 2 家；韩国和瑞士各 1 家。其中，前 10 名企业中日本占了 5 家，可见日系数控机床制造商在世界数控机床产业中占有绝对领先地位。中国有两家企业入榜前 10 名，分别是位于第 2 位的沈阳机床和第 4 位的大连机床。前 10 名榜单中，德国有 3 家企业上榜，分别是排名第 1 位的通快、排名第 6 位的吉迈特和排名第 8 位的舒勒；另有 3 家德国企业（格劳博、埃玛格、联合磨削集团）排名介于第 10~20 之间，足以体现以德国数控机床制造商在世界数控机床产业中占有的举足轻重的地位。和前几年排名相比，美国机床企业排名后移，前 10 名无企业入榜，美国 MAG（与德国合资企业）排名第 11 位，哈斯排名第 14 位，格里森排名第 20 位，其他知名机床企业如哈挺等均排在 20 名以后。

表 8.4　2014 年世界机床产值前 20 名企业名单

排序	公司名称	国别	截止财政年度	机床产值 / 100 万美元	主要品牌
1	通快（Trumpf）	德国	2014 年 6 月	2930.3	Trumpf, TruPunch, TruBend, TruLaser
2	沈阳机床集团（SMTCL）	中国	2011 年 12 月	2782.7	SMTCL, S1, Schiess, ZJ, Fiyang,
3	天田（Amada）	日本	2014 年 3 月	2547.3	Amada, Amada Wasino
4	大连机床（DMTG）	中国	2010 年 12 月	2380.6	DMTG, Ingersoll Production Systems, BoKo

（续表）

排序	公司名称	国别	截止财政年度	机床产值 / 100 万美元	主要品牌
5	小松（Komatsu）	日本	2013 年 3 月	2224.6	Komatsu, NTC
6	德马吉森精机（德国）（DMG Mori Seiki A.G.）	德国	2013 年 12 月	1606.7	DMG Mori
7	德马吉森精机（日本）（DMG Mori Seiki Co. Ltd.）	日本	2014 年 3 月	1604.1	DMG Mori
8	舒勒（Schuler）	德国	2013 年 9 月	1555.5	Schuler, Müller-Weingarten, SMG, Gräbener
9	捷太格特（Jtekt）	日本	2014 年 3 月	1546.9	Toyoda, Koyo
10	大隈（Okuma）	日本	2014 年 3 月	1340.8	Okuma
11	MAG	美 / 德	2011 年 12 月	1259.0	MAG
12	牧野（Makino）	日本	2014 年 3 月	1236.5	Makino
13	斗山·英维高（Doosan Infracore）	韩国	2013 年 12 月	1224.0	Doosan, Daewoo
14	哈斯（Haas）	美国	2012 年 12 月	967.0	Haas
15	阿奇·夏米尔（GF AgieCharmilles）	瑞士	2013 年 12 月	935.1	Charmilles, Agie, Mikron, StepTec, System3
16	格劳博（Grob）	德国	2012 年 3 月	896.0	Grob
17	埃玛格（Emag）	德国	2011 年 12 月	724.0	Emag; SW; Naxos-Union
18	联合磨削集团（UNITED GRINDING）	德国	2013 年 12 月	704.7	Blohm, Ewag, Jung, Mägerle, Studer, Walter
19	会田（Aida）	日本	2014 年 3 月	694.5	Aida, Manzoni, Rovetta
20	格里森（Gleason）	美国	2012 年 12 月	685.0	Gleason, Gleason-Pfauter, -Hurth

资料来源：根据 Gardner Publications, Inc 2015 年数据整理

（二）智能控制系统

1. 世界智能控制系统市场规模稳步增长

2010—2014 年世界智能控制系统市场获得稳步增长，见图 8.3。据国际著名咨询机构 MarketLine 2014 年 11 月发布的数据显示，2014 年世界智能控制系统（包括集散控制系统 DCS 和可编程控制器

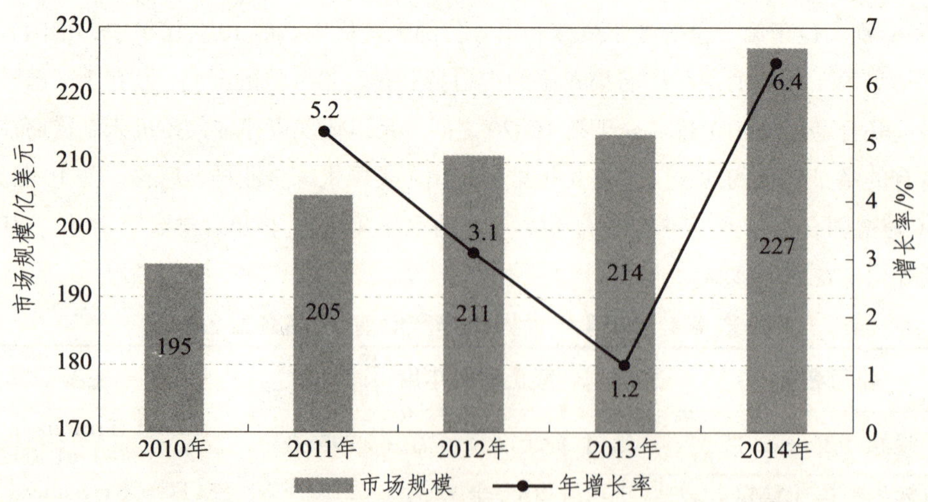

图 8.3 2010—2014 年世界智能控制系统市场规模

资料来源：Marketline. Globall Control Systems，November 2014.

PLC 两大部分，不包括基于 PC 的工业控制系统和软件）市场规模约为 227 亿美元，较 2013 年增长 6.4%，2010 年至 2014 年年复合增长率为 3.9%。2014 年集散控制系统（DCS）市场规模达 115 亿美元，占世界智能控制系统市场规模的比例为 50.8%；2014 年世界可编程控制器（PLC）市场规模达 112 亿美元，占智能控制系统总额的 49.2%。

MarketLine 预计，2014—2019 年世界智能控制系统市场将保持稳定增长，但增幅有所趋缓，2014—2019 年复合年均增长率约为 3.9%，2019 年产业市场规模将达 275 亿美元，较 2014 年增长 30.8%，见表 8.5。

表 8.5　2014—2019 年世界智能控制系统市场规模

年度	市场规模 / 亿美元	增长率 /%
2014	227	6.4
2015	234	3.1
2016	244	4.2
2017	255	4.2
2018	265	4.0
2019	275	3.9

资料来源：MarketLine，上海科学技术情报研究所（ISTIS）整理

2. 占据智能控制系统高端市场的欧洲地区快速增长

就世界智能控制系统市场区域分布来看，2014 年，欧洲、亚太和美洲地区智能控制系统市场规模分别为 98 亿、76 亿和 47 亿美元，占世界智能控制系统市场规模的比例分别为 43.2%、33.6% 和 20.7%，见表 8.6。2009 年至 2014 年，欧洲、美洲、亚太地区智能控制系统复合年均增长率分别为 7.3%、2.5%、2.1%。欧洲地区智能控制系统占据高端市场，近年来优势明显，发展势头迅猛，不仅得到快速增长，在全球比重也由 2009 年占比 38.5% 上升为 2014 年 43.2%，而美洲和亚太地区尽管也保持稳定增长，但比重有所下降，尤其是前几年增长较快的亚太地区，比重由 2009 年的 38.3% 下降至 2014 年的 33.6%。

表 8.6　2009 年和 2014 年世界智能控制系统市场对比情况

区域	2009 年		2014	
	市场规模 / 亿美元	分布比例 /%	市场规模 / 亿美元	分布比例 /%
美洲	41.5	23.2	47.0	20.7
欧洲	68.9	38.5	98.0	43.2
亚太地区	68.6	38.3	76.0	33.6
中东及非洲	—	—	6.0	2.5
全球	179.0	100.0	227.0	100.0

资料来源：MarketLine，上海科学技术情报研究所（ISTIS）整理

美国、日本和欧洲等发达国家智能控制系统市场发达，代表了当今智能控制系统的最高技术水平。近年该市场保持稳步增长的态势，主要原因在于欧美日发达国家加大了对智能控制系统生产和研发，加快对现有控制系统的智能化改造。而亚太与中南美洲等新兴地区近几年工业发展快速，资本投入和大型基础建设项目大幅增加，对智能控制系统需求量大，进口相对增加，而亚洲相对低廉的劳动力，吸引欧美厂商积极开拓亚洲市场。

3. 跨国公司并购重组向更强大综合性工业集团发展

智能控制系统行业综合了多种高新技术成果，发展智能控制系统需要一批具备相当经济实力、拥有著名品牌和现代化生产经营开发规模的大型公司。近年来，世界上主要的自动化仪器仪表厂商进行了新一轮的成本削减和重组，一些财力雄厚的厂商为了扩展实力，争夺市场份额或垄断市场，开始收购有名或不知名的生产企业，成为更强大的综合性工业集团。如，艾默生完成了约40亿美元的战略收购计划，不仅补充了原有业务链，进一步促进了技术、产品和解决方案的创新，也提高了企业利润，帮助其在全球经济复苏期占领有利位置。罗克韦尔也在不断扩充产业链：2013年10月收购vMonitor公司，vMonitor是全球范围内数字油田实施及远程运营领域的先驱，创造性地将最尖端的无线仪表和通信与可视化软件结合在一起，成为罗克韦尔互补的产品线；2013年11月收购Jacobs Automation公司，Jacobs Automation是智能跟踪运动控制技术领域的领导者，拥有一款名为iTRAK系统的运动控制解决方案，该方案面向全球机器制造商市场，可有效提升包装、物料输送等工作效率。

4. 领先公司发展概况

（1）ABB（ABB, Ltd.）

ABB是电力和自动化技术领域的领导厂商，由两个具有100多年历史的国际性企业：瑞典的阿西亚公司（ASEA，成立于1883年）和瑞士的布朗勃法瑞公司（BBC Brown Boveri，成立于1891年）在1988年合并而成。ABB集团总部位于瑞士苏黎世。目前，ABB下设五大业务部门：电力产品部、电力系统部、离散自动化与运动控制部、低压产品部和过程自动化部。其中，离散自动化与运动控制部的电机、发电机、传动系统、可编程逻辑控制器、电力电子和机器人产品广泛应用于电力、运动和控制等自动化领域；过程自动化部为客户提供仪器仪表、自动化产品和工业流程优化解决方案，服务于石油、天然气、电力、化学、制药、制浆、造纸、金属、矿产、船舶和涡轮增压等行业。2013年ABB销售收入为418.48亿美元，较2012年增长6.4%。

（2）艾默生（Emerson Electric Co.）

艾默生是一家多元化全球制造商，公司成立于1890年，总部位于美国密苏里州圣路易斯市。公司通过过程管理、工业自动化、网络能源、环境优化技术、商住解决方案等业务，将技术与工程相结合，为客户提供创新性解决方案。其中，过程管理业务涉及：测量和分析仪表（压力、温度、液位及流量测量，分析仪表，气相色谱仪）；系统、控制器及软件（过程管理系统，安全仪表系统，船用管理系统，过程控制及自动化软件，运营管理软件，资产管理、维护及可靠性）等。工业自动化业务涉及：流体自动化（流体控制产品，气动运动控制产品）；电机及驱动（工业电子电机，齿轮传动电机，变速驱动，光伏发电并网逆变器，伺服驱动及电机）；工业电气产品等。2013年艾默生销售收入为242.22亿美元，较2012年下降0.8%。

（3）霍尼韦尔（Honeywell International Inc.）

霍尼韦尔是一个拥有多元化制造技术的领导者，公司成立于1885年，总部设在美国新泽西州莫里斯镇。其业务涉及航天产品及服务、工业和家庭楼宇控制技术、汽车产品、涡轮增压器以及特种材料。其中，工业过程控制业务涉及：传感器、开关及控制产品（温湿度传感器、压力传感器、速度传感器、压力/真空开关、功率继电器等）；控制、监测及安全系统（集成控制与安全系统、数字视频管理器、质量控制系统、可扩展控制解决方案等）；工业无线解决方案等。目前，霍尼韦尔在全球95个国家/

地区拥有 13 万名员工。2013 年霍尼韦尔销售收入为 390.55 亿美元，较 2012 年增长 3.7%。

（4）西门子（Siemens Aktiengesellschaft）

西门子是全球电子电气工程领域的领先企业，公司成立于 1847 年，总部位于德国幕尼黑。其业务遍及 200 多个国家，专注于电气化、自动化和数字化领域。西门子在海上风机建设、联合循环发电、输电解决方案、基础设施解决方案、工业自动化、驱动和软件解决方案，以及医疗成像设备和实验室诊断等领域占据全球领先地位。其中，西门子工业自动领域业务涉及：自动化与控制系统（工业自动化系统、运动控制系统 SIMOTION、CNC 系统和 CNC 控制器、自动化软件等）；过程控制系统（SIMATIC PCS7、旧系统改造）；仪表和传感器（过程自动化仪表、过程分析仪器、视觉传感器等）；工业通讯（工业以太网、工业无线通讯、工业远程访问）；基于 PC 的自动化（工业 PC、基于 PC 的控制器、嵌入式控制器）；等等。2013 年西门子销售收入为 1007.30 亿美元，较 2012 年下降 3.1%。

（三）3D 打印设备

1. 3D 打印市场规模继续保持快速增长态势

根据美国专门从事添加制造技术的技术咨询服务公司——沃勒斯（Wohlers Associates）发布的 2015 年度报告显示，近年来全球 3D 打印市场持续保持快速增长态势，2014 年全球产值约为 41 亿美元，比 2013 年增长 35.2%，创近 18 年来最高增幅。2012—2014 年全球 3D 打印产业年均复合增长率约为 33.8%。2014 年全球约有 49 家制造商生产和销售工业级 3D 打印设备。据 Wohlers 报告显示，到 2016 年全球 3D 打印市场规模将超过 70 亿美元，2018 年将达到 125 亿美元，到 2020 年市场预计将达到 212 亿美元，见图 8.4。

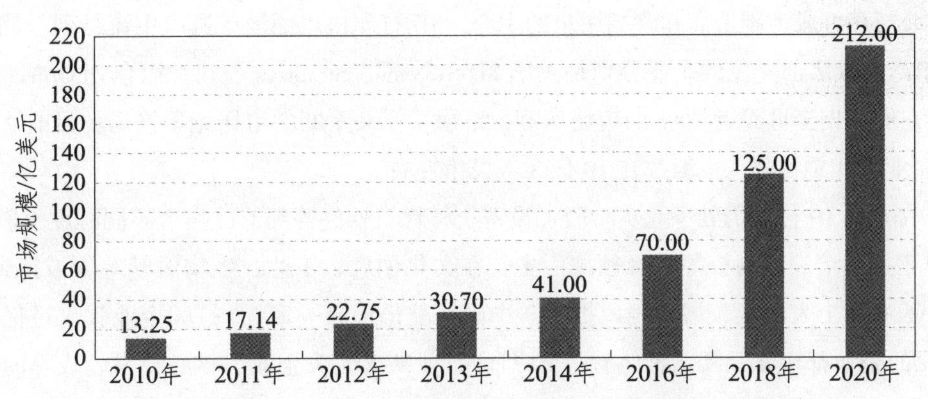

图 8.4 2010—2020 年全球 3D 打印产业市场规模及预测

说明：2016 年、2018 年、2020 年为预测值

资料来源：Wohlers Associates，上海科学技术情报研究所（ISTIS）分析整理

从 2007 年至 2014 年，桌面 3D 打印机的年销售额从区区 66 台增长到 139 584 台。Wohlers 认为，桌面 3D 打印机销售增长最快领域将是企业和教育机构，而非家用。从销售数量上来说，2014 年桌面级 3D 打印机占 91.6%，而工业级只占 8.4%，但从销售额上截然相反，工业级 3D 打印机占 86.6%，桌面级只占 13.4%，即 2014 年工业级 3D 打印机的销售额为 11.2 亿美元，而桌面级 3D 打印机的销售额

仅为1.733亿美元。

2. 欧美日发达国家3D打印应用较广泛，中国尚未实现大规模应用

目前，美国、日本、德国、中国是拥有3D打印设备最多的国家。据Wohlers Associates发布的2013年度报告显示，美国、日本、德国和中国拥有的3D打印设备占全球3D打印设备的比例分别为38%、9.7%、9.4%和8.7%（图8.5），以上四个国家拥有3D打印设备之和占世界总份额的比重约达65.8%。

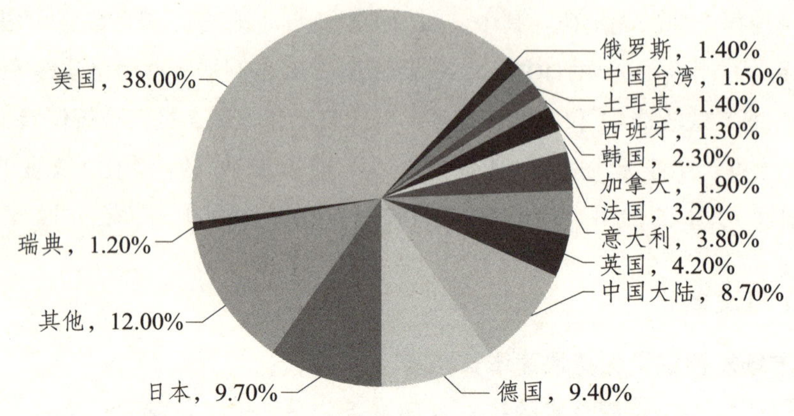

图8.5 2013年主要国家3D打印设备数量占比

资料来源：Wohlers Associates

目前，在欧美日等发达国家，3D打印技术的应用已较为广泛，大到飞行器、赛车，小到服装、手机外壳、甚至是人体组织器官。尤其在一些交叉学科领域中，3D打印的应用更加明显。从近期欧美市场看，越来越多的零售商在网店和实体店售卖3D打印机。随着百思买、沃尔玛、亚马逊、家得宝及劳式等集团公司相继成为制造商和终端用户的中介，3D打印机也渐渐地进入主流行列。就企业实力来看，3D打印产业排名前4位的企业分别是美国3D Systems、Stratasys公司，以色列Object公司和德国EOS公司，它们占据全世界近70%的市场份额，形成了寡头垄断的市场竞争格局。目前欧美较具规模的3D打印企业的年销售收入一般都在10亿元人民币左右。

目前，中国的3D打印仍处于起步阶段，设备、材料、软件等环节已实现不同程度突破，应用对象以科研和职业技术培训、高校等教育领域为主，在文化创意、工业、生物医学等领域得到部分应用，尚未实现在工业及个人消费领域大规模推广。中国目前仍没有一家3D打印企业收入过亿元，甚至超过5000万元的企业都寥寥无几。整体看，3D打印行业缺乏龙头企业、核心技术、成熟的商业模式和政策资金扶持。

3. 航空航天、军工和医疗是3D打印技术应用前景最广阔的领域

根据美国3D打印技术路线图规划，未来10~12年，3D打印技术将对航空航天、汽车、医疗和消费电子产品等核心产业的革新产生巨大推动，而军事、牙科、建筑、家具、家居饰品、珠宝、收藏品、玩具、教育等行业，也将受益于3D打印技术的发展。

（1）航空航天领域

由3D打印制造出来的金属零件完全符合航空航天领域对于未来器械设备制造的要求。主要表现在以下三个方面：①“轻量化”和“高强度”一直是航空航天设备制造和研发的主要目标。3D打印技术所制造出来的零件能够很好地满足这两个要求，如由激光快速成型技术打造的一次成型钛合金的承力能力比普通锻造、焊接强上近30%。②由于航空航天设备所需要的零部件往往都是一些需要单件定制的小部件，如果运用传统工艺制作势必会存在制作周期过长，且成本过高的问题。而3D打印技术低成本快速成型的特点则能很好地弥补这一缺陷；③传统技术在生产零件过程中会造成许多不必要的损耗，对于复杂产品，有时候原材料利用率仅不到10%。而3D打印所特有的增材制造技术则能很好地利用原材料，利用率高达90%。

2013年8月，美国国家航空航天局（NASA）对用3D打印技术制作出的火箭发动机喷射器进行了测试，并取得成功。火箭发动机喷射器是火箭生产中最昂贵的组件之一，通过使用金属3D打印技术的工艺，成本能够减少70%以上，并且极大缩短开发时间。欧洲宇航防务集团创新工场和欧洲光学学会使用直接金属激光烧结技术制造的钛零件替代空客A320发动机舱的铸钢铰链支架，在关键载荷位置优化金属结构布置，削减了75%的原材料重量，减少了生产、使用与回收过程中能源消耗及排放物。劳斯莱斯集团（Rolls Royce）正在研发用3D打印技术更快更精准地生产喷气发动机组件。2014年9月，NASA将一台由Made In Space公司制造的Zero-G 3D打印机送上了国际空间站，帮助宇航员在零重力的情况下制造复杂零件和所需工具，修复受损的齿轮，甚至是组装纳米卫星。欧洲航天局（ESA）也计划在2015年上半年将3D打印机发送到国际空间站上去。

Wohlers最新发布的报告指出，目前全球航空航天业在3D打印方面投入了巨资。GE航空集团已经打印了40000个航空发动机燃料喷嘴。而空中客车公司则每个月3D打印30吨的零部件，而且该公司已经看到在应用3D打印之后零部件生产方面的显著提升。使用3D打印技术生产航空航天零部件的其他公司包括BAE系统公司、贝尔直升机、波音、庞巴迪、巴西航空工业公司、通用动力公司、霍尼韦尔航空航天集团、洛克希德·马丁公司、诺斯罗普·格鲁门公司、普惠公司、雷神公司、劳斯莱斯公司和SpaceX公司等。

（2）军工领域

目前，3D打印技术已经被大量应用于美军武器装备的研发之中。除了能够提升武器装备的研发速度外，3D打印技术还能大幅降低武器装备的造价成本和生产周期。美军已应用3D打印技术辅助制造导弹用弹出式点火器模型，并取得了良好的效果。美国GE航空已应用3D打印技术制造终极喷气发动机，并将所有的专门技术应用于下一代的军用发动机上，自动地将高推力模式转换到高效率模式。美陆军加速3D打印技术实战化部署，以增强持续战斗力。2013年1月7日，美国陆军快速装备部队(REF)将其第2个移动远征实验室部署到战区，该实验室通过使用3D打印机和计算机数字控制(CNC)设备将铝、塑料和钢材生产加工成所需零部件。2013年11月，美国德克萨斯州的Solid Concepts公司用金属粉末制造并测试了世界上第一支3D打印的金属手枪，这支以经典的M1911为模型打印的手枪组成元件超过30个，包括不锈钢和一些特殊合金材料，经过50次发射测试，射击距离超过27米，与常规武器同样精准。2013年12月，Solid Concepts又为Area-I公司的737无人机模型PETRA，使用选择性激光烧结（SLS）技术打印了燃料箱、副翼、操纵面、襟翼等主要组件，所生产的部件质量完美，重量减轻，并省掉了传统制造方法耗时的后处理步骤，仅副翼的制作就从原来的24天缩短到3天，最终使PETRA实现了完美的试飞测试。除此以外，3D打印技术正计划被用于各种武器装备，如水面舰艇、潜艇和战机的设计制造。

（3）医疗领域

医疗领域已然成为3D打印应用最多的领域之一，大部分应用都集中在假肢制造、牙齿矫正与修复等方面。利用3D打印能够完美地复制人体结构构造，贴合人体工学。现如今在欧洲，使用3D打印制造钛合金人体骨骼的成功案例就有3万多例。

随着科技的不断进步，将3D打印应用于组织器官移植的技术也不单单只停留在理论层面。2013年5月，美国俄亥俄州一名六周大的男婴患有支气管软化症，病情危重。医生利用3D打印机，制作了一个夹板，在婴儿的气道中开辟了一个通道。男婴最终成功维持呼吸，免于夭折。这是医学史上首宗3D打印器官成功移植的案例。根据美国器官共享网络（UNOS）统计数据，美国等待器官移植的患者人数在逐年增加。截至2014年4月10日，美国在等待器官移植手术的病患共计7.8万余人。今后这将是一个需求量极大的市场。而由于符合要求的器官捐献数量不足，以及术后可能产生的严重排斥性问题，传统医疗手段已然无法满足现在需要器官移植病患的要求。因此，今后3D打印在这一领域的应用将会非常可观的。

4. 金属3D打印大有前途

金属3D打印是通过把一层厚度为0.025~0.08毫米的金属粉末逐层熔铸，制成所需产品。相较于PVC、陶瓷等材料，金属材料由于其高硬度，耐高温等得天独厚的特性，其作为3D打印原材料的发展空间巨大，金属3D打印所制造出来的产品可以在更多的领域得到应用，如航天航空、汽车制造、军工等。例如，通过金属3D打印，可实现飞机零部件的轻量化订制，减轻机身重量。相关研究表明，一架飞机机身重量每减少一公斤，每年将可节省3万美元的燃油费。当前，汽车的更新换代速度越来越快，车主们很可能因为找不到适合自己车型的零件而犯愁。金属3D打印技术将能轻松解决此类问题。只要保存好汽车零件的扫描数据，随时可以通过一台金属3D打印机制造出来。由于产业链下游需求面更加宽广，使得金属零部件的3D打印技术在未来的发展前景更加被业界所看好。

金属3D打印在现阶段仍然会遇到一定的技术难题。因为金属的熔点相对较高，所以在成品制造的过程中会出现物理变化（如金属固液形态的转变）、热传导和表面扩散等情况。为了解决这一系列问题，需要多种制造参数配合。相较于其他材料的3D打印技术，金属零部件快速成型技术是最为复杂的。

主要参考文献

[1] 蒋立新，易翔翔，邵洁．3D打印技术的发展及在军工领域的应用[R]．中国军转民，2013年第12期．

[2] Gardner Publications, Inc．2015 World Machine-Tool Output & Consumption Survey[R]．2014．

[3] Gardner Publications, Inc．Machinr Tool Scoreboard[R]．2015-5．

[4] Marketline．Globall Control Systems[R]．2014-11．

[5] Wohlers Associates．Wohlers Report 2014 Uncovers Annual Growth of 34.9% for 3D Printing and Additive Manufacturing Industry [R].2014-05-01.

[6] http://www.wohlersassociates.com/

本章撰写：王德生

第九章
世界新能源产业发展动态

一、新能源产业总体发展态势

2014 年，在全球能源消费增长乏力，油价大幅走低背景下，新能源产业保持快速成长态势，全年需求稳定增长，建设增长快速，投资走出低迷。

1. 新能源消费增速放缓，建设保持快速增长

2014 年全球能源消费增速为 20 世纪 90 年代以来新低，一次能源消耗增长 0.9%。不包括核电和水电的新能源[1]消费占全球一次能源消耗总量近 3%（图 9.1），同比增长 12%，尽管增幅低于近十年

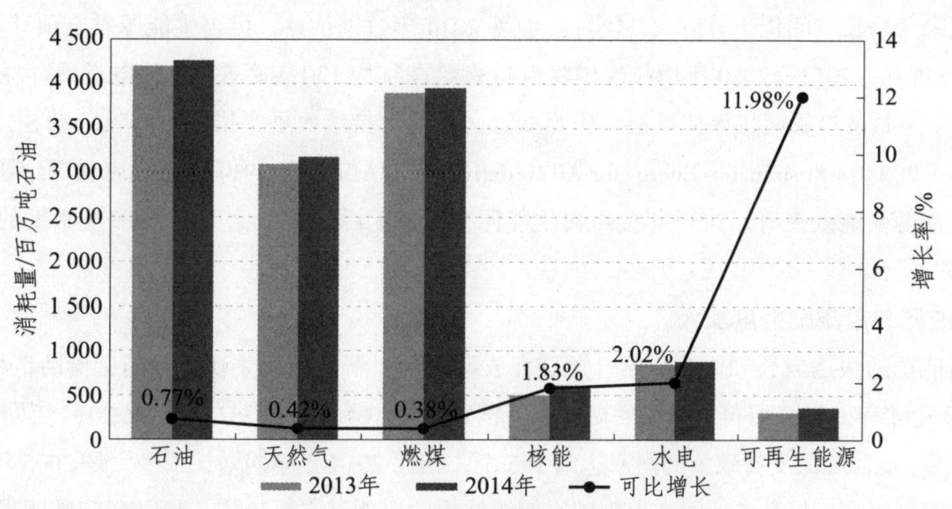

图 9.1　2013—2014 年全球初级能源消耗量

资料来源：英国石油公司，上海科学技术情报研究所（ISTIS）分析整理

[1] 该新能源数据来自 BP2015 能源统计年鉴，新能源统计中不包括传统生物质能。根据联合国 21 世纪可再生能源政策网络 REN21 估计，传统生物质能 2013 年占到全球能源消耗约 9%。

平均水平，但仍远高于传统化石能源发展；核电占全球一次能源消耗4.44%，发电量连续第二年恢复增长，增幅1.8%；水电占一次能源消耗结构的6.8%，增速2%。在终端能源消费中，新能源发电占比全球电力需求近30%；供热占全球热能需求约8%；生物燃料、燃气及电动汽车等替代燃料占比交通运输领域能耗3.5%。

在新能源建设方面，2014年新增新能源发电装机容量总计约139.2吉瓦，见表9.1。核电以外可再生能源新增发电能力合计134.5吉瓦，总计达到1712吉瓦，同比增长8.5%，占到全球新增净发电装机规模约为59%，在全球发电能力规模中占到27.7%。除核电、水电以外可再生能源发电规模增长至660吉瓦，同比上升近18%，光伏与风电建设再创新高，欧盟28国、金砖5国、美国、日本总计占到全球份额90%以上。核电新增并网规模4.7吉瓦，同比增长0.42%。2014年新增新能源供热能力增长43.1吉瓦，传统生物质能以外可再生能源供热能力占全球份额8%。2014年生物燃料年生产能力增加103亿升。

表9.1　2014全球新增可再生能源发电、供热、运输燃料增长

可再生能源发电	增加值／吉瓦	供热	增加值／吉瓦	交通燃料	增加值／亿升·年 $^{-1}$
生物质能发电	5	现代生物质能供热	9	燃料乙醇	62
地热发电	0.6	地热直接使用	1.1	生物柴油	33
水电	37	太阳能热水器集热	33	加氢处理植物油（HVO）	8
海洋能发电	近于0				
光伏发电	40				
太阳能聚热发电	0.9				
合计	134.5	合计	43.1	合计	103

资料来源：联合国环境署REN21，上海科学技术情报研究所（ISTIS）分析整理

新能源未来增长空间仍十分巨大。国际能源署2014年数据估计，可再生能源发电预计2020年将增加近1000吉瓦，2013—2020年增长规模将保持稳定在年均130吉瓦左右；核电发展存在一定不确定性；可再生能源供热规模将保持平稳。作为联合国推进可持续发展举措，可持续能源SE4ALL十年计划（2014—2024）（Sustainable Energy for All Initiative，SE4ALL）于2014年正式启动，计划将致力于推进可再生能源及能效提升，2030年使可再生能源在全球能源结构中比重是2010年水平的两倍，目标达到36%。

2. 新能源政策激励力度加大

随着新能源的快速成长和逐渐成熟，尤其在成熟市场，新能源相关政策倾向于借助市场化力量。截至2015年上半年，设立可再生能源发展目标的国家达到164个（图9.2），相比2014年同期增长20个；推出可再生能源相关支持政策的国家达到145个，相比2014年同期增长7个，是2005年10倍。

全球范围内而言，提高新能源在未来国家能源结构中比例是主要趋势。2014年，欧盟设立新规则目标能源领域2030年可再生能源比例到27%；日本“基础能源计划”将2030年目标提高到能源结构30%；印度设定2022年可再生能源目标为170吉瓦；中国2017年目标提高到风电、光伏及水电分别达150吉瓦、70吉瓦及330吉瓦；迪拜将2030年可再生能源目标从5%升到15%；阿拉伯国家联盟建立了“阿拉伯可再生能源框架”（AREF）。

新能源政策不断寻求与变化的新能源技术成本及市场环境相适应。2014—2015 年各国推出政策机制组合拳，在鼓励应用可再生能源的同时增强市场机制作用。截至 2015 年上半年，73 个国家及 35 个地区实施了 FIT（强制电价补贴）政策，补贴率在成熟市场呈现下降趋势；电网结算政策（net metering）在 48 个国家实施；配额（Quotas）及可再生能源强制配额（renewables portfolio standard）在 27 个国家实施；可再生能源竞投标机制采用国家为 60 个。FIT 政策倾向于小规模、分散并网用户，在亚欧区域市场比北美应用更为普遍；电网结算政策及配额制更受北美市场大规模装机量区域欢迎；部分地区对可再生能源发电开始征收相关税费，如保加利亚对光伏及风电收入征收 20% 税收。

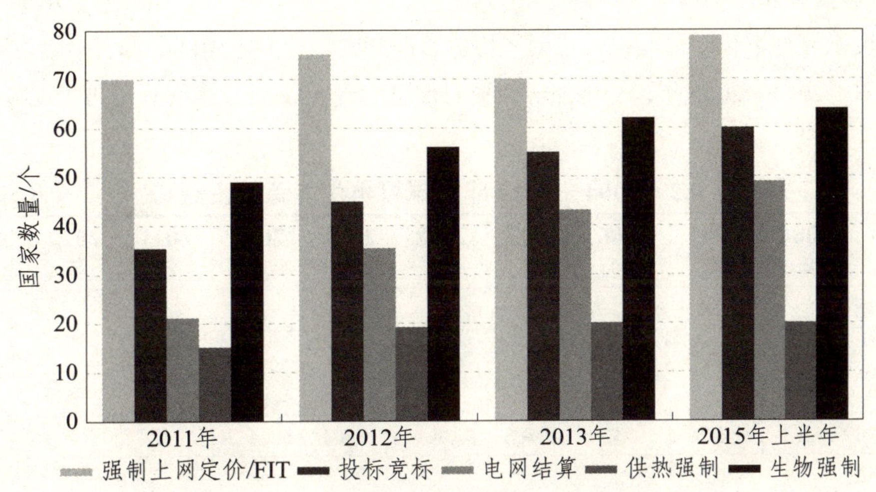

图 9.2　全球可再生能源政策类型统计

说明：统计截至 2015 年 6 月底

资料来源：联合国环境署 21 世纪可再生能源政策网络 REN21，上海科学技术情报研究所（ISTIS）分析整理

3. 区域能源系统布局受关注

着眼低碳能效、结合供热制冷的区域能源网络规划受关注，与建筑节能结合的可再生能源供热制冷目标（RE-H/C）逐渐进入能源政策。为实现控制全球气候升温在 2 摄氏度内目标，国际能源署 2015 年专题报告《能源与气候》指出短期内提高工业、建筑和运输部门能效是主要措施之一。鼓励可再生能源供热制冷网络构建、建筑能效技术应用的发展政策加强，实施供热强制目标国家达到 20 个，33 个国家实施生物燃料混合政策。2014 年英国“可再生能源供热计划”（Renewable Heating Incentive，RHI）从商业及工业用户推广至拓展到民用用户；2015 年德国巴登－符腾堡州开始实施新建住宅 15% 可再生能源供热制冷强制比例，成为德国 2020 年 RE-H/C 达到 14% 目标领先区域。

多个国家推出建筑零能耗目标（net zero energy，NZE）及示范项目，欧盟建筑能效指令（Energy Performance of Buildings Directive，2002/91/EC, EPBD）目标到 2020 年欧盟所有新建建筑要实现近零能耗；美国加利福尼亚州计划到 2020 年或 2030 年新建筑实现近零能耗建筑目标，马萨诸塞州、纽约州等也在示范尝试中；日本计划到 2020 年所有新建建筑是实现零能耗，2030 年所有私人建筑实现零能耗。可再生能源供热及智能区域能源网络将进一步推进 RE—H/C 实现，示范项目正在推进打破已有市场及政策壁垒，目前示范项目在欧洲相对集中，如欧洲与欧盟联合资助可再生能源智能制冷城市欧洲

（RESCUE）示范项目；德国汉堡国际建筑展示威廉斯堡区域示范项目等。

4. 新能源投资走出低迷状态

2014 年全球新能源投资走出连续两年下降态势（表 9.2），投资总额达到 2702 亿美元，同比增长 16.57%；市场并购交易额达到 687 亿美元，同比增长 2.69%；总投资交易额度达 3390 亿美元，十年复合增长率约 20%。新能源研发、商业化开发、制造、项目等各环节投资额度均不同程度增长，增长幅度最大的是商业化开发风险投资和公募市场对制造环节投资，企业技术开发投入持平，企业并购出现低潮。新兴市场继续领衔区域市场投资，2014 年投资额度达到 1310 亿美元，反弹率增长 35%；发达地区市场为 1390 亿美元，小幅增长 3%。除生物燃料、生物质能、小规模水电外，新能源各技术领域投资也不同程度恢复性增长，风能投资达到了历史新高 995 亿美元。国际能源署最新发布的世界能源投资展望中披露，2014—2035 年，全球能源投资总额将达到 40.2 万亿美元，可再生能源发电投资近 6 万亿美元。

表 9.2 2004—2014 年全球可再生能源投资趋势 单位：10 亿美元

项目	2004年	2005年	2006年	2007年	2008年	2009年	2010年	2011年	2012年	2013年	2014年
不同阶段的新增投资											
1. 技术开发											
政府研发投入	1.9	2	2.2	2.7	2.8	5.3	4.7	4.6	4.5	4.9	5.1
企业应用研发	3.2	2.9	3.1	3.5	4	4.1	4.2	5.1	5	6.6	6.6
2. 开发 / 商业化											
风险投资	0.4	0.6	1.2	2.1	3.2	1.6	2.5	2.5	2.4	0.7	1
3. 制造											
私募股权投资	0.3	1	3	3.6	6.6	2.9	3.1	2.5	1.7	1.4	1.7
公募	0.3	3.7	9.1	20.7	10.9	13.1	11.4	10.1	3.9	10.5	15.1
4. 项目											
资产融资	30.4	52.5	84.7	110.4	135.4	120	154.6	181.2	163.2	154.6	170.7
小型分布式	8.6	10.3	9.5	14.1	22.3	33.4	62.2	76.1	78.8	54.9	73.5
新增投资小计	45.1	72.9	112.1	153.9	181.8	178.5	237.2	278.8	256.4	231.8	270.2
并购交易											
私募股权回购	0.8	3.7	1.8	3.6	5.4	2.2	2	3.1	3.3	0.6	2.5
公共市场投资者退出	0.4	2.4	2.7	4	1	2.5	4.9	0.2	0.4	1.8	1.9
企业并购	2.4	7.6	12.3	20.3	17.5	21.8	19.4	30.1	10.1	15.2	9.8
项目收购及再融资	5.3	12.5	19.1	30.6	35.4	37.8	32.1	40.1	53.8	49.3	54.5
总交易额	53.9	99.1	148.1	212.5	241.1	242.7	295.7	352.3	324.1	298.6	339

资料来源：彭博新能源金融，上海科学技术情报研究所（ISTIS）分析整理

5. 新能源金融创新速度加快

2014 年，受融资需求驱动，新能源金融创新加快。全球气候主题债券大幅上升，407 家发行方共计发行 2769 只债券，债券余额比上年增加 20%，达到 5977 亿美元，清洁能源领域达到 1184 亿美元，

占比 20%。获得认证的绿色债券快速增长（图 9.3），2014 年绿色债券发行额达到 366 亿美元，是 2013 年发行额的 3 倍，全球绿色债券发行量激增两倍多至 550 亿美元，预计 2015 年绿色债券发行将进一步增长至 700 亿美元甚至 1000 亿美元规模。

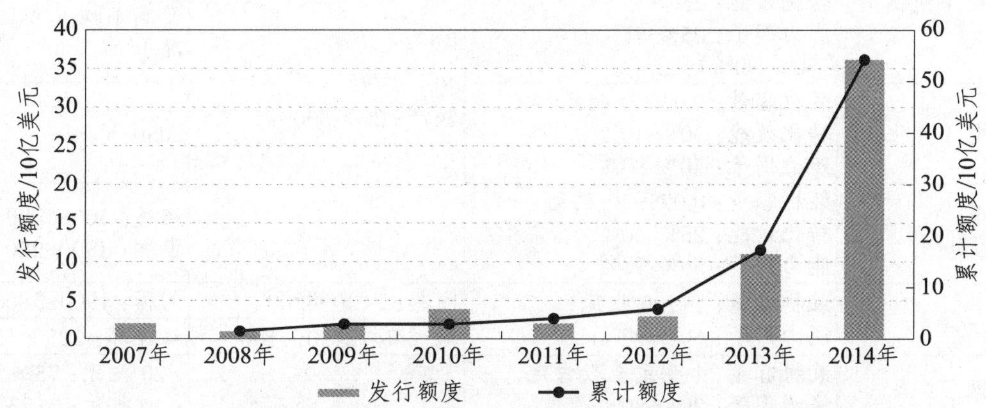

图 9.3 2007—2014 年全球绿色债券发行量趋势

资料来源：气候债券倡议（Climate Bonds Initiative），上海科学技术情报研究所（ISTIS）分析整理

绿色债券在新兴市场也逐步启动，2015 年 2 月印度发行了该国第一只绿色债券；中国 2014 年底兴业银行发行了具有绿色债券性质的债券，预计 2015 年下半年中国监管部门有望批准绿色债券的发行。

此外，新能源领域企业自身融资需求不断推动新能源金融平台创新，开发、投资、运营母公司的衍生子公司融资金融平台 YieldCo 开始在美国兴起，其有助于为母公司降低资本成本、循环资金，支持企业进一步发展成长，2015 年第二季度太阳能公司的公开市场融资达到创纪录的 23 亿美元。

随着新能源比例在能源结构中上升，能源系统向分布式与集中式混合演变，碳排放交易考核指标推广应用，全球能源格局日益复杂，能源金融专业机构需求呼声日渐高涨，绿色银行在英国、美国等成熟金融市场出现雏形。2014 年美国纽约绿色银行（New York Green Bank）成立，建立致力于全球专业能源投资的世界能源银行呼声也逐渐增强。

6. 新能源发电技术成本趋稳

2014 年新能源发电技术成本基本与上一年度持平，细分技术领域及区域市场价格分化，见表 9.3。在生物质能发电领域，主流固体生物质能发电技术成本不变，装机规模范围扩大一倍至 0.5~200 兆瓦，气化及厌氧消化技术发电相对规模偏小、技术成本较高；地热发电技术成本有所下降；光伏技术成本整体不变，大规模地面光伏技术在不同区域市场小幅走低。分布式能源技术也逐步走入新能源技术市场，在发展中国家应用市场中，主流技术及规模包括：20~100 千瓦太阳能发电系统；0.1~3 千瓦离网住宅风能系统；0.1~1000 千瓦离网水电系统；10~1000 千瓦微电网。

随着新能源技术成本趋向稳定，2014 年新能源投资成本也进入稳定低位，发电成本持续走低，见图 9.4。在经济合作与发展组织（OECD）、中国及其他非 OECD 市场发电成本水电和陆上风电投资成本基本稳定，2014—2016 年家用、商用及工业用光伏投资接近低点，相比而言海上风电及生物质能投资成本相对较高，见图 9.5。从批发电价来看，2013—2020 年光伏和风电价格持续走低。

表 9.3　2014 年主要新能源发电技术成本一览

能源类型	典型发电参数	2013 年技术成本 / 美元·(千瓦·时)	2014 年技术成本 / 美元·(千瓦·时)
生物质发电(固体)	装机容量: 0.5~200 兆瓦 (1~100 兆瓦); 转化效能: 25%~35% 能力因子: 25%~95% (50%~90%)	800~4500 联产: 200~800	800~4500 联产: 20~800 最高 1000(中国、印度)
生物质发电(气化)★	装机容量: 0.03~40 兆瓦 转化效能: 30%~40% 能力因子: 40%~80%		2050~5500;
生物质发电(厌氧消化)★	装机容量: 0.075~20 兆瓦 转化效能: 25%~40% 能力因子: 50%~90%		沼气: 500~6500; 填埋: 1900~2200;
地热发电	装机容量: 1~100 兆瓦; 能力因子: 60%~90%;	闪蒸: 2100~4200 双循环: 2470~6100	闪蒸: 1900~3800 双循环: 2250~5500
水电(并网)	装机容量: 1 兆瓦至数吉瓦 能力因子: 20%~80%		>20 兆瓦: 750~2500 <20 兆瓦: 3~23
海洋能(潮差)	装机容量: ＜1 至＞250 兆瓦 能力因子: 23%~29%	5290~5870	5290~5870
太阳能光伏(屋顶)	装机容量峰值: 3~5 千瓦(住宅); 100 千瓦(商用); 500 千瓦(工业); 转化效能: 10%~25%	住宅: 2200(德国); 3500~7000(美国); 4260(日本); 2150(中国); 3380(澳大利亚); 2400~3000(意大利) 商用: 3800(美国); 2900~3800(日本)	住宅: 2200(德国); 3500~7000(美国); 4260(日本); 2150(中国); 3380(澳大利亚); 2400~3000(意大利) 商用: 3800(美国); 2900~3800(日本)
太阳能光伏(地面式规模发电)	装机容量峰值: 1~250 兆瓦 (2.5~100 兆瓦) 转化效能: 10%~25% (10%~30%);	1200~1950(全球) 各区域均值: 2000(美国); 3800(日本) 1450(德国); 1710(中国); 1510(印度)	1200~3000(全球) 各区域均值: 2218(美国); 2710(日本) 1495(德国); 1670(中国); 2080(英国)
风电(陆上)	涡轮机装机容量: 1.5~3.5 兆瓦; 转化效能: 20%~40%	925~1470(中国、印度) 1500~1950(其他)	660~1290(中国) 925~1470(印度) 2300~10000(美国) 5873(英国)
风电(海上)	涡轮机装机容量: 1.5~7.5 兆瓦; 转化效能: 35%~45%;	4500~5500	4500~5500(全球) 2250~6250(OECD)
风电(小规模)	涡轮机装机容量: 至多 100 千瓦 区域平均: 0.85 千瓦(全球); 0.5 千瓦(中国); 1.4 千瓦(美国); 4.7 千瓦(英国)	6040(美国); 1900(中国)	2300~10000(美国); 1900(中国); 5870(英国)

数据说明: ★表示上一年度技术成本分析尚未细化的类别
资料来源: 联合国环境署 REN21, 上海科学技术情报研究所(ISTIS)分析整理

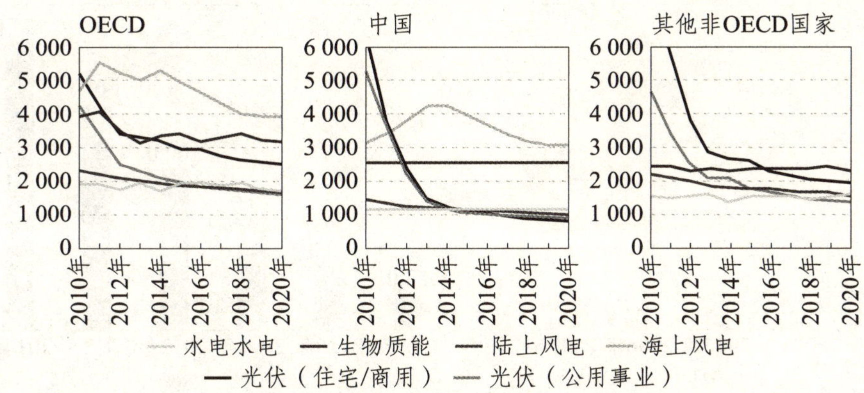

图 9.4　2010—2020 年主要可再生能源市场投资成本趋势示意图

说明：以 2013 年为基准数；2015—2020 年为预测值
资料来源：国际能源署（IEA），上海科学技术情报研究所（ISTIS）分析整理

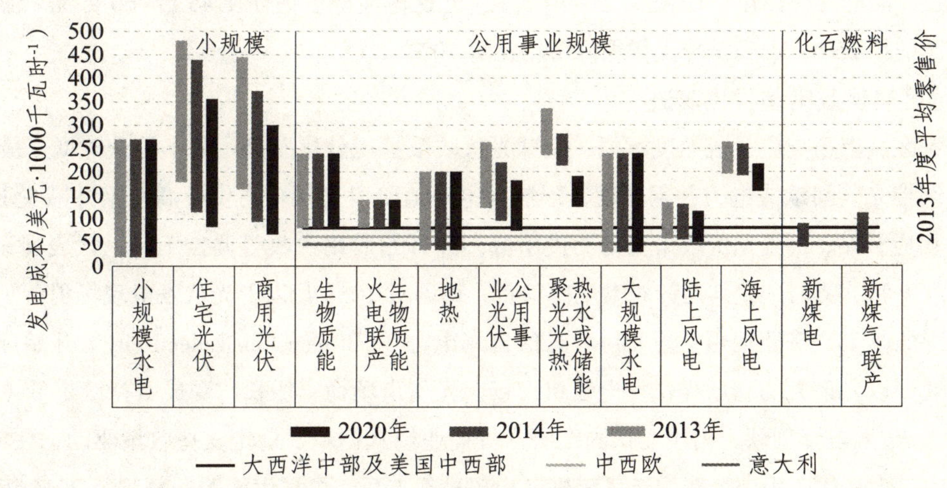

图 9.5　2010—2020 年主要可再生能源发电成本

说明：2020 年为预测值
资料来源：彭博能源金融，上海科学技术情报研究所（ISTIS）分析整理

二、光伏产业发展态势

1. 光伏建设创新高，元件市场有所转暖

2014 年是全球光伏市场保持稳步增长（图 9.6），光伏装机量创新高，接近 40 吉瓦；全球光伏发电量达到 2 亿千瓦·时。光伏项目方面，截至 2015 年上半年，全球超过 70 个大规模光伏发电项目在 14 个国家运行，中国、美国、印度拥有其中最大的 10 个，前 50 个累计装机规模达到 7.1 吉瓦；2014 年 17 个光伏发电项目并网，2014—2015 年全球最大的两个光伏发电 550 兆瓦项目 Topaz Solar 及 Desert Sunlight 开始运行。中国、日本、美国市场继续领衔全球增长，亚洲市场新增光伏装机量占到全球市场近 60%，欧洲新增装机量大幅跳水，新兴市场表现低于预期。

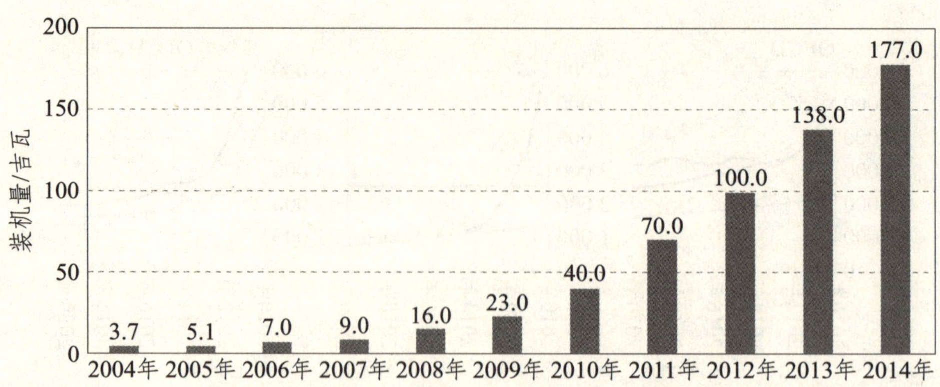

图 9.6　2004—2014 年全球光伏累计装机量

资料来源：国际能源署 REN21，上海科学技术情报研究所（ISTIS）分析整理

随着 2014 年晶硅光伏元件价格继续走低，同比下降 14%，达到每瓦 0.6 美元，晶硅电池及元件产量均保持增长，晶硅元件产量估计在 50 吉~70 吉瓦；光伏电池产量估计在 45 吉~60 吉瓦。薄膜太阳能组件产量同比增长 25%，占到全球光伏组件市场比重 10%。

2. 各地区光伏政策差异化演进

光伏各大区域市场响应及成熟度不同，全球光伏政策呈现分化态势。日本是全球增速最快的光伏市场，开始调控光伏间歇式电力并网速度，限制发电峰值阶段光伏电力供应商并网并减少 FIT（强制电价补贴）相应补贴；欧盟光伏政策支持力度下降，并开始启用税收等调控工具，代表国家包括：法国、德国、意大利、英国，尤其是针对大规模项目，德国对 10 千瓦以上光伏发电现场消费（consumed on-site）维持征收 FIT 超额费用；意大利对光伏自用电力（self-consumed electricity）开始征收 5% 费用。美国是亚洲以外最大的新增光伏发电装机市场，光伏市场稳定增长，受成本持续走低（尤其是辅助电力系统）、金融融资创新、租用光伏固定资产等商业模式创新、稳定支持政策驱动，住宅、商用、公用事业发电三大光伏应用市场新增光伏装机量均超过 1 吉瓦，可再生能源配额制及 2016 年底税收抵免政策调整。

3. 全球光伏行业贸易争端加剧

光伏行业全球双边贸易摩擦加剧持续，尤其是对市场占有率第一的中国企业发起的双反争议及裁决。

2014 年 12 月美国正式宣布认定从中国进口的晶体硅光伏产品存在倾销和补贴行为，认定补贴幅度较 6 月初裁进一步升级为 27.64% 到 49.79%，这是美国继 2012 年裁定向中国晶体硅光伏电池和组件征收反倾销税之后第二次双反，标志着 2012 年以来光伏业贸易战的进一步升级。2014 年 12 月加拿大边境服务局（CBSA）宣布正式启动对来自中国的晶硅光伏组件和层压件产品“反补贴、反倾销”调查。发起“双反”调查的企业包括 Eclipsall Energy 公司、Heliene 公司、Silfab ontario 公司和 Solgate 公司。

2015 年欧盟委员会将昱辉阳光、中盛光电与阿特斯太阳能从中欧光伏组件最低价格（MIP）中除名，今后必须为输欧产品支付反倾销关税——平均税率为 47%，此举意味着三家企业很可能被逐出欧洲市场。

2014 年 1 月中国起对来自美国和韩国的进口多晶硅征收为期 5 年，从 2.4%~57% 不等的关税。2014 年 5 月 1 日商务部对欧盟进口多晶硅征收关税，瓦克化学同商务部达成了价格承诺协议，如有违反则征收 14.3% 的反倾销税和 1.2% 的反补贴税。国外多晶硅以加工贸易的形式进口到中国的多晶硅产品影响不大，2014 年多晶硅进口量激增到 11729 吨，环比增加 45.3%，同比大幅度增长 48.2%。

4. 多技术路线光伏转化率创新高

薄膜太阳能电池技术发展快速，在技术成本上较多晶硅更具竞争力。2014 年度薄膜铜铟镓硒（CIGS）技术发展快速，在技术成本方面接近晶硅电池，效率领先多晶硅光伏电池 1.3%，未来可能出现进一步效率提升，Manz 集团在 CIGS 薄膜太阳能工艺的研发伙伴巴登—符登堡邦太阳能和氢能研究中心（ZSW）创下 21.7% 新纪录；另一类薄膜太阳能电池——钙钛矿太阳能电池，2014 年光电转换效率达 19.6%，其制作技术简单，过程类似胶片涂刷，还可制备成色彩斑斓的太阳能电池片，作为装饰材料用于建筑行业，成为近两年全球太阳能电池领域的研究热点。

聚光光伏电池效能不断创新世界太阳能光电转化纪录。2014 年由法国 Soitec 公司、法国微电子研究机构 CEA-Leti 与德国弗劳恩霍夫太阳能系统研究所共同开发的聚光光伏发电系统的多结太阳能光伏电池转化率达到 46%；2014 年 12 月澳大利亚新南威尔士大学开发中的聚光式光伏发电系统的转换效率首次达到了 40%。

成熟晶体硅太阳能电池转化效率向理论值逼近。2014 年晶体硅太阳能电池时隔 25 年首次刷新技术最高效能水平，松下研发了的住宅用“HIT 太阳能电池”的核心元件能量转换效率达 25.6%，接近晶体硅太阳能电池的理论效率 29%，其低端光伏住宅屋顶市场竞争产品 HIT-N245 系列光伏组件也具有 19.4% 的转换率。

5. 多领域应用研发创新不断

光伏研发重点之一是增强对更多物理条件的适应性和功能，以拓宽应用领域。2014 年有多个技术取得新进展，包括生物太阳能技术、太阳能飞行技术、太阳能纳米技术、多彩太阳能电池等。

生物太阳能技术旨在提高太阳能电池和生物传感器效率，2014 年瑞士设计师与剑桥大学科学家研发一种利用植物作为“生物太阳能板”，用来发展微生物燃料电池（Photo-MFCs），以此来产生及收集能量，目前该装置还处于初期阶段 。

太阳能无人飞机获得科技巨头青睐。太阳能为无人机带来强大的续航能力，实现真正长途的旅行，2014 年 Facebook 收购英国太阳能无人飞机制造商 Ascenta，谷歌收购了 Titan Aerospace（泰坦航空）。

太阳能纳米技术集中爆发。2014 年中国、加拿大、美国等太阳能纳米技术研发在转化率、适应性方面取得较大进展，其中麻省理工学院在太阳能电池上敷一层碳纳米管涂层，吸收更宽范围光波，提高太阳能电池的效率，理想电池效率超过 80%；复旦大学先进材料实验室、高分子科学系彭慧胜教授课题组成功研制出一种新型能源器件——取向碳纳米管纤维，使研发完全纤维状的“能源系统迈出了关键的一步”。

多彩太阳能电池有望拓展太阳能设计应用。美国密歇根大学改进成熟的非晶硅技术，解决了目前诸多所谓“彩色”太阳能电池的容易散光、背景模糊、视角不良，或是颜色不稳定等问题，并较好地保证了电池的透明度；南洋理工大学利用钙钛矿材料研发出新型太阳能电池，不仅可用作透光的玻璃，而还能向外发光，可制成白天产生电能，夜里发光的镜面，并有望用于智能手机和平板电脑上。

6. 中国光伏企业竞争优势有所提升

2014 年受光伏制造商供过于求局面有所好转利好，中国光伏制造企业再次占据全球领先地位。2014 年，亚洲占到全球光伏产量 87%，继续增加 2%；中国占到 64%，欧洲下降至 8%，同比降低 2%；美国占到 2%。根据 IHS 公布的十大光伏企业中（表 9.4），有 7 家是来自中国的制造商，其中 3 家排名上升，1 家持平。2014 年中国光伏企业通过并购或合作提升全球市场竞争力。天合光能、英利绿色能源等分别公布与金融公司合作计划，促进大规模光伏项目开发；中国阿特斯太阳能收购日本夏普公司旗下美国光伏开发商 Recurrent 能源；中国建筑材料集团有限公司（CNBM）收购德国铜铟镓硒（CIGS）薄膜制造商 Avancis 公司；汉能与宜家合作，开拓瑞士市场。

表 9.4 2014 年太阳能元件供应商排名

2014 年排名	供应商	国家	同比变化
1	天合光能（Trina Solar）	中国	+1
2	英利绿色能源（Yingli Green Energy）	中国	−1
3	阿特斯太阳能（Canadian Solar）	中国	0
4	晶科能源（Jinko Solar）	中国	+1
5	晶澳能源（JA Solar）	中国	+4
6	夏普太阳能（Sharp）	日本	−2
7	昱辉阳光能源有限公司（Renesolar）	中国	−1
8	Fisrt Solar	美国	−1
9	韩华新能源（Hanwha SolarOne）	中国	−1
10	SunPower	美国	+1
11	京瓷（Kyocera）	日本	0

资料来源：HIS，上海科学技术情报研究所（ISTIS）分析整理

7. 跨界制造和融资模式不断升级

光伏制造商“跨界制造”日益频繁。京瓷、夏普太阳能等启动开拓光伏储能市场；西门子向美国光伏项目开发与融资公司 Sunrun 客户提供电动汽车 VersiCharge 家用充电系统；美国 SunEdison 与中国建投资本合作，推进中国规模至 1 吉瓦光伏项目开发、建设、所有权的融资；韩国 LG 电子公司与美国 Borrego Solar 公司合作为美国商业市场供应元件。

光伏融资模式不断创新。随着光伏行业市场化水平提升，融资需求市场化促使越来越多公司，包括开发商和安装公司、投资公司、银行，进入光伏融资领域。在以 Solarcity 为代表的光伏项目投资租赁模式、以美国马赛克公司为代表众筹等融资模式创新后，受光伏项目加速开发融资需求驱使，开发、投资、运营母公司的衍生子公司融资金融平台 YieldCo（PV yield company，即收益型公司）开始在美国兴起，其通过把质量高、风险小、有稳定长期现金流的运行项目打包上市以获得低于母公司融资成本资金，推动太阳能领域母公司降低资本成本、循环资金，支持企业进一步发展成长。目前，全球至少已成立 15 个 YieldCo 公司。

三、风能产业发展态势

1. 全球装机量创新高

2014 年全球新装风电机组大幅增长 51 吉瓦（图 9.7），同比上升 44%，累计风电装机规模达到 370 吉瓦，预测至 2019 年增幅将保持在 5%。风电细分领域，中国领先陆上风电，英国领衔海上风电，排名前十个国家市场占到了 84% 风电装机能力，见图 9.8。离岸风电方面，2014 年 1.7 吉瓦并网，全球累计超过 5.8 吉瓦，欧洲占到 88%，其中英国占到 48% 新增离岸风电；德国和比利时紧随其后。

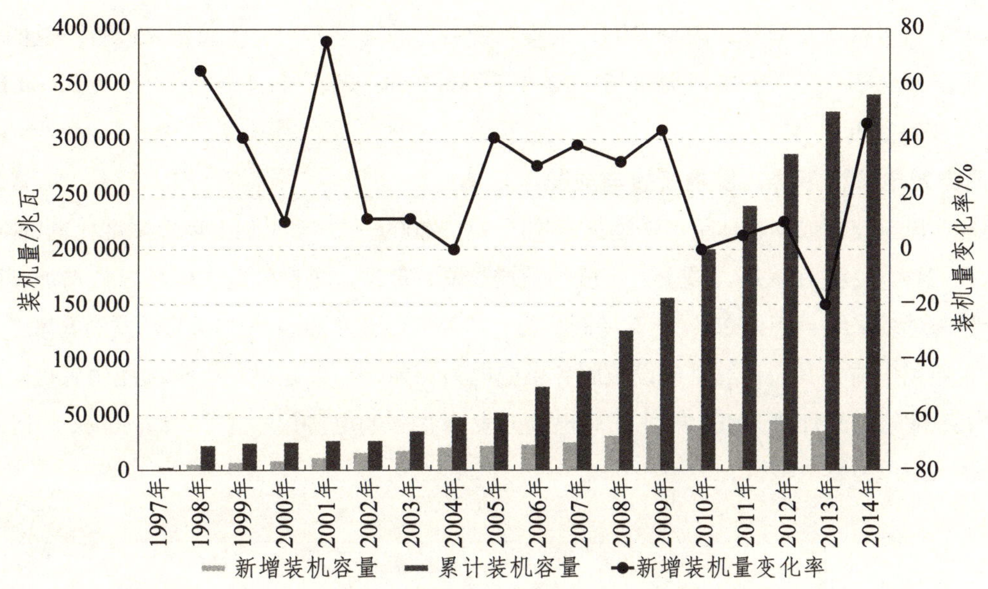

图 9.7 1997—2014 年风电装机量及累计装机规模趋势图

资料来源：世界风电协会年报，上海科学技术情报研究所（ISTIS）分析整理

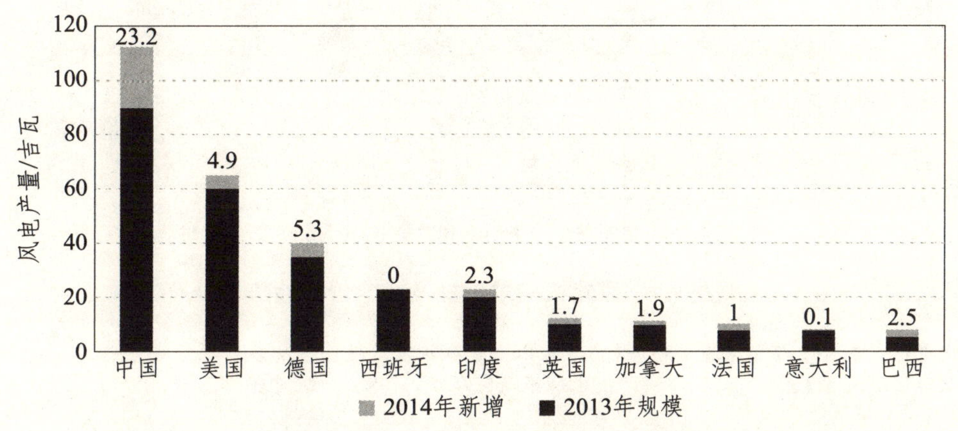

图 9.8 2014 年风电装机容量前十位国家新增风电能力及累计规模

资料来源：联合国环境署 REN21，上海科学技术情报研究所（ISTIS）分析整理

风电日益成为电力供应中重要一员。截至 2014 年底，共计 85 个国家进入商用风电市场。其中，

74 个国家拥有 10 兆瓦以上风力供电能力，24 个国家拥有超过 1 吉瓦风电能力。欧洲风电能力占整个地区供电能力结构比重更高，平均水平达到 7.5%，到 2015 年底将提高到 10%，部分地区如丹麦、爱尔兰、葡萄牙、西班牙更高达 39.1%、19%、27%、20%，德国部分地区甚至已达到 55%。

2. 政策转向优化市场环境

风电作为全球最为成熟的可再生能源技术之一，各国政策重心转向优化风电投资环境、改善基础设施改善等方面。2014 年中国新增风电装机规模约达 23.2 吉瓦，目前所遇到的风电建设挑战是降低弃风比例，向人口中心区域风电能力传输，政策试点对“过剩”风电输向中心区域及东北区域供热系统进行补贴，改善消纳风电状况；德国《可再生能源法 2014》（EEG 2014）将陆上风电的资助额度下调；芬兰将风电项目审批流程简化，同时提供一个具有吸引力的固定上网电价政策来改善芬兰的风电投资环境；美国作为全球第三大新增风力市场，2013 年暂停的联邦生产税收优免政策（Federal Production Tax Credit）获得重启。

3. 风电发电价格下降，发电规模与成熟度日增

近年来，风电技术成本整体呈下降趋势，见图 9.9。2009—2014 年陆上风电平准化电价降低 15%。陆上风轮机规模向 2 兆瓦发展，较上一年度均值增长 0.1 兆瓦。随着风电供电稳定性增加，陆上风电获得企业越来越多采纳。例如 2014 年亚马逊公司与印第安纳州本顿县风电场的开发商签署了长期购电协议，将采用风电作为其云计算基础设施服务供应电力保障之一，建设一个全部使用可再生能源庞大的数据中心；微软与芝加哥附近 175 兆瓦风电场开发商签署购电协议；脸书（Facebook）于 2013 年在爱荷华投资大型风力发电项目。

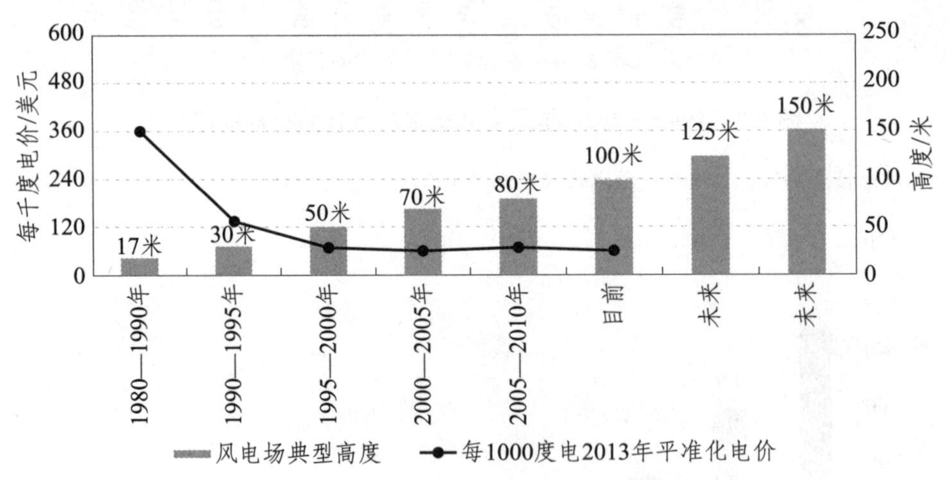

图 9.9 风轮机技术规模及风电价格趋势

说明：平准化电价成本样本取自风速达到每秒 7.5 米以上资源丰富地区，不含政府税费减免
资料来源：联合国环境署 REN21，上海科学技术情报研究所（ISTIS）分析整理

2011—2014 年海上风电价格下降 11%，根据英国成本监测框架数据显示（Cost Reduction Monitoring Framework）2020 年电价成本有望达到每 1000 千瓦 100 英镑。海上风轮机产品规模及应用范围在扩大。海上风轮机规模在欧洲平均达到 3.7 兆瓦，新一代 5 兆~8 兆瓦海上风轮机产品正在欧洲和亚洲进行测试。海上风电项目距海岸距离及深度也在扩大，达到 32.9 千米及 22.4 米。

4. 风电设备商增长有望稳定，行业整合继续

2014 年风电新装机量恢复性增长，风电设备商普遍走出亏损。经历 2009 年以来风电装机市场增速的放缓，全球风轮机行业大规模洗牌，2009—2014 年中国风轮机制造商数量从 80 家下降至 30 家；欧洲企业普遍向海外市场转移；美国 2014 年风电组件制造商企业较上年 550 家减少至 500 家。

风轮机行业精简，企业聚焦高附加值产品与服务，增强自身竞争力，外包低附加值业务增长，2014 年欧洲新能源咨询公司 BTM Consult 公布的全球风机商市场前十大风轮机制造商（表 9.5）数据显示其市场占有率为 68%，较上年市场集中度进一步降低。全球风电协会预测，随着风电装机需求进入稳定增长区间，2015—2019 年新增风电装进需求增长率 3.7%~6.8%，风电设备商有望进入稳定增长阶段。

表 9.5　2014 年全球前十大风轮机企业市场占有率

企业名称	市场占有率 /%	排名变化
维斯塔斯（Vestas）	11.6	0
西门子	9.5	+2
金风（Goldwind）	9.0	−1
通用电气风能（GE Wind Energy）	8.7	+1
Eneron	7.3	−2
苏司兰集团（Suzlon）	5.5	+1
联合动力（United Power）	4.8	+1
Gamesa	4.5	0
明阳（Mingyang）	3.9	−1
远景能源（Envision）	3.7	0
其他	31.7	0

资料来源：联合国环境署 REN21，上海科学技术情报研究所（ISTIS）分析整理

风轮机行业继续大规模合并和重组。其中，2014 年完成的最大的交易价值 24 亿美元，美国 SunEdison 收购风力开发商 First Wind，涉及 24.6 吉瓦风电资产易主；海上风电业务开合作加强，丹麦维斯塔斯及日本三菱（Mitsubishi）合资致力于开发 8 兆瓦离岸风轮机业务，法国阿海珐及西班牙 Gamesa 合资公司致力于离岸风电业务开发；战略布局向高增长市场倾斜，印度苏司兰集团（Suzlon）出售子公司森维安（Senvion）公司，以聚焦印度及高增长市场，包括巴西、中国、南非及西班牙。

四、核能产业发展态势

1. 核电用电小幅增长，建设速度调整放缓

2014 年全球用电连续第三年恢复性增长，增速有所加快，见表 9.6。根据国际原子能机构（IAEA）数据，2014 年全球核电发电量总计 24103.73 亿度，同比增长 1.95%，增速增加近 1.2%。截至 2014 年，核电国家及地区（包括在建）总计 32 个，在运行核电站 439 台，装机容量 376.821 吉瓦，增长 0.42%。21 个国家及地区核电消耗量增长，11 个国家减少。

表 9.6　2014 年主要国家核电发展情况

国家	核电机组		发电量		占国家总发电量	
	运行 / 台	装机容量 / 兆瓦	总量 / 亿千瓦时	同比增长 /%	占比 /%	同比增长 /%
阿根廷	3（+1）	1 627	52.58	−8.27	4	−0.43
亚美尼亚	1	375	22.66	4.50	30.7	1.48
比利时	7	5 927	320.94	−21.01	47.5	−4.58
巴西	2	1 884	144.63	−1.24	2.9	0.12
保加利亚	2	1 926	150.14	12.75	33.6	2.93
加拿大	19	13 500	985.88	1.67	16.8	0.84
中国★	23（+4）	19 007	1 238.08	11.83	2.4	0.29
捷克	6	3 904	286.37	−1.27	35.8	−0.07
芬兰	4	2 752	226.46	−0.23	34.6	1.29
法国	58	63 130	4 180.01	3.54	76.9	3.62
德国	9	12 074	917.84	−0.39	15.8	0.35
匈牙利	4	1 889	147.78	1.73	53.6	2.89
印度	21	5 308	332.32	9.70	3.5	−0.03
伊朗	1	915	37.24	−4.38	1.5	−0.02
日本	48（−2）	42 388	0.00	−100.00	0	−1.72
韩国	23	20 717	1 491.99	12.63	30.4	2.78
墨西哥	2	1 330	93.12	−18.15	5.6	0.97
荷兰	1	482	38.74	41.52	4	1.22
巴基斯坦	3	690	45.78	4.11	4.3	−0.07
罗马尼亚	2	1 300	107.54	0.54	18.5	−1.32
俄罗斯	34（+1）	24 654	1 690.65	4.76	18.6	1.08
斯洛伐克	4	1 814	144.20	3.36	56.8	5.12
斯洛文尼亚	1	688	60.61	20.35	37.2	3.64
南非	2	1 860	147.63	8.43	6.2	0.54
西班牙	7	7 121	548.60	1.01	20.4	0.67
瑞典	10	9 470	622.70	−2.28	41.5	−1.22
瑞士	5	3 333	264.68	6.42	37.9	1.49
乌克兰	15	13 107	831.23	6.57	49.4	5.82
英国	16	9 373	579.18	−9.69	17.2	−1.06
美国	100	99 244	7 986.16	1.22	19.5	0.06
总计	439（+4）	376 821	24 103.73	1.95		

说明：中国地区反应堆中包括实验堆 CERN 和中国台湾地区数据；括号内数字代表较 2013 年变化情况
资料来源：国际原子能机构（IAEA）及世界核协会（WNA），上海科学技术情报研究所（ISTIS）分析整理

2014 年全球核电建设未能持续 311 福岛事故后的反弹性增长（图 9.10），2010 年前核电站建设复兴快速发展态势再次放缓，但亚洲及新兴市场仍是核电建设最活跃区域。2014 年新开建核电机组 3 台，分别位于白俄罗斯、阿联酋、阿根廷；在建核电机组达到 70 台，亚洲、中欧和东欧最为集中；新并网核电机组达到 5 台，均为压水堆，中国拥有 3 台、阿根廷拥有 1 台、俄罗斯拥有 1 台，增加发电能力 4721 兆瓦；另外，罗马尼亚 1 台高温压水堆机组建设取消，1 台美国沸水堆暂时关闭，96 座计划修建。

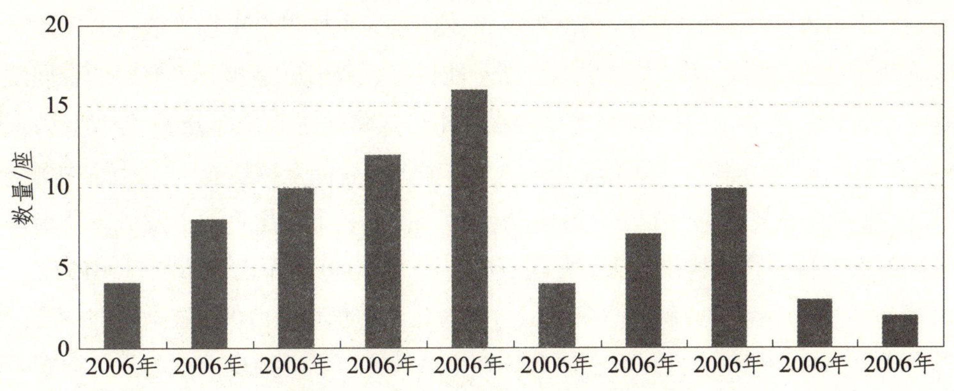

图 9.10　2006—2015 年新建核电站

说明：2015 年非全年值
资料来源：IAEA，上海科学技术情报研究所（ISTIS）分析整理

2. 核电区域市场前景分化

根据国际能源署（IEA）预测，至 2040 年全球核电装机容量将增加近 60%，至 620 吉瓦，核电发电占比增长 1%，达到 12%。在低核电愿景下，全球核电装机容量将比下降 7%。在全球整体电力需求与投资上升预测基础上，世界核能协会预测 2030 年全球核电市场总额 1.2 万亿美元。

核电区域市场分布将出现变化，一方面是 311 核电事故抑制了欧洲及日本区域市场大规模复苏，全球发达经济体能源需求增速放缓，其他间歇式可再生能源迅猛发展，发达经济体 20 世纪 60 年代中后期到 80 年代前期核电大规模建设短期内难以重现。另一方面，新兴市场在经济快速增长，能源消耗增长驱使下将加快核电建设布局。至 2040 年预计中国占 45%，印度、韩国和俄罗斯占 30%，美国核电将增加 16%，日本会在福岛核电事件后有所反弹，欧盟会下降 10%，见图 9.11。

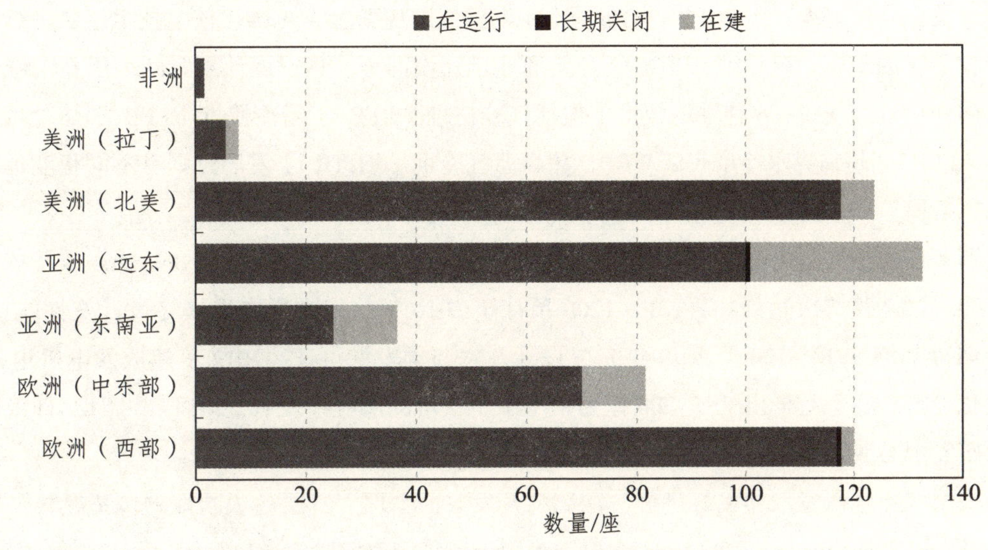

图 9.11　全球在运行、长期关闭、在建核电站分布

资料来源：REN21，上海科学技术情报研究所（ISTIS）分析整理

3. 核电大国竞争与合作日益白热化

核电大国对出口市场的竞争程度日趋激烈。俄罗斯稳固主要出口市场，俄罗斯国家原子能集团签署的核反应堆建设、核燃料供货以及铀浓缩、原子能技术、放射医学服务等合同的合同期超过 10 年，总额达 1000 多亿美元，包括俄中浮动核电站建设（中国或将建造非核部分）；与欧盟国家的合同额为 20 亿 ~ 30 亿欧元；供应美国浓缩铀市场 20%~25% 浓缩铀，合同金额达 60 亿美元；中国核电出口依靠“华龙一号”实现 全产业链布局，2015 年中国有望迈入国际核电机组百万千瓦级市场出口规模竞争梯队，具备完整的大型核电技术输出能力；美国西屋公司 AP1000 进军巴西市场，2015 年 6 月西屋公司与巴西核设备公司 Nuclep 签署谅解备忘录，双方将合作制造巴西 AP1000 核电站部件及设备，该合作旨在提高巴西本土的技术能力，并提升西屋公司在全球核能市场的地位，东芝公司拥有的西屋公司一直为巴西核电公司运营的核电站提供技术支持，同时也与巴西核工业公司 INB 进行燃料供应及制造方面的合作，进一步占领巴西的能源市场。

核电大国合作加速，共同开发第三方市场。中美将进一步发酵 AP1000 合作经验。中国将依托国家核电与美国西屋在 AP1000 机组应用合作基础上，中美企业致力于将双方的技术、工程、投融资、供货产能、本地化经验等优势融合起来，携手开发第三国市场，机组产品 AP1000 国际市场开发以西屋公司为主，国家核电及中方企业支持；机组产品 CAP1400 国际市场开发以中国国家核电为主，西屋公司及外方企业支持；法国拓展进一步拓展国家合作拓展海外市场。法国、土耳其和日本的公司将承建土耳其北部四座核电厂，项目总投资约为 163 亿美元。中法在非洲地区合作将延伸至核反应堆和设备制造方面，上海电气 2015 年与阿海珐就南非库贝赫核电站蒸汽发生器签署分包协议，是中国工业首次向国际市场提供替换用蒸汽发生器。阿海珐作为核燃料循环后端的龙头企业，正在支持中国建设安全的乏燃料后处理再循环设施。

4. 俄罗斯快堆领先全球四代核电技术

第四代核电技术以其高效、安全、经济而备受期待。第四代核能系统国际论坛作为第四代核电技术大规模开发标志性组织，于 2014 年发布了十年期路线图更新版，对四代核电技术进展进行评估，按计划将会在十年内予以示范论证，2030 年开始商业堆建设部署。从发展计划时间表更新来看，四代技术进展整体落后计划安排，6 种堆型技术【包括气冷快堆（GFR）、铅冷快堆（LFR）、熔盐堆（MSR）、钠冷快堆（SFR）、超临界水冷堆（SCWR）、超高温气冷堆（VHTR）】发展计划有不同程度延缓，但均进入了第二阶段。

俄罗斯多系列快堆领先全球示范应用。钠冷快堆系统：BN-800 快堆正在 Beloyarsk 4 号核电站建设并 2014 年 6 月 27 日首次达到临界；BN-1200 预计于 2016 年前完成反应堆最终设计及性能技术开发；液态重金属冷却堆 SVBP-100 于 2014 年完成设计开发与颁发许可证，2017 年建成发电机组，2019 年开始商业化运行；铅冷快堆 BREST-300 作为钠冷中子快堆的潜在接班者，2014 年 9 月 2 日俄罗斯电力工程公司研发中心 NIKIET 已完成了 BREST-300 铅冷快堆的工程设计。

美国高温气冷堆研发取得良好进展。在燃料开发方面，即“三层各项同性碳包覆燃料”质量达标计划（TRISO Fuel Qualification Program），根据美国爱荷华国家实验室（Idaho National Laboratory）对国际原子能机构提交的进展报告显示，截至 2014 年 6 月，AGR-3 和 4 阶段开发完成；最新制造的燃料已在高运行温度 1250℃辐照中性能表现卓越，在高达 1800℃的事故温度下，证明了反应堆设计和燃料性能方面的安全改进和大裕量，业界已具备中试所需技术，燃料质量达标计划预计在十年内完成。

5. 海上浮动核电站有望兴起

海上浮动核电利于离网海上供电保障，大量海水又可保障核电站冷却需求，随着小型模块堆兴起，海上浮动核电站受到业界关注。

这一领域最为领先的是俄罗斯，基于俄罗斯 KLT40S 破冰船的核动力系统的俄罗斯首座浮动核电站（Floating NPP）项目原型 Akademik Lomonosov 正在建设中，该浮动核电站将配备 2 座这一小型核反应堆，提供共 70 兆瓦发电能力、300 兆瓦供热能力及每天 24 万米^3 海水淡化能力，可供应 20 万人口城市，设计寿命 40 年。该反应堆于 2010 年电站船体下水，2012 年 12 月俄罗斯国有造船公司和 Rosenergoatom 与 Baltiysky Zavod 签约完成该电站建造；预计该电站将于 2016 年启动，目前完成已 2 台 300 吨重反应堆压力容器及冷却回路的屏蔽壳容器的安装。

2014 年在美国机械工程师学会组织的小型核电学术会议（Small Modular Reactors Symposium）上，麻省理工学院核科学与工程副教授 Jacopo Buongiorno 领衔的研究组与一家主要核电及离岸平台建设公司 Chicago Bridge and Iron 宣布合作开发基于浮动平台西屋小型堆压水堆设计 200 ~ 300 兆瓦核电系统 OSMRs（Offshore Small Modular Reactors），目标是减少核电站受地震海啸威胁，与俄罗斯不同的是其设计与海岸距离更远，迁至离海岸 5 至 7 英里的区域，以减少海潮波动影响。

中国核动力研究设计院宣布，用于海上石油开采方案的浮动式核电站 ACP100S 已完成总体方案设计，ACP100S 计划 2016 年完成工程初步设计并开工，2017 年完成工程主系统施工设计并船体下水，2018 年完成电站主设备安装，2019 年电站建造调试完成并投入运行。

6. 核岛制造商迎来新创企业，核级智能部件受各方关注

随着小规模核电反应堆兴起，传统巨头垄断的核反应堆研制领域迎来了一批新创企业，其主要研究领域包括三代加小规模核反应堆及四代小规模核反应堆，区域市场集中在美国。这反映了美国在民用核电发展上更为开放和市场化的战略布局，未来 10~15 年被开发的反应堆将有助于控制碳排放。

据估计，北美市场目前出现近 50 个创新核电研发项目，吸引投资超过 13 亿美元，新创企业数量为 20 家（表 9.7），其中美国拥有 17 家，较为知名的包括泰拉能源（TerraPower），该公司计划建造使用液态金属作为原料的反应堆。2014 年美国政府支持阿海珐联邦服务、泰拉能源，以及阿贡国家实验室、德州 A&M 大学，致力于更长寿命堆芯模型及模拟；美国原子能转换公司（Transatomic Power）致力于开发新型熔盐反应堆——废料清除熔盐反应堆（WAMSR）。

表 9.7　北美核岛研发新创企业

企业名称（堆型名称）	开发核电系统方向	国家
Transatomic (TAP)	熔盐堆	美国
Terrestrial Energy (Integral MSR)		加拿大
Martingale Inc (Thorcon)		美国
Flibe Energy (LFTR)		美国
Thorenco	液冷快堆	美国
LakeChime（L-ESSTAR）		美国
Gen4 Energy (G4M)		美国
Virginia Tech and ADNA Corp. (GEMSTAR)		美国
Terrapower (TWR)		美国

（续表）

企业名称（堆型名称）	开发核电系统方向	国家
Starcore Nuclear	高温气冷堆	加拿大
Hybrid Power Technologies (Hybrid)		美国
X-Energy	鹅软石结构燃料组件反应堆	美国
Northern Nuclear (Leadir-PS100)		加拿大
UPower	核电池	美国
CityLabs (NanoTritium)		美国
Dunedin (SMART)		美国
Widetronix		美国
SuperCritical Technologies	超临界二氧化碳反应堆	美国
Lightbridge	先进燃料循环设计	美国
Radix Power and Energy Corp. (RADIX)	先进小规模压水堆	美国

资料来源：ThirdWay 智库，上海科学技术情报研究所（ISTIS）分析整理

7. 核级智能部件受各方关注

基于 311 核电事故引发的安全监测及事故后处理的关注，美国政府加大对传统核岛供应商堆芯传感器开发支持力度，核级智能部件获得传统核电制造商及机器人行业重视。

2014 年美国先进核电反应堆研发计划（Advanced Nuclear Power Reactors）拨款支持西屋电力公司与阿贡实验室、Pittsburg 大学，开发热声学传感器。该传感器基于热声工程原理，将热能转化成声音，监视堆芯功率分布和温度分布，消除现有监视仪器对布管、布线和穿透安全壳的要求，减少了设备维护成本；通过核燃料棒组件内的传感器发出尖叫直接指出问题类型和位置来监视反应堆堆芯，核电站运营商将能够更精确的监视堆芯。西屋公司预计在 2019 年将该设备推向市场，并用于四代钠冷快堆。

核电事故处理机器人市场快速成长。核事故处理与救援机器人，即利用轮式、履带式移动机器人，携带操作设备，进入事故现场，开展事故处理与救援相关工作的机器人，主要用于发生严重核电事故的情况。欧美多家公司推出核事故处理与救援机器人已应用于现场，包括进入日本核事故现场进行监测和清除工作。

五、智能电网产业发展态势

（一）整体市场增速放缓，电网信息系统市场表现活跃

2014 年全球智能电网市场整体有所放缓。在全球电力投资前景看好的趋势下，未来预计保持高速增长。国际能源署 2015 年发布《世界能源投资展望》预计 2014—2035 年全球电力领域累计投资将达 16.4 万亿美元，输配电领域将占 42%。分析机构 Transparent 估计至 2019 年市场复合年均增率达 18.2%。

在智能电网细分市场中，信息技术系统及分析业务市场表现最为活跃。Navigant research 估计 2014 年全球智能电网信息技术系统（IT systems）及服务市场收入为 85 亿美元，预计 2024 年增长到 171 亿美元。Navigant 研究估计电力客户信息系统（CIS）从 2014—2023 年收入总额达 370 亿美元。2024 年先进分布式能源管理系统（Advanced Distribution Management Systems）市场收入将超过 33 亿美元。

智能电网设备市场表现相对稳健。据彭博新能源财经估算 2014 年全球智能电网设备市场约为 166 亿美元，2019 年将上升至 255 亿美元。Navigant research 估计 2015 年智能电网先进继电器（Advanced Protective Relays）市场收入将达到 55 亿美元，2024 年增加至 97 亿美元。

智能电网外延市场受益。Navigant 研究预计 2015—2024 年车网整合市场（Vehical—Grid Integration）规模将达到 6800 万美元，全球车网整合示范项目数量快速增加。储能系统作为区域电力服务的重要组成部分，将最早进入大规模市场化阶段。在提升电网稳定性、降低排放、政策引导等多方面影响下，预计 2024 年全球商用热电联产（CHP）系统市场规模达到 140 亿美元。

（二）新政助推智能电网进一步升级

欧盟智能电网政策正在向进一步推进欧盟市场一体化方向演进，并积极推进智能电网在城市的全面应用。能源智能专业平台（Smart Sepecialliztion Platform on Energy）已启动，2014—2020 年投资 380 亿欧元，用于能效、新能源、智能电网、能源基础设施等低碳技术领域；第一批连接欧洲设施部署，15 个能源基础项目获创新网络执行局（INEA）投资。在欧盟 28 国 459 个智能电网项目基础上，意大利罗马成为首个欧盟研究城市全面铺开智能电网城市。目前，欧洲智能电表的覆盖率是 24%，2022 年预计达到 70%。

美国智能电网与其大规模电网改建密切结合，探索与分布式能源结构相匹配的智能电网市场机制是其关注重点。美国 2014 年 9 月推出《智能电网互操作性 NIST（美国标准技术研究所）标准框架和路线图 3.0》提出九大优先领域：需求响应及客户能效；广域态势感知；分布式能源；能源储存；电动运输；网络通信；先进计量基础设施；配电网络管理；网络安全。2014 年 12 月《电网未来：工业驱动 2030 愿景及路径建议》明确未来美国电力结构将是集中与分布式供电结合结构，探索目标是电力结构基础设施建设及各方角色变化的机制。能源部 2015 年 4 月首次公布四年度能源评估（评估执行周期 2011—2014 年），提出应对不断变革的电力进行评估，促进电力系统高效运行。截至 2015 年 5 月，美国智能电网拨款计划（Smart Grid Investment Grant Program）投资自 2007 年以来达到 80 亿美元，其中 34 亿美元由国家投入，总计 99 个项目。其中，先进测量基础设施 19.98 亿美元；配电投入 5.11 亿美元；输电投入 3.08 亿美元；客户系统 0.66 亿美元；设备制造 0.52 亿美元。

亚洲加快电力市场改革，释放智能电网未来空间。中国电力改革有望推动智能电网快速发展；印度智能电网市场或向全球市场开放，2015—2025 年累计投资预计达 216 亿美元；日本政府正在推进到 2020 年的三阶段电力改革，计划 2016 年 4 月零售电力市场全面自由化。

（三）智能电网应用积极拓展外延领域

1. 智能电表 2.0 升级电网智能化

智能电表 2.0，或高级计量架构（advanced metering infrastructure, AMI）是双向通信智能电表，相较于单向通信智能电表（automated meter reading, AMR），能够支持远程控制、远程开关电表、断电定位、实时信息反馈、实时定价等，并拥有家庭内部的网络和控制界面。

2013 年全球智能电表市场规模达到 44 亿美元，到 2016 年底全球智能电表比重达 35%，至 2023 年市场规模将增长到 66 亿美元。双向通信智能电表市场渗透率将快速提高。美国于 2013 年已完成安装4874万台AMR和5192万台AMI。亚洲和欧洲是未来市场主要驱动力，中国市场电网升级，智能电表需求潜力巨大。至2020年，日本智能电表市场需求在8000万台；欧洲市场需求将达到1.8亿台，随着欧洲智能电表项目的投入运行，全球智能电表出货量将在2015年出现强劲增长，见图9.12。

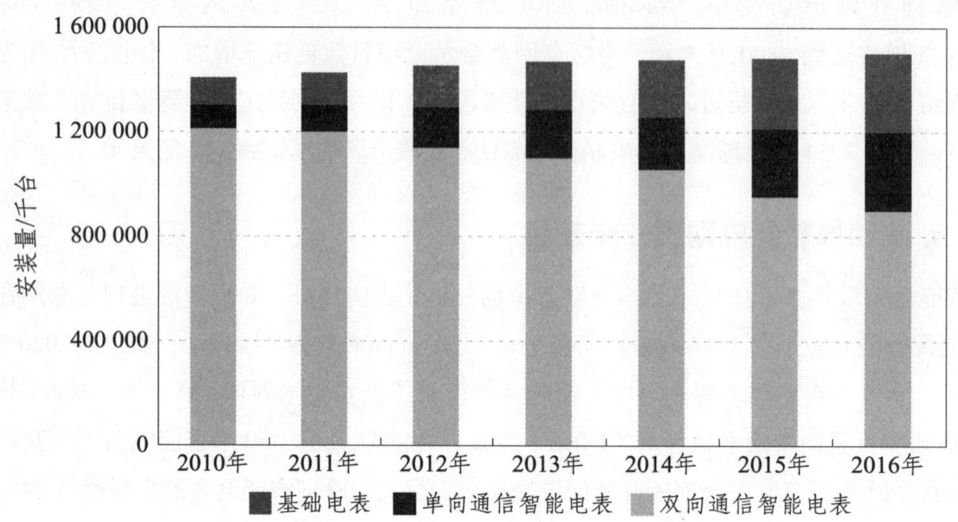

图9.12　2010—2016年全球电表安装量趋势

说明：2014—2016年为估计值

资料来源：HIS，上海科学技术情报研究所（ISTIS）分析整理

2. "虚拟电厂+微电网"助推分布式电网演进

微电网与虚拟电厂快速发展。Navigant研究预计2014—2023年分布式微电网收入总计416亿美元，至2023年亚太地区的微电网市场规模将由2014年的7.78亿美元扩大到约58亿美元。2014年虚拟电厂（VPP）利润达到11亿美元，2023年预计将增加至53亿美元。

虚拟电厂应用主要在资源供应、分布式响应及混合端。通过虚拟电厂应用，实现分布式微电网与主电网协同工作，是推动区域电力结构向集中电网+分布式电网协同结构演进、促进电网稳定性的重要途径。虚拟电厂在政府推动地区能源结构变化中得以显现，英国天然气和电力市场办公室（Ofgem）公布170亿英镑绿色电网投资计划升级英国电网，将小型可再生能源连接到电网中。

电力自动化与信息技术企业推出微电网虚拟电厂方案。企业"虚拟电厂+微电网"解决方法正在成熟。目前，西门子智能电网为能源服务供应商Mark-E提供系统解决方案，通过虚拟电厂协助Mark-E获取分布式能源及其用户，整合Mark-E的分布式能源用户参与到电网聚合中。

主要参考文献

[1] BP公司.2015世界能源统计年鉴（BP Statistical Review of World Energ June 2015）[R].2015-6.

[2] 联合国环境署21世纪可再生能源政策网络（REN21）.2015年可再生能源全球态势（RENEWABLES 2015 GLOBAL STATUS REPORT）[R]. 2015-6.

[3] 美国能源信息局（EIA）. Annual Energy Outlook 2015 [R]. 2015.

[4] 国际原子能机构（IAEA）. Power Reactor Information System（PRIS）[DB/OL]. 2015–06.

[5] 全球风能协会（GWEC）. Global Wind Report Annual market update 2014[R]. 2015–4.

[6] 联合国环境规划署 .District Energy in Cities[R]. 2015.

[7] 气候债券倡议（Climate Bonds Iniative）. 债券及气候变化：2015 年市场态势（Bonds and Climate Change：the state of the market in 2015）[R]. 2015–7.

[8] 国际能源署（IEA）. 可再生能源中期市场报告：2020 市场分析与预测（RENEWABLE ENERGY Medium–Term Market Report）[R]. 2014.

[9] OFweek 太阳能光伏网 . 2014 年十大太阳能光伏前沿技术盘点 [N] .2014–12–16.

[10] 清洁技术投资 . 国内首个光伏电站 YieldCo 怎么玩？听操盘手怎么说 [N].2015–5–8.

本章撰写：叶晓芊

第十章
世界新材料产业发展动态

一、世界新材料产业总体发展态势

材料是社会进步的物质基础，新材料是现代高技术发展的先导和基石，世界各国历来重视新材料的发展。发达国家更是将其列为国家经济、科技、国防等重大发展计划，作为强化其经济与军事优势的手段。材料新产品新技术不断大量涌现，而且从研发到产业化的周期愈来愈短，形成了一个巨大的新材料市场。

1. 新材料研发资金稳中有升

各国对于新材料的重视程度体现在研发资助上。2015 年，各部委对于新材料的投入比 2014 年有所增加。美国科学基金会、能源部、国家技术标准院和国立卫生研究院的资助金额分别增加了 1.2%、6.74%、0.72%、0.39%。欧洲最新的“尤里卡集群”计划正式启动，这项被称为“冶金欧洲”计划为期 7 年、投资达 10 亿欧元，该计划将围绕 13 个主题展开研究，潜在研究成果包括用于空间和核系统的新型耐热合金、基于超导合金的高效输电线路、将余热转换为动力的热电材料、用于生产塑料和药物的新型催化剂、用于医学移植物的金属植入物，以及高强度的磁性系统等。英国在 2014 年 9 月投资 6000 万英镑在曼彻斯特大学成立石墨烯工程创新中心（GEIC），打造新的尖端石墨烯研究设施，以开发和维持英国在石墨烯及有关 2-D 材料方面的世界领先地位。

2. 新材料行业继续并购整合

目前，全球新材料行业的并购活动仍不断发生。2014 年，特种化学品公司雅保公司宣布斥资大约 62 亿美元收购竞争对手洛克伍德（Rockwood）；陶氏化学公司（DOW Chemical Company）通过出售三项化学品业务筹资 20 亿美元以上，此举是其此前宣布的通过出售资产筹资 60 亿美元计划的一部分。2015 年，陶氏化学将剥离其氯业务中的大部分，并将剥离的业务与 OlinCorp 合并组建一家新企业，这项交易的估值达到 50 亿美元。合并后的新企业包括陶氏化学在美国墨西哥湾氯碱、乙烯基、氯化有机物和环氧树脂业务，预计新企业的营业收入将接近 70 亿美元。此外，德国赢创工业公司正在计划收购一家特种化学品企业，由此构建一个市场规模达 200 亿欧元的特种化学品巨头企业。

3. 欧美多项重大计划启动

2014 年，欧美启动了多个新材料相关计划。2014 年 2 月，欧盟未来新兴技术（FET）石墨烯旗舰计划发布了首份招标公告和科技路线图，公布拟资助的研究课题和支持课题，以及根据领域划分的工作任务。根据路线图，石墨烯旗舰计划将分两阶段进行：初始阶段（2013 年 10 月 1 日至 2016 年 3 月 31 日，共资助 5400 万欧元）和稳定阶段（2016 年 4 月开始，预计每年资助 5000 万欧元）。2014 年 12 月 9 日，美国白宫网站公布了正式版本的《材料基因组战略规划》，规划首次提出了生物材料、催化剂、高分子复合材料、光电材料、储能系统、轻质结构材料、有机电子材料等 9 个重点材料领域的 61 个发展方向。这项规划是美国国家层面的最高技术投资、发展规划，是继 2001 年"美国国家纳米技术战略规划"之后又一个国家级材料技术发展规划，对于促进美国国内材料研发转型，缩短美国新材料研发周期，满足高新技术产业发展和新一代军用装备发展具有重要意义。

4. 政府、研究机构、行业组织支撑新材料创新发展

各国在构建创新体系时多以政府 – 产业 – 学校（或研究机构）为主体，经过三者共同协作促进新材料产业的提升，但由于各自目的不同，其重点也各有差异。在美国，政府与中介机构合作，为拥有核心技术的企业提供完善的服务，同时，一些国家实验室和大学不断合作研发新型材料以及理论，快速推动新材料产业发展；德国通过弗劳恩霍夫协会（Fraunhofer Society）、工业研究协会（Industrial Research Associations）和马克思普朗克协会（the Max Plank Society）等组织，为德国材料行业提供服务，其主导力量是产业联盟或协会。日本的新材料研究主要是大学和非赢利的研究机构，如产业综合研究所（the National Institute of Advanced Science and Technology）等。

5. 纳米材料仍然是各国最为关注的新材料

虽然各国对于新材料的发展目标不同，但均不约而同的将纳米技术作为重点领域之一。纳米材料是美国优先发展的材料之一，美国在其新兴纳米技术项目中列举了 1317 个与纳米技术相关的产品。日本在其研究计划中特别强调了纳米技术的地位，纳米相关材料也成为日本重点研究领域。欧盟在第 7 框架计划中提出尽可能将材料、纳米技术和生产三者紧密联系。各国的积极推进也带动了新型纳米材料的不断涌现，如美国国家标准与技术研究院的研究人员通过在纳米尺度上采用一种独特的三明治结构，开发出一种多壁碳纳米管材料，其整体厚度还不到人类头发直径的百分之一，却可以大幅降低泡沫制品的可燃性。国家直线加速器实验室和斯坦福大学合作，首次揭示了石墨烯插层复合材料的超导机制，并发现一种潜在的工艺能使石墨烯具有超导性能。英国剑桥大学科学家开发出世界上首个基于石墨烯的柔性显示器。

二、世界电子信息材料发展动态

（一）半导体材料

1. 半导体材料市场保持上涨

国际半导体设备与材料协会（SEMI）预计，基于 2014 年半导体行业有着较好发展，半导体材料市场也将紧跟半导体器件市场步伐，2014 年半导体材料市场规模达到 448 亿美元，增长幅度达到 3%，

2015 年有望继续增长 4%

与前两年不同，2014 年，全球多个地区的半导体材料市场都预计有所增长。自 2010 年起，中国台湾地区一直是最大的半导体材料市场，这主要归因于具有强大的晶片生产能力和封装基础。2014 年，中国台湾预计将继续增长 7% 以巩固其领先地位。日本、韩国及世界其他各国占全球近一半的半导体材料市场，其增长速度预计达到 1%。2013 年，中国的半导体材料市场增幅达到 3%，而 2014 年中国市场趋于平稳，预计为 1% 的增幅。欧洲和北美地区市场也将趋好，增长幅度达到 3%，其中以北美市场为主要驱动力量，见图 10.1。

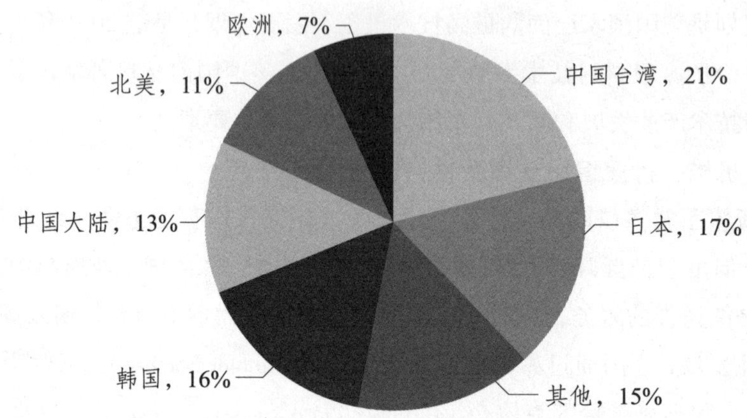

图 10.1　2014 年全球半导体材料市场区域分布

资料来源：SEMI 2014.8

2. 封装材料与晶圆材料市场趋于一致

从半导体材料类别看，之前的半导体材料市场均以晶圆材料为主导，但自 2009 年开始，封装材料由于硅的价格压力急剧下降，其市场也快速增加。2014 年晶圆材料市场有望增长 6%，而封装材料则保持平稳态势，占据了整个半导体材料 46% 的市场份额，见图 10.2。

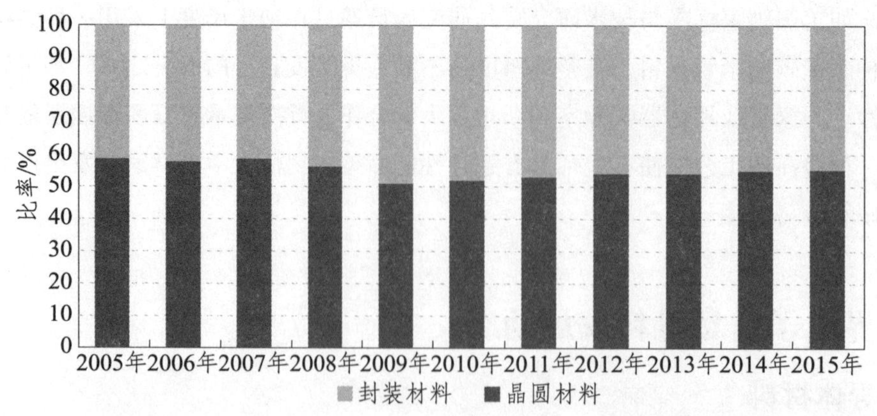

图 10.2　2005—2015 年全球半导体材料市场构成比例

说明：2014、2015 年为估计值
资料来源：SEMI 2014.8

3. 半导体材料争相从 10 纳米向 5 纳米发展

随着晶体管向 10 纳米、7 纳米甚至更小尺寸的发展，半导体行业面临着材料选择困扰。基板、沟道、栅和接触材料都迫切需要评估。对于 10 纳米和 7 纳米来说，高 K 值金属栅将占主导地位，但真正的挑战将是沟道本身。在向 10 纳米或 7 纳米发展的过程中，纯锗 P 场效应管无疑是极有价值的候选材料。在 7 纳米以后，由于栅极和接触部分之间没有了空间，逻辑电路方面可以采用多个不同的路径。5 纳米及以后的工艺节点将如何发展目前还不清楚，但微缩可能是一个发展方向。

4. 氮化镓（GaN）和碳化硅（SiC）依然是第三代半导体重点材料

当前，世界各国都在不遗余力地推动以第三代半导体为核心的下一代电子技术的发展，并展开全面战略布局。2014 年年初，美国总统奥巴马在北卡罗来纳州大学宣布，以该校为核心建立“下一代电力电子技术国家制造业创新研究所”，这是继 3D 打印之后又一个美国国家级的制造业创新中心，成为全美振兴制造业计划的重要一环。

在第三代半导体材料中，氮化镓与碳化硅长期以来平分秋色，不分伯仲。然而，在发光二极管及晶体管等盛行的风潮下，氮化镓近年来发展势头更好，除去生产成本比竞争对手硅低之外，氮化镓在具体应用上也优势颇多。首先，在晶体管应用中，氮化镓晶体管可以比之前任何晶体管更快地切换更高电压和更大电流，由此带动一些新的应用；氮化镓场效应晶体管可以分立晶体管和单片半桥的形式来供应，其性能比目前最好的商用硅金氧半场效晶体管好 10 倍。其次，在发光二极管应用中，氮化镓在发光二极管（LED）照明产业取得重大突破，极大地带动了金属镓的消费。此外，目前常用的蓝宝石或碳化硅衬底 LED 晶片存在很大缺陷，如果采用氮化镓晶片作为衬底，不但可以有效解决发光时的散热问题，还能使单位面积亮度提升 10 倍。外太空环境中，氮化镓技术可被应用于卫星并缩小电子设备的尺寸，大幅改善其性能；无线电力传输系统中，氮化镓技术能以无线方式提供能量，为手机和平板电脑充电，未来遍布墙壁的电插座或许会被淘汰；医疗领域，氮化镓可以深入植入系统、成像及人造器官等多个细分系统，改善医疗技术，降低医疗费用。

根据 MarketsandMarkets 报告，从 2014 年至 2022 年，整个氮化镓半导体市场预计将保持 22.2% 的复合年均增长率，全球功率半导体组件市场的复合年均增长率更将超过 60.5%。至 2022 年，整个市场将达到 156.08 亿美元的规模。

从 GaN 竞争格局看，目前，GaN 功率半导体市场占整个功率半导体市场的 1% 还不到，但在未来 10 年里，整个功率半导体和电子参与企业预计将形成新的价值链，如欧洲多国联合开展的“可制造的基于碳化硅衬底的氮化镓器件和氮化镓外延层晶圆供应链”（MANGA）项目已成功为欧洲氮化镓基功率电子器件的实现建立了供应链。

GaN 材料的一个主要用途在于微波功率器件，特别适合于制作高频、高压、高效、大功率微波器件，在军用和民用领域都具有广阔市场前景。目前，GaN 基微波功率器件市场中，美国和日本处于世界先列。其中美国科锐（Cree）公司有 3 英寸和 4 英寸 GaN 基微电子材料产品。日本在 GaN 基微波功率器件的市场化方面稍落后于美国，但近几年发展很快，目前，有住友电气公司（SEDI）、东芝公司（Toshiba）、富士通公司（Fujitsu）等公司提供部分 GaN 基微电子材料产品。欧洲方面，德国的弗劳恩霍夫应用固体物理研究所（IAF）和 MicroGaN 公司、比利时的微电子研究中心（IMEC）和 EPiGaN 等多家公司和研究所开展了 GaN 基微电子材料和器件研究，在 Si 基 GaN 电子材料方面取得进展，见表 10.1。

表 10.1 国外氮化镓基微电子材料生产企业

所属国家	公司	衬底及尺寸	产品情况
比利时	EPiGaN	6 英寸 Si	8 英寸材料正在研究中
德国	Azzurro	6 英寸 Si	Si 基 GaN 器件 LED 和 HEMT 用材料，尺寸可至 6 英寸，8 英寸研制中
日本	电信电话株式会社（NTT）	6 英寸 Si	8 英寸 Si 基材料正在研究中
		3 英寸 SiC	
美国	科锐（Cree）	3 英寸和 4 英寸 SiC	片内不均匀性小于 5%
中国	中国科学院软件研究所（ISCAS）	2 英寸和 3 英寸 SiC	片内不均匀性小于 3%

资料来源：王丽，王翠梅. 第 3 代半导体材料 GaN 基微波功率器件研究和应用进展 [J]. 新材料产业，2014，(3)：13-17.

第三代半导体材料中，碳化硅可算重量级成员。据 MarketsandMarkets 统计，碳化硅半导体市场将以 42.03% 的复合年均增长率增长，至 2020 年市场规模达到 31.83 亿美元。另据 Transparency Market Research 预测，碳化硅消费量预计 2019 年将会达到 2 377 100 吨。

碳化硅市场的主要企业是美国科锐（Cree）、飞兆半导体公司（Fairchild Semiconductor International Inc）、GeneSiC 半导体公司（Genesic Semiconductor）、英飞凌（Infineon Technologies AG）、美高森美（Microsemi Corporation）、瑞典 Norstel AB 公司（Norstel AB）、日本瑞萨电子公司（Renesas Electronics Corporation）、罗姆公司（ROHM）、瑞士意法半导体公司（STMicroelectronics N.V）和东芝公司（Toshiba）。

黑碳化硅和绿碳化硅是目前两大主要产品，占到全部碳化硅市场销售额的 90%。黑碳化硅预计在未来几年市场中稳定处于领先位置，预计 2013 年至 2019 年年增长率为 15.4%。到 2019 年绿碳化硅消费量预计 656 100 吨。涂附磨具、耐火材料和粉末冶金用的碳化硅与冶金煤以及碳化硅微粉占全部高性能技术应用市场很小份额。

（三）显示材料

1. 薄膜场效应晶体管液晶（TFT-LCD）市场增长缓慢

在生产 TFT-LCD 面板的材料中，除了液晶和气体化学品外，其他七大主要化学材料——光阻剂、

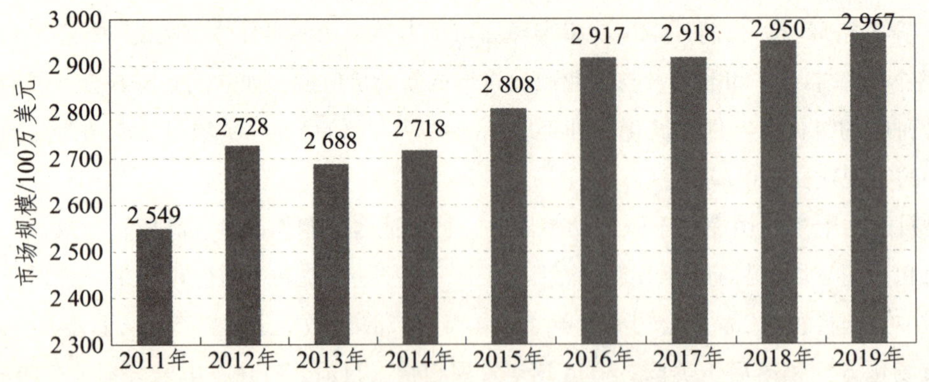

图 10.3 2011—2019 年 TFT-LCD 7 种主要材料市场规模

说明：2015—2019 年为预测值
资料来源：IHS

蚀刻剂、去光阻液、制造 TFT 阵列的显影液、RGB 光刻胶、BM 树脂和用于彩色滤光片生产的间隙控制材料市场规模不容小觑。2014 年市场规模估计在 27 亿美元左右，预计之后 5 年内将以 2% 的复合年均增长率缓慢增长，见图 10.3。

2. 有机发光二极管（OLED）

（1）OLED 市场继续增长

根据 UBI 统计，2014 年全球 OLED 材料需求量继续上升 27%，达到 4.45 亿美元市场，而 2013 年仅为 3.5 亿美元。2015 年 OLED 材料市场规模将达到 5.6 亿美元，并将继续以 35% 的复合年均增长率快速增加，至 2020 年达到 25 亿美元，见图 10.4。

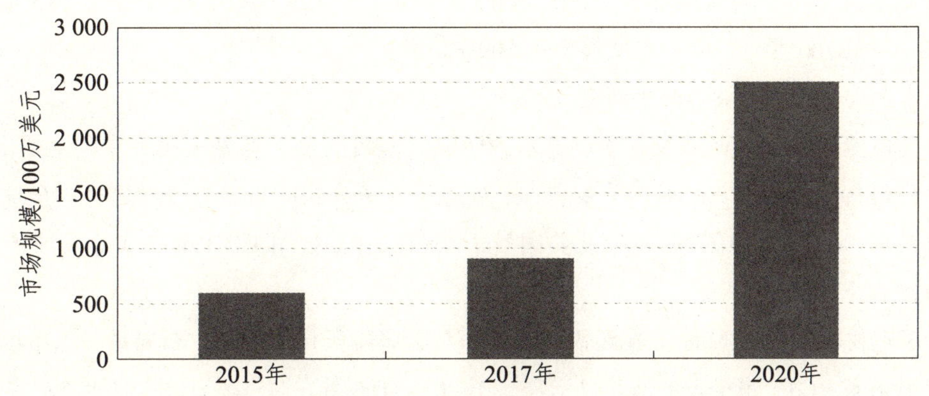

图 10.4　2015—2017 年全球 OLED 材料市场规模

说明：2015、2017、2020 年为预测值
资料来源：UBI RESEARCH

（2）AMOLED 材料市场需求加大

2013 年 AMOLED 发光材料市场规模以产线需求量为基准达到了 3.5 亿美元，进入 2014 年，基于新进企业的量产需求，AMOLED 材料需求量明显增加，产值增加 1 亿美元达到 4.5 亿美元的规模。2014 年除三星显示以外，乐金显示（LGD）、友达、日本显示（JDI）等公司开始大规模生产 AMOLED，推动 AMOLED 材料的销量增加，材料生产商将在更为复杂的市场环境中展开竞争。

（3）高效长寿低成本是 OLED 研发方向

目前 OLED 已在手机终端等小尺寸显示领域得到应用，在大尺寸电视和照明领域的发展潜力也得到业界的认可。不过，市场总体仍处初始阶段，只有持续改良现有材料，同时开发新材料，找出兼具高性能与低成本的解决方案，才能推动 OLED 商用的加速发展。

随着 OLED 开始应用于照明领域，对 OLED 材料的效率与寿命必将提出更高的要求。显示领域 OLED 亮度达到 100~300 坎 / 厘米^2 就可以得到应用。然而在照明用途中，亮度至少要达到 1000~3000 坎 / 厘米^2。如此一来，对材料的使用寿命必然提出更高的要求。此外，无论是显示还是照明应用，对 OLED 发光效率的要求也越来越高。光效的提高意味着功耗的降低，在节能减排受到广泛重视的背景下，提高效率和降低成本显得尤为重要。

3. 量子点（quantum dot, QD）

（1）量子点市场被广泛看好

量子点技术逐渐成熟，有望掀起显示产业的新变革。多家咨询机构均对量子点持有乐观态度。据 NPD Display Search 的数据显示，2015 年量子点显示在智能手机液晶面板中的渗透率将达 3%，到 2020 年将增至 26%；平板电脑用液晶面板中的渗透率，将从 2015 年的 2% 增至 2020 年的 15%；在液晶电视用面板方面，2015 年其渗透率将小于 1%，而到 2020 年有望增至 9%。

Allied Market Research 数据显示，2013 年全球量子点显示市场达 3.16 亿美元，预计 2020 年将达 50.4 亿美元，2014—2020 年的复合年均增长率将达 29.9%。

Displaybank 预估，背光源采用量子点技术的显示产品产值有望从 2013 年的千万美元，增长至 2020 年的 2 亿美元，年平均增长率达 110%。据推算，量子点显示产品出货量将从 2013 年的 50 万台，增长至 2023 年的 8700 万台，年平均增长率达 109%。

（2）三家主要材料厂商技术处于领先

近年来，虽然有多家企业涉及量子点显示的研究，但目前量子点显示相关专利主要由 Nanosys 公司掌握，该公司共握有超过 300 项相关专利，三星电子为该公司的主要投资者之一。全球三大量子点材料制造商英国 Nanoco、德国 Nanosys 及美国量子点图像有限公司（QDVision）在量子点显示技术方面的研究和技术处于领先水平。

英国量子点材料供应商 Nanoco 在无镉技术方面与美国陶氏化学合作，布局量子点市场。两公司合作试制的使用无镉（Cd）量子点的液晶显示器，于 2014 年 6 月在“SID 2014”期间进行了展示。

就量子点应用于液晶显示器的技术而言，美国 QD Vision 公司的技术已被索尼采用，美国 3M 公司和 Nanosys 公司的技术已被亚马逊采用。而以“无镉”为卖点的陶氏化学技术还没有固定的大客户。

（3）主流企业转产量子点显示技术

OLED 在市场普及步伐缓慢，众多企业将目光转向量子点技术。2015 年陶氏化学在韩国建造的工厂将投产量子点材料。而全球第二大电视制造商 LG 也于 2014 年下半年宣布除 OLED 电视外，计划生产量子点电视，并计划实行量子点和 OLED 的双轨战略。日本的索尼公司也启动量子点电视生产销售。而在 2014 年柏林 IFA 科技博览会上，中国 TCL 多媒体技术控股有限公司也展示了量子点电视。

（4）量子点技术面临诸多挑战

量子点显示材料虽然原型机和验证性的实验获得的结果鼓舞人心，但在一些系统性原理的研究上还需要有更大突破。就量子点本身的合成来讲，还有多项研究技术难题，如提高荧光效率问题、荧光稳定性更好的量子点大规模合成。

量子点的发光是由于吸收激发光以后产生电荷载体的重组，但是如果制备的量子点有大量的缺陷，就会发生电荷载体的无辐射重组从而影响量子产率。目前通过化学方法来在其表面覆盖另一种晶体结构相似、带隙更大的半导体材料使表面无辐射重组位置被钝化、减少激发缺陷而得到很大的改善，即核 / 壳型纳米量子点。此外，等离子处理技术也可以用来对量子点进行表面处理，以提高其稳定性和荧光效率。量子点显示材料除了上述的量子点本身的技术挑战外，在量子点泄露、温度热敏感性和克服能量共转移等方面还存在一些技术瓶颈需要解决。

三、世界能源材料发展动态

（一）光伏材料

1. 光伏材料市场将快速增长

NanoMarkets 对下一代太阳能材料绘制了路线图，并分析了未来市场潜力，预计 2017 年，先进多晶硅、薄膜、有机和染料敏化技术以及纳米材料等新兴太阳能技术市场规模将上升至 2.62 亿美元，至 2021 年将达到 21 亿美元。其中，硅材料的光伏技术需求在于 n 型电池、背接触电池、选择性发射极选项、背面钝化电池等，NanoMarkets 预测晶体硅材料市场规模在 2014 年达到 1600 万美元，2019 年将上涨到 6.13 亿美元，2021 年达到 15.7 亿美元。

标准的薄膜光伏材料已很难与传统晶体硅相竞争，碲化镉（CdTe）和铜铟镓硒（CIGS）在效率方面正面临强大挑战，特别是对未来新型和廉价工艺的开发，还受到包括铜锌锡硫（CZTS）、碲化镉镁（CdMgTe）等的竞争。预计薄膜光伏市场规模将在 2019 年达到 4900 万美元，2012 年增长至 2.23 亿美元。

最令人兴奋的光伏材料也许是钙钛矿，其效率在 2012 年突破 10% 的这一瓶颈，2014 年更接近了 20%，很可能在商业化推出时达到 30%。一些染料敏化太阳能电池的关键企业走在钙钛矿发展的前列，进行了大量钙钛矿材料优化和加工技术的研究。未来钙钛矿光伏电池可能很快就能加入与晶体硅竞争的行列，预计其在 2019 年市场规模将达到 6000 万美元，2021 年增长至 1.61 亿美元。

2. 关键材料发展态势

（1）多晶硅产能开始快速增加

根据 NPD Solarbuzz 研究，2014 年全球太阳能和半导体多晶硅需求量快速增加到 28.2 万吨，比 2013 年增加 25%。

对于多晶硅未来发展，另一家咨询公司 GTM Research 认为，鉴于价格持续反弹及终端市场持续扩

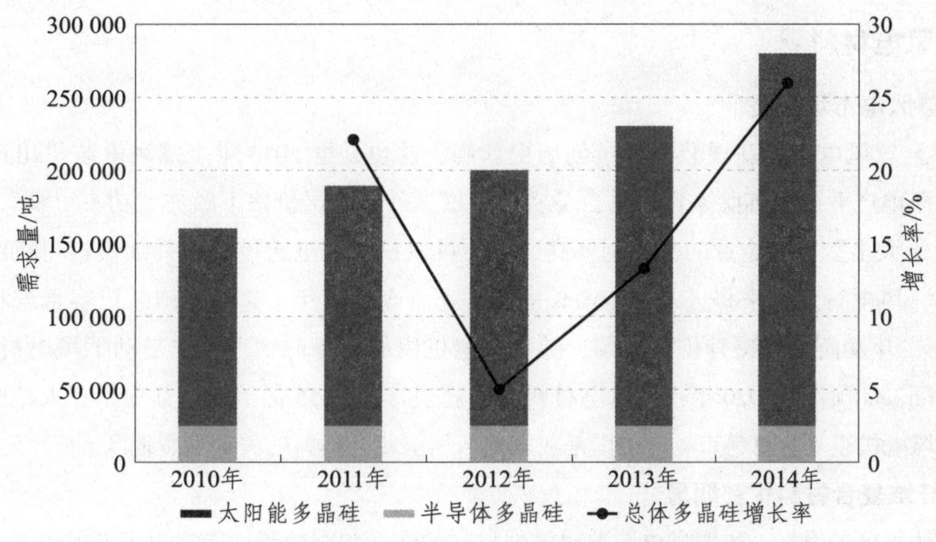

图 10.5　2010—2014 年全球多晶硅需求量

资料来源：NPD Solarbuzz Polysilicon and Wafer Supply Chain Quarterly

张，原先停产的工厂陆续复产，多晶硅产能正以令人鼓舞的速度增长。预计2015年与2016年，多晶硅全球上线年产能分别达7万吨与6.1万吨，这将令全球多晶硅累计产能达到43.7万吨，足以支持85吉瓦的晶体硅光伏组件生产。

流化床反应器（FRB）的多晶硅将占到多晶硅生产中的绝大部分。预计FBR产能将从2014年的2.6万吨上升至2015年4.6万吨。未来两年产能有望进一步增长，见图10.5。

（2）钙钛矿（Perovskite）转换效率逐步提高

钙钛矿太阳电池是由染料敏化电池演化而来，$CH_3NH_3PbX_3$材料吸收系数高达10^5，通过调节钙钛矿材料的组成，可改变其带隙和电池的颜色，制备彩色电池。另外，钙钛矿太阳电池还具有成本低，制备工艺简单，以及可制备柔性、透明及叠层电池等一系列优点，而且其独特的缺陷特性，使钙钛矿晶体材料既可呈现n型半导体的性质，也可呈现p型半导体的性质，故而其应用更加多样化。$CH_3NH_3PbX_3$还具有廉价、可溶液制备的特点，便于采用不需要真空条件的卷对卷技术制备，这为钙钛矿太阳电池的大规模、低成本制造提供可能。

钙钛矿太阳电池自2013年开始迅猛发展，先是采用两步沉积方法制备钙钛矿薄膜，电池效率达到15%。随后采用共蒸发方法制备钙钛矿薄膜，形成了一种全新的平面异质结电池，效率达到15.4%。2014年初，韩国的KRICT研究所已经将钙钛矿电池的转换效率提升到17.9%。现在KRICT研究所已经研制出转换效率为20.2%的钙钛矿太阳电池，并已经过认证，这种提升速度前所未有。

钙钛矿太阳电池发展现状良好，但仍有若干关键因素可能制约钙钛矿太阳电池的发展。首先是电池的稳定性问题。钙钛矿太阳电池在大气中效率衰减严重，提高其稳定性是未来急需解决的问题之一。其次是吸收层中含有可溶性重金属铅，易对环境造成污染。再者，现今钙钛矿应用最广的为旋涂法，但是旋涂法难于沉积大面积、连续的钙钛矿薄膜，故还需对其他方法进行改进，以期能制备高效的大面积钙钛矿太阳电池，便于以后的商业化生产。同时，目前对于钙钛矿太阳电池的理论研究还较为缺乏，今后有待增强。

（二）风电材料

1. 全球风电市场回暖

2014年全球风电市场新增装机容量创历史新高，这也是继2013年全球风电装机出现低谷后的一次回暖。风电产业的复苏除来自风电自身实力的增强外，煤炭价格下跌亦“功不可没”，燃料成本的下降致使绝大多数电力企业的盈利创新高，从而可以扩大风电建设规模并加快给付机组欠款。业界普遍认为，风电行业未来将进入稳定增长的新常态，今后五年，每年新增装机容量或将至少达到2000万千瓦，开发商盈利提升仍存瓶颈。随着风电机组等设备的增产，也带动了风电材料的增长。MarketsandMarkets预计，2020年全球风电材料市场规模将达到55亿美元。其中，亚太地区有望成为全球最大的风电机组复合材料市场，中国是亚太地区风能复合材料的关键消费地区。

2. 碳纤维复合材料优势明显

随着叶片长度的增加，风力发电装置对增强材料的强度和刚度等性能提出了新的要求，玻璃纤维复合材料性能已经趋于极限，因此，在发展更大功率风力发电装置和更长叶片时，寻求性能更好的复合材料势在必行。为了实现叶片大型化，大丝束碳纤维复合材料已被列为首选材料。根据测算，叶片越长，使用碳纤维材料就越有优势，因为碳纤维材料不但轻，而且强度很高，从而在使主梁重量有效降低的同时，还可以使叶片其他部分减重。换言之，更高的强度促使被减轻的重量在更长的叶片身上呈现几何式增长，从而使更长的叶片在使用碳纤维材料时，综合成本更低。

（三）超导材料

1. 超导材料市场将持续增长

据 Transparency Market Research 报道，2013 年全球超导材料市场规模达到 4.275 亿美元，预计在 2014 年至 2020 年间的复合年均增长率可达到 17.2%，至 2020 年，全球超导材料市场规模将达到 12.984 亿美元。

其中，随着磁共振成像（MRI）技术在医学领域的使用量增加，超导材料在医学领域的使用频率预计将快速增加；电动汽车的需求量增加也促进了超导材料的发展；超导材料在高速列车、低温和生物磁学等领域的使用，有望提供新的市场机遇。不过，制造超导的稀土材料（如钇）存在价格波动现象，可能会阻碍未来超导材料市场增长。

2. 高温超导成为未来主要驱动力量

2013 年，超导材料需求量最多的是低温超导材料，因为低温超导材料在 MRI 和核磁共振（NMR）、高能物理研究和核聚变研究中使用量较大。高温超导材料也可能成为超导材料的主要驱动力量之一，预计高温超导材料在 2014—2020 年间的市场复合年均增长率为 37%，大量的研究集聚在高温超导材料的临界超导温度。

3. 室温超导期望从瞬态到稳态

室温超导体，即室温下电阻为零的导电体。电能因输电线存在电阻而变成热量而损耗，是远距离电力传输中的一大难题。随着低温超导体被发现，超导电缆逐渐投入应用，但是复杂的制冷设备和加工工艺，依然使输电成本难以降低。因此，研究人员希望能找到一种可以在常温下就实现超导的导电体。在 2014 年以前，学术界认为室温超导体是个理想化的概念，现实中基本不可能存在室温超导体。

2013 年，德国马普研究所及其团队发现，当 YBCO（氧化钇钡铜）被红外激光脉冲照亮时，在很短的一瞬间，它会暂时在室温下变成超导体。激光明显改变了这种晶体中双层之间的耦合。于是，研究人员决定采用美国的 LCLS（直线加速器相干光源）——世界上最强大的 X 射线激光器，从实验上揭开这个谜题。2014 年，该项研究取得新发现：红外脉冲不只是激发这些原子振荡，还使它们的位置在晶体中发生偏移。这会使双层氧化铜短时间内变得更厚一些，增厚了大约 2 皮米（差不多是一个原子直径的百分之一），而它们之间的夹层则相应变窄了那么多。进而，这样的变化增加了双层之间的耦合程度，使得这种晶体在几皮秒内变成了室温超导体。这一成果也刊登在了 2014 年 12 月 4 日的《自然》杂志上。这项成果将帮助材料科学家研发具有更高临界温度的超导材料，并最终实现可在室温下应用、完全无需冷却的超导材料的梦想。但也有不少物理学家对此提出了质疑：百万分之几微秒的超导现象是如何观察到的？

虽然这一结果可能只是试探性的，有待进一步审查，但如果最终被证实真是室温超导，那么意义很大，尽管只维持了几个皮秒。因为它将给人们一个希望，可能在其他材料实现更长时间的室温超导或获得稳态，如此一来，室温超导将引发人类社会的巨大革命。

四、生物及医用材料

（一）生物医用材料

1. 生物医用材料稳步上升，新兴国家成主要推动力

生物医用材料可用于诊断、治疗、修复、替换或增强人体组织或器官。2013 年全球生物医用材料市场规模已达到 2035 亿美元，并预计将以 10% 的复合年均增长率增加，至 2020 年将达到 3980 亿美元。新兴国家已成为拉动全球生物医用材料市场的主要动力，以中国和印度为代表的亚洲地区 2009—2015 年生物医用材料市场的复合年均增长率可达 16.1%，见表 10.2。

表 10.2　2013—2020 年全球生物医用材料主要产品销售额和预测　单位：亿美元

类别	国际			国内		
	2013 年	2013—2020 增长率 /%	2020 年	2013 年	2013—2020 增长率 /%	2020 年
骨（牙）科材料及植入器械	593	8	1 028	30	26	155
心血管系统介（植）入材料和器械	380	11	783	41	24	173
医用高分子及耗材	793	8.7	1 427	73	24	335
神经调节及植入性微电子器械等	100	15	266	—	—	—
其他	169	—	443	8	—	52
总计（约）	2 035	10	3 980	150	25	715

说明：2020 年为预测值
资料来源：张兴栋，蔡开勇，张璇．生物医用材料展现经济转型步伐 [J]．中国战略新兴产业，2014，(22)，50-51.

2. 各种医用材料趋势看好，新兴市场极具市场潜力

从不同用途的材料看，2013 年全球骨科软组织外壳手术材料市场规模达到 73 亿美元，预计 2014—2020 年间将以 4.9% 的复合年均增长率增长，至 2020 年达到 102 亿美元。

全球牙科植入物和齿科生物材料在 2012—2014 年的复合年均增长率分别为 12.2% 和 10.5%，其中中国和印度是增长最快的市场，至 2017 年，这两个国家的牙科植入物市场将超过 4 亿美元，此外，巴西及一些潜在新兴市场也将以超过两位数的增长率增长。

工程和组织再生材料包括了合成和生物衍生材料，如胶原蛋白等，2013 年该材料市场规模达到 170 亿美元，其在 2014—2019 年复合年均增长率将达到 22.3%，至 2019 年市场规模升至 569 亿美元。2013 年北美地区市场规模达到 73 亿美元市场，其在 2014—2019 年的复合年均增长率预计为 20.5%，2019 年市场规模有望达到 228 亿美元；2013 年欧洲地区市场规模达到 69 亿美元，2014—2019 年复合年均增长率预计为 21.9%，2019 年市场规模将达到 223 亿美元。

3. 生物医用材料演进趋势

第一，国际生物医用材料的产品和技术面临革命性变革、研发经费投入增加、并购增多。大量产品和技术面临更新换代，可再生组织材料将成为未来生物材料产业的主体。发达国家企业研发经费投入已达企业销售额的 9%，最高达 15.3%，仅次于新药研发。鉴于生物医用材料产品上市审批及研发周期长，近年来不少公司通过兼并或收购来获取新技术。

第二，多元化（多品种）产品生产进一步发展。生物医用材料产业单一产品的市场容量有限，大多数销售额小于 100 亿美元。为回避风险，跨国公司已从最初的单一产品生产，通过企业内部技术创新等方式，不断延伸和扩大产品生产线，最终实现多品种生产。

第三，生产和销售进一步国际化。几乎所有生物医用材料的大型企业均是跨国公司，其销售额的相当部分来自国际市场，如 2013 年美国强生公司医疗器械及诊断产品销售额的 51.6%，Boston Scientific 销售额的 47%，美敦力销售额的 45%，均来自境外市场。2013 年上海微创斥资 2.9 亿美元将美国 Wright 公司骨科业务收入旗下，也预示着中国生物医用材料企业开始走向国际。

（二）生物降解材料

1. 市场将有明显增长

根据 Future Market Insights 公司分析，全球生物基生物降解塑料在 2013 年消耗了 591 000 吨，占全球塑料消耗量的 0.1%。目前来看，生物基生物降解塑料的需求比传统石油塑料低，但其在近期可能会有较明显的增长，预计 2014—2020 年，全球生物基生物降解塑料市场将以 18% 的速度增加。

从地区看，欧洲是全球生物基生物降阶塑料的领先市场，之后是北美地区。两者占全球市场的 70%。北美地区预计在未来将呈现 16.5% 的年均复合增长率。此外，拉丁美洲地区的增长率可能达到 22.6%，其次是亚太地区，年均复合增长率可能达到 20.7%。预计未来 5 年，拉丁美洲和亚太地区的增长将达到 400%。同时，日本在未来的发展速度要低于其他亚太地区国家。

2. 聚乳酸生物塑料（PLA）市场持续增长，亚太未来增速最快

聚乳酸也称为聚丙交酯，属于聚酯家族。聚乳酸由可再生的植物资源（如玉米）所提取的淀粉原料制成，淀粉原料经由发酵过程制成乳酸，再通过化学合成转换成聚乳酸。聚乳酸的热稳定性好，加工温度为 170~230℃，有较好的抗溶剂性，可用多种方式进行加工，如挤压、纺丝、双轴拉伸、注射吹塑等，在自然条件下可生物降解为二氧化碳和水，不会产生任何环境问题，被业界视为最有前途的生物降解塑料之一。

Allied Market Research 分析，2020 年全球聚乳酸市场规模将达到 52 亿美元。从地区看，北美地区是聚乳酸最大的市场，欧洲和亚太地区紧随其后，两者市场比较接近。未来亚太地区将成为增长速度最快的地区，其至 2016 年的复合年均增长率预计将达到 29.3%，欧洲排在第二，北美地区的增长速度最小。

目前聚乳酸生产商有近 20 家，主要集中在美国、中国、日本和德国。美国 Nature Works 公司以玉米等谷物为原料，通过发酵得到乳酸，再聚合生产生物降解塑料聚乳酸，是目前世界上最大的聚乳酸生产厂家，年产能达到 14 万吨；2014 年 1 月，Nature Works 公司与 3DOM 公司合作，将聚乳酸纤维引进 3D 打印市场，作为 3D 打印的原料。日本三菱塑料公司对聚乳酸在包装领域的应用做了大量工作，开发出多种聚乳酸包装材料和技术，成为世界上聚乳酸包装材料开发的领军企业。国外聚乳酸主要生产企业还包括日本三井化学公司、油墨化学工业公司、岛津制作所、德国柏林 EmsInventa-Fischer 公司等。

3. 聚丁二酸丁二醇酯（PBS）生产集中于美日

聚丁二酸丁二醇酯（PBS）由丁二酸和丁二醇经缩聚而得，是目前世界公认的综合性能最好的生物降解塑料之一，用途极为广泛，可用于包装、餐具、化妆品瓶及药品瓶、一次性医疗用品、农用薄膜、农药及化肥缓释材料、生物医用高分子材料等领域。

全球能够产业化并且已经市场化生产 PBS 的国家主要是美国和日本。20 世纪 90 年代中期，日本昭和高分子公司采用异氰酸酯作为扩链剂，与传统缩聚合成的低相对分子质量 PBS 反应，制备出相对分子质量可达 2×105 的高相对分子质量 PBS。目前年产能为 5000 吨，年产 2 万吨的新生产线正在建设中。美国伊士曼公司 PBS 生产规模为 1.5 万吨 / 年。

此外，生物降解材料还包括聚羟基脂肪酸酯（PHA）、二氧化碳基塑料（PPC）和淀粉基生物降解塑料等，表 10.3 列出了这些材料近年来的生产企业及规模。

表 10.3　国外主要生物降解材料产业化现状

公司	所属国家	产品类型	品牌 / 注册商标	产业化规模
杜邦（DuPont）	美国	脂肪族 / 芳香族共聚酯	Biomax	万吨级
伊士曼化学（Eastman Chemical）	美国	脂肪族 / 芳香族共聚酯	EastarBio	万吨级
Nature Works	美国	聚乳酸	Ingeo	14 万吨
Chronopol	美国	聚乳酸	HEPLON	—
三菱塑料公司	日本	聚乳酸	—	聚乳酸包装材料和技术
油墨化学工业公司	日本	聚乳酸	CPLA	—
岛津制作所	日本	聚乳酸	LACTY	—
三井化学公司	日本	聚乳酸	LACEA	—
EmsInventa-Fischer	德国	聚乳酸	—	采用连续发酵和膜分离技术生产高纯聚乳酸用于聚乳酸生产
Telles 公司	美国	聚羟基脂肪酸酯	Mirel	5 万吨
Bio-On 公司	意大利	聚羟基脂肪酸酯	—	1 万吨
慕尼黑 Biomers 公司	德国	聚羟基脂肪酸酯	—	1000 吨 / 年
昭和高分子公司	日本	聚丁二酸丁二醇酯	—	目前产生为 5000 吨 / 每年，年产 2 万吨新生产线正在建设中
伊士曼（Eastman）	美国	聚丁二酸丁二醇酯	—	1.5 万吨 / 年
沃尼尔·朗伯有限责任公司（Warner-Lambert）	美国	淀粉基塑料	—	—
Cereplast Inc	美国	淀粉基塑料	—	1.8 万吨
Novamont 公司	意大利	淀粉基塑料	Mater—Bi	7.5 万吨
Biotec 公司	德国	淀粉基塑料	Bioplast	—

资料来源：冯瑞华．生物降解材料研究和产业发展分析 [J]．材料导报，2014，28(9)：119—123.

五、多用途材料

（一）轻量化材料

1．轻量化材料市场增长，北美与亚太为主要推动力量

据 MarketsandMarkets 报道，全球轻量化材料市场规模在 2014 年达到 885 亿美元，预计 2019 年将达到 1331 亿美元，复合年均增长率达到 8.5%。

从地区角度看，2013 年北美和亚太地区占据主导地位，轻量化材料用量占全球 71%。快速增长的汽车和航天产业将促使这些区域进一步扩大轻量化材料需求。中国是其中最大的市场之一，其在 2013 年消耗材料体积占据整个亚太地区的 52%，预计未来 5 年里，中国市场将以更高速率增长。

从使用领域看，汽车产业是轻量化材料最大使用领域，目前仍处于增长阶段，并预计未来增长更

为迅猛。轻量化在汽车中正成为一种趋势，并逐步替代传统材料。航空航天是第二大市场的领域，其同样正朝着轻量化的方向发展。

2. 减重作用日益突出

轻量化材料的使用，可以减轻交通工具自重，提高燃油经济性。汽车轻量材料和传统汽车材料低碳钢相比，轻量化材料较低碳钢可以减轻 15%~60% 的重量，如高强钢、铝、镁、玻璃纤维复合材料可分别减轻 15%~25%、40%~50%、55%~60%、25%~35% 的重量。为了实现轻量化，世界主要汽车厂商都相继在主要车型上使用轻量化材料，减重效果显著。如福特公司在悬架系统、车门、发动机罩、保险杠等部件使用铝合金的新款 F-150 车型，与现款车型相比，减重 340 千克，燃油经济性提升 20%；凯德拉克 ATS 整车使用高强和超高强钢，前副车架和发动罩使用铝合金，悬挂构件和发动机支架使用镁合金，较钢制件减重近 50%。从车身构造到内部配置，多种轻量化材料的使用不仅减轻了车身质量，也提高了安全性和舒适性。

飞机领域中，增材制造钛合金零部件已开始在空客 A350XWB 宽体飞机中应用，3D 打印在飞机上的应用也将是一场技术革命。如今，飞机材料的发展已经进入第五阶段，在铝合金依然保持主流的情况下，钛合金和复合材料的用量将不断增多。比如，空客 A380 的复合材料用量 22%，钛合金用量 10%；波音 787 复合材料用量 50%，钛合金用量 15%；空客 A350 的复合材料用量 52%，钛合金用量 9% 等等，都显示着飞机的轻量化材料使用率的上升，对于飞机的减重效果也越来越好。

3. 轻量化材料在汽车减重中的应用

（1）碳纤维需求量不断加大

美国复合材料协会和 AVK 碳纤维复合材料研究所发布“2008—2020 年碳纤维在汽车的消费变化及未来发展预测”显示，2015 年后碳纤维市场推动力主要是汽车领域。据统计，汽车对于碳纤维的需求预期将从 2013 年的 2600 吨猛增至 2020 年的 2.3 万吨。

目前，德国赢创集团与美国江森自控有限公司、雅各布塑料以及东邦化学株式会社研发碳纤维增强塑料材料（CFRP）；荷兰昙卡草坪集团与东丽株式会社建立供应协议；东丽与戴姆勒股份公司研发奔驰 CFRP 部件。

宝马集团与碳纤维生产商西格里集团投资 1 亿欧元对位于美国摩西湖的工厂进行扩建，碳纤维产量由 3000 吨 / 年提高到 6000 吨 / 年。该项目生产的碳纤维将用于满足宝马 i 系列电动汽车市场，同时应用于 2014 年底上市的宝马 7 系车上，以减轻新型宝马自重并降低二氧化碳的排放量。

国外汽车利用碳纤维减重的案例已有不少。美国道奇蝰蛇和 2014 款雪佛兰科尔维特使用碳纤维材料生产了发动机罩和其他部位，其中科尔维特计划实现年产销量 2 万辆。日本帝人公司计划 2016 年提高其全球碳纤维产能至 36%，达到 18 900 吨，同时扩大美国田纳西州工厂的产能，以满足丰田汽车公司和通用汽车公司的需求；德国大众高尔夫 7 使用碳纤维车顶，可减重 18~20 磅；宝马 7 系采用碳纤维材质后比老款减重 230 千克。2014 年 12 月，宝马宣布与美国波音航空公司展开合作，共同开发碳纤维材料技术应用于新型汽车和飞行器。

（2）多个协会积极研究钢铁在汽车轻量化中的作用

钢铁材料是汽车制造的主要原材料，一般占汽车制造所用原材料的 70% 以上。汽车制造用钢材品种较多，包括板带材、优质钢棒材、型钢、管材及其他品种。板带材主要有冷轧板、镀锌板、热轧薄板、热轧中板及热轧酸洗板等。

近年来世界有关机构和组织进行了多项汽车轻量化项目的研究。尽管实现轻量化的技术路线不同，但目标均要实现减重20%~40%的效果。国际钢铁协会、欧洲钢铁协会、美国钢铁协会等组织，以及阿赛乐和蒂森等钢铁企业，从20世纪90年代初，就开展了汽车材料“轻量化”的研发。其中，阿赛洛集团和蒂森集团结合自身技术特点，分别开展了轻量化项目研究，其共同特点是通过大量采用高强度钢，实现了20%~25%的减重效果。ULSAB-ACV项目中，白车身高强度钢板比例100%，其中超高强度钢板比例超过60%（抗拉强度大于590兆帕），见表10.4。

表10.4　国外主要“轻量化”研究项目

项目名称	减重材料	实施机构	减重目标比率/%
超轻钢车身（Ulitra Light Steel Auto Body）	高强钢	国际钢铁协会	20
超级轻型汽车（SuperLight-Car)	多材料（高强钢、铝、复合材料）	欧洲钢铁协会	40
新一代汽车伙伴计划（Partnership for a New Generation of Vehicles）	多材料（高强钢、铝、复合材料）	美国钢铁协会	30
ABC	高强钢	阿赛洛集团	30
NSC	高强钢	蒂森集团	20

资料来源：吕卫．汽车用钢需求趋势分析[J]．新材料产业，2015(2)：28—30．

（二）纳米材料

1．纳米材料前景广阔

纳米技术是不断发展的跨学科技术。由于用途广泛，纳米技术持续吸引着全世界的关注。在太阳能发电行业，以纳米技术为基础的太阳能电池板正被开发，在生物医药行业，纳米技术已被证明有助于癌症的治疗。

据统计，2013年全球纳米产品市场规模达到229亿美元，2014年增加到约260亿美元，预计该市场将以19.8%的复合年均增长率速度增长，至2019年达到642亿美元。

2．各国政府积极推进纳米技术发展

美国纳米计划（NNI）近年来一直保持对纳米技术的强大资助，从2001年起，累计已投资约220亿美元，2013年和2014年NNI投资额分别达到了15.5亿美元和15.7亿美元，特别是美国科学基金会、美国国防部的投入分别增加了10.4%和11.5%，体现了美国对纳米技术的重视。

2013年，由德国政府资助的纳米研究机构大约800家。在合作研究项目框架下，联邦教研部每年资助纳米技术研究的资金约为2.2亿欧元。同时，第三方研究资金也是德国纳米研究的重要资金来源，有85%的纳米研究机构超过1/4的预算资金来自于这个领域，积极的投资使德国纳米技术取得良好发展。

韩国政府正在酝酿一个纳米技术生态系统，并且正在制定一项详细的驱动战略。该项战略包括建立一个生态系统，建设纳米技术安全中心和纳米技术创新中心等基础设施。最终目标是通过韩国制造业和纳米技术的融合开创一个“制造3.0时代”，培育纳米融合技术，解决未来的社会经济问题。

3．重点材料

（1）碳纳米管用途广泛

TechNavio研究数据显示，全球碳纳米管市场在2014—2019年间将以14.84%的复合年均增长率增长，至2019年市场规模达到24亿美元。

从应用领域看，目前碳纳米管的最新研究领域主要是太阳能电池，一些研究中心已经开发出替代硅的碳纳米管，并作为太阳能电池材料。这种碳纳米管太阳能电池可能会增加电池的转换效率。碳纳米管有望替代价格昂贵的氧化铟锡薄膜，用于液晶显示屏、触摸屏和有机发光二极管等领域。此外，消费品、电子、能源和医疗健康领域的需求不断增加，也强烈驱动碳纳米管市场的快速前进，许多厂商都在大力投资新的生产设备以扩大生产能力。

由于碳纳米管具有优异的性能及纳米级尺寸的特点，在基础研究和应用领域有着十分重要的意义。目前重要研究方向是：以碳纳米管为模板，反应合成一维纳米结构材料；对碳纳米管进行填充；碳纳米管的包敷；对碳纳米管进行改性，合成各种新型纳米复合材料。

（2）石墨烯在多国均成为资助重点

IDTechEx 数据显示，2014 年石墨烯市场规模近 2000 万美元，至 2019 年将超过 9000 万美元。目前，石墨烯受关注程度依然不减，多家公司与研究机构的投资逐渐增多，见图 10.6。

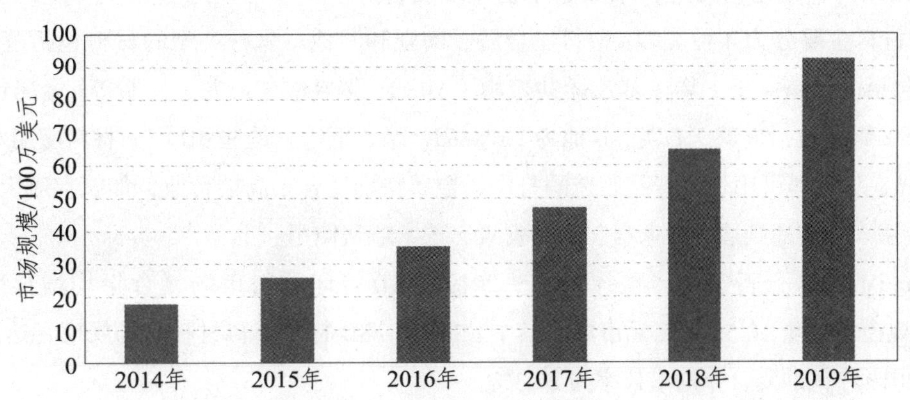

图 10.6　2014—2019 年全球石墨烯市场预测

说明：2015—2019 年为预测值
资料来源：IDTechEx

欧盟："未来新兴技术旗舰项目"启动于 2009 年，2011 年从收集到的 23 个备选项目中遴选出 6 个进行最终角逐。2013 年初，石墨烯项目成功入围，将获得 10 年共计 10 亿欧元的资金支持，并由瑞典 Chalmers 大学亚里・基纳雷特（Jari Kinaret）教授领导，由 100 多个研究团队组成，主要研究人员有 136 人（包括 4 位诺贝尔奖获得者）。该项目已在 2013 年 10 月正式启动，分为 2 个阶段：第七框架计划下为期 30 个月（2013 年 10 月 1 日至 2016 年 3 月 31 日）的起步阶段；地平线 2020 计划下的稳定阶段（2016 年 4 月 1 日起）。

英国：英国在 2014 年 3 月公布的政府预算中宣布，将在未来 5 年投资设立 3 个研究所（中心），其中之一即为"石墨烯创新中心"，并作为英国孵化器网络（catapult network）的一部分。该中心坐落在塞奇菲尔德，以过程创新中心为基础，将致力于向中小企业提供设备入口以支持他们进行石墨烯产品的研究与开发。2014 年 9 月，英国政府宣布将在曼彻斯特大学投资 6000 万英镑（其中，英格兰高等教育基金会下属的英国研究伙伴投资基金 1500 万英镑、技术战略委员会 500 万英镑、阿拉伯联合酋长国清洁及可再生能源企业 Masdar3000 万英镑，其他由该校从欧洲地区发展基金会等获得），建设

"石墨烯工程创新中心"，加速石墨烯产品从实验室走向市场的进程。该中心将作为国家石墨烯研究所的有机补充，并彰显了英国致力于石墨烯研发的力度和决心。

美国：美国国家自然科学基金会（NSF）开展了多项有关石墨烯的研发项目，初步统计正在实施的项目有 300 多项，大多数资助额度介于 10 万~50 万美元之间。如密歇根大学承担的"石墨烯和碳纳米管材料连续和大规模纳米制造"项目，源于 NSF 在 2010 年启动的可扩展纳米制造项目，研发经费 130 万美元，周期为 2011 年 9 月 1 日至 2015 年 8 月 31 日。该项目重点开发高通量可扩展纳米制造技术，用于石墨烯和碳纳米管材料的规模生产。

日本：经济产业省创新融合材料研究项目，就碳纳米管及石墨烯的批量合成技术进行重点支持，研究期间为 2011—2016 年，经费 9 亿日元。

（三）3D 打印材料

1. 3D 打印材料以塑料为主，未来 5 年整体发展看好

3D 打印材料主要分为 4 种类型：塑料、金属、陶瓷和其他。每种类型的材料包括范围广泛的产品，如塑料包括丙烯腈 - 丁二烯 - 苯乙烯共聚物（ABS）、聚乳酸、尼龙、树脂等；金属包括钢、银、金、钛、铝等；陶瓷包括玻璃、石英；其他为 Laywood，蜡、纸等。这些 3D 印刷材料应用对象、成本、效率有所差异，如塑料可用于消费品制造的打印，金属特别适合于高端行业，如航空航天与国防、汽车、医疗和牙科等；陶瓷则适合在家居装饰、餐桌、艺术雕塑使用。

MarketsandMarkets 分析表明，预计 2014—2019 年 3D 打印材料市场复合年均增长率为 20.4%，2019 年市场规模增长至 10.52 亿美元市场。其中，2019 年 3D 打印塑料材料市场规模将达到 6.72 亿美元，2014—2019 年间的复合年均增长率为 20.3%。

2. 发达国家高度重视 3D 打印材料的研发应用

金融危机使美国、欧盟等发达国家和地区强烈意识到了制造业空心化在面对经济波动时的脆弱性，它们纷纷实行再工业化战略，将 3D 打印、新一代信息技术等作为发展重点。美国总统奥巴马宣布，投资 5 亿美元用于 3D 打印产业以确保美国先进制造业发展；欧盟在诺丁汉大学、谢菲尔德大学等成立 3D 打印中心并给予基金支持，以推动 3D 打印技术的产业化。同时，发达国家也意识到了材料在发展 3D 打印产业过程中的重要性，美国专门出台了"材料基因组计划"以适应 3D 打印技术对材料的要求，成立关键材料创新中心、国家增材制造创新研究所来推动材料与 3D 打印技术的融合发展。

3. 材料对 3D 打印发展的制约因素

（1）材料性能达不到要求，影响 3D 打印的推广

区别于传统材料，3D 打印技术对材料的性能和适用性提出了更高要求，最基本的要求是材料必须可以液化、丝化、粉末化，在程序控制下打印后还要能重新结合起来。除此之外，3D 打印材料还必须性能稳定，满足 3D 打印连续生产的需要；功能丰富，具有导电、水溶、耐磨等特性；绿色环保，对人体安全且对环境友好。但在现阶段，3D 打印材料的成熟度不够，材料精度、强度也不够，一时还无法实现流畅打印的效果，而且材料的安全性也无法保证。

（2）可用材料种类偏少，难以满足 3D 打印需求

目前，无论是从家用还是工业用的角度来看，与种类繁多、用途广泛的传统材料相比，3D 打印材

料的种类都比较少，无法满足普通民众和工业生产的需求。比如，适用于家用 3D 打印的材料主要有石膏、光敏树脂、塑料等；适用于工业用 3D 打印的金属材料有 10 多种，并且只有专用的金属粉末材料才能满足工业生产要求。即使是掌握打印材料最多的以色列 Object 公司，也仅能在 14 种基本材料基础上组合出 107 种材料，这与工业和民用领域成千上万种材料需求相比还远远不够。

（3）材料成本较高，限制应用积极性

尽管 3D 打印减少了切削、成型等方面的制造成本，却增加了材料、软件、设计等环节的成本，其中对材料成本的影响较大。由于适用于 3D 打印技术的材料有限，并且现阶段的 3D 打印更多是为了满足个性化生产需求，材料的专用性较强，无法实现规模化生产，这也致使 3D 打印材料成本居高不下。比如，2013 年 7 月由美国北卡罗来纳州立大学研究出来的可用于液态打印的金属材料价格大约是塑料的 100 倍，要想通过该材料来实现生产柔性金属设备，如何降低材料成本就成为关键。较高的材料成本也限制了 3D 打印的应用，特别是在民用领域的应用，比如一台民用 3D 打印机的价格在 2 万元左右，而材料的价格却从最便宜的每千克几百元到最贵的 4 万元左右不等。

主要参考文献

[1] 王丽，王翠梅．第 3 代半导体材料 GaN 基微波功率器件研究和应用进展 [J]．新材料产业，2014，（3）：13-17.

[2] 张兴栋，蔡开勇，张璇．生物医用材料展现经济转型步伐 [J]. 中国战略新兴产业，2014,（22），50-51.

[3] 冯瑞华．生物降解材料研究和产业发展分析 [J]．材料导报，2014，28（9）：119-123.

[4] 罗益锋．新能源汽车轻量化发展与碳纤维材料的开发趋势 [J]．新材料产业，2015（2）：13-19.

[5] 吕卫．汽车用钢需求趋势分析 [J]．新材料产业，2015(2)：28-30.

[6] Charles Featherston，Eoin O'Sullivan．A REVIEW OF INTERNATIONAL PUBLIC SECTOR STRATEGIES AND ROADMAPS：A CASE STUDY IN ADVANCED MATERIALS[EB/OL]，2014-3.

[7] 新材料行业并购与发展趋势 [J]．国际融资，2014，01：14-18.

本章撰写：卞志昕

第十一章 世界新能源汽车产业发展动态

一、新能源汽车产业总体态势

（一）全球电动汽车市场缓慢前行

2014 年全球经济延续缓慢复苏态势，整体信贷环境有所宽松，劳动力市场持续改善，油价接连下挫，推动全球汽车市场销量继续增长。其中，中国汽车产销量双双突破 2300 万辆，继续领跑全球车市；美国汽车市场销量连续第五年实现增长，接近全球金融危机前历史峰值，皮卡及运动型多用途汽车（SUV）等燃效低的大型汽车销量明显增加，菲亚特克莱斯勒在 Jeep 销量劲增 41% 的推动下居于 2014 年美国车市榜首；欧洲车市终于在英国市场强劲增长以及德、意、西等国车市复苏推动下实现 2008 年金融危机以来首次增长；日本汽车销量也稳步上升，新车销量连续三年实现同比增长，特别是日本国内市场份额首次突破 40%，进一步抵消 2014 年 4 月日本上调消费税带给车市的下行压力。预计 2015 年包括中国、美国、英国在内的汽车市场增速将显著放缓。

相对于传统汽车市场的稳步上行，2014 年全球新能源汽车市场有兴有疲。

混合动力汽车（HEV）领域，根据丰田数据，继 2013 年 12 月底丰田混合动力汽车销量突破 600 万辆之后，截至 2014 年 9 月底，丰田混合动力汽车在全球的累计销量超过 700 万辆。目前丰田共有 27 款混合动力乘用车、1 款插电式混合动力汽车（PHEV）在 90 多个国家和地区销售，正在推进 2014 和 2015 两年推出 15 款混合动力新车型的计划。从车型来看，“Prius”的累计销量最高，约为 336 万辆；其次是“Aqua”，约为 85 万辆。虽然“Prius”的销售比例已经稍有下滑，但皇冠、凯美瑞等混合动力汽车的比例上升明显。在全球混合动力汽车的最大市场日本，受政府多达 12 种税费减免的推动，全日本混合动力汽车的比例达到 50% 左右。不过，与前几年相比较，混合动力汽车的销量增长有所缓慢甚至停滞。石油价格上涨势头趋缓，欧洲 95 克 / 千米以下二氧化碳排放量限定，怠速停止功能快速普及和电源电压提高到 48 伏特促进小型化发电机和马达再生能量辅助系统技术发展而进一步提高燃效，这些因素都一定程度上造成了混合动力汽车的增速减缓。2014年9月，曾在2012年度预测2020年混合动力汽车年销量为800万辆以上的野村综合研究所将2020年混合动力汽车市场预测值下调至400万辆以下。

相比较混合动力，纯电动汽车（EV）刚刚进入到市场化大规模销售阶段。2014年11月底，雷诺日产联盟宣布旗下纯电动汽车累计销售20万辆，占据全球58%的市场份额。其中，日产聆风（LEAF）累计销售近15万辆，2014年美国销量同比增长34%，创下历史新高。不过雷诺日产联盟的这一销售数据仍然远远低于日产2011年宣布与雷诺联手在2016财年之前累计销售150万辆纯电动汽车的预期。特斯拉2014年"Model S"全球销量比上年增加5成以上，但其盈利状况仍未好转，除了2013年一季度实现盈利外，之后各季度一直处于亏损状态。根据2014年11月公布的三季度财报，特斯拉净亏损3850万美元。插电式混合动力汽车成为2014年新能源汽车的一大亮点，奥迪、宝马、通用、沃尔沃、戴姆勒等众多汽车厂商发布插电式混合动力汽车产品或计划，三菱"欧蓝德PHEV"在欧洲销量实现大幅增长。纯电动汽车和插电式混合动力汽车普及的主要障碍仍然在于充电设施不足和续驶里程不够。要解决充电设施问题，主要在于资金的投入；而续驶里程问题则还要期待电池等关键技术进一步突破。但从目前各国的研究来看，短期内大幅提升续驶里程的难度比较大。

燃料电池汽车（FCV）领域，2014年11月丰田宣布于12月15日开始销售燃料电池汽车"Mirai"，这是丰田首次推出并非用于验证实验和租售用途、而是面向普通消费者销售的燃料电池汽车。燃料电池汽车终于开始步入量产销售，氢能源应用逐步拓展。与丰田相比，或许是受到屡次召回的影响，本田稍显谨慎，将其燃料电池汽车的上市时间由原来的"2015年以内"（截至2015年12月底）改成"2015财年以内"（截至2016年3月底）。除了丰田和本田之外，通用、大众、现代等也在推进其燃料电池汽车技术研发。鉴于续驶里程、充电或加氢时间、能源制取和供应环节的碳排放等优势，许多企业和政府认为燃料电池汽车是"终极环保车"，最终将取代纯电动汽车，成为未来交通工具的最佳解决方案。但是，从现实的角度来看，车辆售价高和巨额加氢站建设成本仍然是推广的最大难题，日本、美国等发达地区的商用加氢站也还处于刚刚起步阶段，新兴国家及发展中国家更是难以在50年内完善加氢站网络建设，燃料电池汽车的真正普及还需要较长时间。

（二）传统汽车厂商与新兴企业角逐电动汽车开发

奔驰、宝马、福特等老牌汽车厂商们较多采用的策略是在满足传统车主使用习惯前提之下，通过"小幅改进"与渐进式创新的延伸既有车种产品、提高电能在汽车动力的使用比重、提出更便利的充电解决方案等，逐步提高其在新能源汽车市场的占有率。例如丰田通过提高发动机热效率、混合动力汽车系统电动部件小型化、推进高效率功率控制单元（PCU）开发等多方面技术提高新一代"Prius"燃效；本田重新构建开发体制、强化品质管理应对召回问题，发布小型混合动力汽车"Grace"、乘用微客型混合动力汽车"JADE"（杰德），全面改进新款里程（Legend）；日产2014年在欧洲销售继聆风（LEAF）之后推出的第二款纯电动汽车"e–NV200"；铃木在轻型车"Wagon R"和"Wagon R Stingray"上配备"S–Enecharge"弱混合动力系统；大众在欧洲推出纯电动"e–Golf"，在美国和日本开售纯电动"e–up!"和"e–Golf"，并计划到2018年向中国提供超过20款新能源汽车；奥迪在欧洲上市第一款插电式混动车"A3 E–tron"，公布"优先发展插电式混合动力汽车"新能源汽车领域产品计划，2015年发布纯电动版“R8 e-tron”；宝马 2014 年向日本市场投放纯电动汽车“i3”，2015 年发布首款插电式混合动力汽车“X5 xDrive40e”，计划 2016 年推出宝马 3 系插电式混合动力版和宝马 2 系 Active Tourer 插电式混合动力版；奔驰与宝马结盟开发规格兼容的无线充电模块；戴姆勒 2014 年开始销售梅赛德斯·奔驰品牌插电式混合动力汽车“S 500 PLUG—IN HYBRID”，计划到 2017 年全产品推出 10 款插电式混合动力汽车；沃尔沃 2014 年发布插电式混合动力版“XC90 T8”，为中国市场打造 S60L 插电式混合动力车；通用在新款雪佛兰迈锐宝（Chevrolet Malibu）上采用沃蓝达（Volt）混合动力驱动系统，2015 年发布插电式混合动力汽车“Chevrolet Volt”新车型。

新晋企业则采取较为强烈的扩张态势。例如没有传统车厂包袱的特斯拉，2008 年售出首款纯电动敞篷车“Roadster”；2009 年发布的“Model S”2014 年销售 3.5 万辆；2013 年在全美建构超级充电站（supercharger）网络；2014 年正式进入中国和日本电动汽车市场，推出“Model S”回购保价计划，增加配备包括自动变道等功能在内的“Autopilot”技术，发布四轮驱动款“Model S”，对外开放所有专利，与内华达州政府共同斥资 50 亿美元建设目标年产量 50 万辆的超大电池工厂；计划 2017 年推出平价电动汽车“Model 3”，年产能目标 50 万辆。通过不断的超级充电站布建、自有电力供应系统打造、业务链条扩张，特斯拉成功锁定金字塔顶端车主，提升品牌价值。

除了特斯拉之外，原本规模并不大的中国汽车企业也开始积极参与海外新能源汽车市场竞争，其采取的方式主要是企业并购。2014 年 2 月，美国电动汽车制造商菲斯科历经高层管理人员频繁变动、两次卡玛电动汽车自燃事件、两次召回、裁员、创始人离职、破产、众多汽车企业角逐竞购，中国万向集团以 1.492 亿美元成功收购菲斯科，并通过美国特拉华州威尔明顿破产法院批准。2014 年 6 月，万向收购莱顿能源公司的新电池技术，包含 20 多项技术专利及部分员工。结合 2013 年收购 A123 系统公司、2014 年收购菲斯科和莱顿能源公司新电池技术，万向将收购员工加入 A123 位于马萨诸塞州的研究机构中，将莱顿能源公司的“钛酸锂和非易燃电解液技术”应用到车用电池中，重启卡玛电动汽车生产计划，从零部件、电池、专用车直到电动乘用车逐步打造其完整的电动汽车产业链。除了万向之外，吉利也通过收购布局其新能源汽车业务。继 2013 年将英国伦敦标志性黑色出租车生产商锰铜控股公司纳入旗下后，2014 年 2 月吉利收购英国电动汽车制造商 Emerald 汽车公司，计划将这两家公司的研发团队合并在一起，从事新能源汽车开发。

此外，信息技术极大影响汽车设计、生产及其服务。各类 APP（应用程序）快速应用于车用通信、安全领域，汽车企业原有根据模具费用折旧等设定的 4~6 年左右全面改进周期在物联网（Internet of Things, IoT）以及工业 4.0（Industrie4.0）推动下大大缩短，众多零部件“小幅改进”成为日常工作。不仅如此，汽车电动化简化了传统产业链中冲压、焊接、涂装、总装四大汽车工艺，以及大面积土地、大规模厂房、大批量设备、大数量工人四大现象，使得更多拥有互联网与智能技术的信息技术企业、电子设备企业有可能进入整车制造领域，汽车代工模式出现。2015 年，苹果与富士康合作，进行“泰坦（Titan）”汽车项目，计划 2020 年前后推出其电动汽车。

当然，时至今日，传统汽车企业仍然占有市场优势，特斯拉的产品定位和战略部署还不能抵消业内对于其盈利亏损所带来的疑虑，万向、吉利将面临收购之后的企业整合、技术与产品打造问题，苹果的纯电动汽车更是尚在计划中。不管新晋企业是否能够形成后发之势，新能源汽车市场的竞争态势已经愈演愈烈。

（三）各国政府调整新能源汽车发展政策

2014年，美国、英国、法国、伊朗、俄罗斯、泰国等国家出台政策促进电动汽车推广普及。

美国加州在2014年9月通过6项新法案以促进电动汽车的普及。其中，“SB 1275法案”要求加州空气资源委员会（CARB）出台相关措施以保证低收入群体也能购买电动汽车。加州空气资源委员会计划修改加州的退税方案，为有意购买电动汽车的低收入者提供更多优惠，包括处理掉旧车转而购买一辆新的电动汽车的低收入者除了可以得到原有的2500美元外，还可以额外得到1500美元补贴；在低收入社区提供电动汽车共享项目，并安装充电桩。“AB 2565法案”要求商用及民用住宅区业主允许租户安装充电桩。“AB 2013法案”要求原有针对插电式混合动力汽车发放的4万张限量绿色贴纸总量增加到7万张，适用于纯电动汽车、燃料电池汽车、压缩天然气车及液化石油气车的白色贴纸没有数量限制。“AB 1721法案”提议电动汽车使用付费高承载车道（HOT）[1]时不用缴纳费用或者只缴纳一部分费用，以激励消费者使用电动汽车，并分担高承载车道（HOV）[2]压力。“SB 1298法案”提议洛杉矶大都会交通局在加州10号及110号州际公路上实施的付费高承载车道（HOT）试点项目成为永久项目。“AB 2090法案”提议废除圣地亚哥地区政府协会（SANDAG）及圣克拉拉谷交通局（SCVTA）主管的付费高承载车道（HOT）的服务水平指标要求，并指示这两个部门与加州交通局共同探讨其他合适的绩效考核方式。

除了推动政策之外，2014年美国政府也在调整相关政策以适应当前新能源汽车的市场环境。2014年，美国参议院批准新的6年期高速公路支出法案，其中包括建议各州今后创建新的高承载车道（HOV）项目时，不再赋予混合动力汽车特权，禁止混合动力汽车在没有乘客的情况下进入高承载车道（HOV）；而纯电动汽车、插电式混合动力汽车、压缩天然气车、氢燃料电池汽车依然可以自由使用HOV车道。实际上，在此之前，美国很多州已经取消了混合动力汽车在高承载车道（HOV）上的特权。例如加州从2005年开始针对燃油经济性不低于45英里/加仑的混合动力汽车发放黄色贴纸的期限于2011年7月1日到期，2012年开始针对插电式混合动力汽车发放4万张限量绿色贴纸的期限于2019年1月1日到期，适用于纯电动汽车、氢燃料电池汽车、压缩天然气车的白色贴纸计划于2019年1月1日到期。2015年，美国佐治亚州众议院和参议院通过新法案，决定自2014年7月1日起，取消始于1998年针对电动汽车提供的最高5000美元的补贴，并向电动汽车征收一定金额的年费作为道路使用费。与此同时，伊利诺伊州也宣布暂停始于1998年的替代燃料退税项目，但保留最高3000美元的充电桩补贴方案。禁止混合动力汽车高承载车道（HOV）特权和废止电动汽车补贴政策，都是美国相关政府部门在统计当前市场业绩基础上，认为美国混合动力汽车市场已经成熟、电动汽车已经在佐治亚州和伊利诺伊州市场上具有了一定成本竞争力，所做出的相应调整，由政策扶持转为放手企业适应市场需求发展。

在欧洲，欧洲议会2014年3月通过的新的汽车碳排放标准，要求汽车制造商在2021年之前，将汽车二氧化碳排放量削减27%，即不超过每95克/千米。这是目前全球最为严格的汽车碳排放标准，

[1] HOT车道（high occupancy toll），指付费可以驶入高承载车道。

[2] HOV车道（high occupancy vehicle lane），高承载车道，或称高容量车道，是美国、加拿大等国家为提高道路使用效率、缓解交通拥堵、促进交通节能减排而采用的交通管理措施，在这种车道上只能行驶公共汽车或“拼车”族的车或供乘坐两人以上的车辆使用，坐多名乘客的车辆可以免费通过收费桥梁或道路等。

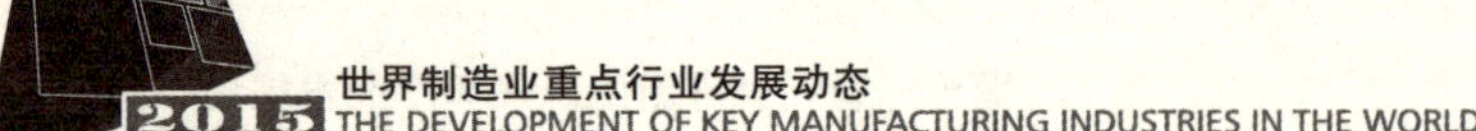

督促汽车制造商通过增加环保汽车产品销售和与其他汽车公司合并统计汽车总量的“联合行动许可”等方式来达标，也督促着欧洲各国政府出台更多政策鼓励新能源汽车生产和使用。

2014年5月，英国政府宣布出资5亿英镑，支持电动汽车及其他超低排放车辆（ULEV）的研发、生产、销售及相关基础设施建设。其中，8500万英镑用于创建“超低排放城市”计划。各地方城市递交计划书，由获得通过的城市分享3500万英镑的资金支持，从而采取一些举措刺激环保车的发展，包括环保车驾驶者可以免费停车、使用公交专用车道等。另外的5000万英镑则用于购置更清洁的出租车和公交车。此外，英国政府将为汽车企业提供1亿英镑，用于超低排放车辆研发；在基础设施方面投入3200万英镑，计划2020年在所有M类（高速公路）和A类（主干线道路及部分重要的次干道）公路上设置快速充电桩，以方便驾驶者在需要时立即快速充电；还有至少2亿英镑的预算用于鼓励更多人购买超低排放车辆，政府将5000英镑的补贴发放有效期将延长至2020年。

法国中央政府和部分地方政府一直为电动汽车购买者提供高额补贴。2014年7月，法国生态、可持续发展和能源部议案建议在原有为电动汽车购买者提供最高6300欧元的基础上，追加1万欧元作为环境奖金鼓励消费者用电动汽车代替燃油车。同时，2014年7月法国议会通过法案《在全国范围内铺设电动汽车充电网络》，要求地方政府在充电设施不足的市镇增设充电桩，企业安装充电桩可以少缴纳一部分税款。这些措施推动了法国电动汽车销量的增长，2014年9月法国电动汽车销量创历史纪录，同比增长了61%。

还有一些新兴市场，如伊朗、俄罗斯、泰国、尼泊尔等，出于环保、能源问题考虑抑或是受其他国家影响，也计划出台或相继出台各种扶持环保车相关政策。2014年伊朗政府免除了电动汽车及排量2.5升以下混合动力汽车的进口关税。这是伊朗首次针对电动汽车及混合动力汽车减免关税。与其采取类似做法的还有俄罗斯、哥伦比亚等国。从2014年2月1日到2015年12月31日，俄罗斯及哈萨克斯坦、白俄罗斯三国的电动汽车进口关税从19%降至零。哥伦比亚政府计划自2014年起3年内，对配额内的清洁能源汽车进口执行0%~5%的优惠关税税率，其中电动汽车年进口配额750辆，关税为零；3.0升以下混合动力汽车年进口配额750辆，关税税率5%；此外，电动汽车、混合动力汽车、天然气车的车架进口关税税率调低至5%。泰国则启动了第二期环保车项目，对满足一定条件的环保车生产厂商实行减免企业所得税、关税等税收优惠政策，其重点在于招商引资，将泰国发展成为汽车生产出口基地，并向国内消费者提供低价、低燃耗、低公害的汽车。

2014年出台电动汽车政策的还有德国和印度，但是这两个国家的电动汽车政策实施在宏观经济放缓等因素影响下屡次推迟或暂停。

2011年“德国联邦政府国家电动汽车发展规划”计划通过一系列优惠政策，到2020年使德国电动汽车保有量达到100万辆；2012年10月，鉴于电动汽车市场发展迟缓，德国宣布将目标下调至60万辆；2013年5月，在德国首都柏林举行产业峰会期间，德国重申100万辆电动汽车上路目标以示其对德国电动汽车市场前景的信心。但是截至2014年初，德国上牌电动汽车仅为1.2万辆，电动汽车推广依然进展缓慢。2014年10月，德国政府通过新的法案草案，从2015年春季到2030年6月30日为止，为电动汽车提供免费停车、使用公交车道等多项优惠政策，享受优惠的对象包括碳排放不得高于50克/千米、纯电动模式下续驶里程超过30千米的纯电动汽车、插电式混合动力汽车和燃料电池汽车等，以促进实现2020年100万辆电动汽车上路目标。但是，受税收短缺的影响，2015年3月德国联邦政府决定暂时搁置减免公司所得税来刺激电动汽车销量的措施。

印度政府曾于2010年出台政策，为四轮或两轮电动汽车购买者提供补贴，最高补贴金额为售价的20%，但这一补贴制度于2012年3月中止。2013年3月印度发布《2020国家电动汽车行动计划》（NEMMP 2020），宣布未来8年在研发、基础设施建设、消费补贴等环节投资2250亿卢比以推动600万辆电气化车辆上路。但由于宏观经济放缓影响，这一补贴政策迟迟不到位。2014年8月，印度政府再次计划出台电动汽车补贴政策，为购买电动和混合动力汽车购买者提供补贴，补贴金额为电动及混合动力汽车与燃油车的差价，预计补贴预算为1400亿卢比。

二、重点领域发展动态

（一）混合动力汽车发展动态

1. 丰田等汽车企业提高混合动力汽车燃效

截至2014年9月底，丰田“Prius”的累计销量336万辆。随着各类更高燃效的混合动力汽车型纷纷投放市场，“Prius”开始呈现走弱态势。为了在环保车领域实现全方位战略，丰田已开始着手将混合动力汽车技术向横向扩展，并开发新一代车型。

新一代“Prius”计划通过多方面技术改进进一步提高性能，包括提高发动机热效率，同时使混合动力汽车系统的电动部件实现小型化。在提高发动机热燃效方面，2014年4月丰田发布了将燃效提高了10%以上的高效率发动机，开始用于局部改进的小型车“PASSO”（排量1.0升）及Vitz（排量1.3升），计划在1.5升以上发动机中推广高效率发动机的使用。丰田计划采用多方面技术，例如采用阿特金森循环和高压缩比以实现低油耗，采用快速燃烧技术来减少气缸内残留的燃料和减轻爆震，还有采用发动机与驱动轴直接连接的方法改善高速区燃效等，使汽油发动机的热效率从目前的38.5%提高到40%以上。在实现马达及电池的小型化和提高输出功率密度方面，目前作为第三代的现行“Prius”马达输出功率密度已经提高到了首代“Prius”的4倍，新一代车型计划提高到4倍以上。另外，马达铁芯使用的电磁钢板必须实现薄板化，以此可降低与电磁钢板厚度成正比的涡电流损失，但电磁钢板厚度同时又必须满足模具冲压时防止变形和足够磁力的需求。预计随着模具的进步以及电磁钢板性能的提高，新一代“Prius”将可能采用0.1毫米左右的电磁钢板。电池方面，鉴于锂离子电池供应体制还不完善，丰田在基础车型上使用镍氢电池，插电式“Prius PHV”及三排座“Prius α”采用锂离子电池。随着电池功率输出密度及能量密度的提高，新一代插电式混合动力汽车在纯电动模式下充电一次可行驶的距离将超过当前车型的26千米，见表11.1。

通过这些措施，丰田计划使新一代“Prius”基于美国标准（EPA）的燃效提高约10%以上，即从此前标准的21.2千米/升提高到23.3千米/升以上。而在日本标准（JC08模式）下，由于与欧美标准相比变为低速行驶，燃效绝对值更高，若也是提高10%，即从目前的32.6千米/升提高到36千米/升以上。

除了提高发动机热效率、实现马达及电池小型化和高性能化之外，丰田计划在2020年的中长期计划中推进高效率PCU（功率控制单元，也称动力控制单元）开发，其中包括逆变器及升压转换器。PCU大量使用硅材料功率半导体，其功耗占到混合动力汽车功耗的两成左右。丰田与电装等共同试制了使用碳化硅（SiC）功率半导体的二极管和晶体管，可实现短时间内高速流过及停止电流的开关，由此抑制变热的尾电流；并通过高速导通 / 截止电流实现 PCU 所需电容器及线圈的小型化，将 PCU 尺寸减小 20%左右。2015 年 2 月，丰田开始对配备碳化硅功率半导体的混合动力汽车在日本爱知县丰田市内的公路上进行实验，实验时间大约为 1 年，以此来确认使用以碳化硅为基板的功率半导体到底能使燃效改善多少。丰田计划在 2020 年之前投入实用碳化硅产品，燃效提高 10%，达到 40 千米 / 升。

表 11.1　新一代"Prius"瞄准的性能及最新技术

燃效	按美国燃耗标准（EPA），逐代提高约 10%，目前为 4.7 升 /100 千米，新一代车型瞄准 4.27 升 /100 千米
发动机	将热效率从现行的 38.5% 提高至 40% 以上，达到世界最高水平
马达	在小型化及高转速化的同时，提高输出功率密度
电池	根据车辆特性区分使用镍氢电池和锂离子电池，同时提高电池的输出功率密度及能量密度，普锐斯 PHV 使 EV 模式下的续航距离（JC08 模式）在现行版上提高到了 26 千米以上
PCU（动力控制单元）	使 Si 功率半导体实现高效率化，还将改进冷却机构，2020 年通过将 Si 换成 SiC 以实现更高效率
操作性	实现低重心，并提高刚性，提高操纵稳定性
标准化	支持 TNGA 平台，实现部件通用化

资料来源：丰田新一代混动的目标：2020 年には 40km/L が視野に [EB/OL]. Nikkei Technology, 2014 年 10 月 17 日.

除了丰田之外，铃木与通用也在改善混合动力燃效。2014 年 8 月，铃木改进轻型车"Wagon R"和"Wagon R Stingray"，配备"S-Enecharge"弱混合动力系统。其系统核心为三菱电机生产的带电动机功能的发电机——"ISG"（Integrated Starter Generator，起动 / 发电一体机），用于起动及加速时的发动机驱动辅助以及怠速停止后的发动机重启。与利用减速能量来发电并驱动电气设备的"Enecharge"系统的交流发电机相比，新系统的能量再生量增加了 30%。铃木将 ISG 与经过改进的"R06A 型"发动机组合在一起，JC08 模式燃效提高到 32.4 千米 / 升。2015 年 3 月，通用在新款雪佛兰迈锐宝（Chevrolet Malibu）上采用沃蓝达（Volt）的混合动力驱动系统，在双电机混合动力系统上组合排量 1.8 升的直喷 4 缸发动机，配备利用尾气余热的尾气热量回收（Exhaust Gas Heat Recovery, EGHR）装置，通过尾气再循环系统（EGR）改善燃耗；并配备容量 1.5 千瓦 · 时的锂离子二次电池，仅靠电机可加速至每小时 88 千米。整个混合模式燃效可达到 19 千米 / 升以上，超过福特"Fusion"、丰田凯美瑞（Camry）及现代索纳塔（Sonata）混合动力汽车型燃效。

2. 本田强化混合系统品质管理

原本计划在 2014 年投放 6 款车型、在日本国内实现 99 万辆销量目标的本田，却在 2014 年因混合动力系统和安全气囊的品质问题而备受震荡。2013 年 9 月上市的小型飞度混合动力汽车截至 2014 年 10 月已反复召回五次，混动系统与飞度相同的"VEZEL"混合动力汽车截至 2014 年 10 月也召回了三次。2014 年 12 月本田在美国众议院听证会上宣布在全美进行调查召回，还决定在日本进行调查召回，因安全气囊问题而召回的车辆已经超过 1300 万辆，达到了年销量的约 3 倍。本田不得不冻结 2014 年度新车销售计划，重新构建开发体制，强化品质管理，实施包括多种车型在内的车辆品质大检查。

2014 年末本田重新开始销售混合动力新车。12 月上市的小型混合动力汽车"Grace"，采用与飞度相同的汽车底盘与单马达式"i-DCD"混合动力系统，组合排量 1.5 升的"i-VTEC"发动机、电动机以及 7 速 DCT（双离合变速箱），整个系统最大输出功率 101 千瓦，实现 34.4 千米 / 升的 JC08 模式燃效。本田期望“Grace”的投放能够反映 i-DCD 系统缺陷的修改效果。

同样采用“i-DCD”混合动力系统还有本田于 2015 年 2 月上市的乘用微客型混合动力汽车杰德（JADE）和小型多功能运动车缤智（VEZEL）。“JADE”的 JC08 模式燃效达到 25.0 千米 / 升，在乘用微客中处于较高水平。“VEZEL”在 1.5 升排量直喷“i-VTEC”发动机和马达的基础上融合了 7 速 DCT（双离合变速器），系统的最大输出功率 112 千瓦。

2015 年 2 月本田推出 10 年来全面改进的新款里程（Legend），采用三电机混合动力系统“SH-AWD”，前部配备新开发的排量 3.5 升 V 型 6 缸直喷“i-VTEC 发动机”和内置电机的湿式 7 速双离合变速器（DCT），后部配备内置两个电机的双电机单元（TMU），可根据实际行驶情况在纯电动行驶、混合动力行驶或发动机行驶这三种模式中自动选择。整个系统最高输出功率为 281 千瓦，通过减速时在 4 个车轮进行能量再生等措施，使 JC08 模式燃效达到 16.8 千米 / 升，比旧款提高了近两倍。此外，新款“Legend”标配新型高级驾驶辅助系统（ADAS）Honda SENSING，由嵌入前格栅内的毫米波雷达（支持 77 吉赫频率）和安装在挡风玻璃内侧的彩色单眼摄像头构成，具备车道保持辅助系统（LKAS）、误起步抑制、碰撞减轻制动、道路偏离抑制、行人事故减轻转向、带拥堵时追随功能的 ACC（自适应巡航控制）、交通标志识别、前车起步提醒等功能。

3. 欧洲厂商推进 48 伏特弱混合动力系统实用化

为符合全球日趋严格的环保规定，特别是欧洲将从 2021 年开始实施“每辆汽车二氧化碳排放量削减至 95 克 / 千米以下”的规定，各汽车厂商加快步伐提高燃效来降低二氧化碳排放量。同时，为了提高安全性和舒适性，为车辆配备的电装部件也在不断增加，目前的 12 伏特系统逐渐无法满足汽车部件对电源的需求，基于 48 伏特电源的“弱混合动力系统”逐渐受到汽车厂商关注。

相比较而言，可由马达驱动行驶的强混合动力系统需要配备输出功率较高的大型马达，在日本趋于普及，但从成本及安装空间来说小型车很难采用；而在强混合动力系统普及较晚的欧洲及美国，导入基于 48 伏特电源的“弱混合动力系统”能够以较少的追加成本来实现二氧化碳排放量降低，而且容易配备到多种车型上，更有优势导入面向新兴市场国家的汽车。

目前德国舍弗勒集团已经开发出了配备 48 伏特系统的实验车，配备起动发电一体机（ISG）、装有 12 千瓦（最高输出功率）马达的电动驱动桥以及锂电池等，可实现辅助发动机驱动、进行减速能量再生以及在低速时由马达驱动行驶等，使二氧化碳排放量比原型车降低 10%。舍弗勒计划接下去将通过使马达最高输出功率提高至 20 千瓦、进行更加细致的车辆控制等方法继续提高燃效，最终使二氧化碳排放量降低 15%。

众多欧洲厂商的计划是预定在 2016 年至 2017 年将 48 伏特系统推向实用化，先从中型车开始导入，逐渐配备到因成本等原因而难以采用强混合动力系统的小型车上。罗兰贝格预计会以欧洲为中心进行生产，产量约为 90 万辆。但是如果德国大众在其“帕萨特”“高尔夫”等量产车上采用 48 伏特系统，这一预测值将会大幅增加。

（二）纯电动与插电式混合动力汽车发展动态

1. 企业推进与发布纯电动与插电式混合动力汽车

2014 年，全球纯电动与以电动驱动行驶为主的插电式混合动力汽车市场不断扩大。

纯电动汽车领域，特斯拉在2014年将其电动汽车销售和超级充电站建设扩张到中国和日本市场，推出Model S回购保价计划；增加配备包括自动变道等功能在内的“Autopilot”技术；发布四轮驱动款Model S；对外开放所有专利。2014年9月，特斯拉与内华达州政府共同斥资50亿美元，在当地成立超越目前全球现有锂电池总产能的超大电池工厂，计划2020年年产量达到50万辆。通过这些措施，特斯拉不断促进销量、提升品牌价值、扩张业务链条。

面对特斯拉的强势扩张，老牌汽车企业们采取的策略是在满足传统车主使用习惯前提之下，强化渐进式创新优势，通过既有车种产品延伸、提高电能在汽车动力的使用比重、提出更便利的充电解决方案等，逐步提高其在电动汽车市场的占有率。2014年，奔驰与宝马结盟，开发规格兼容的无线充电模块，计划在未来两到三年内，进入市场营运阶段。日产在2014年6月开始在欧洲销售继聆风（LEAF）之后推出的第二款纯电动汽车e-NV200。E-NV200是商用车，沿用LEAF的锂离子二次电池单元，在电池模块中内置了冷却装置以防止电池劣化；行驶距离约190千米，适合于路线固定的配送企业。大众2014年在欧洲推出纯电动e-Golf，其后在美国和日本开售纯电动e-up!和e-Golf。大众旗下的奥迪也在2015年3月发布中置跑车“R8”的纯电动版R8 e-tron。戴姆勒与比亚迪共同设立的合资公司在2014年10月推出旗下第一款纯电动汽车——DENZA腾势，搭载容量47.5千瓦·时的磷酸铁锂（LFP）电池，续航里程300千米。

相比较而言，随着技术的日渐成熟，更多汽车厂商发布插电式混合动力汽车产品或计划。有观点认为插电式混合动力汽车将成为全球新能源汽车的主流。

奥迪在2014年公布其新能源汽车领域产品计划，到2020年，奥迪旗下所有关键车型都将推出混合动力版本，并将优先发展插电式混合动力汽车。2014年6月，奥迪在欧洲上市其第一款插电式混动车A3 E-tron，计划陆续推出Q7、A6、A8三款插电式混动车。目前LG化学已经从奥迪获得了价值数亿美元的电池订单，为其不断扩张的插电式混动车型阵容提供支持。

宝马在2014年凭借i3与i8全面进军新能源汽车，计划为宝马旗下所有主力车型推出插电式混合动力版。2015年3月，宝马发布宝马品牌首款插电式混合动力汽车X5 xDrive40e，继承了通过i品牌培育的电动驱动技术，组合使用四轮驱动系统“xDrive”和电机驱动系统“eDrive”，配备组合使用带双涡流涡轮增压器的2.0升排量直喷4缸发动机与集电机于一体的8速自动变速箱Steptronic，系统整体性能达到230千瓦、扭矩达到450牛·米；其锂离子二次电池拥有96个电池单元，容量9.0千瓦·时，仅靠电机可最远行驶31千米；插电式混合动力汽车专用欧盟测试循环中的平均燃耗29.4~30.3千米/升，平均电耗15.4~15.3千瓦·时/千米，二氧化碳排放量78~77克/千米；配备有考虑坡度等路线特性、道路交通状况及行驶模式来制定驱动计划的“智能能源管理（Iintelligent Energy Management）”功能，以及与其联动的导航系统“Professional”。除了“X5 xDrive40e”之外，宝马计划2016年推出宝马3系插电式混合动力版和宝马2系Active Tourer插电式混合动力版。宝马3系插电式混合动力版试制车已经于2014年11月公开，宝马2系Active Tourer插电式混合动力版也在2015年初进入路试阶段。

通用于2010年上市的“雪佛兰沃蓝达”已经成为美国最畅销的插电式混合动力汽车。通用计划2015年下半年上市新款沃蓝达，以新开发的直列4缸1.5升排量汽油发动机作为用于发电的发动机，最高输出功率75千瓦；通过增加锂离子电池容量（增加8%）、提高驱动单元效率（提高5%~12%）、实现轻量化（减轻约45千克）等方式刷新驱动系统“VOLTEC”，使得纯电动模式下的续航里程延长到80千米，增加了30%以上；在充电进度功能中加入GPS（全球定位系统），使充电变得更加简单。

沃尔沃在2014年12月发布新款“XC90”的插电式混合动力版“XC90 T8”。该车在组合8速自动变速箱和2.0升排量4缸汽油发动机的动力传动系统“Drive–E”上，配套使用安装在曲轴上的起动/发电一体机、二次电池和后轮驱动用马达，具备日常使用的“Hybrid”模式、仅利用马达行驶的“Pure electric”模式、发动机驱动马达辅助的“Power”模式、四轮驱动的“AWD”模式、使电池剩余电量维持在一定水平的“Save”模式共五种驱动模式；系统整体最高输出功率298千瓦，纯电动行驶距离40千米，二氧化碳排放量59克/千米在高级运动型多用途汽车中属于最低水平。此外，沃尔沃为中国市场打造S60L插电式混合动力车，沿用其V60柴油版插电式混合动力车电气化技术，百千米油耗2.1升，纯电动模式下的续驶里程约为50千米，综合续驶里程接近1000千米，计划于2015年上半年投产并投放市场。

戴姆勒在2014年开始销售梅赛德斯·奔驰品牌的插电式混合动力汽车“S 500 PLUG–IN HYBRID”，组合使用3.0升排量的6缸涡轮增压汽油发动机和马达，发动机在每分钟5250~6000转的情况下最高输出功率245千瓦，混合动力系统最高输出功率325千瓦；纯电动模式续航里程33千米，较原来延长3千米；NEDC（新欧洲行驶循环）模式燃效从原来的33.3千米/升提高到35.7千米/升，二氧化碳排放量从原来的69克/千米降低至65克/千米。奔驰计划2017年进入扩增产量阶段，全产品推出10款插电式混合动力汽车。

2. 小型纯电动汽车开发与产业化快速推进

电动汽车大体有出两种不同的发展方向，一种是发展大功率电动汽车，主要是中级乘用车，其具有功率大、续航里程长等特点；另一种是发展小型、轻量化，它具有价格便宜、通勤性高等特点。从电动汽车的发展现状来看，关注并推动私人领域小型电动汽车发展已得到业内很多专家和企业的认同。

2013—2014年，日产、本田、东芝等在欧洲和日本等地区进行小型、微型或超小型纯电动汽车实证试验，包括“New Mobility Concept”一期、“E–KIZUNA Project”、“New Mobility Concept”二期等项目。启动于2014年10月的日产“New Mobility Concept”二期超小型电动汽车共享验证实验根据从2013年10月11日至2014年9月底的第一期实验结果，着手解决实用化课题，例如建立单程型汽车共享的高效运营体制和收费体系等。与雷诺建立纯电动汽车业务合作关系的Bollorc公司，提出对Bluccar三座款及更小型电动交通工具的设计、开发、生产进行可行性研究，以推进其汽车共享服务。一直在全球发展纯电动大巴的比亚迪也在2014年计划推进小型电动汽车研发储备。2014年9月，普华永道（PricewaterhouseCoopers，PwC）在汽车研讨会“BEYOND2020汽车开拓未来：汽车商务今后将如此变化”上，以“在新兴市场国家顺利发展的电动三轮车及电动化新潮流”为题，指出在公共交通网络尚不发达、地区规划与道路建设尚未完善的新兴市场地区，三轮汽车的电动化在印度及菲律宾等国家不断普及。例如，印度正由政府主导推进一项“国家电动汽车项目”（National Mission for Electric Mobility，NMEM），计划投资合100亿日元，在2020年之前开始以3万辆的年产规模生产三轮纯电动汽车；菲律宾则在推进一项由亚洲开发银行主导的计划，计划2017年之前引进10万辆使用锂离子电池、续航距离达到80~100千米、最高速度为50千米/小时的三轮纯电动汽车。发展这些小型、微型电动汽车的目的，除了大幅降低燃料成本、减少尾气排放之外，还包括培育新的产业，解决贫困问题。

尽管市场已经表现出对小型电动汽车的强烈需求，但是其安全性一直是人们关注的焦点。2014年

6月欧洲汽车评估机构EuroNCAP公布雷诺“Twizy 80”、Tazzari公司“Tazzari Zero”、Ligier公司“IXO JS LINE”、Club Car公司“Villager 2+2 LSV”4款超小型交通工具的碰撞试验结果，4款车型的安全性评价均较差。鉴于其具有较大经济性优势，EuroNCAP预计小型电动汽车的销量将不断增加，呼吁厂商及立法机构重视与确保其最低限度的碰撞安全性能。

日本、欧洲、中国等地区都在推进小型电动汽车的开发或认证制度。日本国土交通省于2013年1

表11.2 日本在轻型汽车规格中设置的超小型交通工具规格

额定输出功率（纯电动汽车）	总排气量（内燃机）	三轮及四轮车类别与主要规格及构成要素		使用场所
		步行辅助用具（无需执照）	● 时速在6千米以下（含） ● 车长1200毫米，车宽700毫米，车高1090毫米 ● 无车检	设施及人行道
0.6千瓦以下（含）	50毫升以下（含）	装有第一种原动机的自行车	● 车长2500毫米，车宽1300毫米，车高2000毫米 ● 无车检	车道
0.6千瓦以上	50~600毫升（含）	轻型汽车	超小型交通工具 ● 额定输出功率在8千瓦以下（含）（内燃机在125毫升以下（含）） ● 载客定员在2人以下（含）（安装了2个儿童乘车安全辅助装置的车辆为3人以下（含）） ● 不可上高速公路行驶	
			● 车长3400毫米，车宽1480毫米，车高2000毫米 ● 有车检 ● 乘车定员为4人 ● 可上高速公路行驶	

资料来源：樱井敬三．低炭素な交通システムまちづくりと一体で導入[EB/OL]．日经能源环境网，2013年4月11日．

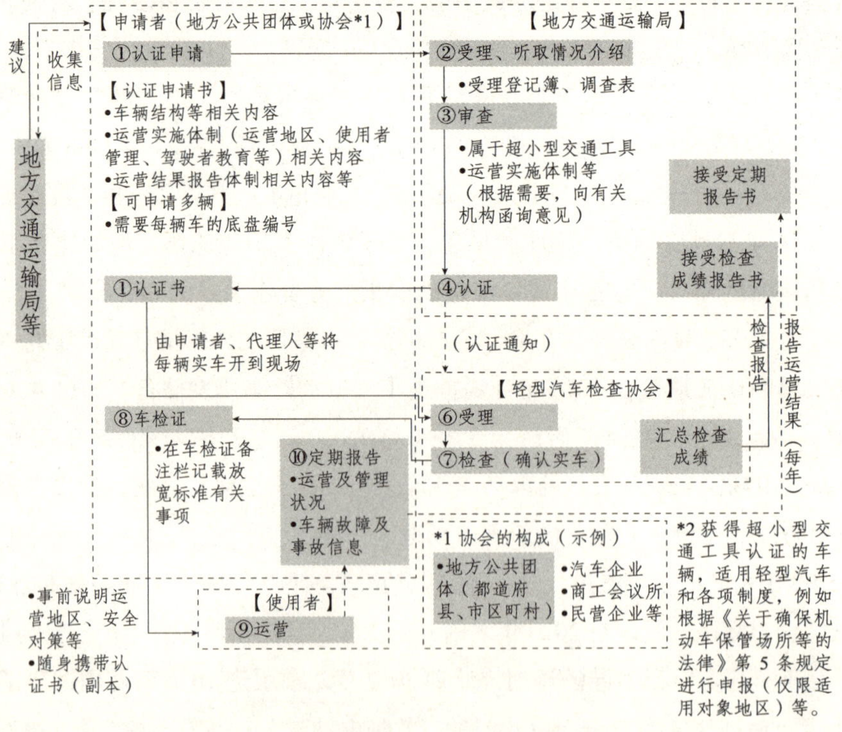

图11.1 日本超小型交通工具认证制度手续流程

资料来源：樱井敬三．低炭素な交通システムまちづくりと一体で導入[EB/OL]．日经能源环境网，2013年4月11日．

月 31 日开始实施的"超小型交通工具认证制度"，对符合一定规格标准[1]的更小车型在一定行驶条件[2]下放宽相关安全标准，包括座椅的尺寸、安装强度、靠背吸收冲击能力，仪表板吸收冲击能力，安全带安装强度，灯具、制动器及车锁装置等，并对其提供一定补贴。其申请认证由日本地方公共团体或其组织的协会负责，并逐辆接受日本轻型汽车协会检查以取得车检证，各车辆的运营者必须定期向申请者报告运营及管理状况，见表 11.2 和图 11.1。

欧洲将这一类超小型交通工具归类于从自动二轮摩托车派生出来的"Quadricycle（50 毫升以下四轮摩托车）"，并被分为最高时速限制在 45 千米 / 小时之内的"Light Quadricycle（L6e）"和不限速的"Heavy Quadricycle（L7e）"[3]，不适用于乘用车道路交通法，无需通过安全试验，部分不需乘用车驾驶执照。

中国也在 2014 年 11 月发布的《新建纯电动乘用车生产企业投资项目和生产准入管理的暂行规定（征求意见稿）》中对小型电动汽车试制样车的技术条件做出"最低为不足 4 米长的 4 座以下车辆，最高时速需高于 100 千米 / 小时，续航里程最短不得小于 100 千米"等标准界定，以区别于微型低速电动汽车（指低速老年车和代步车），提高电动汽车的行业安全生产。

（三）燃料电池汽车发展动态

1. 丰田等汽车企业推进燃料电池汽车进程

2014 年 12 月 15 日，丰田开始销售新款燃料电池汽车"MIRAI"。这是丰田首次推出并非用于验证实验和租售用途、而是面向普通消费者销售的燃料电池汽车，行驶性能与纯电动汽车相同，充氢时间约为 3 分钟，能行驶 650 千米左右（JC08 模式），见表 11.3。

表 11.3　丰田"MIRAI"与丰田燃料电池汽车概念车的基本参数

项目	丰田 MIRAI	本田 FCV 概念车
尺寸	4890 毫米 ×1815 毫米 ×1535 毫米	未公布
轴距	2780 毫米	未公布
车辆重量	1850 千克	未公布
载客定员	4 人	5 人
充一次氢的行驶距离（JC08 模式）	650 千米	700 千米以上
氢燃料罐充满压力	70 兆帕	70 兆帕
充氢时间	约 3 分钟	约 3 分钟
燃料电池马达最高输出功率	114 千瓦（113 千瓦）	100 千瓦以上
燃料电池体积输出密度	3.1 千瓦 / 升	3.1 千瓦 / 升
上市时间	2014 年 12 月 15 日	2015 年
价格	723.6 万日元（含税）	未公布
销售计划	2015 年底之前售出 400 辆	未公布

资料来源：田岛进 . 開発から 22 年、トヨタがついに燃料電池車を市販 [EB/OL]. NikkeiTechnology，2014 年 12 月 12 日 .

[1] 车辆的长宽高均必须在轻型汽车的规格（即长 3.4 米、宽 1.48 米、高 2 米）以内；乘车定员为 2 人以下，在安装了 2 个儿童乘车安全辅助装置（儿童座椅）的情况下为 3 人以下；如果是纯电动汽车，额定输出功率为 8 千瓦以下，如果是使用内燃机的车辆，总排气量为 125 毫升以下。

[2] 不能在高速公路上行驶，限定在由地方协会采取了交通安全及通畅措施的场所行驶。

[3] 最高时速在 45 千米 / 时以下但车辆重量超过 350 千克时也归类于 L7e。

包括发电用燃料电池组、驱动马达、高压氢燃料罐、小型驱动电池及控制系统等在内的整个“丰田燃料电池系统（TFCS）”中，最关键的燃料电池组、高压氢燃料罐和燃料电池升压转换器由丰田自主制造。燃料电池组体积小、性能高，体积输出密度 3.1 千瓦 / 升，最高输出功率 114 千瓦，单位体积输出功率与 2008 年型相比提高到了 2.2 倍。燃料电池的主要部件收纳在车体下部，氢燃料罐采用 3 层全树脂构造，分成两个小罐设置在后座下方和后座背面。2014 年 8 月丰田从日本经济产业省获得“注册容器制造业者”许可，无需接受日本高压气体保安协会（KHK）的到场检查，即可制造燃料电池汽车配备的 70 兆帕高压贮氢罐，提高了高贮氢罐的制造效率。

在解决了耐久性和低温工作之后，丰田又进一步推进高成本问题处理，采取了众多小型化和轻量化措施，包括确立无加湿方式（内部循环方式）、将燃料罐数量由 4 个削减至 2 个、采用混合动力汽车用马达等低价位量产部件、简化燃料电池组和高压氢燃料罐结构、提高燃料电池组输出密度实现小型高性能化、开发活性为 1.8 倍的铂钴合金催化剂（将铂用量减至 1/3）、隔板从不锈钢换成钛合金并推进薄壁化、隔板表面处理材料从贵金属换成便宜的碳类、减少高压氢燃料罐碳纤维用量、与东丽合作开发碳纤维降低成本、改善制造方法（电解质膜高速处理、电池单元自动层积、高压罐碳纤维高速卷绕）等，将以前认为将达到 1 亿日元以上的燃料电池系统成本“降到了 1/20 以下”。此次“MIRAI”售价 723.6 万日元，使用日本经济产业省提供的 202 万日元的燃料电池汽车购车补贴，用户实际只需支付 520 万日元左右（含税）。丰田计划 2025 年前后将燃料电池汽车的价格降到与目前的混合动力汽车相同的水平。氢燃料方面，岩谷产业宣布以 1100 日元 / 千克的价格销售，因此充满氢（约 5 千克）约需 5500 日元；按汽油价格 160 日元 / 升换算，经济效益与燃效为 18 千米 / 升的混合动力汽车属于相同水平。

开售之初，丰田从政府机关和企业等接到约 200 辆订单，计划到 2015 年底在日本售出 400 辆。然而上市 1 个月内日本的订单量就达到约 1500 辆，丰田随即计划建立满足需求的供应体制实施增产，到 2016 年将扩大至约 2000 辆，到 2017 年将扩大至约 3000 辆。

此外，2015 年 1 月，丰田宣布无偿提供其持有的燃料电池汽车相关专利使用权，共涉及 5680 项专利（包括正在申请中的专利），以促进与汽车厂商合作推进燃料电池汽车开发和市场导入、推进与能源公司合作建设加氢站，见表 11.4。

表 11.4　丰田专利开放情况

开放期限	专利领域	专利数量 / 件
至 2020 年为止无偿开放	氢燃料电池堆	1970
	燃料电池系统软件控制	3350
	高压氢气罐	290
永久无偿开放	加氢站	70

资料来源：上海科学技术情报研究所（ISTIS）分析整理

除了丰田之外，本田、通用、大众、现代等都在推进燃料电池汽车技术研发。大众在 2014 年洛杉矶车展上展出 3 款燃料电池概念车——高尔夫 Hymotion 燃料电池汽车、帕萨特 Hymotion 燃料电池汽车、奥迪 A7 h—tron 概念车；奥迪 A7 h—tron 概念车搭载插电式氢动力系统，可在氢燃料或纯电动模式下行驶，氢燃料动力模式下每千克氢燃料可支持车辆行驶 100 千米，纯电动模式下可行驶 50

千米，续驶总里程可达到500千米。本田在2014年11月公开其燃料电池汽车概念车“Honda FCV CONCEPT”外观和部分性能参数，燃料电池组尺寸缩小33%，输出功率密度达到3.1千瓦/升，比原来提高约60%；配备70兆帕斯卡高压氢罐，加满燃料可行驶700千米以上；充氢时间3分钟左右；预定上市时间由原来的2015年以内改成“2015财年以内”（截至2016年3月底）。2015年2月，通用在“2015氢尖端世界论坛”上发表关于其燃料电池汽车战略的演讲。自2013年开始通用与本田合作开发燃料电池汽车，目前通用位于密歇根州庞蒂亚克市的技术研究所与本田的枥木研究所正共同开展燃料电池堆、控制系统、二次电池及氢燃料罐等研究，通用的德国研究设施在进行氢基础设施相关研究。2015年4月，韩国现代汽车公开其“Tucson iX Fuel Cell”利用车载燃料电池向外部供电的系统，插头部分设置在前保险杠上，插头形状采用美国SAEJ1772标准；鉴于自2013年开始生产以来截至目前只售出约200辆的销量，现将车辆价格从之前的14.4万美元降到了近一半的7.7万美元。

2. 氢能源基础设施建设缓慢推进

近几年，家用燃料电池技术成熟，成本降低到刚上市时的一般左右，普及范围逐渐扩大。特别是在日本，丰田、松下和软银都已经正式涉足氢资源业务。2014年6月，日本经济产业省设置的氢及燃料电池战略协商会公布“氢及燃料电池战略发展蓝图”，将燃料电池等氢运用技术的采用分为三个阶段，分别设定目标。2014年7月，日本新能源产业技术综合开发机构（NEDO）发布《NEDO氢能源白皮书》，重点关注家用燃料电池及氢燃料电池汽车，计划为氢燃料电池汽车至少提供200万日元补贴。2014年9月日本政府提交的2015财年（2015年4月1日—2016年3月31日）财政预算草案，设置了400亿日元用于氢燃料、燃料电池补贴预算，其中110亿日元用于加氢站；并单列300亿日元预算以补贴包括氢燃料电池汽车在内的清洁能源车。另外，日本政府部门将燃料电池汽车纳入政府采购。企业与政府都在积极构筑日本氢能源产业金字塔，加氢站建设逐步推进。

在日本，2014年大阪燃气公司在液化天然气加气站开设加氢站，目前正在建设中。岩谷产业在2014年7月建成日本首座商用加氢站，采用低温液态氢的技术降低成本；2014年9月在东京塔附近建设“东京加氢站”，预计成本为4亿~5亿日元，每小时可为6辆氢燃料电池汽车提供燃料补给；并与本田共同开发“智能加氢站”，采用在垃圾焚烧厂内利用燃烧垃圾的废热产生的电力分解水而提取氢气的技术，无需使用压缩机而大大降低成本和减少小型化导致的能量损失，每座加氢站每天可制造1.5千克氢气，最多可储存约18千克氢气，可充满4.5辆燃料电池汽车。丰田通商公司在2014年9月开建名古屋热田加氢站[1]；2015年2月与岩谷产业、大阳日酸共同设立“联营公司日本移动式加氢站服务”，从三井住友融资租赁公司（Sumitomo Mitsui Finance and Leasing Company）租借移动式加氢站，由丰田通商负责业务运营管理，岩谷产业和太阳日产负责氢供应设备制造、氢供应及现场管理，向燃料电池汽车供应氢燃料。吉坤日矿日石能源公司在2014年12月启用其商用加氢站，通过氢罐车等运送压缩氢的站外制氢方式，集燃料电池汽车加氢、洗车及换轮胎等维护服务于一体。

美国地区，本田美国法人American Honda Motor公司在2014年11月向美国的加氢站建设公司FirstElement Fuel提供1380万美元援助，协助其建设12座加氢站。

[1] 由丰通液空氢能源公司负责建造，由法国液空集团提供氢燃料。丰通液空氢能源公司是丰田通商与法国液空集团日本子公司——液空日本共同成立的合资公司，其中丰田通商占股51%，液空日本占股49%。

欧洲地区，戴姆勒在2013年与法国液空集团、德国林德集团、奥地利石油天然气集团（OMV）、荷兰皇家壳牌集团、法国道达尔集团（TOTAL）等共同启动H2 Mobility计划，2014年9月戴姆勒与林德合建的第一座公共加氢站正式开始运营，林德集团为加氢站提供的可再生氢燃料由生物柴油的副产品——粗甘油提炼而来。2014年10月，戴姆勒联合林德、道达尔（TOTAL）、OMV、AVIA、霍治（Hoyer）等几家油气公司，计划各投资约1000万欧元，到2015年年底建成20座加氢站；目前已有12座新的加氢站位置确定，另有7座加氢站正在位置、施工建设等探讨中；这一加氢站建设计划得到了氢与燃料电池技术国家组织（NOW）的支持，并将其作为德国氢与燃料电池技术国家创新项目（NIP，成立于2006年）的一部分。此外，2014年10月，英国政府宣布投资1100万英镑，到2015年将英国境内的加氢站数量增至15座。其中政府出资200万英镑升级现有的6~8座加氢站，将其由实验用加氢站转变为商用加氢站；政府与产业界各出资350万英镑新建4~7座加氢站，包括流动加氢站、独立的加氢站以及与加油站建在同一位置的加氢站；政府出资200万英镑资助公共交通，使其配置大约40辆燃料电池汽车。林德、液空等英国H2 Mobility成员正在申请参与此项加氢站基础设施建设。

但是，加氢站建设仍然面临着成本高昂、投资回收困难等问题。根据日本经济产业省的数据，建设一座加氢站的成本需要4亿~5亿日元。特别是加氢站必须设置支持高压氢的特殊设备——高压氢燃料罐，虽然通过减薄碳纤维削减了一定成本，但由于里面装的是高达700大气压的高压燃气，圆柱形的形状和尺寸基本都未能改变，未能大幅实现小型化，成为加氢站基础设施建设的瓶颈。而且，虽然日本政府在2014年11月确定了不仅对初期投入给予补贴、对运营费也提供补贴的方针，2014年补贴提高到1.5亿~2.8亿日元，运营费补贴估计为每座加氢站每年2000万日元，但这远不足以弥补初期经营的亏损。根据丰通液空氢能源公司数据，目前的收益性还很低，至少需要花6年时间才能转亏为盈。相对于日本经济产业省以2015年度设置100座加氢站的早期目标而言，当前只确定了约45座，而且大部分是用来进行验证试验的加氢站，商用加氢站刚刚起步，氢燃料基础设施还处于缓慢推进进程中，见图11.2。

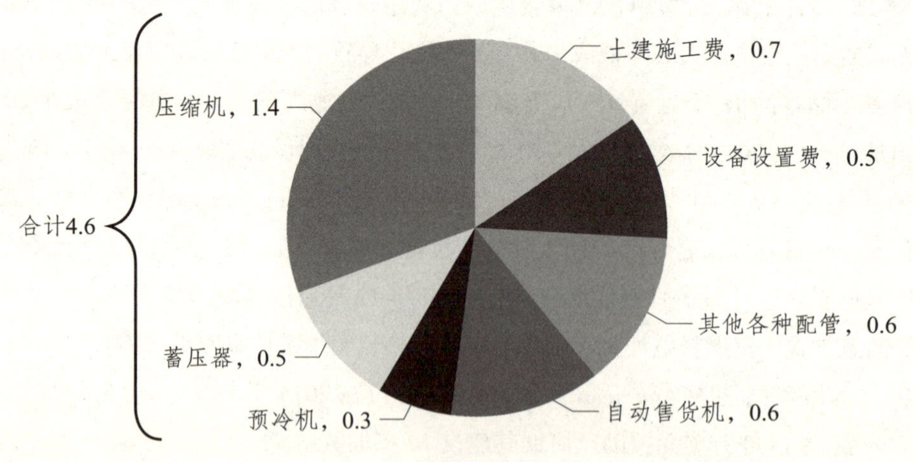

图11.2 建设加氢站所需成本 亿日元

说明：预冷机是充氢时使用的氢冷却装置。图中金额为2013年度供氢设备设置补贴申请额的平均值。
资料来源：日本经济产业省

三、关键零部件及核心技术发展动态

（一）车载动力电池和驱动电机发展动态

根据美国调查公司 IHS Automotive 数据，汽车的全球销量到 2018 年将超过 1 亿辆，短时间里拉动市场增长的是汽油车和混合动力汽车；汽油车为提高燃效，将增加采用低速时停止发动机的怠速停止机构（ISS：idling stop system）；混合动力汽车销量将稳步提升；另外，轻型汽车也开始采用混合动力系统。无论是 ISS 汽油车还是混合动力汽车，蓄电池的重要作用不言而喻，见图 11.3。

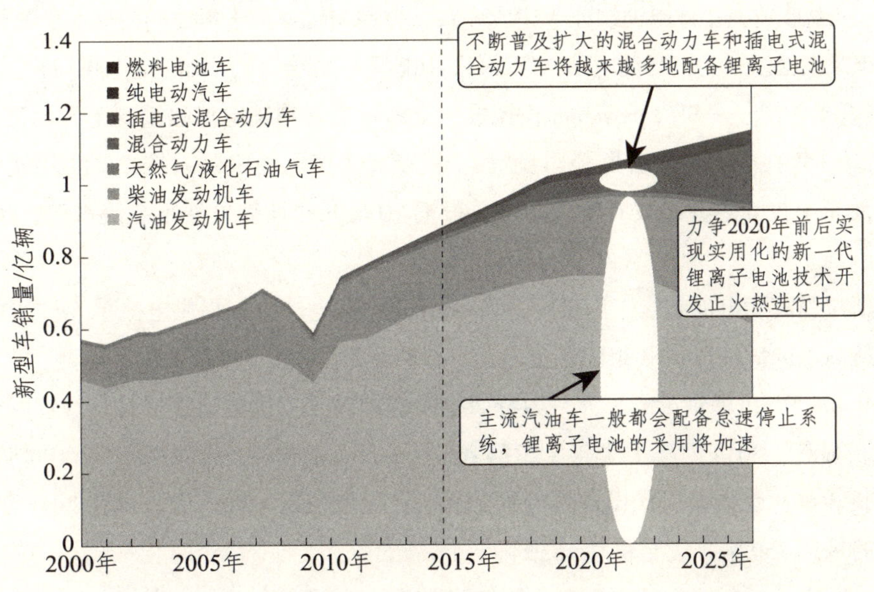

图 11.3　对汽车领域需求高涨的新一代锂离子电池的期待

资料来源：久米秀尚 . 2020 年に向けて急加速、Li イオン電池が次世代に [EB/OL]. 日经电子，2014 年 10 月 15 日.

1. 车载电池及材料厂商积极投资

前几年全球电动汽车市场增长缓慢，其普及所花时间不断超过早前预期，为汽车企业提供车用电池及材料等相关领域厂商受到影响而业绩低迷，在这一领域的开发和投资上也有所犹豫。2014 年，在纯电动、插电式混合动力汽车及混合动力汽车上积极采用锂离子电池的厂商显著增加，一直低迷的锂离子电池及其正极材料市场行情明显恢复，众多相关厂商业绩增长，开始强化业务体制，积极投资。

2014 年 2 月，三菱商事、GS 汤浅、博世共同出资设立的合资公司“利能源 & 动力”开始运营，三方分别是博世 50%、GS 汤浅 25%、三菱商事 25%。GS 汤浅负责电池研发，博世负责电池质量管理与控制系统，三菱商事在市场调查与原材料供应方面提供业务支持。合资公司共同研发新一代高性能锂电池及控制技术，负责 GS 汤浅与三菱商事、三菱汽车在日本生产的车用锂电池的欧洲销售业务，并探讨开设工厂事宜。

LG 化学在 2014 年获得通用 2015 款“Spark EV”电池订单；与法国雷诺合作开发下一代电动汽车电池，计划将雷诺旗下电动汽车续驶里程提升一倍；与南京紫金建设发展有限公司、南京新工投资集团成立合资法人，在南京开建电动汽车电池工厂，预计 2015 年底投产；获得中国上汽集团和观致汽车电动汽车电池供货订单，中国客户总数增至 4 家（还有两家是一汽和长安）。2015 年 3 月，LG 化学公司成为戴姆勒"Smart EV"锂离子二次电池供应商。截至目前，全球20个主要汽车品牌中，大众、奥迪、戴姆勒、沃尔沃、通用、福特、雷诺、现代起亚等合计13个品牌都成为LG化学的纯电动汽车电池客户。

在消费产品用锂离子电池领域全球份额处在第一梯队的三星SDI，2014年与福特合作开发新的锉电池技术，并展示全新双电池系统；2014年4月斥资3.5万亿韩元收购三星第一毛织公司，通过其化学及材料供应链来扩展锂电池方面的业务；2014年7月计划在韩国新建电池生产线，以提升电池产能，扭转亏损，并计划2015年将车用电池部门的营业额提升至1万亿韩元；2014年7月与宝马签署高达数十亿欧元的电池供应协议，扩大双方在电池供应方面的合作关系；2015年2月与加拿大大型汽车部件厂商Magna International就收购其车载电池组业务达成一致，收购Magna位于奥地利的电池子公司Magna Steyr，并在欧洲制造车载电池组，为宝马纯电动汽车"i3"和插电式混合动力汽车"i8"供应锂离子电池。

SK集团旗下子公司——SK Innovation在完成从上游核心材料锂电池隔膜到下游电池成品的垂直产业链建设后，2013年在中国设立合资公司投资17亿欧元生产电池组装系统；2014年初与北汽和北京电控合资成立北京电控爱思开科技有限公司，总投资10亿元建设锂电池组装流水线，预计2017年产量达到2万组。

松下对特斯拉锂离子电池超级工厂投资，向"Model 3"电池组等提供电池单元。2014年，松下与印度零部件制造商Minda Industries组建合资公司，投资金额16亿卢比投产汽车电池。

受益于"Model S"市场销量的扩大，为特斯拉供应锂离子二次电池正极材料"镍酸锂"的住友金属矿山业绩增长显著，2014财年上半年（2014年4—9月）财报中的销售额比上年同期增加7%，营业利润同比增长36%。住友金属矿山计划投资150亿日元增强镍酸锂产能，预定2015年12月完工后产能将从目前的每月850吨扩大至每月1850吨。

同样从事车载电池材料业务的户田工业的低迷业绩也逐渐改善，2014财年上半年财报中的销售额同比增加8%，营业利润从亏损近2亿日元转为盈利6.4亿日元。户田工业在2015年2月与巴斯夫公司（BASF）设立合资公司，从事用于车载等的锂离子二次电池正极材料的开发、制造及销售业务。

2012—2013财年连续两财年陷入营业亏损的户田工业，2015年2月和巴斯夫公司（BASF）分别出资34%和66%共同成立巴斯夫户田电池材料有限责任公司。巴斯夫是全球化工厂商的领军企业，拥有较强的NCM（三元类正极材料）技术和产品群。户田工业拥有基于丰富的微粒子合成正极材料技术，业务涉足NCA（镍类正极材料）、LMO（锰类正极材料）、NCM（三元类正极材料）所有材料，在全球率先使纯电动汽车用电池的镍类正极材料实现商品化。两家的合资公司将以日本为基地开展NCA、LMO、NCM等锂离子电池正极材料的研发、制造及营销业务。

2. 新一代车用电池技术开发加速

当前应用在电动汽车上的蓄电池有铅蓄电池、镍氢二次电池、磷酸铁锂电池、三元材料电池、全固态电池、锂硫电池、燃料电池、液态电池等。它们因性能的不同导致优缺点差异颇大：磷酸铁锂电池放电效率较高、热稳定性好、安全性高，但价格较高、能量密度较低、电池容量较小、续行里程短；三元材料能量密度可达150~200瓦·时，容量比高、续驶里程长、综合性能突出，但在高温下不稳定、安全性较差、成本非常高；全固态电池能量密度大、额定功率高，而且具有封装效率高、更安全、更长的使用寿命等优势；锂硫电池成本低，能量密度是锂离子电池的数倍。

2014年，本田、丰田等日本汽车厂商陆续在混合动力汽车上推进采用锰酸锂电池，以取代铅蓄电池和镍氢二次电池；中国汽车厂商比亚迪较多使用磷酸铁锂电池；特斯拉电动汽车使用的是松下提供的NCA系列（镍钴铝体系）18650钴酸锂电池，其电动汽车年产量的稳步上升促使NCA镍钴铝三元材料电池成本下降了约30%。越来越多的企业在主流车型中采用第三代锂离子电池，不断推进正负极材料组合探索以及此前未研究过的电解液革新技术来增加电池容量、提高安全性和降低成本。例如东京大学研发小组开发出了Li+浓度达到原产品4倍以上的“浓电解液”技术，得出了无需在电解液溶剂中使用碳酸乙烯酯（EC）的结论，解决了EC溶剂电解液无法耐受5V高电压而阻碍实用化的瓶颈，探索锂离子电池多种电解液设计新方向；京都大学与夏普的研发小组开发出采用“第一原理计算”的电池材料探索方法，以开发循环寿命出色的电池为目标，寻找劣化（充放电时的体积变化）较小的材料，并实际合成材料，试制Fi（$Fe_{1-X}Zr_X$）（P_1−2_XSi_{2X}）O_4电池单元；日立制作所采用可使活性物质、粘合剂及空隙等均匀分布的膜成型技术开发，使用氧化物皮膜包覆正极材料粒子以抑制高电压化处理时电解液导致的分解，高强度粘合剂开发以形成导电性皮膜硅类材料粒子之间的强力结合等方式，使得锂离子二次电池（LIB）[1]正极厚度达到原来的2倍、电池单元能量密度达到335瓦·时/千克、输出功率密度达到1600瓦/千克，与以往产品相比有望使纯电动汽车充电一次可行驶的距离延长1倍。

除了本田、丰田、特斯拉等所采用的第三代锂离子电池之外，“下一代锂电池”技术研发也在积极推进中，包括全固态锂电池、锂硫电池、石墨烯电池等。在全新材质的采用以及现有技术的改进推动下，预计“新一代锂离子电池”将在2020年前后出现需求、2030年前后实现实用化，见图11.4。

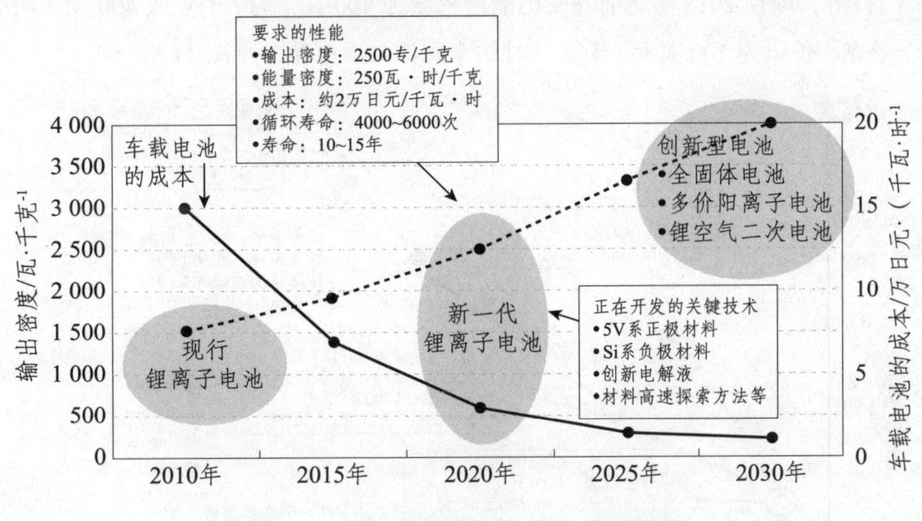

图11.4　新一代车用电池技术发展路线

资料来源：久米秀尚.2020年に向けて急加速、Liイオン電池が次世代に[EB/OL].日经电子，2014年10月15日.

全固体电池领域，当前众多技术研发是通过更易传导锂离子的固态电解质开发、改善电解质与电极间的界面物质以降低转移电阻、提升活性材料中锂离子的传导性等方式，提高全固态电池的功率密度。全固体二次电池最大优点是能量密度最高可达到现有锂离子电池的10倍，但是其实用化面临几大障碍，包括量产效率不高，输出密度目前还未超过现有锂离子电池，探索正极、固体电解质、负极材料的最佳组合以及确认循环特性和安全性需要大量时间，使用新材料可能会发生未知事故。近几

[1] 正极使用镍类材料，负极使用硅（Si）类材料。

年，一些企业针对这些实用化障碍进行对策解决。例如 Seeo 公司采用薄薄的干聚合物薄膜作为电解质，以量产效率较高的卷对卷方式制造电池；BatScap 的母公司博洛雷（Bolloré）的薄膜部门也是以卷对卷方式量产电解质使用的薄型聚合物薄膜；能源存储联合研究中心（JCESR）[1] 的会员企业 Sakti3 公司制定了三大战略，包括采用组合蒸镀法和卷对卷方式的工艺、利用数学方法来计算生产线整体的生产效率和盈利能力以最大限度优化生产线、大幅减薄每层电池的厚度，以提高量产效率、降低蓄电池价格。目前 BatScap 公司和 Seeo 公司已经实现了全固体二次电池的产业化。BatScap 的金属锂聚合物电池（LMP）配套在博洛雷的纯电动汽车“Bluecar”上，参与汽车共享服务“Autolib”；博洛雷还开发出了配备 LMP 的电动巴士“Bluebus”，并计划与雷诺合作在 2015 年下半年共同开发采用容量为 20/千瓦·时的 LMP 三座小型纯电动汽车。随着服务的扩大和车辆的增加，BatScap 计划陆续扩大目前为 300 兆瓦·时 / 年（1 万个 30/ 千瓦·时的电池组）的电池产能，到 2019—2020 年达到 3 倍以上的约 1 吉瓦·时。Seeo 开发的也是金属锂聚合物电池，电池组能量密度 130~150 瓦·时 / 千克，预计 2017 年样品供货可达到 300 瓦·时 / 千克，而且计划 400 瓦·时 / 千克产品价格降至现有锂离子电池 1/2；输出密度符合欧洲的行驶测试标准“CADC 130”[2] 和“WLTP”[3]。Sakti3 公司则在 2014 年利用自主开发的模拟工具制作出了体积能量密度为 1170 瓦·时 / 升的电池，是目前大部分锂离子电池最高体积能量密度的近 2 倍，由此 Sakti3 在 2015 年获得了英国家电巨头戴森（Dyson）1500 万美元投资以促进其商业化。能源存储联合研究中心（JCESR）制定了“在 5 年内开发出能量密度达到 5 倍、价格降至 1/5”的“5—5—5 目标”，即在 2018 年之前开发出能量密度为 400 瓦·时 / 千克或 400 瓦·时 / 升、输出密度为 800 瓦 / 千克、价格为 100 美元 / 千瓦·时的全固体二次电池，见图 11.5。

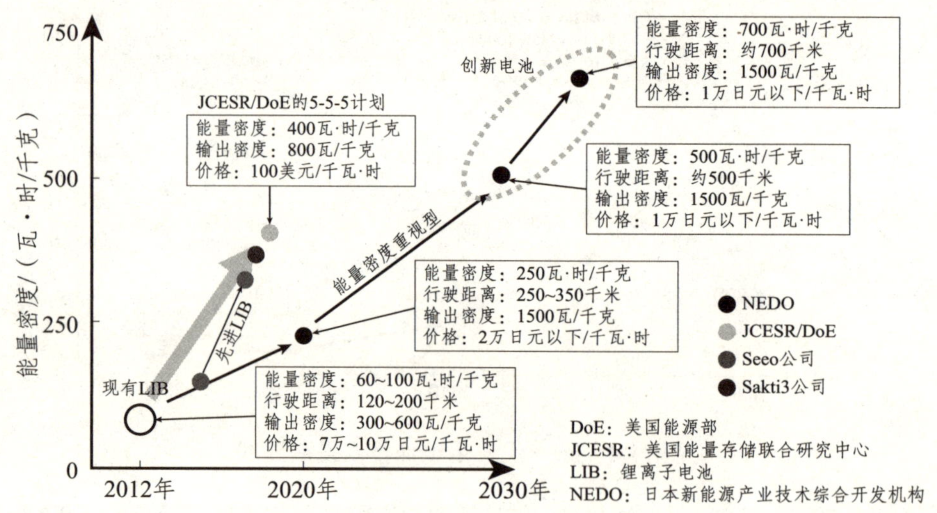

图 11.5 NEDO、JCESR/DoE、Sakti3 公司、Seeo 公司计划实现“创新电池”路线

资料来源：野泽哲生. 全固体电池，一跃十年 [EB/OL]. 日经能源环境网，2015 年 3 月 27 日.

[1] 是美国能源部（DOE）所属国立研究所阿贡国家实验室 2013 年成立的新一代蓄电池相关研发组织。

[2] CADC=Common Artemis Driving Cycles，是欧盟委员会制定的道路交通尾气评估标准，规定了评估汽车尾气的代表性行驶模式，包括市区、郊外、高速公路三种。高速公路模式分为最高时速为 130 千米 / 小时和 150 千米 / 小时的两种模式，130 千米 / 小时记为“CADC130”。

[3] WLTP=Worldwide harmonized Light—duty Test Procedure，是由联合国欧洲经济委员会推进国际标准化的小型车尾气及燃效评估方法，规定了特定的行驶模式。

锂硫电池领域，锂硫电池的阴极主要由硫制成，成本低且含量丰富，能量密度是锂离子电池的数倍。但是锂硫电池的应用还存在着活性材料利用率偏低、可溶性锂硫化物降低硫电极的稳定性等众多困难与挑战，一些企业采用新材质、优化设计和改进技术以实现性能稳定、高能量密度的锂硫电池产品。2014 年 6 月，美国国家标准与技术研究所（NIST）、亚利桑那大学和韩国首尔国立大学的研究人员通过“逆向硫化”，在 185 摄氏度下将硫元素由 8 个原子组成的环路融化成长链后与二异丁烯混合，从来制造出稳定的硫阴极，研制出廉价、高功率的锂硫电池。其性能可与目前市场上占主流的电池相媲美，且经过 500 次充放电循环后功能无损。2015 年 4 月，韩国南洋大学研发团队采用高度可逆的双模态硫阴极和锂化得到的硅 / 硅氧化物纳米阳极，成功研发出新型锂硫电池，具有相当高的能量密度、优秀的充放电效率、优异的充放电循环寿命，在电池充放电次数达到 500 次电容量达到原来的 85% 时仍可以实现 750~1000 毫安 · 时 / 克的能量密度，是目前已经商业化应用的锂离子电池能量密度的两倍多。

石墨烯电池领域，石墨烯是一种由碳原子按照六边形进行排布并相互连接而成的碳分子，结构非常稳定，属于新型材料，是已知材料中最薄、最坚硬、导电性最好而且拥有强大灵活性的纳米材料。由于其具有电阻率低、电子迁移速度极快、表面积大且电性能良好等特点，科学家认为石墨烯是锂离子电池的理想电极材料。使用其作锂离子电池负极材料可大幅提高负极材料的电容量和大倍率充放电性能，不仅储电量比传统锂离子电池高出数倍，还可以大大缩短充电时间。目前西班牙在这一领域处于技术比较领先的地位，已有多家创业公司致力于相关研发。Graphenano 公司和科尔瓦多大学合作研发的石墨烯电池一次充电时间只需 8 分钟，续航里程可达 1000 千米，被称为“超级电池”，其能量密度超过 600 瓦 · 时 / 千克，是目前动力锂电池的 5 倍；使用寿命是目前锂电池两倍；成本比目前锂电池降低 77%。其石墨烯电池目前由德国两大汽车巨头进行试验，计划 2015 年生产上市。

此外，谷歌新一代产品研究部门“Google X”也在推进其电池研究，包括提高现有锂离子电池续航力和研发先进的固态电池技术，应用到其涉及电池技术的约 20 个产品项目中，例如使用纳米粒子诊断疾病、眼镜型可穿戴终端、自动驾驶汽车、“氦气球网络计划（Project Loon）”[1]等。

3. 小型化与高效率车用驱动电机技术开发

汽车电动化需求推动车用驱动电机（马达）技术不断小型化与高效率发展。

2014 年，三菱电机研发出的电动汽车用电机与逆变器组合系统，将电机与逆变器整合为一个类似圆筒的结构，构成逆变器的晶体管和二极管全部使用碳化硅，在保证逆变器工作效率的同时使得逆变器与电机整体尺寸减小了 44%，且发热量更低。日本电产（Nidec）在 2012 年营业利润率暴跌之后进行业务重组，在“车载”重点业务实施“轻薄短小”战略，开发组合马达和电子电路的“机电一体”技术。其 2014 年 11 月开发出的采用碳化硅逆变器的无磁铁马达驱动系统概念机型，与其原机型相比体积削减 32%、重量减轻 69%。电产计划 2015 年开发马达和逆变器一体化的“机电一体马达”试制品，2018 年度电动助力方向盘用马达全球份额达到 40%、电动 DCT（Dual Clutch Transmission）用马达全球份额达到 65% 目标。此外，博世在 2015 年“国际汽车电子技术展”上展出其电动摩托车用轮

[1] 是利用在高空飘浮的气球构筑互联网接入环境的项目。谷歌在该项目中与美国 AllCell Technologies 公司共同开展锂离子电池研究。

毂电机，输出功率500瓦，采用铁氧体磁铁，配套专用ECU（电子控制单元），并考虑将高功率电机与减速器搭配使用。

同时，为开发具有竞争力的小型高效率马达而在实机上嵌入的磁性特性评测技术、构造设计技术以及相关性能与可靠性评测技术也成为车用驱动电机技术研发的重要课题。2015年4月，日本新能源及产业技术综合开发机构（NEDO）和日本高效率马达用磁性材料技术研究组合（MagHEM[1]）宣布开发出了超高效率马达用的两种分析及评测装置，一是超高精度马达损失分析评测装置，采用由磁浮作用而消除了机械摩擦损失的磁力轴承，以及在磁力轴承的一侧经由扭矩检测器安装负荷马达而在另一侧直接安装供试马达的构造，减少会导致误差的机械损失变动因素，稳定检测马达电磁损失。二是薄带状高效率铁芯材料的特性评测装置，新开发对20微米厚材料不折弯而加压的新技术，以此对磁力特性的下降作定量评测。此次装置作为NEDO以马达节能化为目标的“新一代汽车高效率马达用磁性材料技术开发项目”中的一环而开发，NEDO和MagHEM期望以此进行虑及新磁性材料特性的设计和评测，从而实现能量损失可减少25%的马达。

（二）电动汽车充电技术及基础设施建设

1. 汽车企业与电子企业推进车辆无线充电技术开发

推进“SAE J2954”标准制定的美国汽车工程师协会（SAE）2013年11月宣布就电动汽车无线供电使用85千赫兹频带（81.38~90.00千赫兹）达成一致；日本企业也将85千赫兹列为第一候选，除了日本总务省在依据《电波法》推进制度化之外，日本电波产业协会（ARIB）也在指定民间标准（ARIB标准），目标是2015年春季出台；国际标准化组织（ISO）和国际电工委员会（IEC）国际标准化方面，使用85千赫兹频带的方案也基本完成。由此，纯电动汽车无线充电系统标准制定工作已接近尾声，2015—2016年纯电动汽车无线充电探讨重点将从标准转向如何在市场导入，各汽车厂商和电子企业都在积极公布以实用化为前提开发的技术。

例如高通（Qualcomm Technologies）基于从奥克兰大学（University of Auckland）收购的无线供电技术开发了用于电动汽车的磁共振无线供电系统“Qualcomm Halo”，在国际汽联电动方程式赛车锦标赛（FIA Formula E Championship）赛事安全车上得以应用。高通的无线供电系统的特点是高通用性、支持多功率，它将2个线圈部分重叠，通过控制2个线圈的电流相位差来改变耦合强度，以应对受电线圈不同形状以及供受电线圈各种位置关系等多情况。2014年高通成为首批获得无线充电联盟（A4WP）认证的公司之一。丰田2014年在爱知县丰田市开展电动汽车无线充电验证实验，以插电式混合动力汽车“普锐斯PHV”为原型，开发出配备磁共振式无线供电系统的汽车，无线供电系统输出功率2千瓦，使用85千赫兹频带，（地面上设置的）供电线圈与（车辆底部设置的）受电线圈的距离（线圈间距）约15厘米，前后方向利用车载导航仪辅助，电力传输效率约80%。

有一些企业通过组合自动泊车技术来应对长期以来一直未解决的送电圈与受电圈错位技术课题。例如本田2014年公开配备无线供电系统的“飞度EV”实验车辆，采用基于自动驾驶的精确泊车系统，

[1] 成立于2012年，是进行高效率马达磁性材料以及使用这些材料设计马达等相关研究的团体。其成员包括T&T Innovations、爱知制钢、Intermetallics、NEC东金、JFE钢铁、大金工业、电装、丰田、三菱电机9家企业、日本金属类材料研究开发中心和日本产业技术综合研究所。

"可使车辆以纵向 ±5 厘米，横向 ±10 厘米的精度，在供电线圈上方自动泊车"，电力传输效率保持在 80%~90%。日产的"HYPER mini"和"LEAF（聆风）"无线供电系统实验，地面线圈设置在车主自家的停车场，车辆系统最大输出功率 3.3 千瓦，配备有基于环视监视器的自动泊车系统，以 240 伏特的电压充满需要 8 小时。电装也开发了自动泊车与无线供电功能相组合的系统"Smart Charge"，使用监视前后左右的 4 个摄像头、检测前方物体的激光雷达、提高位置精度的准天顶卫星定位技术以及内置的地图数据等，根据控制中心的指示使停车场内的车辆自动行驶，以及使车辆在指定时间自动向指定场所移动。

也有一些企业研究送电圈及受电圈的构造以有效解决错位问题。例如东芝开发的 85 千赫兹磁共振方式无线充电受电线圈，通过改进线圈形状，在供电线圈与受电线圈相距 17 厘米的情况下以约 89% 的效率进行无线充电，当水平方向错位达到 25 厘米时也能实现 85.2% 的电力传输效率。

除了汽车停止状态下的定点充电技术之外，车辆行驶过程中的充电技术开发竞争也在全球展开。韩国科学技术院（KAIST）2009 年开始开发可在行驶中充电的系统"OLEV：On—Line Electrical Vehicle"，分别配置在高尔夫球车、大型巴士、运动型多用途汽车上进行实车行驶实验；2010 年在首尔大公园内的行驶线路上启动园内移动用列车型纯电动汽车运营项目，配备最大输出功率 240 千瓦的电机、容量 24.8 千瓦·时的锂聚合物二次电池，在道路下面铺满供电用的线圈，总长 2.2 千米的区间内设置了 400 米左右供电区间，可将"二次电池的配备量减少至通常的 20% 左右"。目前 KAIST 仍在"以今后 5 年内为目标全力开发 1 兆瓦级别的行驶中充电技术"，在 2015 年研讨会上宣布"正在开发第五代 OLEV，输出功率达到 100 千瓦；即使道路内配置的送电轨（线圈）与车辆受电圈离开有 20 厘米也可实现超过 80% 的电力传输效率"。日本丰桥技术科学大学和大成建设也在 2014 年 10 月的"CEATEC JAPAN 2014"上进行电动小车行驶过程中供电演示，以丰田车体公司的电动小车"Everyday"为原型车，采用电场耦合方式，供电侧使用公路沥青下的铁板，受电侧使用车辆轮胎中所含的金属部分——钢带，铁板与钢带通过轮胎中的树脂实现绝缘，在铁板中通入 13.5 兆赫兹高频电力，使两者之间产生电场从而实现电力流动；仅靠从路面获取的电力以接近步行的速度可行驶 5 米远。这项技术可利用现有基础设施及部件来供电，有助于降低成本。不过车辆行驶过程中的无线充电技术的成熟目前还为时尚早，预计将在 2030 年前后实现普及。

2. 电动汽车充电基础设施建设

电动汽车实现普及的前提是充电基础设施建设。当前，欧洲 DBT 公司正在增加快速充电站的设置数量，支持"CHAdeMO"的快速充电站设置数量也在全球快速增长，众多企业进入电动汽车充电基础设施服务领域。

在日本，2014 年 5 月丰田、日产、本田、三菱汽车 4 家汽车厂商共同出资 8000 万日元，设立"日本充电服务（NCS）"，为运营商业设施、旅馆酒店、便利店、高速公路服务区（SA）和停车场（PA）以及车站等企业承担普通充电器及快速充电器（CHAdeMO 方式）设置费用，在一定期限内承担设备维护费，并对提供充电服务的各企业推出的不同的"充电卡"进行统一，以普及电动汽车辆充电设备。2014 年 9 月，从 2009 年开始进入充电基础设施服务领域并推出充电基础设施系统服务"智能 oasis"的日本 Unisys 公司，构筑了供纯电动汽车及插电式混合动力汽车使用的充电网络，包含 1000 台充电桩。目前日本已经有 18 家充电桩生产商采用"智能 oasis"软件，包括本田技研工业公司、丰田自动织机公司、新电元工业公司、东光高岳公司、富士电机公司等。这些公司生产有普通充电桩和快速充电桩，设置这些充电桩均可以得到日本政府的补贴。

在英国，2014 年 9 月宝马、日产、雷诺、大众 4 家汽车厂商合作创建英国快速充电网络（RCN）[1]，总投资 700 万欧元，计划到 2014 年年底建成 70 多台快速充电桩，主干道覆盖面超过 1100 千米，以使电动汽车车主在英国境内的 5 座主要港口及 5 座国际机场间自由穿行，而不用担心充电难的问题。为了避免充电标准之争，该项目计划设置的快速充电桩是目前最新的可以兼容多种标准的充电桩，包括 44 千瓦的联合充电系统（CCS）、44 千瓦的 CHAdeMO、43 千瓦的交流充电系统。除了上述四大车企外，欧盟、爱尔兰国有电力供应商 ESB 公司也提供了部分资金支持，英国零碳期货公司及英国纽卡斯尔大学进行网络技术协助。

在美国，2015 年 2 月大众公司计划 2016 年之前将在美国投资 1000 万美元，作为补充资金用于大众在美国城市地区和州际高速公路上设置快速充电桩的项目。大众在该项目中与美国充电设施运营商 ChargePoint 联手在东西海岸每隔约 80 千米设置一个直流快速充电桩，这一项目已经得到了美国联邦贷款。此外，为了普及纯电动汽车，大众还将为经销商安装充电桩以及地区基础设施的导入提供资助，并为美国能源部（DOE）的"清洁城市"（clean cities）计划和美国交通部（DOT）的"MAP-21"计划相关措施提供支持。

（三）汽车智能与互联技术发展动态

2014 年，苹果推出 CarPlay 系统；Google 与通用、现代、奥迪、本田等车厂成立开放移动创新联盟（Open Automotive Alliance, OAA），携手开发旗下安卓平台（Android）车载系统"Smart Display"；上汽与阿里巴巴签署"互联网汽车"战略合作协议，2015 年推出第二代智能驾驶汽车"名爵 iGS"；百度启动无人驾驶汽车研发计划；东风汽车与华为在车载电子、车联网、智能汽车等相关产品领域开展合作；中国乐视计划"通过完全自主研发，打造最好的互联网智能电动汽车"。众多信息技术企业、移动互联网企业进入汽车领域，助推汽车智能与互联技术快速发展。

1. 汽车企业与信息技术企业竞争"高度自动驾驶技术"研发和产业化

"智能汽车"在普通汽车的基础上增加了先进的传感器（雷达、摄像）、控制器、执行器等装置，通过车载传感系统和信息终端实现与人、车、路等的智能信息交换，使汽车具备智能的环境感知能力，能够自动分析汽车行驶的安全及危险状态，并使汽车按照人的意愿到达目的地，最终实现替代人来操作的目的。它集中运用了计算机、传感、信息融合、模式识别、通信及自动控制等技术，通过车载信息终端实现与人、车、路、互联网等之间的无线通信和信息交换，是智能交通系统（ITS）的核心组成部分，是车联网体系的一个结点。元器件和芯片生产企业、先进传感器厂商、软件平台开发商、汽车电子供应商、整车厂商，以及系统集成商、通信服务商、平台运营商、内容提供商等众多企业汇聚成智能汽车产业链，进行技术开发和产业化。

从发展的角度，智能汽车将经历两个阶段。第一阶段是智能汽车的初级阶段，即辅助驾驶；第二阶段是智能汽车发展的终极阶段，即完全替代人的无人驾驶。美国高速公路安全管理局将智能汽车定

[1] 英国快速充电网络（RCN）是欧盟委员会实施的泛欧交通网（TEN-T）的 172 个项目之一。

义为以下 5 个层次：一是无智能化（层次 0），由驾驶员时刻完全地控制汽车的原始底层结构，包括制动器、转向器、油门踏板以及起动机；二是具有特殊功能的智能化（层次 1），即“辅助驾驶阶段”，具有一个或多个特殊自动控制功能，可通过警告防范车祸于未然；三是具有多项功能的智能化（层次 2），即“半自动驾驶阶段”，具有将至少两个原始控制功能融合在一起实现的系统，完全不需要驾驶员对这些功能进行控制即可智能地判断司机是否对警告的危险状况做出响应，若无响应则自动替司机采取行动，例如紧急自动刹车系统（AEB）、紧急车道辅助系统（ELA）等；四是具有限制条件的无人驾驶（层次 3），即“高度自动驾驶阶段”，能够在某个特定的驾驶交通环境下让驾驶员完全不用控制汽车，而且汽车可以自动检测环境的变化以判断是否返回驾驶员驾驶模式，目前谷歌无人驾驶汽车基本处于这个层次；五是全工况无人驾驶（层次 4），即“完全自动驾驶阶段”或“无人驾驶阶段”，汽车完全自动控制车辆，全程检测交通环境，能够实现所有的驾驶目标，驾驶员只需提供目的地或者输入导航信息，在任何时候都不需要对车辆进行操控。

当前，智能汽车前两个层次的“辅助驾驶技术”和“半自动驾驶技术”已经得到广泛应用。包括车道偏离警告系统（LDW）、正面碰撞警告系统（FCW）、盲点信息系统（BLIS）等自主式辅助驾驶技术已经处于普及推广阶段，并由豪华车下沉至 B 级车，2014 年成为获取 E—NCAP（欧洲新车安全评鉴协会）四星和五星的必要条件。在美国、欧洲、日本等汽车产业较发达的国家和地区，基于车联网 V2V（汽车—汽车）、V2I（汽车—基础设施）技术的协调式辅助驾驶技术正在进行实用性技术开发和大规模试验场测试。自适应巡航控制系统（ACC）等半自动驾驶技术近几年来也在高端车上逐渐获得应用。

目前世界汽车跨国企业和信息技术巨头公司正致力于“高度自动驾驶技术”实用化研发和产业化，即将实现量产上市。例如 2014 年沃尔沃率先量产的全球第一个自动驾驶技术——堵车辅助系统，是自适应巡航控制和车道保持辅助系统的集成与延伸，它可以使汽车在车流行驶速度低于 50 千米 / 小时的情况下，自动跟随前方车辆行进。奥迪、凯迪拉克、丰田、本田等也在推出诸如自动转向、加减速、车道引导、自动停车、自适应巡航控制等技术的汽车，它们大多属于第三层次的智能驾驶技术。例如全新奥迪 A7 搭载的堵车辅助系统能够帮助车辆在拥堵的车流中以不超过 64 千米的时速自动驾驶；德尔福的自动驾驶技术应用于全球首个大规模自动驾驶公众路试沃尔沃“Drive Me”中，并尝试延伸至 V2V/V2I（汽车—汽车、汽车—基础设施）领域，计划搭载在凯迪拉克将于 2017 年推出的新车型上；博世推出自动泊车辅助和塞车辅助系统，在交通拥堵时，可通过联合雷达和视频技术，控制车辆的纵向和横向运动；丰田将自动制动系统“Safety Sense”纳入为符合新型汽车生产平台“TNGA（丰田新型全球架构）”的单元，从 2015 年开始在日美欧推出的绝大部分车型上进行标配；本田从 2015 年 2 月上市的新款“里程”开始配备新型自动制动系统“Honda Sensing”；通用计划采用具备紧急自动制动及自适应巡航控制等功能的“超级巡航”系统，将高速公路半自动驾驶技术配备在 2016 年上市的 2017 年款“凯迪拉克 CTS”上。

2014 年汽车行业著名咨询机构 IHS 发布的预测报告认为，通过电脑系统实现无人驾驶的智能汽车的发展速度正在赶超纯电动汽车，2025 年左右将走进寻常百姓家，2035 年销量将达到 1180 万辆，占同期全球汽车市场总销量的 9%。

2．半导体、传感器、联网技术等促进汽车智能与互联

半导体芯片和传感器技术是汽车智能化、车联网、电子及电控技术实现的基础，其水平直接决定了计算平台与控制平台、电子电器框架和网络管理、车辆互联、后台云端支持和服务、功能与信息安全等汽车智能与互联功能的实现。以当前众多企业正在研发的高级驾驶辅助系统（ADAS）为例，ADAS 的实现需要更好的半导体元件，为整合所有数据需要提高 CPU 效能，必须发展多核微处理器。而且，汽车智能和互联还面临着安全问题。汽车成为互联的一个端口，即有可能遭受怀有恶意的第三方发动的攻击，企业需要采用具备强大处理能力的微处理器来保证信息安全、网络安全。众多半导体企业在推进这一领域的技术和产品开发。例如德州仪器为汽车提供了信息娱乐解决方案、关键主被动安全技术和驾驶员辅助系统、混合动力 / 电力总成解决方案和无线连接技术等一系列半导体技术，其针对安全驾驶推出的 TDA3xSoC 是目前市场上最小的 ADAS 模块。英飞凌为客户提供从低压 12 伏特、48 伏特、弱混、中混、强混、插电式到纯电驱动汽车所有电压区间汽车级功率半导体及模块，并以 75 颗核心半导体元器件支持宝马“i3”及“i8”电动汽车，帮助其实现高效的电力传动。博通在 2015 年国际消费电子产品展览会（CES）上发布了下一代专为低功耗汽车应用而优化的车载以太网芯片。从车辆电子控制到车载多媒体，从车载照明到环保锂电池，半导体芯片元件已深入汽车架构的方方面面。

联网技术方面，智能汽车是车联网体系的一个结点，车联网分为车内网、车际网和互联网，三网把能源、道路、车辆有机结合在一起，产生端（主要指车内硬件、车内通讯、车间通讯）、管（解决车与车、车与路、车与网的互联）、云（偏向于车辆管理，会产生非常复杂的监控管理和应用体系）三套系统。经过十几年的发展，世界汽车强国的车—手机通讯、语音识别、智能导航、娱乐信息、后台远程服务等车载移动通信技术已经大规模普及应用，Telematics（车载移动信息系统）、V2V（汽车—汽车）、V2I（汽车—基础设施）技术逐渐集成和融合，成为提升产品档次和市场竞争力的重要手段。例如奥迪推出“奥迪互联”品牌，开发一系列定制服务，附有谷歌地球影像的导航系统、奥迪在线交通信息、由语音控制的“兴趣点”搜索功能以及谷歌街景等；奔驰推出升级版“Mbrace2”互联服务系统，以云端技术为基础，向用户提供安全、信息、娱乐，援助等多项服务，其 Mbrace2 智能手机应用程序可帮助驾驶员找到自己的车辆、锁定和解锁、设置代客泊车保护、获得地理信息以及通过 Send2Benz 和其他驾驶员分享地理位置信息等；宝马的“iDrive”汽车互联系统已经更新到第三代，具备呼叫中心远程协助、实时路况信息、车载互联网信息实时查询等功能，其基于三星 Galaxy Gear 智能手表的应用可实现对 i3 纯电动汽车的控制；福特与防盗保全公司 ADT、音乐技术服务公司 Gracenote、达美乐比萨等联合推出可与福特车载信息平台（Ford SYNC AppLink）整合的全新智能移动 APP，提供声控启动服务接口，让人们在行驶中通过声控开关家中防盗系统、播放音乐或订购比萨；谷歌的车载系统“Smart Display”，通过一个可在车内与车外使用的独立平板计算机，串联车辆油耗、胎压信息、广播影音娱乐以及导航路线等行车信息，通过云端平台在动态交通环境下试算出最佳的驾驶路径，并能链接社群网站以群组方式进行驾驶；通用计划在 2016 年上市的 2017 年款“凯迪拉克 CTS”上并配备采用第四代移动通信技术（4G）与长期演进（LTE）技术的车车间通信系统；现代旗下高档品牌劳恩斯为其 2015 款发布面向谷歌眼镜和其他可穿戴电子设备的应用 Blue Link Glassware，可帮助用户远程遥控车门、查找汽车位置以及将一些信息从车载电脑传输到谷歌眼镜上。

根据国际研究与咨询机构 Gartner 发布的报告，到 2016 年，在成熟市场中购买一般车种的车主，将期待新车提供导航和上网等至少一种以上的基本全球网络信息系统；就高级车种而言，此需求的临界点在 2014 年便出现；至 2020 年，美国等成熟汽车市场所销售的新车中将有逾 8 成配备联网功能。

大众数据也显示，预计到 2017 年，50%~70% 的汽车将实现联网；到 2020 年，这种“联网汽车”的销售额将由 2015 年的 310 亿欧元猛增至 1100 亿欧元，达到 3 倍以上。

3．实施测试和调整法规，“全工况无人驾驶”前路漫漫

研究表明，在智能汽车的初级阶段，通过先进智能驾驶辅助技术有助于减少 50%~80% 的道路交通安全事故。除了减少交通安全事故之外，汽车智能与互联技术的发展将推动信息技术企业、电器企业与汽车企业深入产品与服务合作，形成广告、车辆维护等附加业务收益。而且，根据美国电气和电子工程师协会（IEEE）的预测，21 世纪中叶前无人驾驶汽车将占据全球汽车保有量的 75%，将推动汽车交通系统概念变革，深刻影响交通规则、道路等社会基础设施，并颠覆当前的汽车交通运输产业运作模式。

但是，智能汽车的真正上路，还需要进一步建立和完善车联网 V2X（车与外界信息通信）技术标准法规、无人驾驶技术标准法规，建设相应的通信、道路基础设施，构建完整的智能化的人、车、路系统，为协调式辅助驾驶技术和无人驾驶技术进行各类实用性测试，以及谨守“科技始终来自法规”前提，进行相应的交通法规认定。例如无人驾驶汽车与有人驾驶汽车发生交通事故时，其责任归属以及保险赔付等问题待商议解决。

当前，已经有一些国家或地方政府调整相关政策，为智能汽车的技术研发和产业化推广创造有利环境。例如美国内华达州、佛罗里达州、加利福尼亚州等通过法案，为测试无人驾驶汽车的厂商制定“牌照程序”，谷歌、奥迪等先后进行公路测试。日本国土交通省在 2013 年发布《面向自动驾驶系统的实现》中期报告，将高效并且环保的道路交通社会，准时性、快捷性和行驶效率得到飞跃式发展的道路交通社会的实现等，安全性明显提高的道路交通社会，等同或超过驾驶员人工驾驶的安全性极高的道路交通社会的实现等，各种使用者均可享受到便利性的使用环境，与其他交通模式的无缝化连接、面向老年人等人群的广泛使用环境的实现等纳入“自动驾驶汽车开创的未来新蓝图”；2014 年 11 月促使“世界车辆法规协调论坛（WP29）”接受日本提案，成立“自动驾驶分会”，制定自动驾驶国际标准。英国技术战略委员会（Innovate UK）2014 年 12 月宣布，投资 1 亿英镑，从 2015 年 1 月起在四座城市进行为期 18 ~ 36 个月的无人驾驶汽车测试，以研究团队需要测试社会公众对无人及半无人驾驶汽车的反响，研发无人驾驶汽车所需的车载、车对车（V2V）及车对基础设施（V2I）技术，并协助制定无人驾驶汽车的相关法律及保险条款，助力市场化推广；2015 年 2 月英国运输部制定“Driverless Cars”项目执行计划，预定 2015 年春季制定出自动驾驶实证实验实施步骤，2017 年夏季讨论修改英国国内的规定，2018 年底整理出国际规定中应该调整和修改的内容。瑞典哥德堡市政府实施“Drive Me”项目，计划在 2017 年让 100 辆沃尔沃无人驾驶汽车在街头行驶，以提供使用感受和诊断信息。

预计目前尚在概念研发和测试阶段的自动驾驶 2020 年之后才能全面上路。

主要参考文献

[1] 丰田新一代混动的目标：2020 年には 40km/L が視野に [EB/OL]. Nikkei Technology，2014 年 10 月 17 日.

[2] 樱井敬三．低炭素な交通システムまちづくりと一体で導入 [EB/OL]. 日经能源环境网，2013 年 4 月 11 日.

[3] 田岛进．開発から 22 年、トヨタがついに燃料電池車を市販 [EB/OL]. NikkeiTechnology，2014 年 12 月 12 日．

[4] 佐藤浩实．トヨタ、「格安」FCV に込めた思い [EB/OL]． 日经商务，2014 年 12 月 10 日．

[5] 久米秀尚．2020 年に向けて急加速、Li イオン電池が次世代に [EB/OL]. 日经电子，2014 年 10 月 15 日．

[6] 野泽哲生．全固体电池，一跃十年 [EB/OL]． 日经能源环境网，2015 年 3 月 27 日．

[7] 清水直茂．野村総研が HEV の先行きに警鐘、2020 年の市場規模予測を半分以下に修正 [EB/OL]. 日经汽车技术，2014 年 9 月 16 日．

[8] 山崎良兵．電気自動車（EV）、この 1 年—— Tesla、BMW が攻勢も、原油安で正念場に [EB/OL]. 日经汽车技术，2015 年 1 月 9 日．

[9] 尤子彦．奔驰、宝马斗特斯拉，攻电动车“最后一英里”[EB/OL]． 商業周刊，2014 年 10 月 22 日．

[10] 山崎良兵．EV 用電池でも覇権を狙う韓国メーカー [EB/OL]． 日经汽车技术，2015 年 4 月 6 日．

[11] 久米 秀尚．動き出した自動車向けのワイヤレス給電 [EB/OL]. 日经汽车技术，2015 年 3 月 27 日．

[12] 佐久间广昭．2020 年の自動車に必要な電子技術と IC、ボッシュが ASP—DAC 2015 で基調講演 [EB/OL]. 日经汽车技术，2015 年 1 月 29 日．

[13] 山口平八郎．人工知能が拓く新世界、手動運転車は 2020 年にも「自動運転車」に [EB/OL]． 日经汽车技术，2014 年 5 月 20 日．

[14] 智能汽车对我国车企的机遇与挑战 [N]． 中国汽车报，2014 年 4 月 7 日．

本章撰写：祝毓

热 点 篇

第十二章
国外政府促进制造业创业创新对策研究

一、美国政府促进制造业创业创新政策与措施

（一）国家战略营造创新环境和创新基础

美国经济自二战以来一直比较强盛，在全球市场上占据优势地位，也在技术上保持着领先地位。纵观美国各时期经济政策，主要都是营造创新环境和创新基础，以此作为推动经济增长和竞争力增强的根本动力，保持经济和技术在全球的领先地位。

20世纪80年代以来，美国制定和颁布了20多部科学技术创新法律，包括1976年美国国会通过美国促进科学技术进步基本法——《国家科学技术政策、组织和重点法》；1980年的《史蒂文森·威德勒技术创新法》、1982年的《小企业创新发展法》、1986年的《联邦技术转让法》、1987年的《12591号总统令》、1988年的《综合贸易与技术竞争法》、1989年的《国家竞争技术转移法》、1992年的《小企业技术转移法》、1995年的《国家技术转让与促进法》、2000年的《技术转让商业化法》等不断激励技术创新，促进技术转移。

进入21世纪，美国经济增长缓慢，失业率居高不下。美国政府将加强创新和创业作为优先政策，从创造一个动态效率发挥的外围环境入手，营造充满活力和动态的产业发展基础，从而增进经济效率，实现复苏，创造新的经济增长点。

2004年12月，美国“国家创新倡议”主报告为《创新美国：在竞争与变化的世界中繁荣》，详细分析了美国创新生态系统正在和即将发生的变化、美国创新所面临的机遇和挑战，认为创新是确保美国在21世纪领导地位的重要手段，在人才、投资、组织及机制三方面提出60多项政策建议，以全面

提升美国创新能力。2007 年 8 月，美国通过《创造机：有效提升科技、教育的促进法案》（2272 号法案），强化科学、技术、工程及数学的基础研究与教育，增强美国竞争力。2009 年 9 月，美国国家经济委员会公布《美国创新战略：向可持续增长和高质量就业推进》（*A Strategy for American Innovation: Driving Towards Sustainable Growth and Quality Jobs*）战略发展报告，阐述美国未来创新国策的阶梯式基本架构，从对美国创新的基本要素进行投资、推动以市场为基础的创新、促进国家优先发展领域取得重大突破三个层面来促进就业与可持续增长。2010 年 12 月，美国通过《美国竞争力法案》，授权联邦政府继续对能源部科学办公室、国家标准技术研究院和国家科学基金会三个美国主要从事基础研究机构的研发预算增大投入，并授权多个联邦部门采取设立奖金的竞争方式培养人才和进行技术开发。2011 年 2 月，美国发布《美国创新战略：确保经济增长与繁荣》（*A Strategy for American Innovation: Securing Our Economic Growth and Prosperity*），提出无线网络、专利审批改革、教育改革、清洁能源、创业美国共 5 个行动计划，通过教育改革、研发投入增长、硬件基础设施构建、先进信息技术生态系统发展促进对美国创新基本要素的投资；通过固定“研究和实验税收抵免”，有效知识产权政策，鼓励高增长和以创新为基础的创业，保护竞争、开放网络和出口等推动以市场为基础的创新；通过清洁能源、生物与纳米科技、航天科技开发与应用、健康医疗驱动等方案实施促进国家优先发展领域取得重大突破，进一步深化与升级国家创新目标和战略措施，2013 年 11 月，美国智库“信息技术与创新基金会”下属“数据创新中心”发布《支持数据驱动型创新的技术与政策》（*Data Innovation 101: An Introduction to the Technologies and Policies Supporting Data-Driven Innovation*）报告，通过介绍各类公共和私营机构应用新技术进行数据分析的成功案例，建议世界各国政府在劳动力培养、数据相关技术研发、数据共享法律制定等各方面采取措施，鼓励公共部门和私营部门开展数据驱动型创新。

不管是 21 世纪之前的各类科技创新法律，还是 21 世纪之后的美国创新战略构建，总的来看，美国政府认为促进创业创新的关键包括基础科学研究、基础设施建设和教育。通过普适性或基础性技术研究、基础设施建设和教育的进步，推动先进技术和创新主体的产生，营造适合创新技术传播和推广应用的环境和基础，从而对其他多产业、技术形成影响，带动整个产业经济的发展，获得长期的动态效率增长。

（二）产业技术创新推进制造业复苏

金融危机之后，面对新一轮国际科技、产业竞争机遇和挑战，美国反思其产业政策和经济结构，重振“美国制造”，推动能源、网络、信息技术等制造业关键技术领域创业创新，以此来刺激经济、重新恢复经济竞争力。

2009 年 12 月，美国发布《重整美国制造业框架》（*A Framework for Revitalizing American Manufacturing*），确认制造业是美国经济的核心，提出加强劳动力素质培训、加大对新技术研发和产业化的投入、发展有利于新技术产业化的安全有效的资本市场、为社区和劳动者塑造一个更美好的未来、加强先进交通基础设施建设、扩大出口、营造有利于制造业发展的政策环境等 7 个方面政策措施，重点发展高技术清洁能源、生物工程、航空、钢铁和汽车工业（重点是电动汽车）、纳米、智能电网等产业领域。

2010 年 8 月，美国总统奥巴马签署《美国制造业促进法案》（*U.S. Manufacturing Enhancement Act*），

进行大范围税收减免，约定的制造业总投资规模为170亿美元左右，以此来降低制造业成本、促进就业。

2011年6月，美国总统科技顾问委员会（PCAST）提交《确保美国在先进制造业的领先地位》议案（*Report to the President on Ensuring American Leadership in Advanced Manufacturing*），呼吁大学、制造商和政府之间建立合作伙伴关系，以振兴先进制造业。为此美国政府启动《先进制造伙伴计划》（*The Advanced Manufacturing Partnership*），投入5亿美元，通过构筑官、产、学、研各方紧密合作的工作机制，集聚人才，引导投资，制定包括强化关系国家安全的关键产业本土制造能力、缩短先进材料从开发到推广应用的时间、投资发展新一代机器人、研究开发创新型的节能制造工艺等先进制造技术发展路线，尽快使新技术、新创意从实验室走向工厂，进一步创造就业，增强中小企业竞争力。

2011年12月，美国成立白宫制造业政策办公室，隶属于白宫国家经济委员会，负责协调各政府部门之间的制造业产业政策制定和执行，推动美国制造业复苏和出口。美国还在2012财年预算案中增加对国家科学基金会、国家标准与技术研究院各实验室、能源部科学办公室、国防部高级研究计划署等重要科学机构的资助，支持“先进制造伙伴关系计划”和“技术创新计划”，通过公私合作促进对新的制造业产品和工艺的创新。

2012年2月，美国国家科技委员会发布美国《先进制造业国家战略计划》研究报告，明确完善先进制造业创新政策、加强“产业公地”建设、优化政府投资三大原则，提出加快中小企业投资、提高劳动力技能、建立健全伙伴关系、调整优化政府投资、加大研发投资力度五大目标，从投资、劳动力和创新等方面提出促进美国先进制造业发展的对策措施。

2012年3月，奥巴马政府宣布由联邦政府投资10亿美元成立国家制造业创新网络（national network of manufacturing innovation, NNMI），设立国家增材制造业创新学院（National Additive Manufacturing Innovation Institute）等15个创新学院，聚焦研究平台性技术，加强政府、制造企业与研究机构合作，以推动美国制造业新技术、教育能力、生产过程及产品快速发展，为美国创造更多的就业机会。

2013年1月，美国国家科学技术委员会先进制造国家项目办公室发布《国家制造业创新网络：初步设计》（*National Network for Manufacturing Innovation: A Preliminary Design*）报告，对创新学院的组建、合作机构、研究重点、投资运营、管理模式等提出建议，以更大程度地发挥创新学院推动创业创新的作用。

2013年7月，奥巴马政府提出10年内使制造业创新研究所数量达到45家，以便在下一轮高技术制造业岗位竞争中战胜中国、德国等竞争对手。

2014年10月，美国总统奥巴马听取先进“制造伙伴计划”第二届指导委员会报告建议，决定从促进创新、加强人才培养、营造有利商业环境三个方面采取进一步举措，包括投入3亿美元支持先进材料、先进传感器和数字化制造技术创新，劳工部投入1亿美元开展“美国学徒资助计划”，商务部“制造业扩展计划”投入1.3亿美元在10个州建立地方性技术服务中心为制造业中小企业服务等。

总体来看，美国“再工业化”的要义不是简单的再度工业化，使美国经济返回劳动密集型和资源要素型的低端增长模式，而是大力发展高附加值的制造产业，以技术创新来改造传统制造业，建立新产业部门，创造新经济增长点，增加就业，见图12.1。

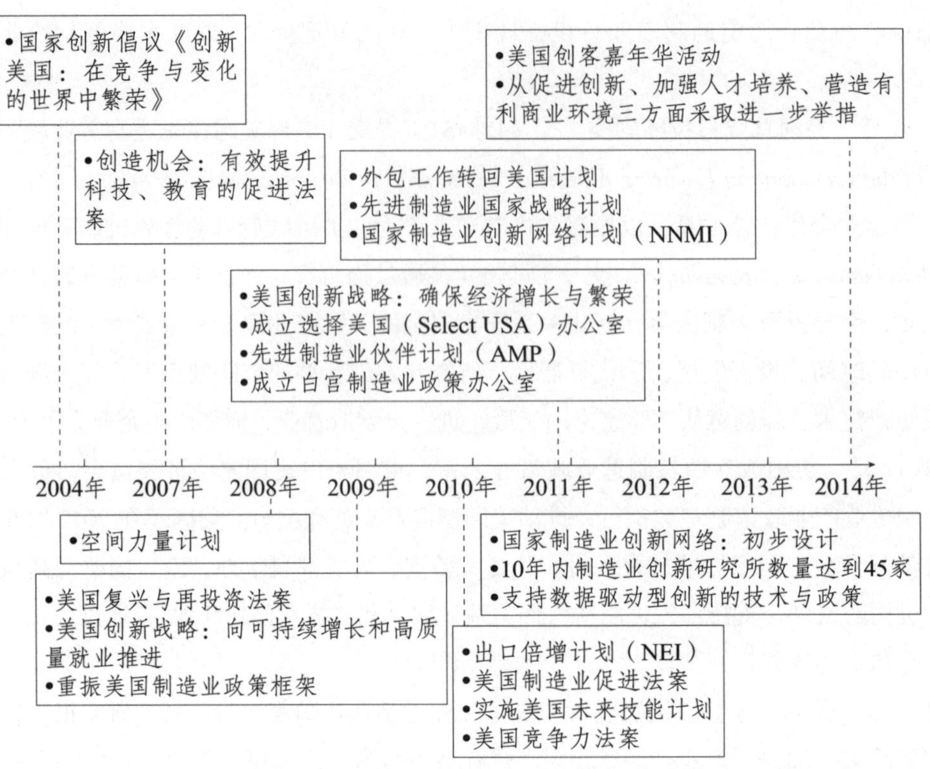

图 12.1　21 世纪以来美国主要创新创业政策及法案

资料来源：上海科学技术情报研究所（ISTIS）分析整理

（三）案例："空间力量"计划等打造"美国创新共同体"

为应对金融危机，美国高度关注科技创新以及产业发展的空间因素。2008 年，美国提出创新的"空间力量"（The Power of Place）计划，打造一个能够将全国各个创新主体系统化连接起来的"美国创新共同体"（America's communities of innovation）。美国大学科技园区协会等众多组织陆续发布《空间力量：建设美国创新共同体体系的国家战略》《空间力量 2.0：创新力量》等报告，强调空间对国家和区域创新发展的重要性，并基于此提出了"美国创新共同体"这一具有空间属性的创新体系概念和一批相关重要举措。

美国创新共同体主要由四大元素构成：一是科技园区，由一系列相互关联的实体组成，主要包括初始研发孵化器、独立孵化器，以及技术转化、商业开发、经济发展等领域的合作方；二是有资质的大学与学院，包括获得联邦资助的社区大学，以及上述主体所在区域内的相关研究机构；三是联邦实验室，包括联邦政府建立的实验室、资助的研发中心，以及其他由政府部门拥有或租赁的科研中心；四是私营研发企业，以小微型企业为主，创新能力差异性较大，普遍具有较好的商业嗅觉但融资及产业化能力较薄弱。

创新共同体建设的目标在于加强内部各主体间的协同创新，促进以研发集群为核心的投资与经济开发行为，推动研发成果产业化。主要从以下四方面开展。

第一，建立多个相互竞争关系的研发及成果转化中心，由当地政府给予配套补助，以更有效地推动联邦实验室、高校及科研院所与众多研发孵化器之间的有机结合，有效提高科研成果的技术转移与产业化效率；同时，注重科研成果的数据挖掘（data mining），建立全国范围的综合性科研数据库，协助预测创新行为的成功与否，以提高创新资源的利用效率。

第二，强化私营企业之间的互动，加强各主体间的协同创新，积极营造有利于私营企业尤其是小微私企创新发展的政策环境和氛围。例如美国国家标准与技术研究院（National Institute of Standard and Technology）针对共同体内小企业开展技术创新计划（technology innovation program）；美国各国家实验室设立研究与技术应用办公室，建立产业技术中心，向产业界尤其是民营小企业提供技术援助和培训服务；联邦政府和创新共同体内的小型技术研发企业签订小企业创新研发和技术转移（small business innovative technology transfer）契约，给予政策优惠，地方政府给予配套资金支持。

第三，不断加大对创新共同体内部从事研发业务企业的税收优惠力度，放宽创新企业税收减免条件中过于苛刻的知识产权标准，对科技研发领域的税收进行信用评估；同时，通过《国际投资与国家安全法案》（*Foreign Investment and National Security Act*）以及促进财政部对国外交易审核流程进行改革，创建完善的创新与投资环境，使许多国外企业能够以“绿地投资”（green field investment）形式享受免税待遇，从而吸收更多国际资本进入创新共同体研发领域。

第四，全面强化创新人力资本投资和引进。包括加强从科学、技术、工程和数学（STEM）领域转向科学、技术、工程、企业家与数学导向（ESTEEM）领域的人才培养；坚持“理性增长”（smart growth）机制，建立可持续发展的创新社区；实施国际人才“软着陆”（soft landing）政策，充分考虑引进人才施展和发挥自身才能的时间周期和弹性，提供翻译、语言培训、政策与管理业务、签证、专利和进出口法规咨询等服务吸引国际人才；增强联邦及各部门间在资助、研发、签证等方面的协同合作。

（四）案例：美国各团体推动创客运动

近年来不断发展的激光切割、设计软件、CNC（computer numerical control）机具、桌上型工作机、3D 打印等快速成型新技术和新型开发工具快速降低创业创新成本，推动各类制造业创新及创业活动持续增加，并创造了新的雇佣关系。同时，政府相关部门及教育机构也利用各种创客教育来提高青少年们对于研究发明、STEM〔科学、技术、工程和数学〕技能的学习欲望，以提高其创造性、解决问题的能力还有协调性及自我表现能力，增加其往制造业就业发展的可能性。全球兴起“创客”（maker）热潮。

美国一直都是创业者的热土。2014 年 6 月，美国举办创客嘉年华（maker faire）活动，集结富有创新、创意思维与经验的创业者、学生及一般民众，推动创客运动。奥巴马在活动上宣布了众多由白宫主导的推动创客运动的措施；超过 90 位市长和地方领袖响应总统号召，承诺开展“市长创客挑战”活动；许多团体、企业也采取各种措施支持这一“美国制造业的群众文艺复兴”，包括建设创客场所、增加新型制造和原型制作设备的获取途径、刺激制造业创业、激发年轻人从事制造业或工程技术等行业。

在支持由创客创立的初创企业及新型雇佣关系方面，有超过 13 个政府机构采取措施，包括扩大对于创业的资助金、支持制造革新技术、进行相关专利与知识产权咨询与教育服务、开展创意竞赛等。例如“制造业扩张伙伴”计划（manufacturing extension partnership）支持从“DIY”（Do It Yourself，自造）到“made in the USA”不同规模的各类创业活动；“小企业管理”（small business administration）支持创客进行创业，实施 1500 万美元规模加速器竞赛，并支持划时代的硬件式加速器；美国专利与商标机构支持创客创业及小型企业，设立与创客专利及知识产权相关的咨询窗口，开展针对高中生的创业教育、针对高中教师的专利与知识产权相关教育。英特尔、谷歌、微软、Etsy、Kickstarter、Indiegogo、Local Motors、亚马逊等企业积极响应，向创客提供一系列支持服务，包括加强美国制造业与零售业者之间的连接、协助进行业务指导及训练等。

在激发更多学生的创业欲望、大幅提升学生成为创客的机会方面，美国教育部及其 5 个机构，从哥伦比亚大学到加州工科大学等超过 150 所大学，130 间以上的图书馆以及英特尔、Autodesk、迪斯尼、Lego、3D System、MAKE（maker media）等企业，共同参与创建更多的创客空间（maker space），增加教导创作的教育者，使学生更容易找到渠道接触实现自己创意的工具或指导，促进创客空间以及学生创业普及化。例如教育部及其合作机构共同创立“重新制作”（make over）挑战，由学校设立更多创客空间；图书馆情报服务机构（IMLS）与其合作机构发布制造支持计划，对于设立创客空间、实行相关计划的图书馆与博物馆提供 100 万美元奖金，提供 Maker@Your Museum and Library 工具零件。

在集结创客创造性及技术以解决大众面临的迫切问题方面，美国太空总署（NASA）、国土安全部科学技术局、美国国立卫生研究院（NIH）等支持创客进行宇宙、医疗新器材等领域开发活动；英特尔、世界银行、Lemelson Foundation 等集结创客创意巧思与技术，协助形成伙伴网络，设计解决方案所需工具，以增进人类健康，改善弱势族群生活，见表 12.1。

表 12.1　美国创客嘉年华（Maker Faire）活动中政府机构、企业及其他机构支持措施

主要内容	政府机构支持措施	企业响应或其他机构协助
支持由创客创立的初创企业及新型雇佣关系	由 11 个行政机构协助，通过中小企业革新研究（SBIR）和中小企业技术移转（STTR）计划每年发放 25 亿美元资金支持创客的改革，例如： 国防部为耐热金属零件低成本制造方法等提案，公开 30 种制造技术； 国家科学基金（NSF）募集应用 3D 打印机等增材制造革新技术； 太空总署出资支持 3D 打印机所使用的塑胶材料回收及再生技术； 农务部实施 2 个新的竞赛，让学生针对农业研究事业团体所拥有的技术商品化或原型设计进行创意比赛，并督促农业相关创业以及食品问题的配套措施	Local Motors 在今后 10 年间新设立 100 间微型工厂，加速制造业革新； Indiegogo 与亚马逊、英特尔、Autodesk 合作实施创业竞赛（startup competition）； TechShop 在圣路易和洛杉矶开设分店； Grommet 成为 Maker 制造的新制品与零售店之间的效率桥梁，支持零售业改革； 英特尔指定美国国内 6 个创客城市并支持教育、小规模制品设计、开发及制造； Kickstarter 新设创客空间专用分类； Etsy 在 2015 年将工艺创业计划（craft entrepreneurship）扩大到 10 条街，公开课程计划，引导失业者运用艺术技能创业； Trimble Navigation 使用云计算软件及 3D 打印工具扩大创客免费软件服务； 谷歌、微软、Esri 建立新的创客空间，强化创客之间的连接和搜索
激发更多学生的创业欲望，大幅提升学生成为创客的机会	教育部通过 21 世纪学习中心（21st CCLC）对放学后或夏令营进行投资，在 STEM 教育中开发实作教育法，与医学实验室科学协会（IMLS）合作推广创客空间的利用； 农业部与 4H 俱乐部合作鼓励居住在农村地区的 27000 名以上学生进行发明与实际操作，利用移动式创客空间以及放学后的学校对农村孩子进行实际操作教育； 国防部高级研究计划局（DARPA）开展 1250 万美元规模的“MENTOR2”计划，设立与创客相关奖项，协助想要成为职业军人或是已经隶属军队的学生通过使用最新工具进行原型设计等以深入理解电子机械系统；	西储大学新建名为“Think box”的 4645 平方米创客空间； 卡内基梅隆大学斥资 500 万美元在主要校区及分校打造创客空间，与英特尔一起进行小学到高中的先进创作教育； 麻省理工学院编制关于校内“自造”活动的白皮书，明确创客主导的课程计划、校内的创客空间运用以及由学生主导的“自造”文化； 艾伦县公共图书馆与地方非营利创客空间及 Tek Venture 合作开设 24 小时大型创客空间； 芝加哥市公共图书馆实验室致力于参与女性及少数派自造； 布劳沃德县图书馆开设创作站支持学生的理科活动； 东巴吞鲁日教区图书馆在 2014 年 9 月举办微创客展览（mini-maker faire）；

（续表）

主要内容	政府机构支持措施	企业响应或其他机构协助
激发更多学生的创业欲望，大幅提升学生成为创客的机会	全美科学财团（NSF）进行STEM教育及革新研究，提高儿童对于理科领域的兴趣，推广市民科学以及市民探险，支持原型设计、先进制造技术研究，集结创客、研究人员、制造业者、图书馆及博物馆举行创客峰会； 纽约科学馆使用Academy、Little Makers、SciPlay等程序每年提供约50万人次的民众入场体验，并与Maker Media合办世界创客展览； 史密森尼博物馆开展自造倡议活动（making initiative）；马里兰州蒙哥马利郡的儿童博物馆设立近700平方米的儿童创客空间	英特尔扩大全国创客空间，通过Intel Computer Clubhouses网络招募到25000名年轻有活力的创客； 3D Systems、可口可乐公司、will.i.am为3000组“第一机器人”（FIRST Robotics）队伍提供1500台3D打印机及零件； 迪斯尼在体验、资源、工具上投资2000万美元以培育年轻人的创造性； 雪佛龙向Fab基金会捐献1000万美元以建设10间Fab实验室； Cognizant通过“The Future”计划增资3倍以支持创客，并在今后3年间援助200个社团； Autodesk建立针对儿童的创客计划，以培养下个时代劳动力； Lego发布“青少年创客计划”（junior maker program），将“自造”工具零件分配到国内750座图书馆； 创客教育计划（maker ed）新建活动普及儿童创客空间； 100Kin10网络支持优秀教师、培育儿童成为创客； MacArthur与其合伙人扩展市民教育（cities of learning），支持“自造”徽章； Mozilla进行“Maker Party”活动，支持自造及学习； Master Teaher制订自造课程计划，支持以动手做专题为基础的科学学习； Digital Harbor Foundation设立新的创意中心（center of excellence），支持学校“自造”
集结创客创造性及技术以解决大众面临的迫切问题	太空总署在国际宇宙站进行“Future Engineers”3D打印挑战； 国土安全部科学技术局设立“政府创客战队计划”（government maker corps），以行政服务名义招募100人以上机械技师及创新家； 国立卫生研究院（NIH）在政府资助下建立可被3D打印的生物科学及生物医学档案数据库以及NIH 3D打印交流〔3Dprint.nih.gov〕平台； Global Minimum支持300名以上的年轻非洲创客	英特尔、世界银行、Lemelson Foundation等支持全球创客以增进人类生活水平与健康

资料来源：上海科学技术情报研究所（ISTIS）分析整理

二、欧洲地区促进制造业创业创新政策与措施

（一）欧洲地区营造创新环境和创新基础

1. 欧盟促进制造业创业创新政策与措施

欧盟也非常重视科技对于创业创新的重要作用，制定了一系列法律法规。例如1974年的（EEC）

No 2380/74 及其多次修订、1994 年的（EC）94/762 及其具体实施条例（EC）No 2897/95、2004 年的（EC）No 772/2004、2003 年的（EC）No 1383/2003 及其实施条例（EC）No 1891/2004 和（EC）No l172/2007、2006 年的（EC）No 1906/2006 和（EC）No1 908/2006、2008 年的（EC）No294 / 2008、2009 年的（EC）No723/2009、2010 年的（EU）No 1217/2010 等，推动欧洲经济共同市场区信息传播、合作研究、成果转化、知识产权保护、研究基础设施利用，从而促进科技创新，推动欧盟整体经济发展。

同时，欧盟委员会提出“新工业革命”理念，强调技术创新、结构改革，改变碳氢化合物为主的能源结构，更有效和可持续地利用资源，大力推进机器人、数字技术、先进材料、可循环能源等新兴产业。

2005 年 4 月，欧盟委员会采纳欧盟第七框架计划（FP7）（2007—2013 年）建议，投入经费 501.82 亿欧元，由 4 个专项计划和 1 个核研究特殊计划组成，包括合作计划、原始创新计划、人力资源计划、研究能力建设计划、欧洲原子能共同体计划。这是世界上规模最大的综合性科研与开发计划之一，进一步重视满足欧洲工业需求的研发、技术平台和新的合作技术项目，促进全欧洲的研究和创新能力，以推动欧洲经济增长和加强欧洲竞争力。

2006 年 1 月，欧盟委员会专家小组提交《创建创新型欧洲》报告，提出要形成激励创新的市场，提高研究和创新资源投入，提高人才、资金和组织机构的灵活性，发展电子医疗、药品、运输与物流、环境、数字内容、能源以及安全等重点领域，创建创新型的欧洲战略。

2008 年 7 月，欧盟委员会设立欧洲创新与技术研究院（European Institute of Innovation and Technology, EIT），构建管理委员会和一批知识与创新共同体（Knowledge And Innovation Communities, KICs），推动欧盟产学研之间建立合作伙伴关系，推动创新活动，促进就业和经济增长。

2010 年 6 月，欧盟通过“欧洲 2020：智慧、可持续、包容增长战略”（Europe 2020–A strategy for smart sustainable and inclusive growth，简称“欧洲 2020 战略”）。这是继“里斯本战略”之后欧盟第二个 10 年经济发展规划，是引导欧洲经济复苏、提高欧盟整体国际竞争力的新战略，以知识与创新、“绿色经济”和可持续增长、提高就业为重点，在发展、就业、科研、教育、社会福利、社会稳定等领域制定了 28 个主目标和 120 个次目标。其中“创新联盟”列为实现欧盟未来 10 年发展目标的七大旗舰计划之首，提出了加强研发投入、提高资金使用效益、实现教育现代化、4 年内建成统一的欧洲研究区、简化科研计划管理、促进成果产业化、实现欧盟单一专利、启动“欧洲创新伙伴”行动、推动社会创新、加强国际合作等 10 项工作重点。其他六大计划均与创新有关，突显了科教支撑创新引领经济社会发展的战略定位。

2011 年 11 月，欧盟委员会提出“地平线 2020”（Horizon 2020）科研和创新计划，实施时间从 2014 年至 2020 年，经费总额 800 亿欧元，旨在促进科学突破转化为创新产品和服务。该计划由 3 个主要内容构成：一是追求卓越的基础研究，重点支持优秀的创新项目，在欧洲范围内培养人才，向研究人员提供优先使用研究基础设施的权利，使欧洲成为最具吸引力的研发地区；二是重点投资信息和通信技术、纳米技术、新材料、生物技术、先进制造和加工技术、太空技术等关键工业技术领域，财政支持促进有潜力的欧洲公司和创新型中小企业成长；三是应对社会挑战，采取小规模试验、示范工程、试点活动、公共采购等相关政策，开展医疗健康、食物安全、清洁能源、绿色运输、气候变化、欧洲问题、安全社会等方面研究。

2012 年，欧盟各国就法国向欧盟理事会提交的 1200 亿欧元经济刺激计划“欧洲增长契约”达成一致，通过开征金融交易税、增加欧洲投资银行资本金和借贷能力、加大欧元区共同债券（欧元债券）金融市场融资等方式加大对高新技术、公共事业基础设施等行业投资，促进年轻人就业，以改善欧洲单一市场体系，促进创业与创新，推动经济增长。

2014 年 7 月，欧盟委员会发布《迈向欣欣向荣的数据驱动型经济》（*Towards a thriving data-driven economy*）政策通报，提出启动大数据灯塔计划、开发核心技术并培养中小型企业、建设与分享欧盟公共数据资源和相关基础设施、关注与数据相关的公共研究与创新、确保有利于数据驱动型经济发展的相关法律与政、推进政府管理和服务数字化、运用公共采购加速数据技术市场化共 7 项措施，推动欧盟向数据驱动型经济转型，以产生更多的商业机会，有效地激发创业与创新。

此外，欧盟特别重视创业教育和创业技能培训。2003 年，欧盟颁布《欧洲创业绿皮书》，指出：“对个体进行创业教育和创业技能培训，使个体知道如何创业，创业者数量便自然会增加。”2005 年 3 月，欧盟首脑春季峰会制定“增长与就业：为欧洲的未来共同努力”方案，提出以增长与就业为重点的修改方针，重点强调以知识经济发展为依托，提高创业比例。2006 年，欧盟制定“欧洲奥斯陆创业教育议程”，正式确立创业教育在欧盟创业教育发展战略框架中的重要性。2008 年，欧盟发布《高校创业教育：尤其在非商业领域》报告，强调在知识经济社会，高等学校应将创业精神作为重要的课程组成部分，并在不同学科中传播和推广。2010 年，欧盟发布《迈向更大合作和一致性的创业教育》，要求各成员国在各级教育中进一步推广创业教育，让创业教育在营造创业文化氛围中发挥更大作用。2013 年 9 月，欧盟发布《2020 创业行动计划》，制定一系列在欧盟和各成员国层面促进创业的措施，号召各成员国共同开发欧洲创业者潜力，消除创业障碍，以促进中小企业发展，为其创造更加适宜创业者成长的环境，进而增强欧洲经济实力，见图 12.2。

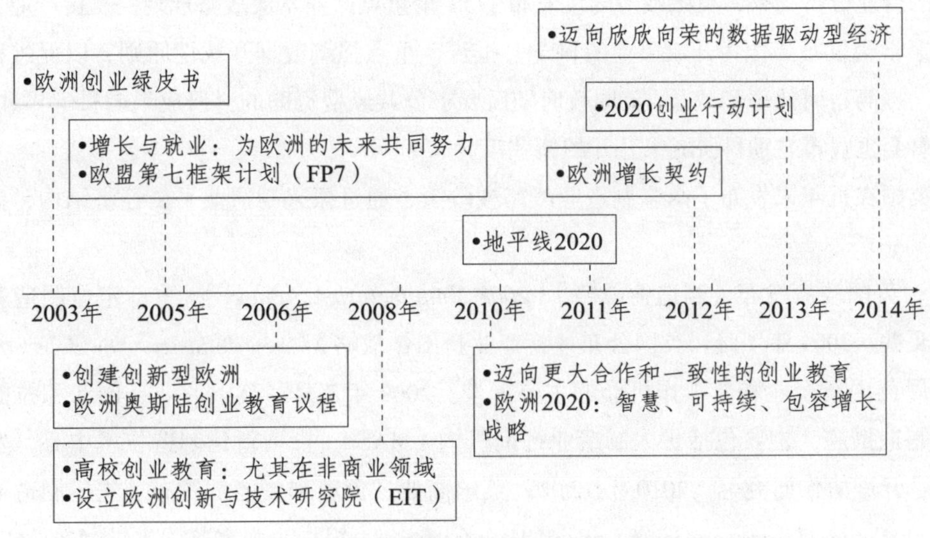

图 12.2　欧盟主要创新创业政策

资料来源：上海科学技术情报研究所（ISTIS）分析整理

2. 英国政府促进制造业创业创新政策与措施

相比较美国和日本，英国的基础研究水平较高，但是将科技转化为实际应用的水平较低。为了推动将技术用于工程实践、用技术创新提升国家的竞争能力，从20世纪80年代开始，英国政府开始实施创新驱动战略。

1993年，英国发布《实现我们的潜力：科学、工程和技术的战略》白皮书，讨论英国国家创新能力存在的问题和所要采取的政策措施，开始将战略创新作为一项基本国策。2004年，英国公布“十年科学与创新投资框架”，鼓励创新精神，加强创新能力。2008年3月，英国发布《创新国家》政府白皮书，首次提出建设“创新国家”。2010年3月，英国皇家学会推出《科学的世纪：确保未来经济增长》报告，明确指出英国要将科学与创新置于英国经济长期发展战略的核心。2010年11月，英国商业、创新与技能部发布《技术与创新的未来：2020年代英国的增长机遇》报告，提出包括材料与纳米技术、能源与低碳技术、生物与制药技术、数字与网络技术四大领域55项未来重要技术。2010年12月，英国出台《技术创新中心报告》，提出建立技术与创新中心，构建国家层面上的技术转移战略。2011年12月，英国商业、创新与技能部发布《促进增长的创新与研究战略》（*Innovation and Research Strategy for Growth*），提出包括研发税收优惠、支持风险投资、提升重要经济部门的创新水平、重启中小企业研究与开发计划（Small Firms Merit Award for Research and Technology, SMART）、未来3年投入7500万英镑专门支持中小企业研发与创新、实施“创新代付款计划”、探索鼓励产学研合作新方式等措施，重点支持生命科学、高附加值制造业、纳米技术和信息技术等四大关键技术领域，以支持企业技术创新和提高政府部门创新能力。2011年，英国政府委托技术战略委员会投资2亿多英镑，在2011—2014年建设9个技术与创新中心，包括高附加值制造、海洋可再生能源、细胞治疗、卫星应用、互联数字经济、未来城市、交通系统、能源系统、分层医学诊断等领域，以促进研究成果向生产力转化，使科技更好地服务于经济发展。2012年9月，英国政府发布《英国产业战略：行业分析报告》，指出政府要与产业界建立长久的战略伙伴关系，共同培育发展机会，刺激经济增长，创造就业。基于该报告的行业分析结果，英国政府陆续发布了11个重点产业发展战略规划，支持产业发展。2012年，英国皇家学会发布《作为开放事业的科学》报告，重点强调数据开放性原则，以促进科研成果的交流和扩散，提高科研效率和效益；英国政府随后要求公共经费资助的科研成果向科学界和公众公开。英国研究理事会也宣布鼓励科研成果公开的新政策。

同时，英国在近年来发布了众多制造业战略或政策，通过振兴制造业平衡经济结构，促进技术创新和创业。

2008年，英国政府发布《制造业战略》（*2008 Manufacturing Strategy*），重新定位制造业，突出技术开发的重要性。2009年4月，英国公布《新产业新工作战略》（*New Industry, New Jobs strategy*），形成了支持发展英国新产业和新工作机会的主要框架。2009年7月，英国商业、创新和技能部发布支持高端装备制造措施，主要包括扩大制造业咨询机构（MAS）、投资新建制造技术中心、发展制造技术中心网络、开展协作研究等。2010年12月，英国商业、创新和技能部发布《先进制造业增长评述框架》（*Growth Review Framework for Advanced Manufacturing*）报告，确定英国先进制造业未来10年内的目标是保持制造业增长，使英国成为欧洲高附加值产品和相关服务的主要出口国，提高制造业中高技能劳动力的比例；并提出了加强先进制造业采取的行动和措施，计划在制造业咨询服务方面三年投资5000万英镑，为企业提供高价值决策咨询服务，以提高中小企业的生产力和竞争力。2011年3月，英国商业、创新和技能部宣布投资5100万英镑，资助创新制造中心建设，并资助未来先驱制造计划，支持制造业未来尖端研究，重点发展制药、航空和汽车等领域，以确保英国制造业的国际领先地位。2013年10月，英国政府科学办公室发布《制造的未来：英国迎接机遇和挑战的新时代》(*The future of manufacturing: a new era of opportunity and challenge for the UK*)，展望2050年制造业发展状况、竞争优势、机遇和挑战，总结未来制造业的关键特征，提出未来政府需和产业界密切协作，构建新的政策框架，采取新的措施，以促进制造业创业创新，推动英国经济增长，见图12.3。

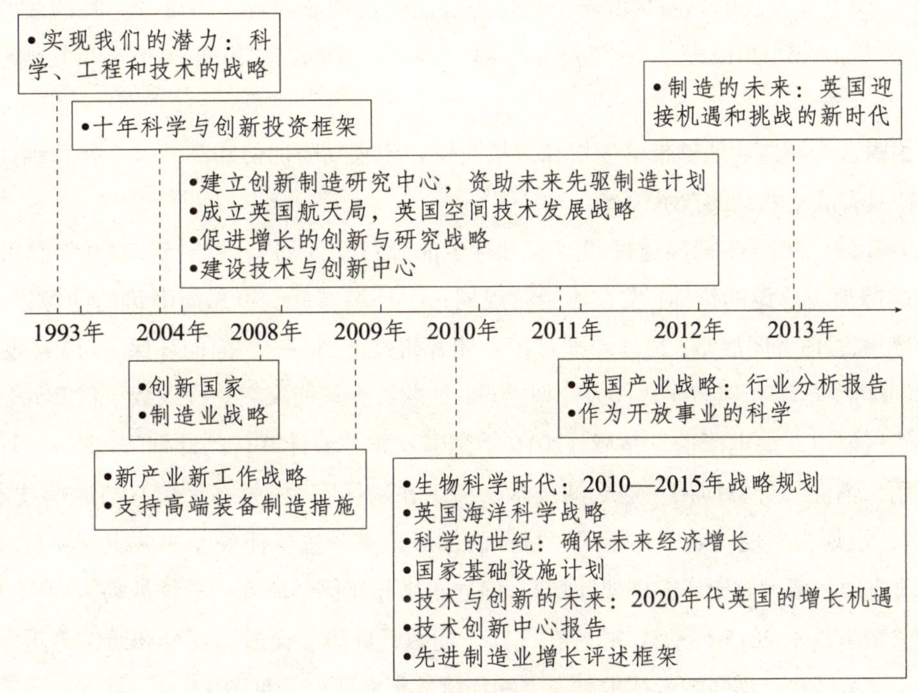

图12.3 英国主要创新政策

资料来源：上海科学技术情报研究所（ISTIS）分析整理

3. 德国政府促进制造业创业创新政策与措施

德国没有专门的科技创新法律，但其许多法律中都涉及促进科学进步、研发创新的相关规定，并及时修订以提升技术创新竞争力。例如1957年的《雇员发明法》，对职务发明以及企业和员工在技术创新、知识产权等方面的责任及义务进行界定；20世纪70年代德国各州出台的《中小企业促进法》《中小企业增加就业法》促进和鼓励中小企业研发，提高技术创新能力；2007年的《科研时间合同法》保障科研人员合法权益，增加对优秀科研人才的吸引能力；2012年的《科学自由法》提高大学以外研究机构财政预算框架的灵活性，促进科研机构与市场的快速嫁接。

从20世纪70年代起，德国发布众多研究与科技政策，为研发活动创造条件和基础设施，加速科研成果的产业化，促进创业创新。

2006年，德国发布《德国高技术战略》，提出要通过创新克服成本劣势，重点选择健康与医药技术、安全技术、种植技术、能源技术、环境技术、通信与信息技术等17个技术创新领域进行发展，使德国保持全球市场领导者的地位。2010年，德国制定了为期10年的可持续发展研究新框架计划，前6年预备投入经费20亿欧元，核心是应对气候变化发展适应性战略，提高能效与原料生产。2010年7月，德国联邦政府通过《创意·创新·增长——德国2020高技术战略》（*2020 High-tech Strategy for German: Idea Innovation Growth*），汇集德国联邦政府各部门的研究和创新政策举措，将气候/能源（特别是风机制造产业和太阳能光伏产业）、保健/营养、交通、安全和通信五大领域作为高技术战略的核心；确定建设宜居城市、能源供应的智能化改造、再生原料替代石油、个性化医疗、电动汽车、保护通信网络等11项"未来规划"；从营造更加有利于创新的环境、提供风险资本投资补贴、设立新"欧洲天使基金"、对企业发起的创新集群给予支持等方面促进创业创新。2012年，德国政府出台"高科技战略行动计划"，计划2012至2015年投资约84亿欧元，推动在"德国2020高科技战略"研究项目的开展。

同时，德国认为制造业能够带动创新和直接投资，带来高附加值和高薪的工作，因此采取了一些政策措施扶持具有战略意义的技术领域。

例如能源领域，2010年德国通过"国家可再生能源行动计划"，设定到2020年底可再生能源消费量占德国能源消费总量的指标；发布《能源规划——环境友好、可靠与廉价的能源供应》，作为面向2050年的能源总体发展战略；2011年通过第六能源研究计划——"面向环保、可靠和廉价的能源供应研究"，将可再生能源和提高能效作为计划重点；批准放弃核能议案，投入数十亿欧元发展可再生能源、建设天然气发电厂。电子信息领域，2010年德国发布《云计算行动计划》，支持云计算在德国中小企业的应用，消除云计算应用中遇到的技术、组织和法律问题；发布《信息与通信技术战略：2015数字化德国》，规划为实现"数字化德国"目标的发展重点、主要任务和相关研究项目。此外，2010年德国联邦政府通过新"健康研究框架计划"，确立未来几年医学研究的总体战略方向；2011年德国政府批准通过"纳米技术2015行动计划"，在气候、能源、健康、交通、安全和通信等重点领域促进纳米技术研究和技术转让，加强纳米技术对人类和环境危害性研究，见图12.4。

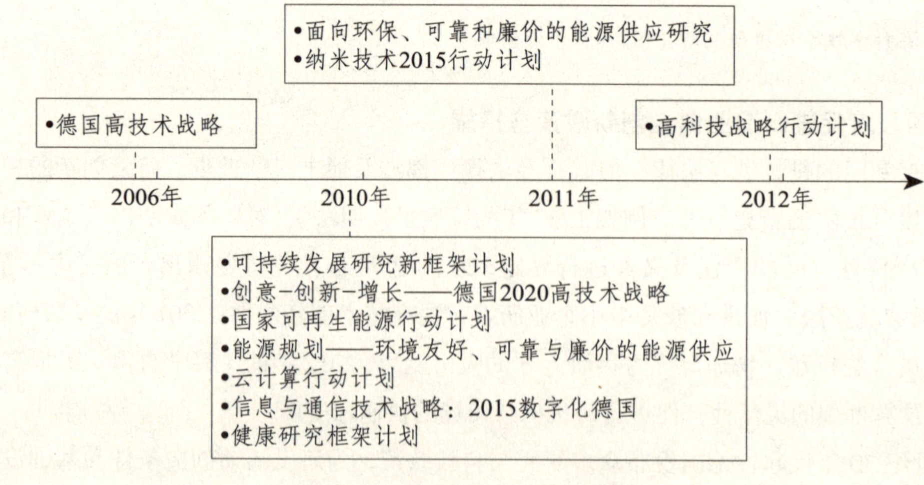

图12.4　德国主要创新政策

资料来源：上海科学技术情报研究所（ISTIS）分析整理

（二）案例：欧洲创新与技术研究院（EIT）

欧盟认为，推动技术创新必须有效整合资教育、科研和生产三要素。但长期以来，欧洲也存在着产学研分离、研发创新体系碎片化等问题。2008 年 7 月，欧盟委员会设立欧洲创新与技术研究院（European Institute of Innovation and Technology, EIT），构建管理委员会，下设知识创新共同体（Knowledge And Innovation Communities, KICs），每个 KICs 由 5 或 6 个联合创新中心（CO-Location Centers, CLCs）组成，整合欧盟各国高等教育机构、企业及研究机构的研发创新资源，探索有效促进研发成果转化、实现科技卓越的道路，推动欧洲研究区建设及科技融合，促进创新和就业，增强欧盟竞争力。

从机构设置来看，EIT 是独立法人实体，经费源于欧盟财政资金支持、私有企业投入、慈善机构捐款等社会资金。其最高决策机构是 KIC 代表大会，由加盟 KICs 的合作伙伴选举产生代表；设有执行指导委员会（executive steering board），负责落实代表大会的决定；管理团队包括首席科技官、首席运营官、市场与联络部、教育培训部、研发部和商业开发部。

KICs 也是独立法人，是由高等教育机构、科研院所、创新型企业组成的伙伴合作组织，是集教育、科研、生产、服务为一体的合作网络平台和利益共同体。经费来源多元化，有 25% 是 EIT 提供的种子资金，只能用于 KICs 的活动，包括项目组织管理和协调、创业硕士与博士培训项目、人员交流计划、成果孵化和创业活动、知识产权管理等，催化和促进 KICs 的创新和创业；其余 75% 自筹，包括申请成员国国家教育或研究理事会资助、欧盟竞争性资金、企业及私人基金会赞助、项目参加单位自有资金及人力物力投入等。EIT 目前共有 3 个 KICs，包括气候变化知识创新共同体（KIC-Climate）、信息通信知识创新共同体（KIC-ICT）、新能源知识创新共同体（KIC Inno-energy）；计划 2014—2020 年新建 6 个 KICs，分别涉及卫生健康与老龄化、食品安全、原材料、价值增值制造、智能化安全社会及城市交通领域。KICs 的宗旨是通过产学研连接，吸引政府研发经费，带动企业和社会资金，提高创新能力，促进科研成果转化，开发新产品和新市场。

CLCs 集合来自于创新链条不同环节的创新人员，开展联合攻关和知识转移。EIT 下设的 3 个 KICs 目前共有 17 个 CLCs，分布于 12 个欧盟国家，涵盖全欧洲 66 所大学、53 所科研机构、76 家创新企业和 11 个区域组织。

从管理模式来看，EIT 对 KICs 实行合同管理，对其发展战略和规划、重大项目活动等进行决策管理。KICs 在内部组织管理和工作方法上保持高度自治，建立了完善的管理机制，包括进入和退出机制、知识产权管理机制等。在项目管理上，KICs 采取矩阵式精益管理系统（lean administration system），其研究计划、市场开发及创业项目等，由合作伙伴和 CLCs 提出项目建议，申请 EIT、欧盟竞争性基金计划等资助；由 EIT 和 KIC 签订合同，由项目主持人、CLCs 经理共同负责组织实施，同时接受 KIC 教育培训部、商业开发部、研发部的监督和指导。这种管理方式适用于组织内各部门分享信息，有助于对多个利益方的管理和协调。

EIT 进行了以下四方面的创新，推进技术创新和成果转化，提高企业市场竞争力：一是建立连接整个创新链条，包括教育、科研和企业等各创新主体在内的利益共同体，严格规范共同体内各利益方的责、权、利，建立互信合作机制，利益互补、资源共享、联合攻关，有效促进产学研相结合。二是在公私伙伴合作机制基础上建立高校、研究机构和企业利益共同体，集合来自于不同机构、不同地区的研发创新人员，有效促进合作研发创新；在项目实施过程中，KICs与欧洲区域研究创新网络（European Regions Research and Innovation Network）建立广泛合作，与包括90多个欧洲区域的政府和区域组织、企业和私有组织开展广泛领域的合作研究与创新，领域涉及新能源与可再生能源、智能型城市、绿色交通、节能环保、应对气候变化等全球性挑战问题。三是以提高创造、创业、创新能力为核心，开展创业教育和培训，有效促进创新与创业复合人才培养；鼓励大学改革研究生教育体系，将科学研究、企业管理以及多学科技能有机整合，开设专门培养创业人才的硕士和博士培养项目，为社会培养高层次创新创业人才；实施强化学习质量模式（learning enhancement quality assurance model, EIT-EL-QA Model），对培训项目的创造性、创新性和创业性制定质量认证标准，以保证创业培训项目质量。四是将有效促进创业作为核心议程和工作主线，探索“四维创业快速通道”模式，对加盟伙伴从技术、市场、人力资源和资金等四个方面提供一系列商业支持服务，帮助创业人员将新技术和新创意变为商业机会。五是制定上市新产品的量化指标以及申请新专利的数量指标，有效促进研究与生产和市场连接，加速将创意、技术、商业模式转化为生产力和产品。

（三）案例：2020创业行动计划

相比较而言，欧洲新创中小企业成长速度比美国和新兴国家慢，较少能跨入世界知名企业家行列。2008年经济危机更是严重影响就业，大多数欧盟成员国的中小企业在其后几年都难以恢复到经济危机前的发展水平。众多欧洲创业者普遍感到处于艰难的创业环境中，包括教育业不能为创业者提供实用创业技能、难以获得信贷和进入市场、业务转让面临诸多困难、受繁重行政程序困扰、恐惧创业失败等。

2013年9月，欧盟发布《2020创业行动计划》，在重点关注创业教育、创业环境和边缘化创业群体创业潜力3个领域问题基础上，制定一系列在欧盟和各成员国层面促进创业的措施，以消除创业障碍，促进中小企业发展，为其创造更加适宜创业者成长的环境，进而增强欧洲经济实力。

《2020创业行动计划》具体提出以下三方面措施，以推动欧洲创业开展。

一是开展创业教育和培训，创造就业机会和促进经济发展。第一，通过实际体验模式和感受真实创业经历、非正式和非正规创业教育经历获得验证和认可、与企业合作以确保创业教育和培训课程与实际相符等方式，扩大创业教育外延，提高创业教育质量。第二，制定创业型大学指导框架，鼓励发展创业型大学以及职业教育与培训机构，将创业教育延伸至高等教育领域进而融入整个教育体系之中。

二是消除创业障碍，在整个创业周期各关键阶段支持创业者，为其营造良好的创业环境，具体包括：第一，为中小企业融资提供有利条件，在欧洲结构性基金（European Structural Funds）支持下执行“中小企业竞争力未来项目”（Future Program for the Competitiveness of Enterprises and SMEs, COSME）和“展望2020”（Horizon 2020）；通过欧洲企业网（Enterprise Europe Network）为创业者和中小企业获取创业资金提供重要信息；发展小额信贷（progress microfinance），支持“小额信贷机构联合行动”（Joint Action to Support Microfinance Institutions, JASMINE），通过欧洲社会基金和欧洲区域发展基金（European Regional Development Fund）为各成员国提供小额信贷资源；在金融工具市场法规（Market in Financial Instruments Directive, MiFID）下，发展专门从事发行股票和债券交易的中小型企业，促使中小企业直接进入资本市场。第二，立法减轻中小企业监管负担和对中小企业的管制，改善中小企业发展环境，促进更加自由的竞争。第三，支持初创企业初期发展，帮助创业者了解市场，以显著提高新创企业成功率；降低税收遵从成本，改善中小企业所处商业环境；与中小企业共享“研究与发展框架计划”（Framework Program for Research and Development）中的信息，允许中小企业将相关研究成果商业化；消除免关税欧洲市场障碍，营造公平的竞争环境。第四，制定关于企业转让的最佳实践指导方针，保证企业转让顺利进行。第五，赋予诚实破产者二次创业机会，从2013年开始简化诚实破产者的债务清偿复杂程序；为中小企业初期发展提供支持服务，并对中小企业重组提出合理化建议，以防其再次破产；为诚实破产者提供咨询服务，加强二次创业指导，完善二次创业培训和业务网络。第六，发掘数字化时代新的商业机会，帮助中小企业在供应新型数字化产品和新型数字化服务方面充分利用信息和通信技术；创建欧洲导师培训网络，提供咨询和教授如何在网络时代创业，并推出针对网络创业者的专门行动，如建立汇集世界一流网络创业者的网络创业者领袖俱乐部（Web Entrepreneurs leaders Club）、通过使用新兴的慕课（MOOC）培养网络创业人才、培育欧洲的网络创业文化等。

三是关注特殊创业群体，充分开发与利用边缘化群体的创业潜力，培育新一代创业者。主要涉及：第一，将女性创业政策纳入国家战略；按性别收集与整理创业数据，以清晰了解女性每年的创业情况；继续扩大女性创业大使和女性创业导师数量；采取各种措施使女性创业者在创业与生活之间取得平衡，例如为女性创业者家属尤其是儿童和老年人提供适当福利。第二，效仿爱尔兰“老年人创业”、法国“Maillages”等项目，鼓励老年人成为青年创业者的义务导师，协助首次创业者创业。第三，逐步推行移民创业者可获得蓝卡指令（blue card directive）[1]等相关政策。第四，改进针对参与全国青年担保（youth guarantee）计划青年的创业学习模式，通过青年创业者伊拉斯谟委员会方案（Commission's Erasmus for Young Entrepreneurs, EYE）资助潜在创业者与资深创业者共同创业6个月，推动欧洲社会基金和技术援助（Technical Assistance）项目，促进青年创业。

三、日本政府促进制造业创业创新政策与措施

（一）国家战略营造创新环境和创新基础

日本非常重视科技对经济的推动作用，制定了众多关于科技开发和转让促进的相关法律，推动科技创新。

例如1959年的《科学技术会议设置法》（1959年法律第4号）、1998年的《大学等技术转让促进法》（1998年法律第52号）、2001年的《内阁府设置法》（1999年法律第89号）、2014年的《内阁府设置法》修正，促进科学技术会议咨询机构、技术转让机构（TLO）调整设置及其职能。1995年的《科学技术基本法》（1995年法律第130号）为日本的科学技术政策定下基本框架。1999年的《新事业开创促进法》（1998年法律第152号）及其废止后2005年开始实施的《产业活力复苏特别措施法》（1999年法律第131号），2006年的《关于提升中小企业制造业基础技术的法律》（2006年法律第33号），创立中小企业技术创新制度，并扩大对其支持力度。2003年的《知识财产基本法》（2002年法律第122号）促进大学研究开发及知识财产向经营者的顺利转让，提升权利给予手续和审判的效率，强

[1] 蓝卡是一种工作和居留许可证，有效期为两年，并可申请延期。蓝卡指令是为了改善并提高欧盟吸纳移民的能力，以吸引高素质优秀人才。

化取缔国内外对于知识财产的侵害，强化对于新领域知识财产（再生医疗、后基因组）的保护，保障研究者等待遇和改善环境，培养擅长知识财产领域的专家等。2000 年的《产业技术力强化法》（2000 年法律第 44 号）及其 2007 年的《产业技术力强化法》修正，从改善环境强化产业技术竞争力、激活大学、转移成果、推进民间技术走向实用和培养产业技术人才等多方面构筑与调整技术开发体制，以促进日本的持续创新。2014 年开始实施的《产业竞争力强化法》（2013 年法律第 98 号）按照企业“创业期”“成长期”“成熟期”和“停滞期”各发展阶段来制定支持策略，创立企业实证特例制度改革企业单位管制，推动产业重组，复苏日本经济，促进创业。

除了法律之外，日本颁布科技计划或创新战略，政策重心进一步向环境、能源、生物、信息通信等重点领域倾斜，以促进经济增长。

2006 年，日本制定“新经济增长战略”（the new growth strategy）。2009 年，日本提出调整“新经济增长战略”，旨在确立危机后日本长期经济发展方向。2010 年 6 月，日本内阁确定了面向 2020 年的 10 年“经济增长新战略”，重点发展环保、健康、科技和信息等七大战略领域，提出完善能源与环境相关制度和措施，扶持制药、再生医疗等尖端医疗技术研发，搭建技术创新平台，促进科技成果广泛应用，加速对大学和公共机构的改革，加强对科技人才的培养，提供更多就业机会。

2011 年 8 月，日本政府通过“第 4 期科学技术基本计划”（The 4th Science and Technology Basic Plan），确定未来 5 年进行“绿色创新”（促进环境保护、能源技术进一步创新，加快推动日本能源供给源多元化与分散化）、“民生创新”（通过创新激活医疗、看护、健康服务等产业）以及“灾后复兴”（灾后重建和恢复）三项任务，提出一体化展开“科学技术创新政策”、进一步重视“人才和支撑人才发展的组织的作用”、实现“与社会共同推进创造的政策”等措施，在信息通信、纳米技术、外太空、海洋探测等重点领域布局，以促进科学技术创新。

2012 年 7 月，日本总务省 ICT 基本战略委员会发布《面向 2020 年的 ICT 综合战略》，提出发展舒适和有活力的生活、通过大数据应用促进社会发展和经济增长、享受丰富的数字内容、构建强大和灵活的信息通信技术基础设施、实现世界最高水平的安全保障 5 个重点领域：制定活力生活（active life）、活力数据（active data）、丰富的数字内容（rich contents）、活力通信（active communication）、安全和高可信信息通信技术。

2013 年 6 月，日本出台以“日本再兴战略”为名的经济增长战略和中长期经济财政运营指引，提出以“日本产业再兴计划”“战略市场创造计划”“国际开拓战略”为三大支柱，包括制定“产业竞争力强化法”、改革雇佣制度促进劳动力流动、设立吸引国内外企业投资的“国家战略特区”、向民间企业开放机场等公共设施运营权、改革大学教育以培养全球化人才、创建医疗信息和电子商务内需市场、加快跨太平洋伙伴关系协议（TPP）等自贸协定谈判进程、将新兴经济体分成三类分别设立“市场开拓目标”，以及促进蓄电池技术、基础设施智能化、新型材料等技术和产品的研发普及等措施，重新激发日本经济活力。

2013 年 6 月，日本通过“科学技术创新综合战略”。2014 年，综合科学技术创新会议延续上一年度的工作并追加部分新的视点，将该战略重新汇总为“科学技术创新综合战略 2014”（Comprehensive Strategy on Science, Technology and Innovation 2014）。2014 年 6 月，日本内阁审议通过新版科学技术创新综合战略：“科学技术创新综合战略 2014——为了创造未来的创新之桥”。该战略汇总一年来科技创新在经济复兴中所起的作用，继续分析日本面临的五个政策课题，分别为：实现清洁、经济的能源系统；实现领先国际社会的健康长寿社会；完善领先世界的下一代基础设施发挥地方资源优势的地方复兴；东日本大地震灾区的早日复兴，进一步提出发展“信息通信技术”“纳米技术”和“环境技术”三个跨领域技术，并提出要创造适宜科技创新的环境，采取措施扩大机会让拥有创新积极性的人才迎接更多挑战和促进互相作用。

2013 年 10 月，日本通过“产业竞争力强化法案”，取消和缓解各种限制，鼓励企业进入新的生产领域；制定新的制度，鼓励企业开展科研开发和技术创新；利用优惠税制，促进企业投资活动等，以促进企业投资和技术开发，提高产业竞争力。

此外，制造业方面，日本国际贸易委员会 2009 年发布《日本制造业竞争力策略》（*Japan's Manufacturing Competitiveness Strategy*），日本经济产业省 2010 年发布专题报告《日本制造业》（*JapanTimes New Romans Manufacturing Industry*），对日本制造业的优势产业、竞争力和未来战略进行分析，见图 12.5。

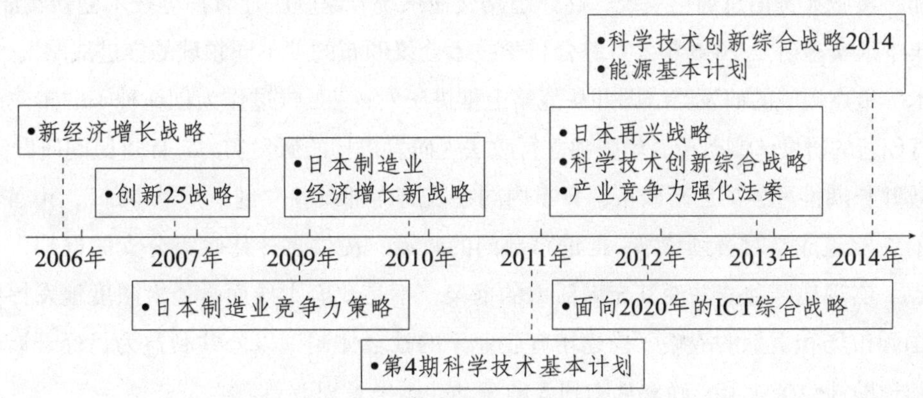

图 12.5 日本主要创新政策或法案

资料来源：上海科学技术情报研究所（ISTIS）分析整理

（二）案例：日本创新 25 战略

2007 年 6 月，日本内阁审议通过“创新 25 战略”（Innovation 25）并付诸实施。该战略认为，日本将在今后 20 年面临人口急剧老龄化和婴儿出生率迅速下降、知识和智力竞争成为国际竞争主流、环境和能源等可持续发展课题增加三大挑战，日本必须进行创新，通过科技和服务创造新价值，提高生产力，改善民生，促进经济持续增长，到 2025 年把日本建成“终身健康的社会”“安全放心的社会”“多彩人生的社会”“为解决世界性难题做出贡献的社会”和“对世界开放的社会”。

“创新 25 战略”为日本创新立国制定了具体的政策路线图，包括“社会体制改革战略”和“技术革新战略路线图”两部分。

“社会体制改革战略”提出了亟待解决的课题和中长期内需要解决的课题，包括 146 个短期项目和 28 个中长期项目，旨在改善包括社会制度和人才等社会环境，促进创新。亟待解决的课题有五大方面：一是改善社会环境促进创新，重新审查促进服务创新的法规政策，制订鼓励创新的新制度；二是充实和强化对下一代的投资，增加面向年轻研究人员的竞争性研究资金，建立世界卓越的研究基地，培养领军型和多样化人才；三是进行大学改革，重新审视文理科划分体制，完善大学入学考试制度，增强大学的研究和教育能力，与海外的大学和研究生院建立合作交流关系；四是通过日本在环境及能源等领域的科技实力，与发展中国家加强科技合作，支持在亚洲地区建立环境友好型制度，大力实施环境产业相关政策；五是通过举办“科技周”等活动，增进国民对创新的理解，促进国民意识改革。

中长期内需要解决的课题包括：一是利用信息通信技术完善相关社会制度，建立以预防和增进健康为主的保健医疗体系，建设终身健康的社会；二是完善相关配套环境以引进和普及高速道路交通系统，为引进高级监护技术制定相关法规政策，建设安全放心的社会；三是为落实居家就业政策创建配套的环境，建设人生丰富多彩的社会；四是为防止全球变暖采取切实可行的措施，面向海外完善日本的信息传播体系，建设为解决世界性难题做出贡献的社会；五是促进高级人才的世界性流动，推进国际知识产权战略和国际标准化活动，建设向世界开放的社会；六是根据信息检索技术、密码技术、个人认证技术发展制定相关法规政策，为真正普及泛在网络和民用机器人构建配套环境。

“技术革新战略路线图”主要包括四个方面的内容：一是灵活利用特区制度等措施，通过官民合作和跨部门合作，实施灾害信息通信系统、高速道路交通系统和家庭医疗看护等技术创新实证项目；二是有选择地、集中地实施研发 2006 年 3 月综合科学技术会议颁布的“不同领域的推进战略”，制定生命科学、纳米技术等重点领域的研发路线图并从战略上推进研发；三是推进作为创新种子的多样性基础研究；四是强化进行创新的研发体制改革，增强独立行政法人研发机构的研发实力，促进民间研发活动开展。

为了有效并长期推进各项创新政策，日本内阁在政府内部设立“创新推进本部”，由首相担任本部长。日本政府在实施战略时必须依靠：推进跨部门的政策，提供多样化政策分支的框架，立足于国内外居民的视点，实现地区独立并使其充满活力的框架，不是政府主导而是最大限度地发挥民众活力的框架，重视国际市场和贡献的战略，构建培育企业家的社会体制，以公共利益为目标开展非营利组织活动并培育和资助社会企业家，确立从物到人的流动，国民意识改革。

主要参考文献

[1] The White House. Building a Nation of Makers[EB/OL]，2015-05-04.

[2] Caleb Kraft. White House Maker Faire Fact Sheet Has Been Released[EB/OL]，2014-06-18.

[3] European Commission. Entrepreneurship 2020 action Plan[R]. Brussels，2013.

[4] European Commission. Business dynamics: start-ups, business transfers and bankruptcy[R]. Bruxelles，2011.

[5] European Commission. Lisbon strategy[EB/OL]，2008-05-28.

[6] European Commission. Europe 2020[EB/OL]，2012-12-03.

[7] European Institute of Innovation and Technology. Overview of European Institute and Innovation and Technology[EB/OL]，2013-04-22.

[8] European Commission. Horizon 2020—The Framework Programme for Research and Innovation[R]. Brussels: European Commission，2011-11-30.

本章撰写：祝毓

第十三章 全球机器人产业竞争态势研究

一、机器人及其演进趋势

（一）机器人的主要类型

机器人是多学科先进技术相结合的产物，涉及机械、电子、自动控制、计算机、人工智能、传感器、通信与网络等多个学科和领域，是多种高新技术发展成果的综合集成。机器人的应用领域十分广泛，包括工业生产、海空探索、水下作业和军事以及医院、家庭等服务行业，正日益对人类的生产和生活方式产生影响。

机器人可分为一般机器人和智能机器人。一般机器人是指仅具有一般编程能力和操作功能的机器人。智能机器人是对周围环境变化能产生智能化反应的自主式机器人，智能机器人在用途上与一般机器人基本相似，但因智能性其能执行更复杂的工作任务。目前，在世界范围内还没有一个统一的智能机器人定义，大多数专家认为智能机器人至少要具备三个要素：一是感觉要素，能够感知周围环境状态；二是运动要素，对外界做出反应性动作；三是思考要素，根据感觉要素所得到的信息，思考采用什么样的动作。智能机器人根据其智能程度的不同，又可分为三种：传感型机器人，又称外部受控机器人，机器人的本体上没有智能单元，只有执行机构和感应机构，具有利用视觉、听觉、触觉、接近觉、力觉和红外、超声、激光等进行信息处理、实现控制与操作的能力；交互型机器人，机器人通过计算机系统与操作员或程序员进行人机对话，实现对机器人的控制与操作；自主型机器人，机器人无需人的干预，能够在各种环境下自动完成各项拟人任务。

根据国际机器人联合会（IFR）对机器人的界定，机器人按应用领域大致可划分为工业机器人（industrial robots）和服务机器人（service robots）两大类。

工业机器人是面向工业领域的多关节机械手或多自由度机器人，按机构类型主要分为：平面关节式机器人、并联机器人、直角坐标式机器人、关节坐标式机器人、圆柱坐标式机器人、双臂机器人等。

工业机器人主要应用于汽车及零部件制造、船舶制造、电子电气、家电产品、化工、食品等行业自动化生产线中的焊接、喷涂、装配、洁净、物料操作、材料加工等，见表 13.1。工业机器人只能按照预先设定的程序工作，不管外界条件有何变化，不能对程序或工作任务做相应的调整。如果要改变机器人所做的工作，必须由人对程序做相应的改变，因此目前的工业机器人只能称作一般机器人，不是智能机器人。工业机器人未来的发展方向主要有两个：一是更加智能化。工业机器人与先进的视觉技术、运动控制技术等的集成，正在向更加智能化的方向迈进，协作机器人、云机器人等也将有发展前景。二是系统更开放与灵活。机器人的控制系统将越来越开放，机器人将更方便地被集成在各式各样的生产线之中，"互联网 + 机器人"的智慧工厂制造模式将逐步形成。

表 13.1　工业机器人主要种类

按用途分类	细分
焊接机器人	点焊机器人，弧焊机器人
搬运机器人	移动小车（AGV），码垛机器人，分拣机器人，冲压、锻造机器人
装配机器人	包装机器人，拆卸机器人
处理机器人	切割机器人，研磨、抛光机器人
喷涂机器人	有气喷涂机器人，无气喷涂机器人

资料来源：上海科学技术情报研究所（ISTIS）分析整理

相比工业机器人，服务机器人是机器人家族中的一个"年轻"成员。IFR 给予服务机器人一个初步的定义：服务机器人是一种半自主或全自主工作的机器人，它能完成有益于人类福祉的服务工作，但不包括从事生产的设备。在中国《国家中长期科学和技术发展规划纲要（2006—2020 年）》中，对智能服务机器人给予了明确定义：智能服务机器人是在非结构环境下为人类提供必要服务的多种高技术集成的智能化装备。服务机器人的应用领域十分广泛，IFR 按照应用领域划分，将服务机器人分为个人 / 家用机器人和专业服务机器人两大类，其中，个人 / 家用机器人主要包括：家庭作业机器人、娱乐休闲机器人、残障辅助机器人、个人交通工具、住宅安全和监视机器人等；专业服务机器人主要包括：野外机器人、专业清洁机器人、医用机器人、物流用途机器人、检测和维护机器人、建筑和爆破机器人、水下机器人以及国防、救援和安全应用机器人等，见表 13.2。

表 13.2　服务机器人分类

大类	小类	具体种类
个人 / 家用机器人	家庭作业机器人	真空吸尘、割草、窗户清洁、水池清洁机器人
	娱乐休闲机器人	玩具、教育与训练、家庭娱乐用途机器人
	残障辅助机器人	个人康复机器人，机器人轮椅，其他辅助器械
	个人交通机器人	
	住宅安全和监视机器人	
专业服务机器人	野外机器人	农业、挤奶、林业、采矿、空间机器人
	专业清洁机器人	扫地机器人，窗户及墙壁清洁（包括爬墙机器人）、罐和管道清洁、飞机、汽车等交通工具清洁机器人
	医用机器人	诊疗系统，外科手术及治疗辅助机器人，康复系统，其他医用机器人
	国防、救援和安全应用机器人	排雷机器人，消防和排弹机器人，监视和保安机器人，无人机，无人地面车辆
	物流用途机器人	递送 / 信件系统，工厂物流，货物卸载和户外物流
	检测和维护机器人	罐和管道及下水道检测机器人，其他检测和维护机器人

（续表）

大类	小类	具体种类
专业服务机器人	建筑和爆破机器人	核爆破机器人，其他爆破机器人，建筑支持及维护、建筑机器人
	水下机器人	有人水下机器人，无人水下机器人
	通用移动机器人平台	
	公共服务机器人	酒店和餐馆机器人，移动导航和信息机器人，营销机器人，其他（如图书馆机器人）
	特殊用途机器人	加油机器人
	定制化机器人	

资料来源：上海科学技术情报研究所（ISTIS）分析整理

（二）机器人产业发展规律

1. 丰富的产业生态是发展的基础

机器人产业链涉及众多高端领域。在机器人产业链构成中，上游是零部件供应商，涉及减速机、伺服电机、驱动器、控制芯片、传感器、微处理器等部件制造商；中游是机器人本体制造集成商、机器人系统集成商；下游是机器人行业应用企业和维护服务商。机器人产业已形成由核心零部件制造商、整机制造商、集成应用商和用户构成的产业生态系统。如，美国马萨诸塞州的机器人产业集群是非常活跃的生态系统，聚集了近百家机器人企业和10家研究机构，还有200多家企业直接或间接与机器人产业相关，覆盖了机器人产业链几乎所有环节，包括零部件供应商、制造、销售和物流、应用等。

日本得以成为“机器人王国”与其拥有机器人本体、关键零部件、应用等完善的机器人产业链密不可分。发那科和安川电机占据全球30%的机器人本体市场；纳博特斯克的RV减速机和哈默那科的谐波减速机分别占全球减速机市场60%和15%的份额；发那科在高端数控系统中占据全球70%的外购市场；日本在伺服电机和精密传动机械等领域也均保持全球领先水平。不仅如此，日本机器人制造商与上游零部件供货商、下游客户间紧密联系，聚集成产业集群，共享信息、技术和创新理念，彼此的密切配合也加速了产业的创新。政府为机器人产业发展制定近期和远期目标，提供强有力的政策、资金和技术支持，包括优惠税制、优惠贷款、减税等多项扶持政策；在自动化控制、伺服系统等领域具有全球影响力的公司在技术、资金等保障下向机器人领域拓展，保持研发和生产优势；科研机构持续高端基础技术研发，提供相应的技术支持；高端战略合作商与机器人企业保持着长期稳定的合作关系，提供稳定的应用检验、应用信息反馈等，形成生产应用的良性互动。

2. 量产应用是产业发展的基本途径

近年来机器人销量不断增长，应用范围越来越广，不仅广泛应用在工农业生产和科学探索，也逐渐渗透到人们的日常生活领域。作为典型的实践性产品，机器人只有持续应用，才能使技术和产品不断成熟并且产生新的生产模式，从而使产品走向市场并拓展市场占有率。国外机器人巨头在发展过程中，都在各自专业领域积累了丰富的行业应用经验。通过与客户长期合作，企业对于用户行业制造过程的工艺有了很深刻的理解，甚至协助制定该工艺的标准流程和规范，并在此基础上开发出专业的机器人工艺模块。

然而，机器人产业的发展存在较高的资金门槛和规模门槛，资金门槛是指企业在产品研发过程中需要投入大量的资金，规模门槛是指机器人整机生产只有达到一定规模才能实现盈亏平衡。由于机器人技术难度高，量产可能性低。工业机器人如机械手等，由于技术相对简单，而且主要在室内从事标准化生产，量产已经逐步展开，但对于具备运动能力且需要在室外工作的机器人，环境的复杂性及非标准化的作业流程提高了量产的难度。机器人四大工业机器人巨头的本体年产量一般都在5000台以上，有的甚至在1万台以上，且在关键零部件采购上具有很强的议价能力，从而使得机器人本体也具有很强的成本优势。如发那科、安川电机等企业自己开发应用控制器、伺服电机等关键零部件，其机器人本体的价格优势更为明显。

至于服务机器人，由于很多新研发的服务机器人成本过高，导致企业不愿意进行商业化生产，从而难以从实验室走向市场，无法迅速拓展应用领域。2015年，日本软银与台湾地区鸿海精密工业集团合作设立合资公司，由后者量产具有人工智能的人形机器人。该款机器人是软银的法国子公司Aldebaran Robotics研发的人形机器人“Pepper”，可应用于接待、护理、餐厅点餐等服务，并具备学习功能调节和完善的能力。软银希望通过企业合作实现稳定量产，从而降低成本，预计2015年将以1万台的规模实施量产，并期待尽早开拓增长领域。

3. 服务机器人逐渐成为发展重点

与工业机器人相比，服务机器人是半自主或全自主工作的机器人。当前服务机器人产业化尚处于起步阶段，其中家庭服务机器人、军事机器人、医疗机器人已初步产业化。受劳动力不足及老龄化等刚性驱动和科技发展促进的影响，服务机器人市场增长快速，行业空间巨大。服务机器人未来功能集成将趋于多样化，语言、视觉等人工智能水平不断提升，发展方向在于提升其与人的沟通和互动能力，可探测和理解环境，能够学习并接受指令完成任务，能够灵活且独立地处理复杂任务。

由于服务机器人兼具标准品和消费品的属性，成长爆发程度和市场空间远高于工业机器人，发达国家和地区都致力于研究开发和广泛应用智能服务机器人。美国发布的《机器人技术路线图：从互联网到机器人》中，强调机器人技术在卫生保健服务领域的重要作用及其在改善人们生活等服务领域的潜力。欧盟的RoboEarth计划致力于研发“学习型机器人”，让机器人更好地为人类服务；而欧盟“火花（SPARC）”计划的研发内容更加广泛，机器人在制造业、农业、医疗、交通运输、安全等各领域的应用都被纳入，并正加紧制定出机器人技术，特别是家庭服务机器人技术的研发路线图与时间进度表。“法国机器人发展计划”力争在2020年前成为服务型机器人研发和应用全球五强国家之一，已确定重点优先发展的领域包括：交通和物流机器人、国防和安全机器人、环境机器人、智能机械机器人和个人辅助机器人。日本筑波“国际战略综合特区”中，机器人项目占据七大研发项目中的两项，重点推动个人助理机器人、医疗机器人等服务机器人的研发及应用；在《机器人白皮书》中，日本预测随着医疗、护理等机器人的进一步普及，服务机器人需轻量化、提高安全性能并降低成本。韩国在2010年提出“服务机器人发展战略”，又于2012年出台机器人发展十年计划，目标是实现每个家庭拥有一台服务机器人。

（三）全球机器人产业发展趋势

1. 市场趋势

（1）工业机器人

全球机器人正处于产业发展上升阶段，应用范围不断拓展，销量屡创历史新高。据IFR2015年

3 月发布的 *World Robotics News: Global Survey* 估计，2014 年全球工业机器人销量以 27% 的增速增长，达到 22.5 万台（图 13.1），汽车、电子电气、金属制品（包括机械加工）、化工等行业对工业机器人的需求最大，生命科学、制药业、生物医学是对工业机器人需求增长最快的领域；未来 3~5 年，工业机器人发展前景良好。到 2025 年，全球工业机器人装机量将达到 1500 万~2500 万台，年均增速 25%~30%。

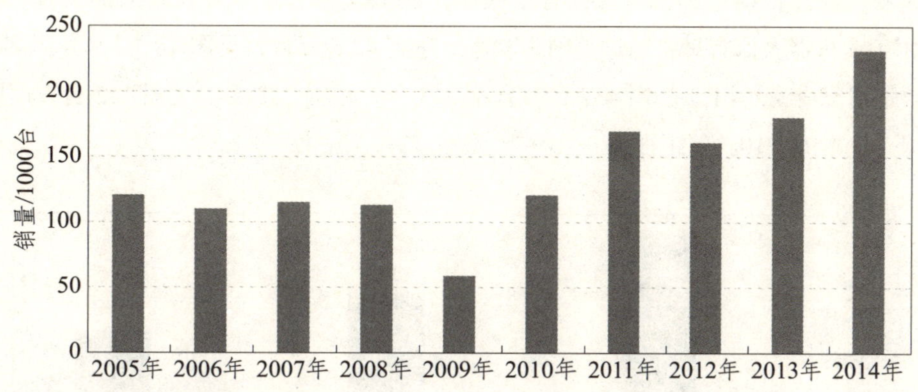

图 13.1　2005—2014 年世界工业机器人年销量

说明：2014 年为估计值
资料来源：国际机器人联合会（IFR）World Robotics News: Global Survey.2015.3

工业机器人市场需求逐渐由欧美地区转移到亚洲地区。2014 年亚洲地区（包括澳大利亚）销量约达到 14 万台，是全球最大的需求市场，推动力主要来自中国和韩国。美国和欧洲工业机器人销量也创新高。

中国继续成为全球工业机器人最大市场，2014 年中国工业机器人销量约为 5.6 万台（约占全球 25% 市场份额），同比增长 23%，其中国产工业机器人 1.6 万台。中国机器人需求量的增长主要受到汽

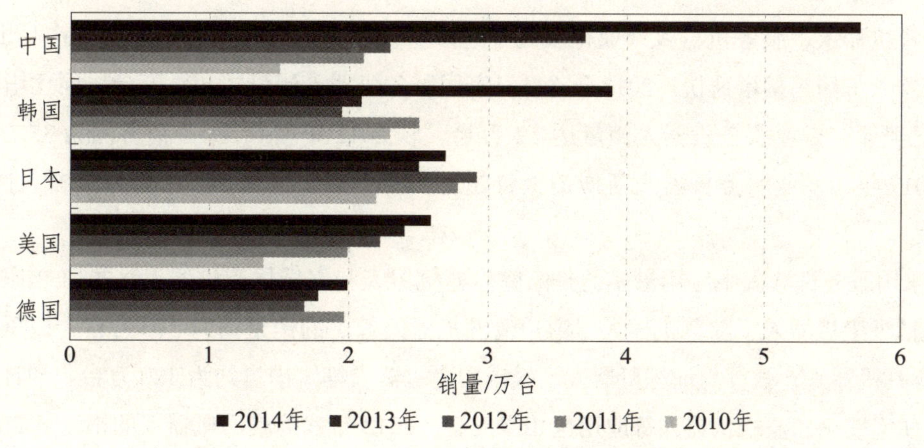

图 13.2　2010—2014 年世界主要国家工业机器人年销量变化图

说明：2014 年为估计值
资料来源：国际机器人联合会（IFR）World Robotics News: Global Survey.2015.3

车制造企业的推动，约占据工业机器人需求量的60%。其后依次是韩国、日本、美国和德国，五国市场合计占全球的75%，见图13.2。由于汽车工业的大量需求，韩国工业机器人销量约为3.9万台，成为全球第二大工业机器人市场。日本是全球工业机器人主要生产国，已应用的工业机器人数量居世界第一位，是全球自动化最发达的国家之一。美国工业机器人增长的动力主要来自于自动化工业的发展以及“再工业化”和制造业回流。德国工业机器人需求增长的动力也主要来自汽车工业。

从保有量看，虽然目前中国机器人保有量很低，仅18.2万台，但存在较大的提升空间。预计至2017年，中国工业机器人保有量将超过美国和欧盟，达到42.8万台，见图13.3。从每万名制造业工人拥有机器人数量情况看，2014年韩国437台，日本323台，德国282台，美国152台，而中国只有30台，不到韩国、日本的1/10，差距很大。

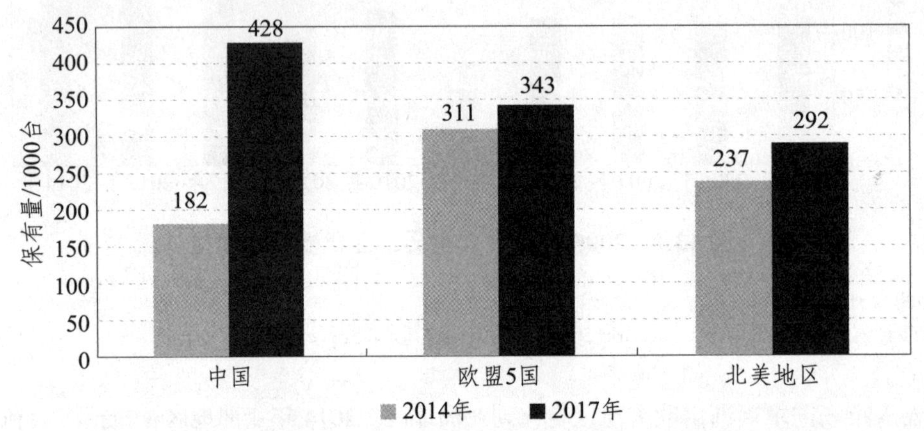

图13.3　2014年和2017年世界主要地区工业机器人保有量

说明：1. 2014、2017年为估计值，
2. 欧盟5国包括德国、意大利、法国、西班牙、英国
资料来源：国际机器人联合会（IFR）. Industrial Robots Global Study.2015.1

（2）服务机器人

相比工业机器人，服务机器人产业化虽处于起步阶段，但已有小批量、定制化产品出现。个人/家用服务机器人市场销量增速快。2013年个人/家用服务机器人销量达400万台，同比增长28%，销售额为17亿美元。专业服务机器人销量达2.1万台，较2012年增长4%，销售额为35.7亿美元。预计2014—2017年，专业服务机器人新增销量将超过13.4万台，个人/家用服务机器人销量将达3.1亿台。

个人/家用服务机器人中应用最多的是家庭作业机器人和娱乐休闲机器人，2013年家庭作业机器人（主要包括吸尘机器人、除草机器人、窗户清洗机器人等）的销量约为270万台，娱乐休闲机器人（主要包括玩具机器人、教育与训练机器人、娱乐用途机器人等）销量约为120万台。预计今后残障辅助机器人、住宅安全和监视机器人等应用也相当广泛。2013年残障辅助机器人的销量从2012年的160台增长至700台，增幅高达345%。近年来许多国家开始关注残障辅助机器人研发，和家庭作业机器人、娱乐休闲机器人相比，残障辅助机器人是技术含量更高的高新技术产品。

国防应用、野外（农、林、矿、牧）、物流、医疗等专业领域将是服务机器人发展的重要突破口。

专业服务机器人中应用最广的是国防应用机器人和野外机器人（图 13.4），国防应用机器人中以无人机应用最广泛，野外机器人中应用最广的是挤奶机器人。医用机器人的价格是所有服务机器人中最贵的，平均每台价格约为 150 万美元，医用机器人中应用最多的是外科手术及治疗辅助机器人；物流机器人中应用最多的是工厂自动导航车辆机器人。相对而言，移动机器人平台、建筑机器人、专业清洁机器人、检测与维护机器人、水下机器人、救援与安全机器人的销量较小。

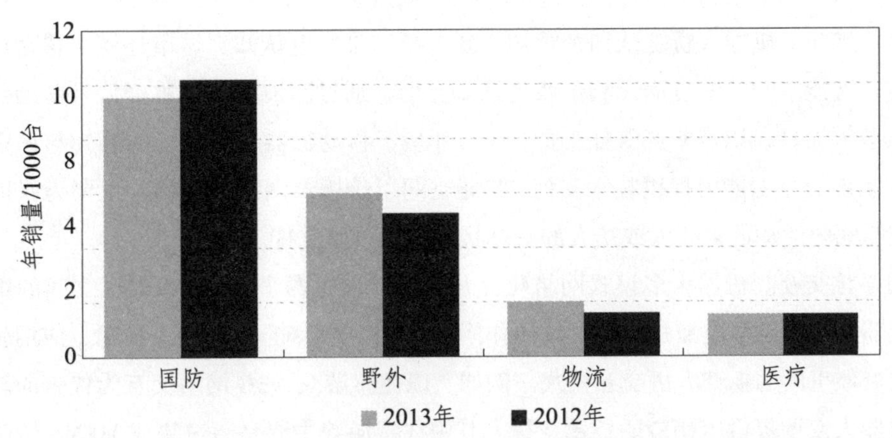

图 13.4　2012 年和 2013 年世界主要专业用服务机器人年销量

资料来源：国际机器人联合会（IFR）. World Robotics 2014

2. 技术发展趋势

机器人技术正朝着高性能化、标准化、智能化、环保化、一体化方向发展，以适应敏捷制造、多样化、个性化的需求，适应多变的非结构环境作业，并向非制造领域进军。

（1）关键技术

机器人关键零部件主要包括机器人传动系统、控制系统和人机交互系统。未来机器人技术将在操作、感知、处理、通信、移动、意识等方面取得突破并得到全方位的技术融合，以达到最好效能。

操作机构。机器人操作机构向着模块化、可重构方向发展。关节模块中的伺服电机、减速机、检测系统三位一体化；由关节模块、连杆模块用重组方式构造机器人整机；国外已有模块化装配机器人产品问世。

控制系统。机器人控制系统向基于个人计算机的开放型控制器方向发展，便于标准化、网络化。器件集成度提高，控制柜小巧且采用模块化结构；系统可靠性、易操作性和可维修性提高。控制系统的性能进一步提高，已由过去控制标准的 6 轴机器人发展到现在能够控制 21 轴甚至 27 轴，并且实现了软件伺服和全数字控制。人机界面更加友好，语言、图形编程界面正在研制之中。

传感技术。为进一步提高机器人的智能和适应性，多种传感器协同使用成为关键。除采用传统的位置、速度、加速度等传感器外，装配、焊接机器人还应用了激光传感器、视觉传感器和力传感器，并实现了焊缝自动跟踪和自动化生产线上物体的自动定位以及精密装配作业等，大大提高了作业性能和对环境的适应性；遥控机器人则采用视觉、声觉、力觉、触觉等多传感器融合技术进行环境建模及决策控制。未来以 e- 皮肤为代表的高智能化零部件投入机器人生产制造还将大大提升单个机器人使用传感器的数量。

遥控和监控技术。一是操作者与机器人的人机交互控制，即遥控加局部自主系统构成完整的监控遥控操作系统，使智能机器人走出实验室进入实用化阶段。二是多机器人和操作者之间的协调控制，可通过网络建立大范围的机器人遥控系统，在有时延的情况下，建立预先显示进行遥控。三是机器人遥控和监控与虚拟现实技术等密切相关，虚拟现实技术在机器人中的作用已从仿真、预演发展到用于过程控制。

智能认知与感知。机器人智能认知和感知主要包括脑生肌电认知、城市环境下移动机器人对环境的感知与识别、智能空间等三方面。脑生肌电认知方面，通过脑波、肌肉神经信号帮助残障人士操作智能轮椅、假肢等器具，以恢复其肢体功能；城市环境下移动机器人对环境的感知与识别方面，主要是为提高无人系统的自主能力提供技术支持；智能空间以传感器网络为基础，主要为医护人员实时监测在一个固定空间内活动的老年人或病人的身体状况提供技术支持。

多模式网络化交互。机器人多模式网络化交互主要体现在两个方面：机器人之间的组网协调，包括单一类型机器人群体及多类型机器人群体协作问题；微机电系统（MEMS）技术、应用软件及网络通信新技术的发展催生出的新型人机交互模式。例如，以体感游戏、3G 网络交互为代表的新型人机交互模式为服务机器人发展提供了相应的技术支撑，其中体感游戏主要是通过集成 MEMS 传感器、计算机视觉识别、短距离无线通信、包含肢体功能的视频游戏等为一体，在娱乐的同时促进用户肢体运动，以达到休闲或是康复的目的。

仿生材料与结构。从仿生学角度出发，吸收借鉴生物系统的结构、性状、原理、行为以及相互作用，能够为未来机器人实现多功能高效率发展提供必要的技术储备，其中仿生皮肤、人工肌肉及结构驱动一体化设计是服务机器人发展的重要课题。人脑仿生计算技术的发展，将可能使机器人拥有自我学习和创造的能力。

微纳系统。机器人的一个重要应用是能够在狭小空间里开展探测或是执行任务。微纳型医疗机器人及军用侦察机器人正成为服务机器人研究的一个热点，而其核心技术在于创新并集成多功能低功耗传感及驱动模块。

（2）未来发展路径

机器人的研究从 20 世纪 60 年代初开始，经过几十年的发展，基于感觉控制的智能机器人（又称第二代机器人）已达到实际应用阶段，基于知识控制的智能机器人（又称自主机器人或下一代机器人）取得较大进展，已研制出多种样机。

未来机器人产业发展将与工业 4.0 和智能制造相结合，与大数据、云计算、物联网等其他新兴技术融合发展。如，新一代信息技术与机器人技术正加速融合创新，不仅可开发出更具自主学习和解决问题能力的新型智能机器人，还可以为机器人建立起“云空间”，使其通过互联网进行交互，并通过云计算进一步提升机器人的智能化水平。

IFR 于 2012 年对未来 10 年机器人的发展路径进行展望：2012 年至 2014 年产业处于市场拓展期，工业机器人正处于发展上升阶段，注重商业模式的创新与规模扩大；2015 年至 2017 年将是新市场发展期，贴近需求的服务机器人将大量涌现，如医疗机器人、家用机器人等；2022 年后将是技术引导期，技术将不断取得突破，出现真正的仿人型机器人，即智能机器人。

另据美国《机器人技术路线图：从互联网到机器人》预计，从 2013 年至 2028 年，机器人将经历三次技术升级：2013 年至 2018 年，3D 视觉技术将在制造业中实现成熟的应用，机器人可在标准环境下适应固定生产流程，提高灵巧操作能力，并可以在一定范围内与人员一起安全工作；2018 年至 2023 年，将大规模采用 3D 视觉技术，机器人可在保证工作的基础上与人员安全互动，可识别人类语言、面部表情和肢体语言，可自主学习模仿人类行为；2023 年至 2028 年，大量采用视觉伺服系统，机器人可对数据自主做出分析判断，模仿高度灵巧的人手操作，能判断人类感情并和人员进行双向信息传递，最终成为对外界感知能力强、具有自主学习能力的智能机器人，见图 13.5。

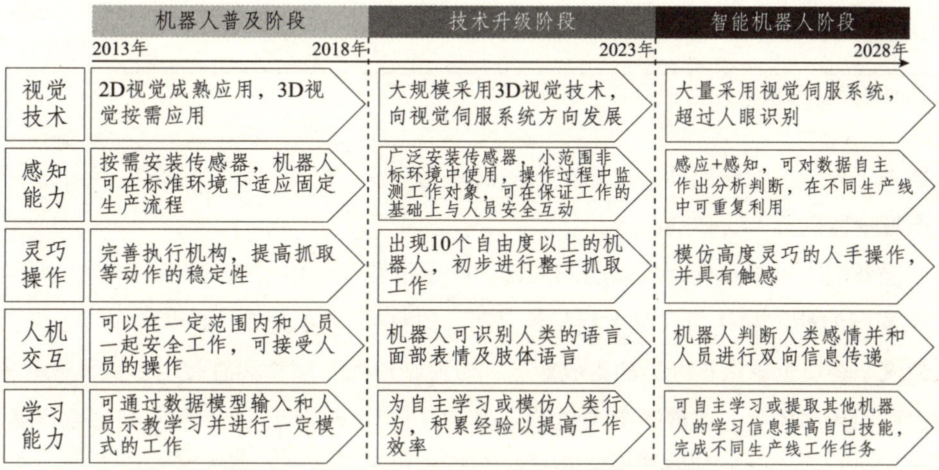

	机器人普及阶段（2013年—2018年）	技术升级阶段（2018年—2023年）	智能机器人阶段（2023年—2028年）
视觉技术	2D视觉成熟应用，3D视觉按需应用	大规模采用3D视觉技术，向视觉伺服系统方向发展	大量采用视觉伺服系统，超过人眼识别
感知能力	按需安装传感器，机器人可在标准环境下适应固定生产流程	广泛安装传感器，小范围非标环境中使用，操作过程中监测工作对象，可在保证工作的基础上与人员安全互动	感应+感知，可对数据自主作出分析判断，在不同生产线中可重复利用
灵巧操作	完善执行机构，提高抓取等动作的稳定性	出现10个自由度以上的机器人，初步进行整手抓取工作	模仿高度灵巧的人手操作，并具有触感
人机交互	可以在一定范围内和人员一起安全工作，可接受人员的操作	机器人可识别人类的语言、面部表情及肢体语言	机器人判断人类感情并和人员进行双向信息传递
学习能力	可通过数据模型输入和人员示教学习并进行一定模式的工作	为自主学习或模仿人类行为，积累经验以提高工作效率	可自主学习或提取其他机器人的学习信息提高自己技能，完成不同生产线工作任务

图 13.5　2013—2028 年机器人技术发展路径

资料来源：A Roadmap for U.S. Robotics：From internet to robotics.2013

二、机器人龙头企业竞争格局

全球知名机器人生产厂商主要集中在日本、美国、欧洲等发达国家和地区，如：瑞士 ABB，日本的发那科、安川电机，德国库卡，意大利柯马和美国 iRobot 等。本节主要以案例形式分析机器人龙头企业在研发、制造、服务等方面的能力优势。

（一）机器人龙头企业

在世界工业机器人本体市场，ABB、发那科、安川电机和库卡机器人四大龙头企业收入占比超过 50%，见图 13.6。四大工业机器人领先企业的产品性能及精度居于世界领先水平，它们既能研制出世界领先水平的机器人本体，也能从事系统集成业务、关键零部件业务，甚至具备底层软件设计能力，既具有产业规模化优势，也在研发设计、核心零部件等领域形成标准化流程，见表 13.3。爱普森、川崎重工、那智不二越、现代、ADEPT 等是国际二线机器人品牌的代表，产品各有特点，性能部分甚至优于四大龙头企业产品，在细分领域有较大市场份额。我国新松、广州数控等机器人业务起步较晚，但发展迅速，不过在产品精度、成本、寿命等方面与国外厂商仍有差距。

表 13.3　2013 年工业机器人四大龙头情况

企业名称	主营业务	营业收入 / 亿美元	工业机器人收入 / 亿美元	工业机器人收入占比 /%	工业机器人优势
ABB	电气设备	418	10	2.4	运动控制技术强，整体性能突出
发那科	数控系统、工业机器人	60	14	23	工艺控制灵活、便捷，由机器人来做机器人
库卡	工业机器人、系统集成	24	10	42	提供全套系列工业机器人和系统，兼容性好
安川电机	电机、变频器、工业机器人	38	13	34	各部门业务配合紧密，提供丰富的产品组合

资料来源：上海科学技术情报研究所（ISTIS）分析整理

服务机器人正处于产业化前期，也涌现出一批领先企业，包括研制达芬奇机器人的直觉外科机器人公司和生产吸尘器机器人的 iRobot 等。

系统集成服务能力是机器人市场增长的关键，除了机器人本体企业的集成业务，世界知名独立系统集成商包括德国的杜尔和徕斯、意大利的柯马等。这些系统集成商主要以汽车行业系统集成为主，通常承接大型汽车企业全球汽车产能的集成业务，专注于焊接、涂装和总装生产线集成业务。

零部件占机器人本体制造成本的 70% 左右，其中又以伺服系统、控制器、精密减速器、传感器为核心，市场基本由日本、欧洲等发达国家和地区企业控制。高精度机器人减速机方面，全球市场份额的 75% 由日本纳博特斯克和哈默那科所垄断，ABB、发那科、库卡等国际主流机器人厂商的减速机均由以上两家公司提供；伺服电机领先企业有日本三菱、德国西门子等；控制器主要企业包括日本那智不二越、美国 DeltaTau 等。

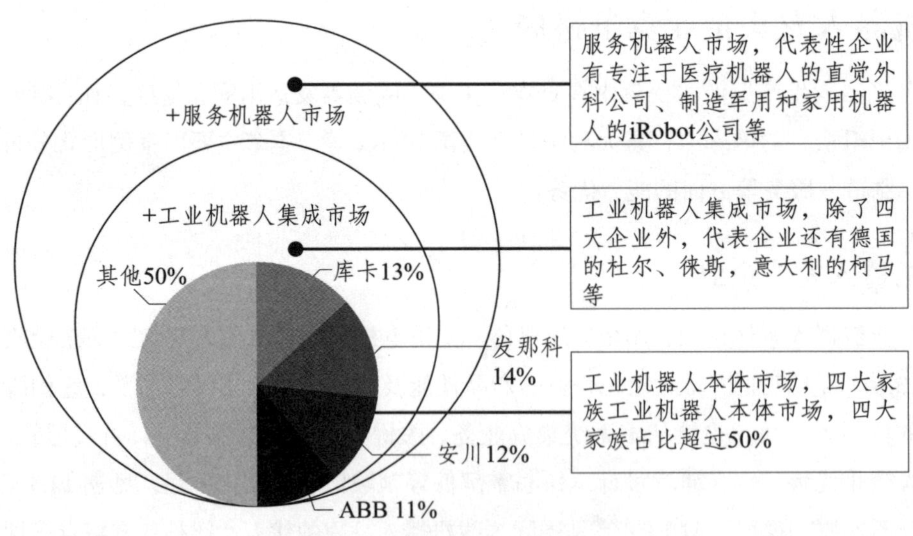

图 13.6　世界机器人市场格局

资料来源：华创证券．机器人大趋势

（二）机器人龙头企业竞争分析

1. 工业机器人

（1）ABB

ABB是电力和自动化技术的领导企业，总部位于瑞士。截至2013年末，公司市值约610亿美元，收入约为418亿美元。ABB生产工业机器人已有40年历史，拥有最多种类、最全面的机器人产品、技术和服务，已在世界范围内安装了超过25万台机器人，截至2013年工业机器人收入达10亿美元。

ABB提供的机器人产品、系统和服务包括：工业机器人、机器人控制器、软件产品、应用设备和附件、机器人及机器人系统服务，广泛应用于焊接、物料搬运、装配、喷涂、精加工、拾料、包装、货盘堆垛、机械管理等领域，以汽车、塑料、金属加工、铸造、电子、制药、食品、饮料等行业为目标市场。其中在汽车行业市场的销售位居首位，服务于包括通用、大众、克莱斯勒、标致和本田等知名跨国公司。

机器人最大的难点在于运动控制系统，运动控制技术是实现循径精度、运动速度、周期时间、可编程、多级联动以及域外轴设备同步性等机器人性能指标的重要手段。ABB的核心技术就是运动控制，其早在1994年就推出了第一代具有TrueMove和QuickMove功能的机器人，TrueMove可确保机器人的运动路径与编程路径严格相符，QuickMove可确保机器人动作任何时候都达到最高的速度和加速度，从而最大程度缩短周期时间。第二代TrueMove和QuickMove功能引入了更精确的动态模型以及优化循径速度和加速度的新方法，进一步提升了ABB机器人性能。通过充分利用这些重要功能，用户可提高生产的质量、效率及可靠性。

ABB还拥有强大的系统集成能力，可以凭借在电气、自动化和系统领域的技术优势提供完整的解决方案，强调机器人本身的柔性化和各方面的整体性。ABB机器人在单方面来说不一定最好，但整体性非常突出。如ABB的6轴机器人，单轴速度并不是最快，但6轴联动以后的精度很高，帮助制造业用户扩大产量、降低运营成本、增强生产柔性。

（2）发那科

日本发那科（FANUC）是世界上数控系统科研、设计、制造、销售实力最强的企业之一，其机床数控系统占据全球50%的市场份额。截至2013年末，发那科公司市值约300亿美元，收入约60亿美元。2011—2013年，发那科被福布斯、路透社评为全球100强最具创新力公司之一。

发那科致力于机器人技术上的领先与创新，是世界第一个突破20万台机器人的厂家。为用户提供高可靠性的机器人、机器人自动化工程解决方案，同时提供软件、控制及视觉系统，并将其融入其开发的自动化工程。截至2013年末，发那科机器人业务收入达14亿美元，全球机器人装机量超33万台，市场份额稳居第一，分别在北美市场占有50%、在日本占有25%、在欧洲占有25%、在中国占有23%的市场份额。发那科机器人产品系列多达240种，负重从0.5千克到1.35吨，广泛应用在装配、搬运、焊接、铸造、喷涂、码垛等不同生产环节。

发那科的技术优势在于数控系统，基于这一优势，发那科机器人在柔性自动化方面表现突出，主要表现在：工艺控制便捷，可以实现对喷涂参数的无级调整，手腕动作灵活，对提高小型工件喷涂节拍非常高效；采用独有的铝合金外壳，重量轻，加速快，日常维护保养方便；机器人底座尺寸更小，为用户采用更小的喷房提供了更好的解决方案；空心手腕可以让油管、气管布置更加便捷，大幅减少了喷房保洁工作量；独有的手臂设计，让机器人可以靠近喷房壁安装，保证高度灵活的生产条件。

（3）库卡

德国库卡集团（KUKA）是全球领先机器人及自动化生产设备和解决方案供应商。截至2013年末，库卡公司市值约16亿美元，收入约24亿美元。库卡为纯工业机器人公司，业务包括工业机器人和系统集成，是“最纯粹”的机器人企业。2013年公司的工业机器人业务收入为10亿美元，系统集成为13亿美元，收入占比分别为42%、58%。库卡机器人公司在全球拥有20多个子公司，在全球安装了15万台工业机器人。

库卡可提供全套系列的工业机器人和机器人系统，涵盖了所有负载等级和机器人类型。库卡机器人产品应用范围包括工厂焊接、操作、码垛、包装、加工或其他自动化作业，同时还适用于医院，如脑外科及放射造影。库卡也是全球汽车工业中工业机器人领域的龙头之一，在欧洲则独占鳌头，用户包括通用、克莱斯勒、福特、保时捷、宝马、奥迪、奔驰、大众等。

库卡机器人在业界被赞誉为“创新发电机”。从最早的专用控制系统，到使用工业计算机作为控制系统，再使用Windows操作系统作为人机互动界面，库卡的技术在同行中一直比较领先。库卡的4轴和6轴机器人有效载荷范围达3~1300千克、机械臂展达350~3700毫米，机型包括：SCARA、码垛机、门式及多关节机器人，都采用基于通用计算机控制器平台控制。库卡发布的最新一代的轻型灵敏7轴机器人iiwa，可以完全同人类一起工作。库卡机器人的手臂采用高分子碳素纤维材料制造而成，既满足机器人手臂在高速运行过程中对刚度的特殊需求，又可以大幅度提高机器人本身的动惯性能以及加速能力。库卡独一无二的6D鼠标编程操作机构，把飞行器操作的理念引入机器人操作中，使得机器人的操作和示教犹如玩游戏一样轻松方便。此外，库卡独特的电子零点标定技术、航空铝制机械本体、模块化控制系统及机械结构等都从本质上诠释了以技术突破和不断创新的宗旨。

（4）安川电机

日本安川电机株式会社（YASKAWA）拥有百年历史，AC伺服和变频器市场份额位居全球第一。公司由驱动控制、运动控制、系统控制和机器人四个事业部构成。截至2013年末，安川电机公司市值约32亿美元，收入约38亿美元，工业机器人业务收入为13亿美元。

安川电机是典型的综合型机器人企业，具有开发机器人的独特优势，即各个部门业务相互配合紧密：运动控制部和驱动控制部提供各式运动控制、驱动装置，以实现高效率与高生产力的生产系统；系统控制部为不同类型的工厂提供合适的机器人外围设备构建。安川电机已开发焊接、装配、喷涂、搬运等各类自动化作业机器人，其核心的工业机器人产品包括：点焊和弧焊机器人、油漆和处理机器人、LCD玻璃板传输机器人和半导体晶片传输机器人等。

安川电机发展定位是在运动控制核心技术和产品的基础上，为客户提供更高附加值的整体解决方案。伺服和运动控制器是安川电机的主要产品，也是机器人的关键部件。安川电机的MOTOMAN工业机器人是世界上使用最广泛的工业机器人之一，能够为复杂需求和多种多样问题提供最为合适的解决方案，并实行对FA/CIM系统的全线支持。

2. 服务机器人

（1）直觉外科公司

美国直觉外科公司（Intuitive Surgical, Inc）成立于1995年，总部位于加利福尼亚州阳光谷。公司自行设计、生产及销售的达芬奇外科手术系统（da Vinci surgical system）。通过微控操作和视觉成像等多种新技术最大限度地减少病患痛苦，降低失败概率，代表了国外医疗机器人技术领先水平。截至2015年第一季度，全球范围共安装3317台达芬奇机器人，产品覆盖北美、南美、欧洲、中东、澳洲和亚洲。直觉外科公司以销售达芬奇机器人系统及其配件为主，辅之提供相应的安装和培训服务。2014年公司营收规模达到21.3亿美元，2011—2013年连续3年被美国《福布斯》杂志评为全球十大最具创新力的企业。

直觉外科公司的达芬奇外科手术系统包括医师的控制台、手术床边的机器手臂和影像系统，实现了外科医师在控制台观察手术部位的三度空间影像，遥控机器手臂完成与人手相媲美的各种角度的旋转、弯曲、捏夹、缝合、打结等动作的功能。机器手臂具有人手无法相比的稳定性与精确性，可以让手术更精确、侵害性更小，有效缩短病患住院时间。达芬奇外科手术系统采用微创方式完成复杂的外科手术，包括普通外科、胸外科、泌尿外科、妇产科、头颈外科以及心脏手术。

目前市场上普遍应用的是第三代达芬奇产品，该系统在实时操作上已经非常精准，但是手术的操作范围上仍有局限性。因此，直觉外科公司对达芬奇系统进行了大量改进，已形成第四代产品，该产品具有十分强大的可扩展性，可以为其他影像和器械技术提供无缝连接入口。第四代产品最大的特点在于四个微创手术刀的设计，配以可旋转支架能够使其旋转到身体的任何部位。第四代产品可以配合直觉外科公司的萤火虫荧光影像系统，为医生提供更多实时的视觉信息，包括血管检测、胆管和组织灌注等。

（2）iRobot

美国iRobot公司成立于1990年，是美国麻省理工学院（MIT）计算机与人工智能实验室技术转移及投资成立的机器人产品与技术专业研发公司。iRobot产品线一共有十余个系列，涵盖家用机器人、国防与安全机器人和远程通信机器人三个板块，其中以家用自动吸尘机器人Roomba最令人熟悉，其他知名产品包括Scooba家用自动洗地机器人和PackBot军用机器人。iRobot营业收入保持稳定增长，2014年营收达5.57亿美元，2015年有望达到6.4亿美元。iRobot已在全球60多个市场出售近1000万台家用机器人，在美国的专利已经超过300个，在全球有600个核心技术专利，是全球最大的家用机器人公司。

iRobot最初专注于军用机器人的研究，创造了PackBot等机器人，公司于2002年开始涉足家用机器人市场。2002年，iRobot推出了具有历史意义的机器人吸尘器Roomba。Roomba使用先进的iAdapt技术，以每秒64次的处理速度响应环境变化，主动对清扫环境进行监测，并且能够以40种不同的动作进行反应，以便彻底清扫房间。2004年，iRobot推出了iRobot Roomba Discovery系列，新增污垢探测和自动充电的功能；2005年发布世界上第一台清洗地板的机器人Scooba，能清洗硬地板、瓷砖、油布地板等；2007年发布Roomba 500系列；2008年发布宠物系列和专业系列的机器人吸尘器；2011年iRobot发布新一代机器人吸尘器——Roomba 700系列；2013年推出Roomba 770和Scooba 390，均采用了iAdapt技术；2014年推出Roomba 880，使用了全新的革命性AeroForce高性能清扫系统，在提供了最大清扫效能的同时，具有最佳的维护便捷性。下一代Roomba吸尘机器人将使用一种名为“vSLAM”的导航技术，在低成本摄像设备的帮助下，这种机器人可更加有效地在用户家中导航巡弋，区分已经清扫和尚未清扫的区域。

3. 系统集成

（1）徕斯

德国徕斯机器人集团（REIS）成立于1957年，是一家集机器人技术与系统自动化集成于一体的跨国技术公司，是机器人和系统集成的行业引领者。集团总部位于德国Obernburg，由4家德国公司和16家国际子公司组成，在欧洲、美洲及亚太地区的许多国家都有分支机构和合作伙伴。

徕斯集团经过多年“交钥匙”系统解决方案的设计和实践，积累了丰富的成功经验，提供全套机器人自动化生产系统（包括焊接机器人、铸造机器人、搬运机器人、激光机器人等）、标准的外围模块和完善的技术服务。在样式众多的机器人中，除了垂直关节机器人，水平关节机器人外，也有特殊的直线型机器人和复合型机器人。此外，徕斯还提供试模压力机、修边压力机、修边模等产品。

（2）杜尔

杜尔系统股份有限公司（Durr）是国际领先的提供机械和工厂成套设备的集团公司，是集设计、制作、安装、调试为一体的系统公司，在涂装生产线集成方面具有明显的优势。2013年系统集成业务收入约为7亿美元。

作为涂装成套设备工业集团，杜尔不仅有一流的涂装系统，自动喷涂系统，自控和输送系统，还有最为先进的工业清洗设备和环保设备。世界著名的汽车生产厂商多为其客户，主要为德系通用、宝马等车企提供配套。

（3）柯马

柯马集团（COMAU）是一家隶属于菲亚特集团的全球化企业，成立于1976年，总部位于意大利都灵。柯马为众多行业提供工业自动化系统和全面维护服务，从产品的研发到工业工艺自动化系统的实现，其业务范围主要包括：车身焊装，动力总成，工程设计，机器人和维修服务。柯马在全球13个国家拥有分公司24个，员工总数达11000多人。

早在1978年，柯马便率先研发并制造了第一台机器人，取名为POLARHYDRAULIC机器人。在之后的几十年中，柯马以其不断创新的技术，成为机器人自动化集成解决方案的佼佼者。公司研发出的全系列机器人产品，负载范围最小可至6千克，最大可达800千克。

柯马最新一代智能系列机器人针对点焊、弧焊、搬运、压机自动连线、铸造、涂胶、组装和切割，其“中空腕”机器人NJ4在点焊领域更是具有无与伦比的技术优势。

4. 关键零部件

（1）纳博特斯克

日本纳博特斯克（Nabtesco）是世界上最大的精密摆线针轮减速机制造商，并生产高性能减速机、中空轴减速机以及单轴伺服执行器和控制器，在全球工业机器人用减速机市场的占有率达到60%以上。纳博特斯克在全球拥有42家子公司，典型客户包括发那科、ABB等。纳博特斯克提供RV摆线针轮减速机，产品广泛应用于工业机器人、航空航天、轨道交通、汽车和船舶等领域。公司的精密减速机具有高精度、高刚性、体积小、质量轻、速比大等特点。此外，该公司的减速机在减少背隙、转动震动以及惯性方面也表现突出，保证了更快的加速能力、更流畅的运动轨迹以及更高的定位准确性，是未来提升自动化机械控制性能的主导产品。

（2）哈默纳科

日本哈默纳科（HDSI）设立于1970年，是全球领先的减速机生产商，提供高性能谐波减速机，产品广泛应用于机床、机器人、半导体设备和平板显示设备等行业。其生产的HarmonicDrive组合型谐波减速机，具有轻量小型、无齿轮间隙、高转矩容量等特点，被广泛应用于工业机器人、仿人机器人、半导体液晶生产装置、光伏设备、光学仪器、精密机床等各种尖端领域。HDSI产品还涉及精密行星齿轮箱型谐波减速机Harmonic Planetary。其独特的内齿圈形变工艺，可以使得行星齿轮与其啮合得更紧，消除背隙，已达到精密级的传动误差。

三、主要国家（地区）机器人产业竞争态势

机器人是新一轮产业变革中极具发展前景的新兴产业，将影响全球制造业格局。发达国家和地区抓紧战略部署，抢占机器人产业制高点。

（一）领先国家机器人发展战略

近年来，主要经济体都将发展机器人产业上升为国家和区域战略，作为促进经济增长和创新的重点发展领域，见表13.4。

表13.4　2011—2015年主要国家和地区机器人发展规划

时间	国家/地区	规划	主要内容
2011年6月	美国	先进制造业伙伴计划	其中国家机器人计划（NRI）目标是开发下一代机器人，提高机器人系统的性能和可用性。 2012年9月和2013年10月，美国国家科学基金会（NSF）、国立卫生研究院（NIH）、农业部（USDA）和航空航天局（NASA）共同宣布，NRI第一轮、第二轮资助计划总额分别达4000万、3800万美元
2013年3月	美国	机器人技术路线图：从互联网到机器人	由美国机器人协会联合麻省理工、卡耐基梅隆、加州伯克利、宾夕法尼亚等大学共同发布，对制造业、医疗业、服务业、空间探索、国防五大领域的机器人发展做了详细规划
2014年6月	欧盟	“火花”计划	到2020年欧委会将投资7亿欧元，euRobotics将投资21亿欧元推动机器人研发，有200多家公司、1.2万研发人员参与。预计该计划将在欧洲创造24万就业岗位，使欧洲机器人行业年产值增长至600亿欧元，占全球市场份额提高至42%
2014年7月	英国	机器人战略RAS 2020	英国政府技术战略委员会拨款2.57亿美元用于发展机器人和自主系统（RAS），希望在2025年占据全球机器人10%的市场份额
2013年3月	法国	机器人发展计划	投资1亿欧元用于支持法国机器人技术领域的发展，实现“到2020年成为世界机器人领域前五强”的目标
2014年6月	日本	机器人战略	旨在领先世界，普及价格低廉、使用方便的机器人，将看护、农业、基础设施检查及灾害救援和工厂等列为支持的重点领域
2014年7月	日本	机器人白皮书	充分运用机器人技术来解决人口减少问题等社会课题，预测医疗、护理等服务行业机器人将进一步普及，2020年市场规模预计达到约2.8万亿日元
2015年1月	日本	机器人新战略	三大核心目标：世界机器人创新基地、世界第一机器人应用国家、迈向世界领先的机器人新时代
2010年12月	韩国	服务型机器人产业发展战略	积极推动清洁机器人和教育用机器人等服务型机器人产业的发展，使韩国实现成为世界三大机器人强国

（续表）

时间	国家 / 地区	规划	主要内容
2012 年 10 月	韩国	机器人未来战略展望 2022	将政策聚焦扩大韩国机器人产业并支持国内机器人企业进军海外市场等方面
2014 年 7 月	韩国	智能机器人基本计划（2014—2018 年）	提高机器人研发实力、在各产业推广机器人、营造开放的机器人产业链、构筑机器人产业融合系统，特别是提出了机器人健康设施的研究与开发

资料来源：上海科学技术情报研究所（ISTIS）分析整理

美国于 2011 年开始推行“先进制造业伙伴计划”，其中一部分为“美国国家机器人计划”（National Robotics Initiative，NRI），目标是开发下一代机器人，提高机器人系统的性能和可用性，并鼓励现有和新的研究团体重点关注创新的应用领域；2013 年出台《机器人技术路线图：从互联网到机器人》，将机器人与互联网定位于同等重要的地位，对制造业、医疗业、服务业、空间探索、国防五大领域的机器人发展做了详细规划。

欧盟于 2011 年提出以机器人和信息技术为支撑，实现制造模式的变革；在“第七框架计划”中投入 6 亿美元用于机器人的研发，并拟在“地平线 2020”项目中投入 9 亿美元用于机器人制造；在堪称全球最大的机器人研发项目——“火花”计划中将投资 28 亿欧元研发机器人，机器人在制造业、农业、医疗、交通运输、安全等各领域的应用都被纳入，旨在提升欧洲在全球机器人市场中的地位。

德国于 2013 年正式推出以智能制造为主体的“工业 4.0”战略，利用机器人等智能装备构建工业互联网，推动生产制造向灵活化和个性化转型。德国联邦教育与研究部已开始资助人机互动技术和软件的研究开发，以促进制造业绿色升级。

法国于 2013 年推出了“法国机器人发展计划”，计划投资 1 亿欧元，推动机器人产业持续发展，实现“到 2020 年成为世界机器人领域前五强”的目标。这项计划重点措施包括：加强机器人领域的组织管理、支持机器人领域中小型企业的发展、鼓励企业（家）投资法国制造的机器人、加强机器人的政府采购和企业应用等。

日本提出通过加快发展协同式机器人、无人化工厂等提升制造业的国际竞争力，近年来将发展机器人作为迎接老龄化社会、解决劳动力不足问题的重要一环，将研发和生产的重点从原来的产业用机器人为主，向护理病人、陪伴老人、照顾残疾人等家庭服务型机器人转移。2014 年公布了《机器人战略》，旨在全球竞争日益激烈的机器人领域把握主导权，同年又发布《机器人白皮书》，提出将集中技术和信息打造机器人相关的风险产业，加强国际竞争力。2015 年推出的《机器人新战略》中提出了三大核心目标，并制定了五年计划，旨在确保日本机器人领域的世界领先地位。

韩国将机器人列为未来国家发展的十大“发动机”产业。2009 年发布“第一次智能型机器人基本计划”，重点建立培育产品开发和推广，目标是到 2018 年使韩国成为全球机器人主导国家；2010 年提出“服务机器人发展战略”，希望通过开创新市场来缩小与发达国家的差距；2012 年出台机器人发展十年计划，目标是实现每个家庭拥有一台服务机器人；2014 年推出《智能机器人基本计划（2014—2018 年）》，即“第二次智能型机器人基本计划”，将重点聚焦在产业和技术融合，目标是到 2018 年不断扩大机器人市场规模。

同时，这些国家和地区均以“官、产、学、研、用”一体化推进计划或战略的落实。

“美国国家机器人计划”由美国国家科学基金会（NSF）、国立卫生研究院（NIH）、农业部（USDA）和航空航天局（NASA）等几个重要的政府部门机构支持，鼓励学术界、产业界、非营利组织和其他机构的合作，在基础科技研究、部署和利用方面建立更密切的联系。

欧洲机器人研发创新公私伙伴关系（EuRobotics AISBL PPP）由欧盟地平线2020（Horizon 2020）提供部分资助，欧盟主要机器人工业企业和科研机构于2014年初组建，主要负责制定欧盟机器人技术研发创新政策措施和具体执行相关的研发创新活动。EuRobotics已制定欧盟机器人技术战略科研议程（SRA）及其发展路线图，还承办每年一度的欧盟地平线2020机器人技术研发创新项目公开招标活动，2014年通过公开招标资助支持的研发创新项目达100多项。

法国生产振兴部筹集1500万欧元，重点促进工业机器人、智能交通机器人、机器人伴侣、功能康复机器人等几大领域的产学研合作，企业以资金、人员等方式参与国家和地方政府组织的研发项目，并享受研发成果。

韩国制定《智能机器人开发与普及促进法》，推广和普及机器人产业，产业资源部、信息通信部、科技部等部门相继制定针对机器人研发的相应支持举措，鼓励各行各业加快与机器人产业的融合，形成开放型的产业生态系统。

日本尤其重视建立“官产学”合作体制，政府提供优惠的低息贷款，鼓励集资成立机器人长期租赁公司，国家研究机构研究机器人的基础技术，低价转让给民间企业，鼓励企业尽快开发研制新产品和新技术。在《机器人新战略》的核心目标之一的“世界机器人创新基地”中，要求通过“官产学”合作，增加用户与厂商对接机会等措施，引导创新，开发下一代技术，推进人才培养，以巩固机器人产业培养能力。同时，设立“日本机器人革命促进会”，承担总体协调功能。

（二）主要国家 / 地区机器人技术优势

美日欧的机器人技术发展处于世界领先地位，其机器人产业日趋成熟和完善，所生产的机器人已成为一种标准在全球得到广泛应用。韩国和中国是近年崛起的新秀。各国重点和优势领域有所差异，见表13.5。

表13.5　主要国家 / 地区机器人技术优势领域比较

机器人类型	日本	韩国	欧洲	美国	中国
工业机器人	极为突出	一般	很突出	一般	一般
家用机器人	极为突出	很突出	突出	一般	不突出
娱乐机器人	突出	很突出	突出	突出	一般
医疗机器人	一般	一般	很突出	很突出	较突出
国防 / 航空机器人	一般	不突出	突出	极为突出	突出

资料来源：中国产业信息网，上海科学技术情报研究所（ISTIS）分析整理

美国是机器人的发源地，早在1962年就研制出世界上第一台工业机器人，起步比其他国家至少要早5~6年，是世界上机器人强国之一。尽管在机器人发展史上走过一条重视理论研究、忽视应用开发研究的曲折道路，但是美国的机器人研究基础雄厚、技术先进，在机器人基础研究在国际上仍一直处于领先地位，其机器人性能可靠、功能全面、适应性强，在语言、视觉、触觉等人工智能技术方面取得了重要突破。领先领域包括：机器人室外导航，机器人体系结构（控制、机构和计算的集成），在太空、国防和水下系统的应用，以及部分服务机器人领域，如医疗机器人和娱乐机器人。

日本是工业机器人生产主力，基本实现了核心零部件自主化和标准化。从产量上讲，日本是绝对意义上的机器人大国，生产全世界近 2/3 的机器人，并且在核心零部件领域占主导地位，也是唯一的净出口国，在精密控制、机器人驱动、生产技术方案、通信协议等方面有独到的技术，近年来重点拓展工业机器人视觉和仿生等领域，代表企业有发那科、安川电机、那智不二越等。日本在家用、娱乐机器人方面优势也很明显。

欧洲也是工业机器人生产主力，占据全球工业机器人 22% 的市场份额，代表企业有瑞士的 ABB、德国的库卡、意大利的柯马等。欧洲在结构化环境下的移动技术，包括医疗、城市交通领域、助老和家庭服务机器人领域也比较突出。

德国在机器人的研究和应用方面处于世界公认的领先地位。德国政府关于在危险、有害和有毒岗位上必须使用机器人的强制规定，推动工业机器人技术迅速发展。德国机器人的总数占世界第三位，仅次于日本和美国。德国有众多的机器人生产企业，既包括库卡等领先的机器人整机制造企业，也包括杜尔、徕斯等许多独立的系统集成商。

法国不仅在机器人拥有量上居于世界前列，而且在机器人应用水平和应用范围上也处于世界先进水平，这主要归功于法国政府一开始就比较重视机器人技术，大力支持机器人研究计划，并且建立起一个完整的科技体系，特别是把重点聚焦在开展机器人的应用研究上。

韩国是机器人的后起之秀，于 20 世纪 80 年代末开始大力发展工业机器人技术，在政府的资助和引导下，韩国近几年来已跻身机器人强国之列，其机器人的生产能力仅次于日本、美国和德国，排名世界第 4 名。韩国在娱乐机器人和家用机器人等领域处于领先位置。

中国的工业机器人竞争力一般，主要集中在经济型机器人和某些特殊应用的工业机器人，比如化工领域等。中国在国防 / 航空机器人和医疗机器人方面较为突出。

（三）机器人产业集群状况

1. 美国马萨诸塞州机器人集群

（1）现状

美国三个著名的机器人集群分别位于以波士顿为核心的马萨诸塞州、以匹兹堡为核心的宾夕法尼亚州和以硅谷为核心的加利福尼亚州。在集群成熟度方面，马萨诸塞州居第一位，该州机器人产业始于 20 世纪 60 年代，2005 年集群正式成立。

马萨诸塞州机器人产业集群生态系统非常活跃，核心是机器人企业，聚集了近百家机器人企业和 10 家研究机构，包括工业型和服务型机器人企业，如 iRobot、Foster-Miller、Boston Dynamics 等，更有超过 200 家企业直接或间接与机器人产业相关。覆盖了机器人产业链几乎所有环节：零部件供应商、制造、卫生保健、生命科学、工厂和实验室自动化、销售和物流、材料处理、海底水下测绘和检测、国防军事、交通、教育和娱乐等。

据马萨诸塞州技术领导委员会 2012 年针对集群企业进行的调查，2011 年集群销售额超过 19 亿美元，就业人数超过 3200 人，60% 的企业经营时间超过 10 年。过去 5 年机器人产业的投资额超过 2 亿美元，自 2008 年以来共获得 18 项政府补助，2008—2011 年集群收入年均增长率为 11%。有近 40 家企业的经营期限少于 10 年，这些年轻企业 2008—2011 年的年均收入增长率为 93%，收入约占到集群的 8%。

未来马萨诸塞州将在以下5个方面着力推进机器人产业发展，以保持在机器人产业的领导地位：一是激发研发基础设施的活力，吸引新的研发投资，培育更多高校之间、高校与企业之间的合作。二是扩大不同层次的人才储备，吸引和保持州内现有机器人企业、投资者和就业，培养产业人才。三是加大资金投入和扶持力度，通过现有和新增的实体和项目为初创企业和年轻企业提供资助。四是提升商业化的活跃周期，通过支持技术商业化和新产品研发，通过产业创新促进机器人应用。五是增强机器人团体的凝聚力，通过机器人应用将人才、理念与企业联系在一起。

（2）主要特征："产业、学术、政府"三者紧密结合

美国马萨诸塞州机器人集群的优势在于优质的研发基础设施、高额的研发投入、高度专业化的优秀人才资源。研发工作高度依赖地区所在的一流大学，这些高校大都拥有与机器人相关的实验室，如麻省理工学院的媒体实验室、人工智能实验室，哈佛大学的机器人实验室、东北大学的海事科学中心等。企业主要位于产业链的设计和制造环节，研发和产品开发在州内完成，制造则交给其他州或者国外的企业。集群高度依赖政府，无论是研发投入资金还是采购合同，但政府不干涉、不控制集群的活动，2013年联邦政府对机器人相关的项目投入达1.316亿美元，对无人机相关项目投入达950万美元。

围绕机器人企业，集群建立了独一无二的"产业、学术、政府"三位一体体系（图13.7）：学术机构通过授权向企业注入资金，企业又反向为学术机构提供知识和研发基础设施，政府和产业则向机器人企业进行产品采购；在体系外围，政府和产业向学术机构投入资金，学术机构则为两者提供研发成果，同时政府和产业间又进行技术共享。这样，产业链不同主体间既协作交流，又发挥着不同作用，有利于技术商业化和新产品研发。

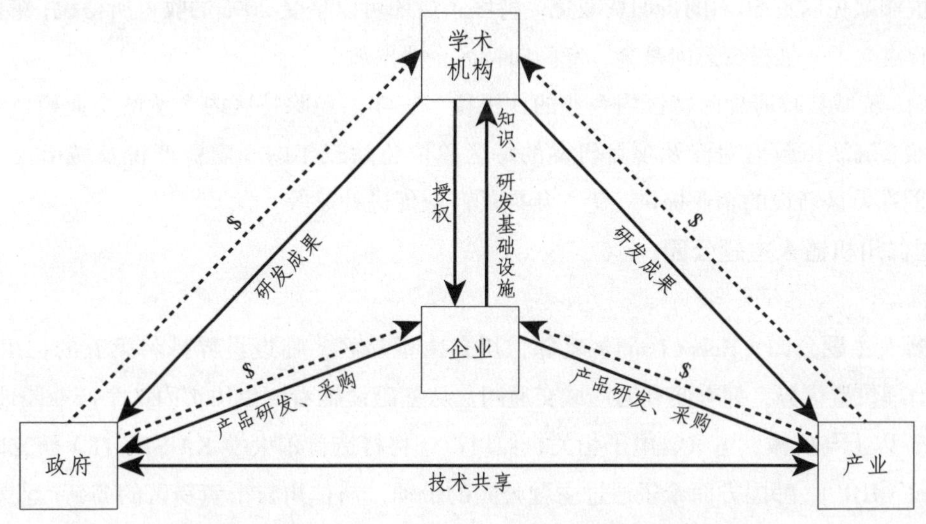

图13.7 马萨诸塞州机器人产业集群"产业、学术、政府"三位一体

说明：$代表资金

资料来源：The Massachusetts Robotics Cluster 2012

2. 日本筑波"国际战略综合特区"机器人项目

（1）现状

2008年，日本筑波市开始筹备建设"机器人城市"，希望利用先进的技术建设低碳环保且出行方

便的人性化社会，把最先进的机器人技术实用化，并将筑波发展成机器人产业基地。2011 年，包括筑波在内的 7 个城市被日本政府设立为“国际战略综合特区”。筑波拥有 32 家日本国家级研究中心，占全日本总数的 1/3，筑波大学 cybernics 研究中心是日本顶尖的智能机器人研究中心。

整个筑波市都被纳入“国际战略综合特区”的范围，其运作模式是：以筑波全球创新促进局为核心，联合茨城县、筑波市地方政府，学术机构，专家、专利代理和律师，研究机构，金融机构，企业，支持组织等，通过平台共享和传播信息，创建商业模式，促进创新项目，推进全球化以及人才培养和利用。

筑波“国际战略综合特区”共设立了 7 大研发项目，包括下一代癌细胞治疗、个人助理机器人、藻类生物质能源、纳米技术、生物医药、医疗放射性同位素和医疗机器人。其中机器人项目占据七大研发项目中的两项。个人助理机器人旨在通过提供一系列拥有若干行为能力的机器人，帮助人们提高生活质量，应用领域涵盖个人饮食、清洁卫生、通信交流以及日常运动。医疗机器人旨在建立一个以创新型医疗机器人和医疗设备为中心的全球孵化基地。

（2）主要特征：优惠政策力推机器人产业化

日本筑波“国际战略综合特区”从国家和地区两级政府层面获得税收和财政方面的优惠，促进机器人开发和实验，并给予监管上的特例。

国家层面：首先是优惠的法律措施，特区企业不受工业用地及工厂绿色用地等法律条文的限制，其研发项目将得到当地议会及国家议会在法律上的支持；其次是财政支持，从国家储备基金中抽取资金，优先推进特区的发展；第三是税收优惠，对于特区内企业的设备、不动产等并购行为给予投资额 15% 的并购税额减免以及 50% 的折旧费减免，特区企业还可以享受 20% 的收入所得税；第四是发放贷款，日本政府建立了一笔投资意向基金，专门向特区企业发放。

地方层面：茨城县政府免除特区内企业的住民税，三年内免除特区内企业的企业税，免除企业的不动产并购税；筑波市政府对涉及项目研发的特区单位免除三年的固定资产税及城市规划税，对于 2015 年 3 月前在特区新设的企业提供一笔一年期的产业促进补贴等。

3. 韩国仁川机器人主题公园

（1）现状

仁川机器人主题公园（Robot Land）毗邻仁川自由贸易区，临近世界排名第五的仁川国际机场，具有最佳的地理位置优势，拥有便利的广域交通网。从基础设施看，仁川市内 7 个产业园地的 6000 多家企业中 60% 以上与机械、电气、电子相关，仁川市还将打造首尔大学 KAIST（IT）研究园地、仁川高新技术公园（IHP）。韩国方面希望通过主题公园的带动，与仁川自由贸易区的高新产业园地形成充分联系，促进机器人产业的发展。

2013 年底，位于韩国仁川的机器人主题公园正式破土开工，占地面积 121 公顷（300 英亩），预计 2016 年对外开放第一期项目，2018 年完成全部二期项目。韩国将通过仁川机器人主题公园打造机器人文化的发祥地，以机器人娱乐、机器人试验台和机器人产业中心为三大主要支点。为了使主题公园能够可持续发展，整个主题公园强调三性：首先是普适性，积极引入普适技术，构筑先进的运营体系；其次是体验性，游客通过互动体验，增加对机器人直接感受；最后是产业之间的互联性，机器人研究生院、展览大厅、研发楼、企业支持设施、公寓型工厂、协同化园地、创业孵化中心等入驻园区。

仁川机器人主题公园的意义在于，通过打造应用各种机器人的机器人体验馆、展示馆、比赛场地、游戏工具等设施，构筑复合型机器人文化空间，扩大世界的需求；通过提供新服务或者新技术的试验台以及新商品的宣传和销售空间，促进机器人产业的发展；通过促进地区产业的发展和增加就业，进一步促进地区经济的发展和地区的平衡发展。

（2）主要特征：政府主导机器人集聚发展

韩国仁川机器人主题公园体现出强烈的政府主导趋势。该主题公园由韩国工商业能源部主持开发，总投资超过6.6亿美元，韩国政府及公共机关占据了总投资的50.72%，出资额达到35亿韩币；信息技术企业及建设公司者的出资比例分别为27.54%和21.74%，分别为19亿、15亿韩币。

韩国希望将机器人主题公园建设成国家未来机器人事业发展的基地，对该主题公园的预期目标主要包括：通过建造世界最早的机器人主题公园，提高韩国的国际形象；促进入住在仁川地区的7个园地和首都圈园地的制造企业转换为与机器人有关的企业，和仁川自由贸易区的高新产业园地相连接；未来智能机器人产业超过汽车产业的整体规模，成为韩国的明星产业，达成世界第三大机器人强国的目标。

4. 法国机器人产业集群

（1）现状

法国政府于2013年推出了“法国机器人发展计划”，旨在推动机器人产业的持续发展，整个计划投资额约1亿欧元。该计划提到要优化产业结构，培育地方产业集群，并确定了发展机器人产业的三个领先大区，即巴黎大区、南比利牛斯大区、罗恩－阿尔卑斯大区。这三个领先大区主要的机器人产业集群有图卢兹的Robotics place集群、波尔多的无人机集群以及巴黎的Cap Robotique。

在巴黎大区，集合了中小企业、大型企业、实验室以及法国服务型机器人和智能物件产业的其他重要参与者。在南比利牛斯大区，拥有116家机器人相关企业、17家实验室和9个产业平台，聚集了一批尖端机器人制造和科研团队。在罗恩－阿尔卑斯大区，覆盖了机器人产业链的所有环节，有50多家机器人解决方案的当地企业，还有1500家企业在机械、电子、传感器、智能材料、软件和嵌入式软件方面具备一定优势。

（2）主要特征：三大集群差异化竞争路径

这三个大区都是专注高科技领域的竞争力集群，注重机器人产业的差异化发展，并相继出台了机器人产业发展的公共支持政策。

巴黎大区的机器人产业集群Cap Robotique的主要目标是成为服务型或游戏型等个性化机器人领域的研发标杆，集群任务包括：创建人才网络、建立共同协商机制、鼓励成员间的交流与协作、鼓励政府部门进行资金投入等；罗恩－阿尔卑斯大区在人工智能、传感器、人机界面、机电一体化等机器人核心部件制造和科研领域具有强大的潜能和专业技术能力，提出了“未来工厂”计划，以配合法国国家层面的机器人战略；南比利纽斯大区推出“2013–2016年机器人和无人机产业计划”，支持民用无人机的相关实验，以成为法国率先尝试民用无人机应用的地区。

除三个领先大区外，法国阿基坦大区与机器人产业相关的企业约有50余家，涵盖军工、服务等领域。2013年，法国在该大区新成立了机器人集群Aquitaine Robotics，依托大区原有的航空航天领域的研发优势，发展机器人产业，主要聚焦的机器人领域为：城市服务型机器人和智能交通（Viviane项

目）以及太空机器人（Argos 项目）。

主要参考文献

[1] International Federation of Robotics（IFR）. World Robotics 2014[R]. 2014.

[2] International Federation of Robotics（IFR）. Industrial Robots Global Study[R]. 2015.

[3] Intuitive Surgical Inc. Investor Presentation Q2 2015[R]. 2015.

[4] 华创证券. 机器人大趋势 [R]. 2014-2.

[5] 广发证券. 机器人行业研究：从"主题投资"到"业绩为王"[R]. 2014-9.

[6] 上海科技情报研究所. 金桥智能机器人产业发展战略研究 [R]. 2015-3.

[7] 机器人技术未来发展八大趋势分析 [EB/OL]. http://www.askci.com/chanye/2014/11/19/1554580gzg.shtml, 2015-04-20.

[8] 全球机器人行业发展趋势 [EB/OL]. http://www.360doc.com/content/14/0723/18/4709400_396577009.shtml, 2015-04-15

[9] 2014 年机器人行业深度报告 [EB/OL]. http://www.weste.net/2014/09-26/99248.html, 2015-04-20.

[10] 2014 年全球工业机器人市场四大家族竞争分析 [EB/OL]. http://www.chyxx.com/industry/201406/257831.html, 2015-04-28.

[11] 2015 国际机器人巨擘的竞争优势比较分析 [EB/OL]. http://news.momo35.com/2015/02/03084160047.html, 2015-04-15.

[12] 日本发布《机器人新战略》中国电子报 [N]. 2015-04-02.

[13] 盘点全球机器人大国的战略"布局"[EB/OL]. http://www.gkong.com/item/news/2014/09/80823.html, 2015-04-20

本章撰写：崔晓文

第十四章 全球智能穿戴设备现状与发展趋势

近年来，随着移动互联网的发展和高性能低功耗处理芯片的推出，智能穿戴设备已经从概念走向商用。从2012年谷歌推出谷歌眼镜后，苹果、三星、微软、索尼等诸多公司也都开始在这个全新领域的探索并研发各种智能穿戴设备。从趋势看，智能穿戴设备有望掀起继智能手机之后个人智能终端设备发展新高潮。

一、智能穿戴设备概念与分类

智能穿戴设备泛指内嵌在服装中，或以饰品、随身佩带物品形态存在的电子通信类设备。具备两个特点：一是集成信息采集、记录、存储、显示、传输、分析等功能；二是创新性地将多媒体、传感器和无线通信等技术嵌入穿戴设备中，并创造出颠覆式的应用和交互体验。

目前，智能穿戴设备主要有两种分类方式，一是按照应用领域来划分，二是按照主要功能来划分。从应用领域划分，根据市场研究公司IMS Research的分类方法，当前智能穿戴设备主要应用于四大领域：健身与健康、医疗与保健、工业与军事、信息娱乐，见表14.1。从主要功能划分，可分为三大类：生活健康类、信息资讯类和体感控制类，见表14.2。其中，生活健康类设备包括运动、体侧腕带及智能手环；信息资讯类的设备包括智能手表和智能眼镜；体感控制类的设备包括各类体感控制器。

表14.1　智能穿戴设备按应用领域分类

应用领域	产品类别
健身与健康（fitness and wellness）	体育运动监测器（sports and activity monitors） 健身和心率监测器（fitness and heart rate monitors） 智能运动眼镜（smart sports glasses） 智能服装（smart clothing） 睡眠传感器（sleep sensors） 情绪测量仪器（emotional measurement）
医疗与保健（healthcare and medical）	连续血糖监测仪（continuous glucose monitoring） 心电图监测仪（ECG monitoring） 脉搏血氧仪（pulse oximetry）

（续表）

应用领域	产品类别
医疗与保健（healthcare and medical）	血压监测仪（blood pressure monitors） 助听器（hearing aids） 药物输送仪（drug delivery） 除颤器（defibrillators） 可穿戴补丁*（wearable patches）
工业与军事（industrial & military）	手戴终端设备（hand-worn terminals） 智能服装（smart clothing） 增强现实耳机（augmented reality headsets）
信息娱乐（infotainment）	智能手表（smart watches） 智能眼镜（smart glasses） 增强现实耳机（augmented reality headsets） 可穿戴式成像装置（wearable imaging devices）

说明：*指那些用于连接到病人的身体上可获得病人心率、呼吸次数和血压等信息的设备。
资料来源：IMS Research. World Market for Wearable Technology-A Quantitative Market Assessment-2012.

表 14.2　智能穿戴设备按主要功能分类

产品分类	生活健康类	信息资讯类	体感控制类
目标人群	大众消费者	大众消费者	以年轻消费者为主
交互方式	图形化界面， 多通道智能人机交互； 通过传感器收集信息和数据	以自然语言交互为主， 通过语音识别来实现操作	体感交互、虚拟交互
解决问题	采集数据，对比和分析， 帮助达到预期指标或目的	增强现实，更方便、 及时地获取信息	增强人类能力， 以娱乐活动为主

资料来源：陈根．智能穿戴改变世界——下一轮商业浪潮 [M]. 电子工业出版社，2014 年 2 月．

二、智能穿戴设备产业链格局

智能穿戴设备产业链涉及环节较多，从产业分工维度看可分为上游关键器件、中游交互解决方案、下游产品和服务三个环节。上游关键器件环节包括芯片、传感器、柔性元件、屏幕、电池、无线模块

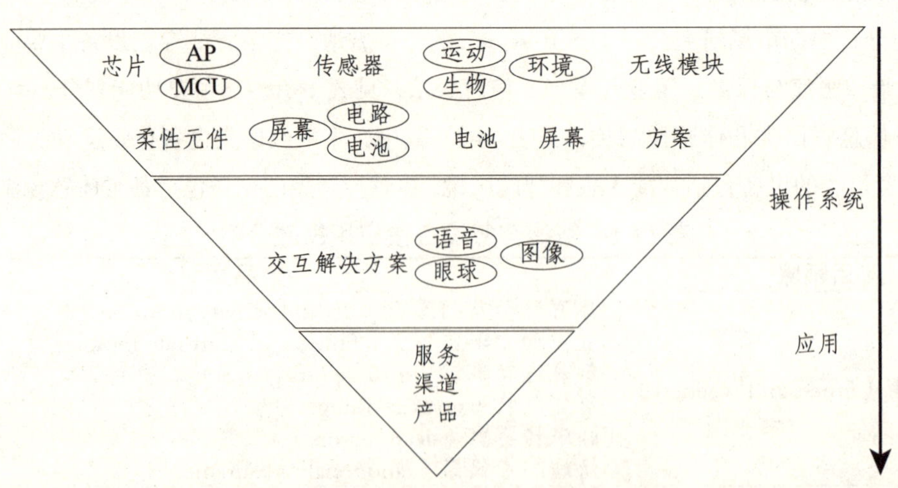

图 14.1　智能穿戴设备产业链示意图

资料来源：上海科学技术情报研究所（ISTIS）整理

等，其中传感器和芯片是核心；中游交互解决方案环节包括语音识别、眼球识别及图像识别等；下游环节主要为产品、服务和渠道。操作系统和应用则贯穿产业链上下游，见图 14.1。

目前，智能穿戴设备产业链尚不成熟。这条产业链上包含了从芯片解决方案到外观设计，再到生产组装以及应用开发等在内的一系列流程。硬件公司致力于智能穿戴设备的开发，容易忽略软件的叠加性和更新性；软件公司致力于可穿戴软件的开发，却在硬件生产、渠道建设和售后服务方面有所欠缺，导致可穿戴细分领域普遍存在的问题就是产业链各环节脱节，无法形成闭环运作。

（一）上游

1. 芯片及平台

芯片在整个智能穿戴设备中占据着举足轻重的地位。目前可穿戴芯片分为 MCU（microcontroller unit，微控制单元）和 AP（application processor，应用处理器）两种。MCU 是一个超低功耗、功能弱小、廉价的、内部几无功能模块的单芯片计算机；而 AP 是一个低功耗、功能强大、价格适中、集中相当功能模块的计算、控制、多媒体处理中心。智能手环多采用 MCU，智能手表多数采用 AP，少数采用高性能 MCU。

随着产业链的逐渐成熟，基于可穿戴芯片的平台解决方案陆续出现，英特尔基于 Quark 推出平台 edison，MTK 基于 Aster SoC 推出平台 LinkIt，北京君正基于 JZ4775 推出平台 Newton，飞思卡尔基于 i.MX.6 芯片推出 WaRP 等。现有平台方案多基于 AP，集成主芯片、传感器、连接芯片、存储、接口等。

2. 操作系统

智能穿戴设备仍在发展初期，各厂商均希望打造自己的生态系统，包括定制 OS（operating system，操作系统）与 UI（user interface，用户界面）、提供 API（application programming interface，应用程序编程接口）、发展开发者社区等。智能穿戴终端搭载的操作系统可分为 RTOS（实时操作系统）、裁剪版安卓（Android）系统、Tizen 系统以及苹果手表（apple watch）搭载的 iOS 系统。

现阶段 RTOS 的应用最广泛，其优点是消耗系统资源少、耗电量小，缺点是功能和软件相对固定，功能扩展较复杂，因此一般智能手环和手表使用较多，如 Jawbone UP、Nike+ FuelBand、Pebble 等。

裁剪版安卓系统是指将智能手机操作系统 Android 经裁剪优化后，适配到智能穿戴式产品中。其优势在于可延续手机操作系统的优势，提供丰富的 API，发布 SDK（software development kit，软件开发工具包）可用于构建 APP（应用程序），同时提供应用市场、支持第三方应用下载安装，可实现智能穿戴设备与智能手机无缝协同。谷歌推出的 Android Wear 规范了裁剪版安卓系统，并推出首批官方应用，现已有 Samsung Gear Live、LG G watch 和 Moto360 支持。

Tizen 是三星主推的操作系统，并在 Galaxy Gear fit 和 Galaxy Gear2 上搭载，宣称比 Android 更省电。但三星最新智能手表 Gear Live 放弃 Tizen，改用 Android Wear。总体看，Tizen 系统完善程度难以与 Android 匹敌，前景很不明朗。

从趋势分析，未来一段时间，功能简单的智能穿戴终端如智能手环仍会采用 RTOS，功能较复杂的可穿戴终端如智能手表、智能眼镜将较多采用 Android Wear，iOS 只有苹果的智能穿戴设备搭载使用。

3. 传感器

传感器是智能穿戴设备感知外部环境、体现产品功能差异化的重要硬件。因微型化、低成本、高精度等优势，智能穿戴设备均采用 MEMS（microelectro mechanical systems，微机电系统）传感器。博世、意法半导体（ST）公司领跑该市场，应美盛（InvenSense）的多轴传感器和陀螺仪仅次于 ST 的产品。目前智能穿戴设备中使用的传感器主要有三类：交互感知类、生理参数检测类及环境感知类，见表 14.3。

表 14.3　智能穿戴设备主流传感器

应用分类	传感器	主要功能	典型设备
交互感知类	加速度计、陀螺仪、磁力计、压力传感器、手势识别等	运动监测、导航、娱乐、人机交互	Nike+FuelBand、Jawbone Up、Fitbit Flex、咕咚手环、Pebble、Geak Watch、InWatch、Galaxy Gear
生理参数检测类	心率传感器、血糖、血氧传感器、血压传感器、心电传感器、肌电传感器、体温传感器、脑电波传感器等	健康和医疗监控、娱乐	CardioNet MCOT、康康血压、中卫莱康－腕式心电监测仪、iHolter（心安宝）、秘密意念猫耳朵
环境感知类	温湿度传感器、气体传感器、pH 传感器、紫外线传感器、环境光传感器、颗粒物传感器、气压传感器、麦克风等	环境监测、天气预报、健康提醒	PM2.5 便携式检测仪、AirWaves 口罩、便携式个人综合环境监测终端

资料来源：上海科学技术情报研究所（ISTIS）整理

交互感知类如加速度传感器、陀螺仪等在智能穿戴设备中最为常见，尤其是运动类可穿戴设备。相比传统单轴传感器，多轴传感器体积小、功能集中，更适合可穿戴设备，如三星 Galaxy Gear 中使用的就是 6 轴传感器。

生理参数检测类传感器包括心率、血氧、血压传感器等，受限于体积和技术，在智能穿戴设备中应用的仅有心率传感器，其主要供应商有 ADI（光照式）和神念（电极式）两种。多数心率传感器要求在静止状态下才能发挥作用，仅飞利浦公司的 mio-Alpha 手表可在运动状态下实现较为精准的测量。

环境感知类传感器包括温湿度、紫外线、气压传感器等，供应商多而散。由于环境感知类传感器体积较大，搭载这类传感器的智能穿戴设备较少，但已有厂商逐步加大这方面的投入。

传感器是硬件基础，数据的精确测量还需依赖算法。算法的好坏不仅决定精准度，还直接影响用户体验。如果测试数据不准确，难以确保使用者长期使用智能穿戴设备；同样的电池，同样的方案，算法不同，有的待机长，有的待机时间很短，两者的体验差别很大。目前，算法的获取一般通过自主研发或第三方授权获得，第三方有 SPI，Hillcrest Labs 等。

4. 电池

智能穿戴设备的电池分为两类，一类是传统纽扣电池，需定期更换，不可充电，成本较低，部分手环产品如 Misfit Shine 和 Magellan echo 采用这种电池，极低的功耗可以使更换周期保持在半年到一年；另一类是可充电锂电池，需要外配充电线、充电座，成本较高，大多数可穿戴设备均采用这种电池，充电周期虽不尽相同，但最长待机时间也仅为月余，并不理想。

智能穿戴设备体积较小，受限于空间，智能手环电池电量约为 50~150 毫安·时，智能手表约为 200~500 毫安·时，这也是导致可穿戴设备待机时间短的根本原因。

5. 柔性元件及屏幕

柔性元件包括柔性电路、柔性屏和柔性电池，智能手机的柔性需求使柔性技术在这两年得到明显进步，贴身穿戴等特点决定了智能穿戴设备比手机更需要柔性元件。柔性电路现已使用在手机、笔记本电脑等设备，并开始切入智能穿戴设备领域。三星已推出搭载弯曲屏的 Galaxy Gear 智能手表，LG 也加大柔性屏投入，欲进军智能穿戴领域。石墨烯柔性屏幕技术上已取得突破，未来将更好地适配智能穿戴设备。柔性电池方面，三星 SDI 公司发布可弯曲电池，一次充电可待机 5 天，中国台湾的辉能研制出超薄柔性电池，厚度仅有 0.33 毫米。

智能手表大多具备显示屏。由于低功耗是智能穿戴设备屏幕的根本需求，传统的 LCD 屏幕技术成熟，价格便宜，但功耗较高。典型的低功耗屏幕包括夏普 Memory LCD、Eink 墨水屏、高通 Mirasol 和 OLED。夏普 Memory LCD 是黑白屏，典型代表产品有 Pebble 手表；Eink 墨水屏柔性可弯曲，支持 16 灰阶显示，技术较成熟，但夜视效果一般，代表产品有土曼手表；高通 Mirasol 以彩色显示为特点，分辨率较高，无需背光且功耗极低，目前仅高通手表 toq 采用；OLED 主要供应商是三星和 LG，色彩较鲜艳，代表产品为三星 Galaxy Gear 和 Gear 2。

6. 短距离通信

智能穿戴设备中应用最广泛的短距离通信是低功耗蓝牙与 WiFi。低功耗蓝牙（BLE）在智能手环、手表中应用最为广泛，目前主要供应商是 Nordic 和德州仪器（TI），博通和 Dialog 则推出了蓝牙 SoC（System on a Chip）方案。蓝牙连接的弊端较为突出，传输速率有限、传输距离短且不能主动联网。WiFi 具备主动联网、距离远，传输速率快等优点，但由于功耗较高，手环产品很少采用，TI 推低功耗 SimpleLink WiFi，商用后可能替代部分低功耗蓝牙终端。

7. 硬件方案

智能穿戴设备硬件方案可分为两大类：低功耗简单功能和高功耗复杂功能。低功耗终端采用 MCU 为内核，运行实时操作系统（RTOS）或厂商自定义裁剪的操作系统，功能单一、功耗较低，且可能需要依附智能手机使用；高功耗复杂功能的可穿戴终端采用应用处理器（AP），运行裁剪版 Android 或 Linux，内容较为丰富，可单独使用，但功耗和价格均较高，高通、ARM、阿里等公司看好第二类方案。两大类方案具体可分为三种：MCU+Sensor+BT、AP+Sensor+BT/WiFi+Screen、AP+Sensor+BT/WiFi+Screen+GSM 模块，见表 14.4。

表 14.4 智能穿戴设备硬件方案比较

方案	代表产品	功能	主要处理器厂商	备注
MCU+Sensor+BT	Jawbone Up、Fitbit Flex、咕咚智能手环、Boom Band 健康手环	信息采集、传输、提醒等功能	ST、TI、Silicon Lab、飞思卡尔、Atmel、EFM、英特尔、Quark、新唐、盛群等	低功耗简单功能
AP+Sensor+BT/WiFi+Screen	Pebble、智器 Watch、果壳、土曼等	信息采集、传输、显示；应用软件、手机配件	君正、瑞智、英特尔、Quark	高功耗复杂功能
AP+Sensor+BT/WiFi+Screen+GSM 模块	映趣 inWatch	信息采集、传输、显示；应用软件，接打电话	联发科、中兴物联	

资料来源：上海科学技术情报研究所（ISTIS）整理

目前，智能穿戴设备产业链上游的芯片、传感器、操作系统等核心关键领域基本上掌握在全球领先的巨头企业手中，如 TI、意法、博通、ARM、高通、英特尔、博世等。

（二）中游

在交互方式上，点按、触摸等传统的交互方式在小屏幕甚至无屏幕的可穿戴设备上并不适用。使用语音、眼球、图像等识别交互方式，可以解放双手，给用户更好的体验。其中语音识别已较为常见，后两者技术尚不成熟。此外，骨传导耳机和 MEMS 麦克风也是控制与交互技术的重要组成部分。

1. 语音识别

智能语音技术发展至今，已经出现现实应用，如以 Siri 为代表的语音输入和语音控制，依靠声纹识别技术的安全控制，实现了智能家居特定情境下的简单人机交互等，语音识别准确率可达到近 9 成。眼球识别利用算法检测眼球位置，已有的应用为三星 S4/S5 的智能暂停和智能滚动，该技术发展的空间仍然很大。图像识别的主要应用场景在智能眼镜上，谷歌眼镜可以对拍下的照片进行图像搜索比对后，分析出出用户所在位置，还可进一步提供周边公用设施和场所的位置信息，不过谷歌眼镜在技术成熟度仍有缺陷，故未能形成大规模应用。

2. 骨传导耳机

骨传导耳机是一种新的耳机，它是通过耳机对头骨的振动传递声音到大脑，这样一来就保护了耳膜。因此，它是一种环保耳机，特别适合儿童使用，以及长时间使用耳机的人群，特别是青少年，协助由于残疾或高龄而丧失听力的人士接听电话，并且帮助没有听力障碍的用户在嘈杂的环境下接听电话。骨传导耳机未来有可能成为智能穿戴设备的标配。

3. MEMS 麦克风

MEMS 麦克风可实现语音检测和识别，使得人机交互更加方便、设备控制更加有效。目前，我国歌尔声学、科大讯飞、共达电声等企业在产业链中游的语音控制与交互技术、骨传导耳机、MEMS 麦克风等领域具有一定的优势，见表 14.5。

表 14.5 智能穿戴设备产业链中游我国主要企业

领域	特征	公司
语音控制与交互技术	语音输入和语音控制，依靠声纹识别技术的安全控制，智能家居特定情境下的简单人机交互等	科大讯飞、数码视讯
骨传导耳机	骨传导耳机是一种新的耳机，它是通过耳机对头骨的振动传递声音到大脑	共达电声、歌尔声学、海能达、金龙机电
MEMS 麦克风	MEMS 麦克风可实现语音检测和识别，使得人机交互更加方便、设备控制更加有效	歌尔声学、共达电声、瑞声科技、苏州敏芯微电子

资料来源：上海科学技术情报研究所（ISTIS）整理

（三）下游

下游环节主要包括产品、服务和渠道。产品即终端设备，厂商主要有谷歌、三星、索尼、苹果等。国外厂商竞争很激烈，相比国外较为成熟的市场，我国仍处在市场培育阶段，目前主要有联想、百度、果壳、华为、咕咚网、映趣科技、土曼科技、九安医疗、宝莱特等，除此之外，还有众多创业型公司。服务主要是指应用服务（涉及 APP、大数据和云服务等），目前相当缺乏，应用服务局限于智能手机服务和健康数据服务。渠道主要指销售渠道，包括线上销售（电商平台、预售平台）和线下商店（数码类产品卖场、商场柜台、旗舰店）等。

三、智能穿戴设备主流产品发展现状与趋势

目前，已面市的智能穿戴设备产品形态多样，其中以智能手环、智能手表和智能眼镜最为常见，三者约占 2014 年全球智能穿戴设备出货量的 70% 以上。智能手环普及程度最高，功能简单；智能手表平台和方案众多，功能多样；智能眼镜技术门槛高，实现的功能也最为复杂，见表 14.6。时至今日，虽然越来越多的智能穿戴设备上市销售，但消费者大多持观望态度，智能穿戴设备市场呈现出“叫好不叫座”的窘境。究其原因，无论是国内还是国外的可穿戴产品，仍缺乏实用的、革命性产品。

表 14.6　三大类主流智能穿戴设备产品比较

<table>
<tr><th colspan="2">智能穿戴终端</th><th>主要功能</th><th>代表产品</th></tr>
<tr><td colspan="2">智能手环</td><td>健身计步、睡眠监测、震动唤醒。少数具备心率测量、来电提醒等</td><td>Jawbone Up、Fitbit Flex、Nike+FuelBand、咕咚手环、小米手环、华为手环等</td></tr>
<tr><td rowspan="2">智能手表</td><td>手机辅助伴侣</td><td>信息查看、事件提醒、电话接听、运动健康等</td><td>苹果智能手表、Pebble、三星智能手表、索尼智能手表、MOTO360、果壳 Geak Watch 等</td></tr>
<tr><td>独立手机终端</td><td>独立通话、精准定位、独立云端交互、数据业务等</td><td>Omate TrueSmart 智能腕表、联通儿童定位手表等</td></tr>
<tr><td colspan="2">智能眼镜</td><td>实时摄像、地图导航、虚拟现实等</td><td>谷歌眼镜、Oculus Rift、VuzixM100 等</td></tr>
</table>

资料来源：上海科学技术情报研究所（ISTIS）整理

1. 智能手环

智能手环具有计步和测量距离、卡路里等计步器的基本功能，还具有活动、锻炼、睡眠等模式，可以记录营养情况，拥有智能闹钟、健康提醒等功能。使用智能手环，用户可以记录日常生活中的锻炼、睡眠和饮食等实时数据，并将这些数据与智能手机、平板电脑等同步，起到通过数据指导健康生活的作用。国外 Fitbit、JawboneUP 等智能手环市场反应良好，国内手环产品方案趋于同质化，设计比较粗糙，整体出货量虽不断提升，但因涉足企业众多，单个企业出货量并不大。智能手环面临主要问题是设计不够新颖；功能不具黏性；以 APP 建立数据支撑的商业模式不够清晰。

2. 智能手表

智能手表是当前智能穿戴设备的主流产品之一。智能手表将手表内置智能化系统，连接于网络而实现新功能，可同步手机中的电话、短信、邮件、照片、音乐等。同时，智能手表还成为保健支撑设备，准确追踪走路步数和能量消耗；还可以通过内嵌的传感器，监测穿戴者的脉搏、心跳等身体状况的变化。近年来，智能手表热潮的掀起使得这一市场不断壮大，也有越来越多科技厂商投身其中。

目前手表类产品，主要分为手机伴侣和独立手机两类，功能需求比手环复杂。手机伴侣主要提供信息查看、信息提醒、电话接听、环境显示、个人健康信息等功能，主要用途是管理简单信息的提醒和查看，减少接触手机次数，同时通过手机管理个人数据；独立手机提供 SIM 卡槽，可作为第二手机拨打电话。智能手表面临主要问题是外观设计不够新颖；方案不够成熟，功耗较大，续航不理想；缺乏刚需应用带动需求；产品设计和目标人群定位不够清晰。

3. 智能眼镜

智能眼镜具有独立的操作系统，可以由用户安装软件、游戏等软件服务商提供的程序，可通过语音或动作操控完成添加日程、地图导航、与好友互动、拍摄照片和视频、与朋友展开视频通话等功能，并可以通过移动通讯网络来实现无线网络接入。

智能眼镜复杂度高于手表和手环类产品，主要提供摄像、3D 显示、虚拟现实等功能，已面市产品如谷歌眼镜，Oculus Rift 等。该类产品面临主要问题是技术门槛较高，价格昂贵，受众面较小；续航时间短；人机交互方式需要改善。

4. 其他智能穿戴设备

除了智能手环、智能手表和智能眼镜三大类智能穿戴设备产品外，广义上的智能穿戴设备还包括头盔、耳机、衣服、鞋、袜子、帽子、手套、首饰、纽扣、腰带等，见表 14.7。

表 14.7 主要智能穿戴设备产品及功能

分类	产品形式	产品举例	主要功能
头戴式	眼镜类	谷歌眼镜	采用了虚拟现实技术，能够实现日历、语音、Google+，时间、温度、短信、拍照、地理位置、音乐搜索和摄像等功能
		Vuzix M100	搭载安卓操作系统，可实现普通智能手机应用的下载和使用，配备高清摄像头，同时提供可上传至云端，实现同步
		Oculus Rift 虚拟现实眼镜	一款专为游戏设计的虚拟现实眼镜，戴上它之后没有屏幕的概念，提供的完全是置身其中的虚拟现实体验
		Smith I/O Recon 滑雪镜	集成了 CPU、摄像头、微型抬头显示器、多种传感器和蓝牙通信等装置，戴上它滑雪就像玩电脑游戏一般
	头盔类	BrainLink 智能头箍	利用脑波技术来实现神奇的脑机互动应用
		LiveMap 头盔导航	内置了陀螺仪、光感元件、语音操控以及 LTE 4G 网络。通过头盔上显示的内容，使用者可以轻易实现路线规划和定位功能
身着式	上衣类	情绪感应服	内层的感应芯片可以通过感应人体的体温和汗液的变化来感知穿着者的情绪，并发出信号，改变外层的颜色
		鼓点 T 恤	内置鼓点控制器，用户通过敲击不同的位置发出不同的鼓点声音，有点类似于平板电脑上的架子鼓软件
	内衣类	太阳能比基尼	使用电传导线将光－电流面板缝合在一起形成，通过光伏薄膜带，吸收太阳光并将能量转化为电能，然后为几乎所有的便携电子设备充电
		Super cool bra 超凉胸罩	胸垫内有特殊的硅胶材料，即使在冷冻状态下也能保持柔软，只要将胸垫放进冰箱冷冻 2 个小时以上，再放进罩杯里，就能体验冰凉的感觉
	裤子类	社交牛仔裤	配有一个特殊的装置，可进行简单的即时互动与社交，让配戴者享受并分享他们的经验
		键盘裤	融合蓝牙键盘、喇叭、无线鼠标的裤子，集成了现代牛仔裤和电脑键盘
手戴式	手表类	苹果智能手表 Apple Watch	可以实现如接打电话、Siri 语音、信息、日历、地图等功能，采用磁力 MagSafe 插头，支持无线充电，设置了一个数码转轮，通过转动它可以对图像进行缩放或移动图案
		三星 Galaxy Gear	信息通知提醒、音乐播放、接打电话、摄像、计步、心率检测等
		MOTO 360	圆形表盘外形，采用 Android Wear 系统，内置的计步器、心跳频率追踪器、手腕晃动启动功能以及“OK Google”的语音控制功能
		Pebble 智能手表	一款兼容 iPhone 和 Android 手机的智能手表，E-paper 显示屏幕，可以显示来电信息，也可以上网浏览，实时提醒邮件、短信、微博和社交网络信息

（续表）

分类	产品形式	产品举例	主要功能
手戴式	手表类	索尼智能手表 SONY Smart Watch	背夹式设计，多点触控，可以储存并安装255个小工具
		盛大 Geak Watch	信息通知提醒、音乐播放、电话提醒，引入WiFi模块，搭配蓝牙4.0技术，集成陀螺仪、GPS、动力加速度等传感器
	手环类	JawboneUP	可以跟踪用户的日常活动、睡眠情况和饮食习惯等数据
		Fitbit Flex	可记录用户行走路程、卡路里、活跃时间、睡眠时长以及睡眠
		Nike+ Fuelband 手环	可以记录和测量日常生活中的运动量
		咕咚手环	支持对用户活动量的记录和检测、睡眠质量的监测、智能无声闹钟、活动提醒等多种功能，还基于百度云、提供多屏的管理和共享
	手套类	手套式手机	外形像机械铠甲的一部分，按钮被设计在手指关节内侧，拇指做听筒，小指做话筒，即可实现通话
		无线音乐手套	一个外接音乐盒、一块存储卡和手套背面绑定的感应振动的控制器和蜂鸣器。可教弹钢琴，同时改善人们感知能力与运动技能
脚穿式	鞋类	卫星导航鞋	鞋子内置有加速计、陀螺仪，压力感应器，喇叭和蓝牙芯片，可收集鞋子的运动信息并发出俏皮的语音评论
		谷歌智能鞋	使用GPS和LED来指明方向。该鞋内置了一个GPS芯片、一个微控制器和一对天线。左鞋指示正确的方向，右鞋能显示当前地点距目的地的距离
	袜类	SmarterSocks 智能袜子	帮助用户更好地对袜子进行分类
		Sensoria 智能袜子	通过步幅以及落地的压力，记录下双脚所走或跑的状态和消耗的能量。通过对脚底部分的感应，可以了解自己运动的强度

资料来源：陈根．智能穿戴改变世界——下一轮商业浪潮[M].电子工业出版社，2014年2月．

四、影响智能穿戴设备发展的关键技术

目前，尽管各家公司都在研发智能穿戴设备产品，但是智能穿戴设备要大规模商用并成为市场主流产品的时机还不成熟。大多数产品停留在吸引眼球的层面，在资本市场也出现了炒作行为，尚未展现具有突破性的实用功能。智能穿戴设备领域还未形成能有效支撑创新的产业环境，一些技术瓶颈亟待突破，主要包括：

1. 柔性屏幕材料

目前，可任意弯曲、自由伸缩的柔性显示屏材料仍没有实现突破，这将在一定程度上限制智能穿戴设备的使用方式。未来甚至还有可能采用可实现不同功能的材料，比如，基于纳米传感、纳米电子的新材料或是以后智能穿戴设备选材的方向。

2. 电池续航能力

目前，电池续航能力可能是制约智能穿戴设备产品发展的最重要因素之一，也直接影响用户体验。现阶段，产业界正在研究各种类型的新式电池，比如高能量密度电池、固态超薄电池、可弯曲电池和无线充电技术等。未来，预计将会有更多的企业在电池领域进行探索，一旦在可量产的低成本技术上实现突破，大幅度提升智能穿戴设备的续航能力，对于改善用户体验、促进可穿戴产业的发展会有很大的促进作用。

3. 蓝牙低能耗技术（蓝牙 4.0）

功耗问题是当前智能穿戴设备产品面临的最棘手的问题之一。蓝牙低能耗技术是蓝牙 4.0 的核心，它是一项新的无线技术，可实现超低功耗，其对智能穿戴设备十分有用，甚至对于未来的智能家居和智能汽车也将产生巨大影响。

4. 传感器

智能穿戴设备通过传感器进行数据监测。目前，传感器的发展可以说是日新月异，传感器的尺寸、传感器的功能变化较快。随着传感器技术的发展，智能穿戴设备的功能将越来越完善，监测精准度也将达到医疗水平，因此，未来智能穿戴设备前景的发展将取决于传感器等产业链上游技术的提升，特别是 MEMS 传感器的创新发展和应用对智能穿戴设备的发展具有至关重要的作用。

5. 人机交互

人机交互技术主要体现在信息输入技术和输出技术两个方面。当前人机交互主要是通过人机界面完成，例如，用键盘输入搜索信息，用鼠标打开网页，iPhone 普及引领智能手机用触屏技术代替了原先的按键。但在智能穿戴设备如此小的规格下采用触控显然不是最理想的交互方式，语音、姿势（手势）、图像识别等解放双手的新兴交互方式更加适合可穿戴产品。新兴交互方式，当下最大的问题在于准确度待提高，而机器智能学习、云端大数据的兴起，将是智能识别技术应用的福音。姿势（手势）识别，类似智能手机，也可借助传感器在可穿戴产品中得以广泛应用，专门用于捕捉人体姿势的穿戴式产品也将有较为广阔的市场情景。图像识别、眼球识别等由于技术、成本、体验等限制，规模商用还需等待。

五、智能穿戴设备产业发展趋势

1. 智能穿戴设备发展前景看好

目前，各大研究机构都对智能穿戴设备市场十分看好，见表 14.8。较为乐观的是 ABI Research 估计 2016 年全球智能穿戴设备出货量有 3.5 亿台，到 2018 年年出货量将达到 4.85 亿台。比较悲观的是 Juniper 预计 2016 年的出货量仅为 5800 万台。IMS Research[1] 和 BI 两家机构估计的数据较为中性。根据 IMS Research 的研究报告《2012 年全球可穿戴技术市场——量化市场评估》的数据，2011 年智能可穿戴设备出货量约为 1400 万台，预计 2016 年出货量将达到 1.71 亿台。

表 14.8　不同研究机构对智能穿戴设备出货量预测　　出货量：100 万台

机构	2016 年	2018 年
ABI	350	485
IMS Research	171	—
Juniper	58	—
BI Intelligence	180	300

资料来源：上海科学技术情报研究所（ISTIS）整理

另据 IHS 于 2013 年 10 月发布的研究报告《全球可穿戴技术市场》（2013 版）显示，2012 年全球

[1] 目前 IMS Research 已被 IHS 公司并购，成为 IHS 下属子公司之一，下文中提及的文献源于 IMS Research 或 IHS，认为等同于同一出处。

智能穿戴设备市场规模约85亿美元，预计到2018年有望达到近300亿美元（300亿美元仅是基本预测值，如果乐观预计的话，该数值有望接近500亿美元，见图14.2），可见智能穿戴设备未来市场前景相当广阔。

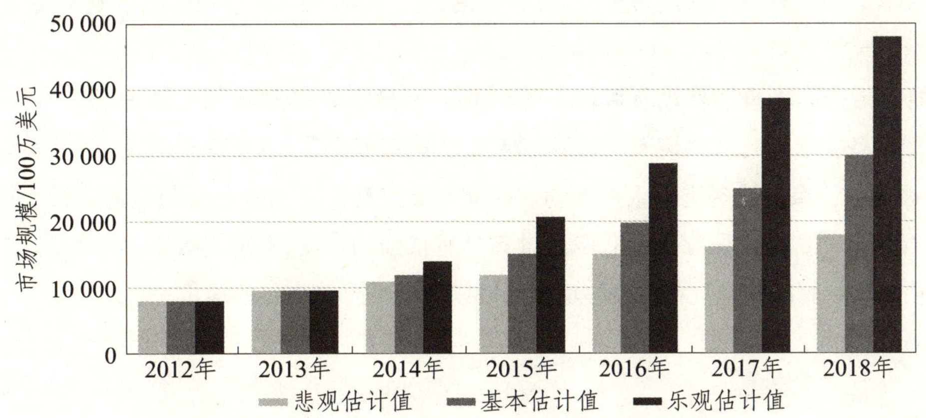

图14.2　2012—2018年智能穿戴设备市场规模

说明：2014—2018年为预测值

资料来源：IHS. World Market for Wearable Technology，2013

就应用领域看，目前在医疗与保健、健身与健康、信息娱乐等领域对智能穿戴设备存在日益成长的需求。相比之下，智能穿戴设备应用于工业和军事领域的市场规模要小些，但前景较为广阔。

2. 智能穿戴设备将是智能终端下一个发展方向

消费电子沿着智能性和便携性两个维度发展。以前，市场关注的焦点在于智能性维度，即设备从功能型向智能型的演变；直至谷歌眼镜的出现，才引发了市场对便携性维度的关注。在便携性的维度，电子产品可分为四种类型：固定型、可携带型、可穿戴型和嵌入人体型。目前，消费电子产品从可携带型向可穿戴型的演变刚刚开始，未来甚至会向可嵌入型演变。

智能手机在功能手机通话和短信功能的基础上，实现了上网、安装应用程序、收发邮件等功能。智能手机和平板电脑在很大程度上替代了便携性较差的电脑，今后，便携性更强的可穿戴设备+智能眼镜将可能替代智能手机。智能眼镜和智能手表具有信息输入和输出优势互补的特点，两者的结合将兼具各自优势，能够实现在手表上输入复杂内容，在眼镜上观看大的画面，从而实现较好的视觉体验。智能眼镜+手表的硬件组合还具有智能手机所不具备的优点：一方面，眼镜和手表持续与人体接触，并可以通过传感器自然地获得人体信息，从而提供更加智能化的服务；另一方面，眼镜和手表都不需要手持操作，解放了双手，适合在各种不同场合的应用，更胜于必须手持操作的智能手机，有望替代智能手机，从而带来消费电子的革命性变化。

3. 智能穿戴产品形式更加多样化和个性化

智能手表、手环（腕带）和眼镜是目前最常见到的智能穿戴设备。今后智能穿戴设备产品形式将更加多样化，可穿戴技术和各种日常用品联系在一起，嵌入衣服、首饰、耳机和鞋子中的可穿戴产品将成为主流。甚至有可能不再作为身体外在的附属配件，而是融入人的身体，在身体中植入芯片，与人的生理行为合二为一。

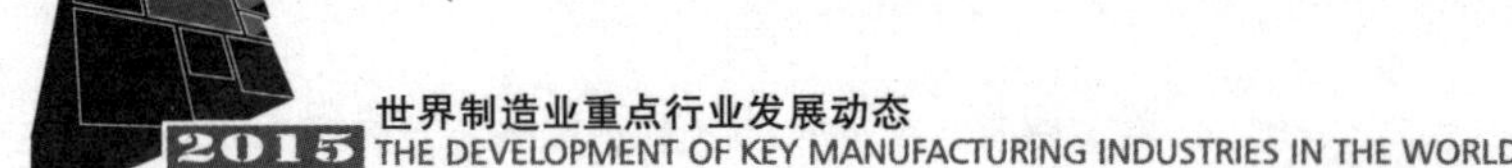

智能穿戴产品能否更好地体现个人风格和个性已经成为一个越来越被重视的问题。作为个人装饰的一部分，诸如目前还处于标准化规格的谷歌眼镜等产品，未来或将都推出具备个性化外观和应用的不同版本，将个性化设计融入智能穿戴设备的开发中。此外，消费者对智能穿戴设备的时尚性和美观度有很高的要求，将来智能穿戴设备将更加精巧、别致，以嵌入耳环、项链坠等既美观又隐蔽的方式融入日常生活。

4. 智能穿戴产品将推动移动互联网、云计算、大数据等信息技术迅猛发展

智能穿戴设备要求随时随地接入互联网，将数据发送到云端，进行大数据分析，再将数据指令返回到智能穿戴设备，操纵设备进行人机互动，因此智能穿戴设备的发展对物联网、云计算、大数据、智能家居、智能电网、健康医疗、互联网金融等具有很强的拉动作用。未来，继浏览器、智能终端、移动应用商店之后，智能穿戴设备将在移动互联网领域占据至关重要的地位。

主要参考文献

[1] 陈根 . 智能穿戴改变世界——下一轮商业浪潮 [M]. 北京：电子工业出版社，2014 年 2 月 .

[2] 陈根 . 可穿戴设备界——移动互联网新浪潮 [M]. 北京：机械工业出版社，2014 年 9 月 .

[3] 东方证券 . 可穿戴设备前景广阔，看好运营商渠道率先上量 [R]. 2014–4.

[4] 雷锋网 . 可穿戴市场上游芯片生态 [R]. 2014–7.

[5] IMS Research.World Market for Wearable Technology——A Quantitative Market Assessment—2012[R]. 2012.

[6] IHS.World Market for Wearable Technology[R].2013–10.

本章撰写：王德生